中国家族慈善研究报告

（2022）

CHINA FAMILY PHILANTHROPY REPORT (2022)

傅昌波 等 著

特别鸣谢

感谢中华慈善总会家族慈善文化建设慈善信托对本研究的支持。该慈善信托由健坤慈善基金会理事长乔迁、北京美灵公益基金会发起人郭美玲、安徽省关心下一代教育基金会理事长王卫东、北京壹诺丰泰管理公司创始人蒋冲及凤凰卫视主持人田川等捐赠设立。

感谢北京老牛兄妹公益基金会对本研究的支持。该基金会由牛犇先生和牛琼女士捐资发起，是牛氏家族继内蒙古老牛慈善基金会之后设立的又一家公益慈善组织。基金会使命为：关注下一代发展，以有效慈善推动社会进步；愿景为：创新慈善，永续传承。

序一

鼓励更多先富家族投身慈善事业

宫蒲光*

慈善事业是中国特色社会主义事业的重要组成部分。党的十八大以来，党中央对发展慈善事业作出了一系列新的重大战略部署，习近平总书记多次发表重要讲话、作出重要批示指示，为加强和改进慈善工作、发展慈善事业指明了方向、提供了遵循。2014 年，国务院出台《关于促进慈善事业健康发展的指导意见》，2016 年《中华人民共和国慈善法》颁布施行，我国慈善事业进入了依法治善的新时代。党的十九大报告要求："要完善社会救助、社会福利、慈善事业、优抚安置等制度"。十九届四中全会提出："重视发挥第三次分配作用，发展慈善等社会公益事业"，首次以"第三次分配"确立慈善事业在我国经济社会发展中的重要地位。十九届五中全会进一步强调："发挥第三次分配作用，发展慈善事业，改善收入和财富分配格局"，明确将慈善事业定位为我国基本经济制度特别是收入分配制度的重要组成部分。2021 年，总书记在中央财经委第十次会议和中央经济工作会议上，再次强调"三次分配"，将其列入"协调配套的基础性制度安排"，明确提出"引导、支持有意愿有能力的企业和社会群体积极参与公益慈善事业"。刚刚闭幕的党的二十大再次郑重重申，要"扎实推进共同富裕"，"坚持按劳分配为主体、多种分配方式并存，构建初次分配、再分配、第三次分配协调配套的制度体系"，"引导、支持有意愿有能力的企业、社会组织和个人积极参与公益慈善事业"。党中央的这一系列

---

* 宫蒲光，第十三届全国人大社会建设委员会副主任委员，中华慈善总会会长。

重大决策部署，将慈善事业纳入国家基本经济制度、民生保障制度和社会治理制度，作为解决发展不平衡不充分问题、缩小城乡区域发展差距和收入分配差距、推动全体人民共同富裕的重要举措，进一步明确了慈善事业在中国式现代化历史进程中的重要地位，为开创中国特色慈善事业、走社会主义共同富裕道路提供了新的更为明确、更加具体的指引。

近年来，伴随着慈善事业法规政策体系逐步完善，慈善服务监管体系进一步健全，慈善组织体系结构进一步优化，慈善事业总体规模不断扩大，我国慈善事业已经从传统慈善走向现代慈善；从分散化个人行为走向规范化社会事业；从少数精英慈善走向大众慈善；从狭义济困慈善走向关注社会进步的广义慈善，中国特色慈善事业迈进了又好又快高质量发展的新时代，必将在扎实推进共同富裕的新征程中发挥越来越重要的作用。同时也应该看到，由于我国慈善事业起步较晚、基础薄弱，面对社会主要矛盾发生的历史性变化和人民群众对美好生活的新期待，慈善事业在体制机制、政策措施、工作基础等方面还存在明显不足，我国慈善事业总体发展滞后的局面尚未从根本上改变。比如，慈善事业总体规模偏小，与我国社会财富量级不匹配，近年来社会捐赠总额在 1500 亿元左右徘徊，2020 年因抗击疫情首次突破 2000 亿元，占 GDP 总量不足 0.2%，同发达国家（一般为 2% 左右）相比还有较大差距；再比如，慈善捐赠结构不够合理，我国企业捐赠占比不足七成，个人捐赠占比不足三成，而发达国家个人捐赠占到七成左右，这表明我国先富群体的慈善热情没有被充分激发出来，慈善对改善收入和财富分配格局的作用与中央的期望还有较大差距；此外，慈善组织数量总体偏少，登记认定慈善组织占全国社会组织的数量仅为 1% 左右，慈善组织的优惠政策落实也不够到位，等等。推动我国慈善事业高质量发展，必须把挖掘慈善潜力、激发慈善活力放在更加突出的位置。

作为世界第一人口大国、世界第二大经济体，我国人均 GDP 已超过 1.2 万美元，处于中等偏上收入经济体行列，并正在向高收入国家迈进。瑞士信贷发布的《2022 全球财富报告》显示，截至 2021 年底，全球财富总额为 463.6 万亿美元，其中中国财富总额为 85.1 万亿美元，占比达 18.3%，仅次于美国。在 2022 年《财富》杂志公布的世界 500 强企业榜中，中国大陆（含香港）上榜企业达136家，加上台湾地区共有145家，上榜企业数量继续位居各国之首。据《胡润百富榜》，2021年我国亿万富翁人数达1058人，成为世界之最，超过美国、印度、德国三国的总和。这些财富积累和经济发展成就，为我国在新发展阶段由效率优先、兼顾公平向更加重视公平、推动共享发展的重大历史转折创造了良好条件，为扎实推进共同富裕奠定了坚实基础。当前，我们已经比较好地实现了一部分人和一部分地区先富起来的目标，但地区差距、城乡差距、收入差距问题仍然是经济社会发展中的突出问题。据统计，2020年基尼系数高达0.468，超过了0.4的警戒线；我国月收入在1000元以下的还有6亿人，近1亿人月收入不足500元。由此可见，在全面建设社会主义现代化国家的新发展阶段，推进我国经济社会高质量发展的当务之急是在继续做大"蛋糕"的同时要切实分好"蛋糕"。要进一步改善社会财富分配格局，扎实推动全体人民共同富裕取得更为明显的实质性进展。当前，改善社会财富分配格局就是要认真贯彻落实党的二十大精神，努力构建三次分配协调配套的制度体系，在进一步完善初次分配、再分配制度的同时，充分发挥第三次分配的作用，引导各类社会主体积极投身公益慈善事业。

"天下之本在国，国之本在家。"中华民族素有重家庭、讲家教、守家风的优良传统。从《易经》"积善之家，必有余庆；积不善之家，必有余殃"，到诸葛亮诫子"静以修身，俭以养德"，刘备遗训"勿以恶小而为之，勿以善小而不为"，再到《朱子家训》"一粥一饭，当思来处不易；半丝半缕，恒念物力维艰"，慈善勤俭文化都是中华淳正家风的精神内核，它不仅蕴含着家族世代相传的处世原则、行为规范和精神风貌，也孕育了中华民族薪火相传的慈善道德实践。从范仲淹的"义庄"、朱熹的"社仓"基于"推己及人、由近及远"差序格局的传统宗族慈善，到近代以来涌现出的荣氏家族、张謇、简氏兄弟、聂氏家族、周学熙等一批以家族企业为主体的慈善家族，中华民族的家族慈善理念和慈善实践源远流长。改革开放以来，更是有牛根生、曹德旺、何享健、杨国强、鲁冠球等一大批民营企业家，以及互联网时代的一批新锐企业家，陆续以家族大额捐赠、家族慈善基金会、家族慈善信托、家族慈善专项基金、家族捐赠者建议基金等多种方式开展家族慈善活动，在扶弱济困、教育科技、医药卫生、应急救灾等多个领域发挥了重要作用。

在中国特色慈善事业发展历程中，家族慈善已成为先富家族将其合法私有资源（包括财富和影响力等）自愿捐赠用于公共目的的慈善形态，具有公益活动与家族美誉相得益彰、利他与利己高度契合的鲜明特征，与公募慈善相比，其财富来源更加清晰，决策更加高效，社会影响更加广泛。它不仅是私人资源投入社会公益慈善事业的重要方式，也是新时代民营企业家承担社会责任的可贵企业家精神的展现，同时也是传承家族精神、树立良好家风的主要载体，它有着深厚的优秀传统文化底蕴和广泛的社会基础，是现代慈善与中国实际相结合的产物，已经发展成为中国特色慈善事业不可或缺的组成部分。作为一种具有广泛群众性的道德实践，家族慈善并非高收入人群的专属权利，任何希望通过开展利他实践来建立和传承家族精神的人，都可以在现代家族慈善方面有所作为。在社会实践中，广大民营企业家、民营企业实控人作为我国高收入人群的主体力量，通常更有愿望、更有条件、更有责任去实践现代家族慈善。大力发展家族慈善，是贯彻落实党的二十大精神，“弘扬中华传统美德，加强家庭家教家风建设”“扎实推进共同富裕”“以中国式现代化全面推进中华民族伟大复兴”的重要举措，不仅是壮大公益慈善力量，发展慈善事业的重要方面，同时也能够构建分工明确、业态丰富的慈善行业生态，引导鼓励高收入人群和民营企业家更多回报社会，为慈善事业高质量发展注入不竭动力。

傅昌波教授是国内较早关注和研究中国家族慈善问题的专家学者，在他的倡议和积极推动下，中华慈善总会正在筹备成立家族慈善与慈善信托委员会，旨在推动社会各界爱心人士特别是中高收入群体通过慈善信托、大额捐赠、捐赠人建议基金等形式投身慈善事业，参与总会“幸福家园”“善济病困”等各类慈善项目，推动我国家族慈善和慈善信托高质量发展。傅昌波教授团队近年来在家族慈善和慈善信托领域进行了深入的研究，现推出的《中国家族慈善研究报告（2022）》，从发展现状、行业服务、基础研究、重要案例等四个方面系统展现了我国现代家族慈善的全貌，是国内第一部专注于家庭慈善、家族慈善的高质量研究报告，本书的付梓面世必将对进一步完善我国家族慈善政策制度、拓展慈善发展领域、深化慈善理论研究产生重要影响。为慈善工作者提供一部全面系统和实操性强的实务教材，不仅具有学术理论价值，也具有较强的实践指导作用。

我相信，在党和政府的高度重视下，经过社会各界的共同努力，中国家族慈善事业一定能够迎来新的发展，为弘扬中华传统美德、助力社会治理创新、促进全体人民共同富裕做出更大贡献。

是为序。

序二

以家族慈善促文明互鉴

吕振亚*

党的二十大报告强调，世界各国要弘扬和平、发展、公平、正义、民主、自由的全人类共同价值，促进各国人民相知相亲，尊重世界文明多样性，以文明交流超越文明隔阂、文明互鉴超越文明冲突、文明共存超越文明优越，共同应对各种全球性挑战。家族慈善作为中外民间交往的重要方式，对于弘扬全人类共同价值、促进全球文明互鉴具有重要意义。

华侨华人是我国公益慈善事业的引领者。近代以来，众多华侨华人积极参与侨乡和祖（籍）国的文化教育、卫生医疗、灾害赈济等社会事业，涌现出了许多著名慈善家。陈嘉庚先生就是其中的卓越代表，他在海内外创办众多知名院校，抗日战争期间支持国家光复建设，新中国成立后扶助工商业复苏，团结带领华侨华人振兴侨乡，其家族后人至今仍传承家风美德，大力参与和支持慈善事业。又如旅居马来西亚的王兆松、印尼的洪成琳、新加坡的李光前、泰国的陈芳明，以及之后的邵逸夫、邱德拔、王永庆、霍英东、谢国民、陶欣伯、黄如论、陈启宗等知名境外慈善家，以家族为载体，扶困济贫，乐善好施，忧天下忧，乐天下乐，始终传承慈善报国的文化传统，主动承担兼济天下的社会责任。据不完全统计，仅改革开放以来，华侨华人对祖国大陆的捐赠善款就超千亿元人民币。正如习近平总书记指出的，“华侨一个最重要的特点就是爱国、爱乡、爱自己的家人。这就是中国人、中国文化、中国人的精神、中国心”。

---

* 吕振亚，《中国新闻周刊》杂志社社长、《中国慈善家》杂志社社长。

每当祖国有需要，全球华侨华人就积极奉献。例如，2020 年初武汉突发新冠肺炎疫情，防疫物资紧缺，短短数日广大华侨华人就踊跃捐款捐物价值几十亿元。为了采购防护用品和医疗设备，他们全球扫货，重金购买，并排除万难运送回国，“蚂蚁搬家”“人肉护送”，涌现了“最长行李托运单”“最美带货人”“口罩航班”等无数感人事迹；2021 年河南发生严重水灾，华侨华人群体不到一个月就筹集善款 50 多亿元人民币，其中相当比例由慈善家族捐赠。

华侨华人家族慈善也是住在国慈善事业的重要力量。华人走到哪里，慈善就会做到哪里。以东南亚国家为例，自清代中后期开始，一大批事业成功的华侨家族就开始在当地开展公益慈善，成为住在国的大慈善家，很多公益慈善项目和公益慈善组织延续发展至今。“一带一路”倡议提出以来，许多华侨华人结合住在地的事业平台，在推动慈善合作、促进可持续发展方面做出了重要贡献。公益慈善不仅使华侨华人更好更深地融入了当地社会，获得了很高的社会美誉度，也使当地人对中国人和中华文化的友善有了真切感知。例如 2022 年荣膺新加坡共和国总统公共服务星章的华人慈善家卓顺发，就是以他主导的善济医社等项目为载体，回馈当地社会并引领全球慈善公益行动。

新冠疫情暴发以来，广大华侨华人主动参与住在国的抗疫行动。许多外国民众都收到了华侨华人邻居投放的口罩和防疫贴士，许多外国医院、学校、警察局、养老院收到了华侨华人捐赠的防疫物资，许多侨团帮助当地政府对接医疗器械生产企业，让住在国民众切身感受中华民族乐善好施的传统美德，用实际行动践行人类命运共同体理念，让世界领略到了中华儿女的大爱与担当。

当前，世界百年未有之大变局和实现中华民族伟大复兴发生历史性交汇，但合作共赢的普遍诉求没有变，营造良好国际环境的共同期盼没有变，中国发展与世界进步同行，其中十分重要的内容就是民心相通、文明互鉴。华侨华人是连接中国人民与世界人民美好梦想的纽带与使者，熟悉住在国人民的期盼与需要，在促进友好交往中，最好的途径之一就是开展公益慈善活动，而最容易形成共鸣共识、最符合国际惯例、最便于长久开展的形式，就包括家族慈善。不同于政府或企业主导的慈善，作为华侨华人捐赠家族财富开展的公益活动，家族慈善更具亲和力和可持续性，是华侨华人与住在国民众交流合作的重要载体，也是推动住在国民众与中国社会各界友好交往的重要途径。

中国新闻社是由中国新闻界和侨界知名人士于1952年发起成立的，受众现已覆盖绝大多数海内外华人群体。在中新社建社70周年之际，习近平总书记专门发来贺信，要求我社坚持爱国主义的报道方针，坚持为侨服务，积极联系海外华文媒体，为展现可信、可爱、可敬的中国形象，促进海内外中华儿女大团结，推动中外交流、民心相通作出新的更大贡献。华侨华人慈善事业是中华传统美德的重要体现，也是中新社报道的重要题材。我们将长期关注和传播华人华侨家族慈善故事，鼓励更多华侨华人开展慈善事业，使其成为促进中华文明与各国文明交融互鉴的重要桥梁。

慈善，是真正能够跨越地理、文化、种族、宗教隔阂的全人类共通语言。傅昌波教授团队推出的《中国家族慈善研究报告（2022）》，对我国现代家族慈善进行了系统梳理，全景展现了不同路径的家族慈善发展状况，并对家族慈善的文化根基、制度环境等进行了深刻分析，具有开创性意义。中国新闻社及《中国慈善家》杂志将发挥“为侨服务”的独特优势，及时报道华侨华人家族慈善优秀案例，促进海内外慈善家族交流合作，助力弘扬全人类共同价值、构筑人类命运共同体。

序三

慈善是家风传承的最佳载体

牛　犇　牛　琼*

党的二十大强调，要“弘扬中华传统美德，加强家庭家教家风建设”。古今中外的实践表明，慈善是家风传承的最佳载体。纵观全球，各国都有对“富不过三代”的表述。从传承的角度来看，未能把慈善作为家风传承的纽带，可能是“富不过三代”的重要原因。

20世纪初，以卡耐基、洛克菲勒为代表的美国企业家在积累巨大家族财富后，开始通过设立基金会开展专业慈善活动，时至今日，许多100年前捐资设立的家族慈善机构仍在运行。经历40多年改革开放的高速发展，我国社会财富总量已排在全球前列。越来越多的企业家开始认识到，慈善是家族精神建设的最重要内容，家族慈善是家族传承的必经之途。近年来，在创富一代身体力行的带动下，已经有越来越多的家族二代甚至三代开始参与家族慈善。

2011年，我们跟随父亲牛根生访问美国的洛克菲勒家族，交流家族慈善的传承途径、学习家族慈善的运行模式。那次参访，让我们有生以来第一次对家族慈善事业产生了如此清晰和深入的体悟，对家族慈善的认知也从平面变为立体。我们深切体会到财富意味着责任，家族财富只有向善传承，才能穿越时间的长河，产生深远的社会影响力。

2015年，我们创办北京老牛兄妹公益基金会，与父亲2004年创办的内蒙古老牛慈善基金会相互独立，关注不同领域，但家族慈善理念一脉相

* 牛犇，北京老牛兄妹公益基金会理事长；牛琼，北京老牛兄妹公益基金会副理事长。

承。家族慈善的传承，不仅让一代企业家的精神、文化得到传承，更让家族具有凝聚力。这也是老牛家有“老牛兄妹基金会”和“老牛基金会”的原因。

两家慈善基金会创立以来，在各自侧重的环保、教育等领域持续发力，开展了老牛儿童探索博物馆、内蒙古盛乐国际生态示范区和艺启未来、儿童素养提升计划等众多有影响力的项目。不仅如此，两家基金会还注重行业推动和国际交流。2016 年，父亲牛根生加入“捐赠誓言”，每年都会与全球慈善家共同交流慈善行动。也是在 2016 年，北京老牛兄妹基金会与洛克菲勒兄弟基金会联合发起了理查德·洛克菲勒学人计划，现已为中国慈善发展培养了多位高级人才。

2020 年，老牛兄妹基金会发起家族慈善研究与倡导项目，通过家族慈善领域的研究、能力建设及行业交流三个方向的活动，推动现代家族慈善在中国发展。我们支持傅昌波教授团队研创的《中国家族慈善研究报告(2022)》，全面梳理中国家族参与慈善的主要方式、服务家族慈善外部机构的现状、中国家族慈善理论源流与制度环境，了解中国家族慈善的发展情况、现状、实际痛点、潜在需求，推动家族战略慈善和善财传承。

父亲牛根生先生从商业领域退休后，带领我们全家投身慈善事业，这是他对“达则兼济天下”的实践阐释，财富越大，责任也越大。我们两代人同时投入慈善事业，也是基于我们对“积善之家，必有余庆”的深刻体悟。我们愿意继续以创新且有效的方式，与同道携手，交流合作，联合更多的家族参与公益慈善事业，提升家族慈善的能力和水平，为促进我国慈善事业高质量发展作出应有贡献。

目　录

第一部分　发展现状

第二部分　行业服务

第三部分　基础研究

第四部分　重要案例

第五部分　附录

第一章

绪论

慈善是社会力量基于道德自愿的利他行为。中国自古就有“穷则独善其身、达则兼济天下”“积善之家，必有余庆；积不善之家，必有余殃”等深厚的家族慈善理念。党的二十大报告强调，要“引导、支持有意愿有能力的企业、社会组织和个人积极参与慈善事业”。在全面建设社会主义现代化国家的新发展阶段，大力发展根植中华传统文化、借鉴海外成熟模式的现代家族慈善，对于促进我国实现良性家族传承、扎实开展家庭文明建设具有重要作用，对于推进我国慈善事业高质量发展、促进实现人的全面发展和全体人民共同富裕具有长远意义。

一 发展背景

新中国成立以来，特别是改革开放40余年来，我国通过将市场经济与社会主义、独特国情、优秀文化相结合，走出了一条非西方发展模式的成功之路，创造了世所罕见的经济快速发展奇迹和社会长期稳定奇迹，创造了中国式现代化新道路和人类文明形态。中国贫困发生率从1981年的88.1%下降到2018年的0.3%，经济总量占世界的份额从改革开放之初的1.8%提高至2021年的18.5%。[①] 2021年，中国国内生产总值约16.86万

① 《〈中国减贫四十年〉研究报告发布》，https://baijiahao.baidu.com/s?id=1728856521536984445&wfr=spider&for=pc，2022年4月1日。

亿美元，稳居世界第二。[①]

中国实现两个奇迹的基础，就在于我们创造性地开辟了马克思、恩格斯、列宁、斯大林等马克思主义导师都未曾研究和实践的社会主义市场经济——这是中国伟大的发明创造。但是，从市场经济诞生以来的实践看，基于自由主义理论的市场经济体制，一直未能解决好社会正义和可持续发展问题。

从世界范围内看，我们或许正处于旧秩序向新秩序更迭的预备期。第一，人与自然关系失衡到了燃点，人类社会必须调整短视的发展模式，走能够保障人与自然共同繁荣的可持续发展道路；第二，贫富鸿沟导致的失序到了断点，以美国为例，0.1%最富有的人的财富净值与90%的中低收入人群的财富净值等同。这些问题的根源，就是新自由主义支撑的原教旨市场经济的商业逻辑、金融逻辑和与之配套的公共管理逻辑。穷人没有尊严，富人就不可能有安全，人类社会必须摒弃唯利是图的原教旨市场经济，迈向追求共享发展的人类文明新形态。

近二三十年来，反思和改造原教旨市场经济模式已成为席卷全球的思潮。美国诞生了共益企业实验室（B－Lab），从治理、员工、社区、环境和社会影响力等方面对企业进行评分和认证，目前已经有70多个国家的3000多家企业通过认证。与之相当的，还有英国的罗纳德·科恩爵士领衔发起的全球影响力投资指导委员会（GSG）等国际机构。GSG倡导的核心理念，从最初的社会影响力投资到后来的社会影响力经济，现在已经上升为社会影响力运动。

2019年，181家美国顶级公司首席执行官在美国商业组织“商业圆桌会议”上联合签署《公司宗旨宣言书》，革新了企业宗旨的“股东利益最大化负责”原则，将其重新定义为“企业在保持自身企业宗旨的基础上，对所有利益相关方都有着共同的承诺”。这些利益相关方包括员工、客户、供应链上下游、所在的社区以及股东等。但是，迄今为止，对于欧美等国推动的商业向善、投资向善等各类尝试能否有效扭转“潮水的流向”，社

① 《阔步在中国式现代化大道上——新时代民营经济高质量发展纪实》，http://bgimg.ce.cn/cysc/newmain/yc/jsxw/202210/15/t20221015_38163414.shtml，2022年10月15日。

会评价众说纷纭。

作为社会主义国家，新中国自成立起，就将共同富裕列为明确的奋斗目标。新中国成立初期，毛泽东同志指出："现在我们实行这么一种制度，这么一种计划，是可以一年一年走向更富更强的，一年一年可以看到更富更强些。而这个富，是共同的富，这个强，是共同的强，大家都有份。"[①] 改革开放后，邓小平同志指出："社会主义的本质，是解放生产力，发展生产力，消灭剥削，消除两极分化，最终达到共同富裕。""一个公有制占主体，一个共同富裕，这是我们所必须坚持的社会主义的根本原则。"[②]

进入新时代，中国明确提出，要在实现共同富裕上作出更有效的制度安排。2021 年 1 月 11 日，习近平总书记在省部级主要领导干部学习贯彻党的十九届五中全会精神专题研讨班上的讲话强调，实现共同富裕不仅是经济问题，而且是关系党的执政基础的重大政治问题[③]。我们绝不能允许贫富差距越来越大、穷者愈穷富者愈富，绝不能在富的人和穷的人之间出现一道不可逾越的鸿沟。2021 年 8 月 17 日，习近平总书记在中央财经委员会第十次会议上再次强调，共同富裕是社会主义的本质要求，是中国式现代化的重要特征，要坚持以人民为中心的发展思想，在高质量发展中促进共同富裕[④]。2021 年 10 月，习近平总书记在《求是》发表的署名文章《扎实推动共同富裕》中明确指出，要加强公益慈善事业规范管理，完善税收优惠政策，鼓励高收入人群和企业更多回报社会[⑤]。

实际上，改革开放之初，中国就明确了实现共同富裕的政策走向，那就是，鼓励一部分人、一部分地区先富起来，通过先富带后富，最终实现共同富裕。也就是说，鼓励先富只是手段、途径和方法，实现共富才是最终目的。

---

① 《习近平新时代中国特色社会主义思想基本问题》·连载（9）《朝着全体人民共同富裕的方向稳步前进》，人民出版社、中共中央党校出版社，http://theory.people.com.cn/n1/2021/0106/c40531-31991031.html，2021 年 1 月 6 日。

② 汪晓东、宋静思、侯云晨：《在高质量发展中促进共同富裕》，《人民日报》2022 年 3 月 1 日，第 1 版。

③ 孟鑫：《实现共同富裕是关系党的执政基础的重大政治问题》，《光明日报》2021 年 1 月 28 日。

④ 央视评论员：《在高质量发展中促进共同富裕》，央视网，2021 年 8 月 18 日。

⑤ 习近平：《扎实推动共同富裕》，《求是》2021 年第 20 期。

统计数据表明，我国鼓励一部分人、一部分地区先富起来的目标已基本实现。据招商银行和贝恩公司联合发布的《2021 中国私人财富报告》，2020 年可投资资产在 1000 万元以上的中国高净值人群数量达 262 万，人均持有可投资资产约为 3209 万元。胡润研究院发布的《2021 胡润全球富豪榜》表明，中国现有十亿美元超级富豪 1058 人，已超过美国、印度和德国的超级富豪人数总和。与此同时，先富带后富、最终实现共同富裕的任务还很艰巨。当前中国还面临着严重的发展不平衡不充分问题，区域发展、城乡发展和居民收入存在巨大的差距，根据 2019 年统计数据，我国低收入组和中间偏下收入组共有 40% 家庭户，对应人口约 6.1 亿人，其年人均收入仅为 11485 元，即月人均收入不到 1000 元。

如何在实现高质量发展的同时落实“先富带后富”，已成为我国新发展阶段的中心议题。2021 年 8 月，中央财经委员会第十次会议明确提出，要正确处理效率和公平的关系，构建初次分配、再分配、三次分配协调配套的基础性制度安排，加大税收、社保、转移支付等调节力度并提高精准性；扩大中等收入群体比重，增加低收入群体收入，合理调节高收入，取缔非法收入，形成中间大、两头小的橄榄型分配结构。

“鼓励高收入人群更多回报社会”，是更好发挥第三次分配作用的重要内容。但是与发达国家相比，当前我国高收入人群慈善捐赠的数量和总额都还很小。据统计，近年来我国内地每年接收的捐赠款物总额均在人民币 1500 亿元左右。以 2019 年为例，我国内地接收款物捐赠总额为 1509.44 亿元人民币，约为当年 GDP 的 0.15%，人均捐赠仅 107.81 元人民币①；同年美国的慈善捐赠总额为 4496.4 亿美元，约为其当年 GDP 的 2.14%，人均捐赠额超过 1000 美元②。

从海外经验看，发展兼顾自利利他的家族慈善，是鼓励高收入人群更多回报社会的重要途径。大力发展现代家族慈善，既契合中国祖先崇拜和慎终追远的家族文化，也符合国家关于推进新时代家庭文明建设的倡导。

---

① 《1701 亿元！2019 年我国慈善捐赠总额创新高》，《中国青年报》2020 年 10 月 12 日，https：//baijiahao. baidu. com/s? id = 1678257632660292188&wfr = spider&for = pc。

② Giving USA，“Giving USA 2021”，2020 年 6 月，https：//givingusa. org。

二　概念界定

什么是家族慈善？顾名思义，家族慈善是指家族自愿奉献私有资源或财富用于公共利益的行为。相对于企业慈善、公募慈善而言，因其财富来源清晰，慈善活动与家族声誉高度相关，家族慈善利他动机更加纯粹，决策也相对高效。

在现代慈善事业的版图中，家族慈善是十分重要的力量。从现代慈善发展历程看，尽管互联网为人人慈善提供了便捷的通道，基于网络生活应用场景的大众慈善也有长足发展，但是，真正能决定作为第三次分配主要途径的慈善事业体量的，仍然是基于巨额私人财富由私转公的家族慈善。以现代慈善高度发达的美国为例，在其近10万家基金会中，只有约1%的社区基金会，企业慈善基金会也只占3%左右，其余均为私人或家庭出资建立的慈善基金会，其中家族慈善基金会占有相当大的比重。

人们参与慈善活动、开展慈善事业，应该基于道德自愿或文化习惯，奉献的是自己的财富或资源，实现的是社会福利或公共利益的改善，同时让施者获得心灵的满足和纯粹的快乐。首先，相对于企业等法人组织，自然人有更为明确的道德意愿，可以便捷地决策和处分其合法拥有的财富；其次，虽然捐赠行为是单个家族成员或部分家族成员做出的，但其捐赠的资源或财富往往是家庭或家族的共有财产，是否捐赠、如何捐赠、何时捐赠、捐做何用等重要问题，需要家人共同参与讨论，汇聚共同意志；最后，慈善是提升家族财富社会价值的可靠通道，慈善平台或慈善项目可能成为家族文化和家族精神的不朽载体。

家族慈善基金会或慈善信托是相对正规的家族慈善组织形式。但是，家族慈善基金会并非法律概念，各国判断标准各有不同。美国基金会中心（Foundation Center）对家族慈善基金会的判断标准是：由单一家族成员出资的独立、私人基金会；家族成员常常在基金会任职或担任理事，并在做出资助决定时扮演关键角色。美国基金会理事会（The Council on Foundations）对家族慈善基金会的定义为：基金会资金主要来源于同一家族的单个或多个成员，不管是以信托形式，还是离岸公司形式，有至少一位家族成员在基金会任职或担任理事，并在控制和/或运营中扮演关键角色。英国发布的家族慈善基金会报告使用的判断标准为：在名字中有“家族”二字的独立基金会；有一位在世捐赠人的姓氏与基金会名字一致；信托人的姓氏与基金会名字或一位在世捐赠人或已故捐赠人姓氏一致。澳大利亚慈善（Philanthropy Australia）定义的家族慈善基金会为：由一个家族成立，并由家族成员或出资家族成员经营管理的私人基金会。

2018 年，在笔者担任课题组长的首份《中国家族慈善基金会发展报告》中，我们参照西方家族慈善基金会的定义，根据中国的实际情况，将满足以下条件且不具有公开募捐资格的基金会列为家族慈善基金会：①由个人、家族或由个人、家族控股的非公有制企业出资设立，且个人或家族成员在基金会担任重要职务的慈善基金会；②由在政治、经济、文化、科技等领域具有重大影响力的个人或家族成员发起设立，且个人或家族成员在基金会担任重要职务的慈善基金会。《中国家族慈善基金会发展报告（2018）》以符合这个判断标准的中国家族慈善基金会为研究对象，样本总量为 268 个。随同这份报告发布的“家族慈善新生代十杰”，包括美的集团创始人何享健之子、广东省和的慈善基金会主席何剑锋，三一集团董事长梁稳根之子、北京三一公益基金会理事长梁在中，也包括毛泽东主席外孙女、东润公益基金会理事长孔东梅等。

基于以上讨论，本课题组认为，现代家族慈善，是指家庭成员、家族成员单独或共同捐赠合法财产或提供志愿服务的行为。本报告重点关注的，主要是家庭成员、家族成员单独或共同捐赠 200 万元以上合法财产用于公益慈善事业的行为。家族慈善的表现方式主要有个人慈善、家庭慈善和家族慈善等，个人慈善是指高收入人士以个人名义做出大额捐赠及参与慈善活动；家庭慈善是指两位以上高收入家庭成员共同做出大额捐赠及参与慈善活动；家族慈善是指两位以上高收入家庭成员共同做出大额捐赠，并以家庭成员姓名或家族企业字号命名慈善机构或慈善项目，且家族成员深度参与慈善活动。从国内外实践看，现代家族慈善的实现途径主要有家族大额捐赠、家族慈善基金会、家族慈善信托、家族慈善专项基金、家族捐赠者建议基金等。

需要明确的是，本报告所指的家族慈善是现代慈善，而不是基于中国传统的“推己及人、由近及远”差序格局的家族慈善。无论是宋代大文豪范仲淹首创“范氏义庄”，还是民国初期的实业家盛宣怀嘱托创立的“愚斋义庄”，其本质主要是兼顾私益和公益目的的宗族慈善。创办人捐赠的财产及其增值的财富，首先或主要是用于保障家族内部的教育、祭祀等集体事务，救济落魄或困顿的家族后人，其次或次要才用于帮助乡邻或建设公用设施。本报告所指的家族慈善，是严格受到我国《慈善法》及相关法规约束的现代慈善，不是传统的“宗族慈善”。现代家族慈善无论其实现途径是哪种方式，其受益人都是非特定的社会公众，其活动领域应当符合我国《慈善法》第三条规定的6大类19项慈善事务范围。

倡导发展现代家族慈善，还需要破除熟悉语境所暗含的对“家族”的误解。家庭是社会的细胞，家族就是较大的家庭，我们每个人都来自特定的家庭和家族。2022年6月8日，习近平总书记在四川眉州考察北宋著名文学家苏洵、苏轼、苏辙父子故居三苏祠时强调，要推动全社会注重家庭家教家风建设，激励子孙后代增强家国情怀，努力成长为对国家、对社会有用之才。重视家族传承是推动家风建设的前提，如果只重视个人、只关注一代人，家风建设就无从谈起。此外，虽然倡导发展现代家族慈善优先针对的是中高收入人群——因为他们更具备捐赠私有财产服务公共利益的潜力，但是，“积善之家，必有余庆”，暗含的是中华传统文化对家族慈善的普遍价值认同，“慈善是一种具有广泛群众性的道德实践”，家族慈善并非中高收入人群的专属权利，任何希望通过开展利他活动来建立和传承家族精神的人，都可以在家族慈善上有所作为。

三　发展回顾

家族慈善是伴随资本主义、市场经济的发育和成长而发展起来的，也就说，只有当部分个体及其家族经由成功商业活动合法地拥有一定体量的“多余财富”，家族慈善才具备发展的前提。同时，家族慈善的社会功能、发展空间与所在国家的社会保障政策、政府社会关系结构紧密相关，即使在同一国家，在不同的历史阶段，家族慈善的面貌也会呈现不同的模样。

现代家族的起源可以追溯到欧洲文艺复兴时期，城市经济的繁荣，使事业成功财富巨大的富商、作坊主和银行家积累了巨大的私人财富。新兴资本主义财团如美第奇家族、福格家族等，开始捐赠其通过商业成功获得的财富开展卓有成效的慈善活动，但并未建立现代意义的家族基金会框架。1520 年，犹太金融家雅科布 · 福格建立的家族信托基金——现在的“福格侯爵和伯爵基金会”，被认为是全球最古老的家族基金会之一。500 多年后，该家族慈善基金在德国慕尼黑西北建立和运营的福格廉租房社区仍在运转，除负责福格小区的维护和运作外，还负责管理巴伐利亚州各地的家族城堡、教堂等。

家族慈善的真正兴起是在 19 世纪末 20 世纪初的美国。1894 年，美国成为世界第一大经济体，同时涌现出了一批富可敌国的大资本家、大富豪、大财阀，诸如卡内基、洛克菲勒、杜邦、福特等。后来，他们当中不少人投身于慈善事业，并创办了各自的家族基金会或家族慈善信托。这些家族基金会或慈善信托虽历经上百年风雨，至今仍然在美国乃至世界现代慈善事业中扮演重要的角色，其中最具代表性的有洛克菲勒兄弟基金会、卡内基基金会、福特基金会等。

实际上，现代慈善的起点正是以美国“镀金时代”的石油大王洛克菲勒和钢铁大王卡耐基先后建立家族慈善基金会为标志的。洛克菲勒家族 1910 年左右的财富已达到 10 亿美元，大约相当于 2016 年的 3000 亿美元。洛克菲勒是虔诚的浸礼会教徒，视自己为财富的“代管人”。洛克菲勒的后人继承了洛克菲勒一世的善财理念。100 多年来，洛克菲勒家族先后创建或资助建立了 70 余家多种类型的非营利机构，开展了众多具有全球影响力的家族慈善项目，其中就包括资助建立北京协和医科大学（现北京协和医院）。洛克菲勒家族通过建立现代基金会对公益事业提供长期支持，通过建立家族信托保障家族财富的增值传承，最终实现了家族利益与公共利益相协调、自利与利他相平衡的家族传承。

时至今日，海外国家的家族慈善基金会数不胜数。对我国家族慈善具有重要借鉴意义的全球知名家族基金会有：2000 年在美国西雅图成立的比尔及梅琳达 · 盖茨基金会，现有资产约 700 亿美元，累积慈善支出已达 792 亿美元；1936 年在英国伦敦成立的惠康慈善信托，现有资产规模约 232 亿美元；1936 年在美国纽约成立的福特基金会，现有资产规模约 120

亿美元；1900 年在瑞典斯德哥尔摩设立的诺贝尔基金会，由于基金会投资运营相当出色，尽管 120 多年来已给 900 多个获奖个人或组织颁发了巨额奖金，现资产规模仍有约 49 亿瑞典克朗，比成立时增值了 100 多倍；1964 年在德国斯图加特设立的博世基金会，持有博世集团 92% 的股权，现有资产约 69 亿美元，该基金会的特点是，基金会持股的投票权全部转给拥有博世集团 1% 股权的博世工业信托公司行使，基金会不参与博世集团的经营管理，但可获得 92% 股权所带来的收益。

近代以来，在实业救国、清政府放宽对民间设厂限制的契机下，中国近代家族企业应运而生，涌现出荣氏家族、张謇、简氏兄弟、聂氏家族、周学熙等一批以家族企业为主体的慈善家族，他们的家族慈善活动涉及济贫、扶困、教育、赈灾、医药等各个方面。

作为中国近代最大的家族企业，荣氏家族企业集团在教育文化事业、城市基础设施建设、慈善救济组织的创建等方面做出了卓越的贡献。他们向学校及学校基金会捐款、捐地，甚至直接兴办学校；他们在无锡修建了多条交通道路以满足当地百姓的出行需求；面对灾民、失学儿童、孤寡老人以及残障人士，他们建立义庄、义塾，满足他们的生存需求。

近代中国儒商的典型代表张謇，积极投身于南通地区教育、文化、卫生事业的发展。在教育领域，他创办了近代第一所由中国人自己创办的盲哑学校、公共图书馆，建立起以师范教育为主的多层次教育机构体系，包括从幼儿园到小学、中学再到大学的纵向教育机构体系，也包括从以知识学习为主的学校到技校、职工学校等以技能学习为主的横向教育机构体系；在文化和卫生领域，他创设了第一所地方博物馆、第一家养老院；他捐资创办或主持了一系列慈善机构，注重“教养兼施”“授之以渔”，解决部分人的生计问题。

现代家族慈善在我国港澳台地区发展得比较早。随着商业帝国的扩张，香港地区华人家族不仅慷慨捐赠内地赈灾、扶贫、办学等公益事业，而且建立了众多家族慈善基金会。具有较大社会影响的，有李嘉诚基金会、田家炳基金会、陈一心家族基金会等。香港地区企业家巨额捐赠时有发生，以香港恒隆集团主席陈启宗为例，2014 年陈启宗家族给美国的哈佛大学捐款 3.5 亿美元，算上陈启宗在中国内地修缮故宫等巨额捐赠，陈启宗家族累计慈善捐款已有几十亿元人民币。在中国台湾地区，目前最大的公益信托为台塑企业创办人王永庆家族设立的两个信托，王长庚社会福利基金、王詹样社会福利基金财产合计达 91.4 亿元新台币，占全台湾公益信托财产规模的 87%。王永庆家族后人每年将公益信托财产增值部分的 20% 到 50% 用于慈善活动，回馈社会。

我国内地的现代家族慈善同样是随着社会财富的增长而发展的。2005 年 1 月，牛根生与其家人宣布捐赠全部持有的蒙牛乳业股权。牛根生家族所持有蒙牛的股权分为境内和境外两部分，在境内拥有的股权以每年 25% 的比例转入老牛基金会，已完成捐赠。境外拥有的股权当时市值总额约为 54.55 亿港元，已通过在瑞士信贷下设的信托完成捐赠。该信托是一项不可撤销信托，信托受益方除了老牛基金会外，还包括中国红十字会、中国扶贫基金会（现中国乡村发展基金会）、壹基金、大自然保护协会、内蒙古慈善总会等公益慈善组织，同时，受益方还包括牛根生及其家人。

牛根生先生的捐赠壮举在中国现代家族慈善发展史上具有里程碑意义。在牛根生先生之后，曹德旺、何享健、杨国强等改革开放后发展起来的民营企业家以及马云、蔡崇信、陈一丹、雷军等互联网时代的新锐企业家陆续以多种方式设立家族慈善载体。以曹德旺先生 2011 年创立的河仁慈善基金会为例，基金会名称取自曹德旺的父亲曹河仁，其原始资金 2000 万元由曹德旺先生捐赠，后续资金来自曹德旺先生及其妻陈凤英捐赠所持家族企业福耀玻璃的 3 亿股股权，其 2021 年宣布资助 100 亿元建设福耀科技大学，也用了家族企业福耀的字号。广东省和的慈善基金会由之前的广东省何享健慈善基金会更名而来，该基金会原始资金 5000 万元由何享健先生绝对控股的美的控股有限公司捐赠，2017 年 7 月，何享健先生召集家族三代人举办隆重仪式，公告首批捐赠 60 亿元的家族慈善计划，其中大部分通过设立家族慈善信托计划的方式实施。万向集团创始人鲁冠球先生是与何享健先生等同时代的民营企业家，遵照鲁冠球先生的遗愿，2018 年 6 月，他的儿子鲁伟鼎设立了国内财产规模最大的家族慈善信托——鲁冠球三农扶志基金，探索了一条通过慈善信托安顿家族财富的新路。

进入 21 世纪以来，众多中国互联网企业在美国或中国香港特区上市，数千家民营企业通过 A 股上市，造就了一批身价超千亿、百亿的超高净值人士。与此同时，支持减贫事业、教育事业和重大灾害应急救助的家族大额捐赠成为常态。据 2021 年 2 月民德咨询公司、京师善财传承实验室联合发布的《中国捐赠百杰榜十年回顾与展望》，2011 年至 2020 年十年间，中国捐赠百杰榜累计上榜人数为 663 人（家族），上榜捐赠金额累计达 2191.16 亿元，其中有 202 人（家族）捐赠超过 1 亿元，28 人（家族）捐赠超过 10 亿元，6 人（家族）捐赠超过 100 亿元，历年入榜最低捐赠额在 1000 万元至 2000 万元之间波动，总体呈现上升趋势。许多境内外上市公司的实控人在企业上市之前就做了建立家族慈善平台的安排，截至 2021 年底，已有相当数量的上市公司实控人、大股东或高管通过在岸或离岸方式设立了家族慈善基金会或家族慈善信托[①]。

四　制度环境

总的来看，改革开放 40 多年来，随着社会财富的增长，我国大额捐赠、成立慈善基金会、设立慈善信托等家族慈善行动有所增多，但家族慈善的整体发展与社会财富的量级、第三次分配的地位不相匹配。尤其是《慈善法》颁行以来，我国慈善事业未能呈现雨后春笋般发展的应有局面，高收入人群家族慈善的潜能还远未得到释放。

党的十八大以来，尽管中央强调要“鼓励高收入人群和企业更多回报社会”，更好发挥第三次分配作用。但现实情况是，除何享健设立“和的慈善信托计划”、鲁伟鼎设立“鲁冠球三农扶志基金”慈善信托外，近年来我国超过 100 亿元人民币的巨额捐赠大部分都没能在国内落地。比如，2022 年 2 月，京东集团董事会主席刘强东捐赠价值约 150 亿元人民币的股票，其受捐方为设在境外的“第三方慈善机构”。实际上，近十几年来，马云、马化腾、陈天桥、雷军等互联网头部企业创始人的巨额捐赠大都在海外。仅 2020 年 7 月至今，超百亿元的海外巨额捐赠就有四笔，慈善资产超过 1000 亿元人民币（见表 1－1）。

① 本章数据为作者基于公开媒体报道、上市公司公告、基金会年报信息整理。

表 1－1 2020 年 7 月以来的四笔巨额海外捐赠

时间	金额	捐赠方	资金来源	接收方	接受地	财产类型
2020 年 7 月	约 580 亿元人民币	黄峥	黄峥及创始团队所持在美上市的拼多多股份	繁星基金会	海外，具体未知	有价证券
2021 年 6 月	约 147 亿元人民币	王兴	王兴所持在港上市的美团股份	王兴基金会	开曼群岛	有价证券
2021 年 7 月	约 144.8 亿元人民币	雷军	雷军所持在港上市的小米股份	小米基金会 雷军基金会	中国香港	有价证券
2022 年 2 月	约 149 亿元人民币	刘强东	刘强东所持在美上市的京东股份	匿名的第三方基金会	海外，具体未知	有价证券

资料来源：新浪科技：《拼多多提招股书：黄峥将捐 2.3% 股份成立慈善基金》，https：//tech. sina. com. cn/i/2018－06－30/doc－iheqpwqz3623121. shtml，2018 年 6 月 30 日。

新浪网：《5 年 5000 亿！起底拼多多创始人黄峥的财富“腾挪”游戏》，http：//k. sina. com. cn/article_6941699774_19dc1eebe00100wdal. html，2021 年 9 月 6 日。

披露易：“FORM 2－CORPORATE SUBSTANTIAL SHAREHOLDER NOTICE”，https：//di. hkex. com. hk/di/NSForm2. aspx？fn＝CS20210603E00237&sa2＝an&sid＝217030&corpn＝Meituan＋－＋W&sd＝04%2f06%2f2020&ed＝04%2f06%2f2021&cid＝0&sa1＝cl&scsd＝04%2f06%2f2020&sced＝04%2f06%2f2021&sc＝3690&src＝MAIN&lang＝EN&。

澎湃新闻：《雷军向慈善机构捐赠 6.16 亿股小米股票，价值 174 亿港元》，https：//baijiahao. baidu. com/s？id＝1705434365699589280&wfr＝spider&for＝pc，2021 年 7 月 16 日 。

《刘强东将向第三方基金会捐赠价值逾 23 亿美元股票，用于慈善》，https：//baijiahao. baidu. com/s？id＝1723700936543654277&wfr＝spider&for＝pc，2022 年 2 月 3 日。

慈善信托是现代社会高收入人群投身慈善的重要途径。英国现有慈善信托约 12 万个，大约每 500 人一个慈善信托；澳大利亚现有慈善信托约 16 万个，大约 158 人一个慈善信托；如果按照英国、澳大利亚的标准，我国慈善信托数量应该是 250 万个、880 万个。但据“慈善中国”数据，截至 2022 年 7 月 21 日，我国备案慈善信托仅 903 单，财产总规模为 41.89 亿元。自 2017 年以来，我国慈善信托虽然数量逐年递增，但慈善信托财产规模不增反降（见表1-2）。相较于庞大的社会财富总量，我国慈善信托远未进入健康快速发展的轨道。

表1-2 2017~2021年全国慈善信托备案情况

备案时间	2017	2018	2019	2020	2021
慈善信托数量	45单	87单	126单	261单	227单
信托财产总量	6.96亿元	11.28亿元	10.25亿元	3.91亿元	5.71亿元

我国家族慈善发展不尽如人意的原因，主要是捐赠激励、机构准入、治理参与、可持续运行等与高收入人群投身慈善相关的基础性制度安排亟待改良。

第一，家族慈善税收政策有待完善。遗产税、赠与税及其配套的捐赠免税制度在我国目前还未建立，推动家族慈善的刚性约束尚未形成。比如在美国，逐级累进的高额遗产税政策搭配捐赠免税政策，促成家族基金会、博物馆、美术馆、图书馆等家族慈善机构遍地开花。此外，慈善信托的捐赠免税政策未能落地，企业或个人捐赠免税政策执行仍不顺畅，也阻碍了家族慈善的发展。

第二，捐赠财产类别仍受限制。高收入人群的巨额捐赠多数是股权、房产、艺术品等非现金财产，直接捐赠现金的比例很小。由于股权捐赠视同交易、登记评估制度缺失，目前我国多数捐赠仍以现金为主。虽然2016年财政部、国家税务总局印发的《关于公益股权捐赠企业所得税政策问题的通知》，明确了以“历史成本”代替“公允价值”确定公益股权转让收入额，但并未解决捐赠人按照捐赠股权财产实际价值享受税前抵扣的期待，慈善组织接受股权捐赠后，如何行使对捐赠企业的股权治理权，也存在管理规范缺失。

第三，家族慈善机构准入门槛较高。从捐赠门槛、机构设立、资金管理到日常监管等环节，现有的家族慈善相关规定对家族慈善发起人还不够友好。目前新设基金会至少要200万元（不少地方已调高到800万元）人民币的起始捐赠，即便经过努力批准设立了基金会，其被许可从事的慈善活动领域也十分有限，再加上近亲属在慈善基金会理事会成员不能超过三分之一等规定，使一些有意开展家族慈善的高净值人士产生畏难情绪。

第四，家族慈善资产投资政策偏紧。尽管我国现有的慈善资产保值增值管理办法较之前已有不小的进步，但是对慈善资产投资的约束仍然较多。对于一些希望将巨额家族财产甚至愿意捐赠大比例家族企业股权来建立家族慈善机构的民营企业家来说，资金能不能通过宽泛的投资得到有效利用，慈善机构持股是否会影响企业的正常运行等，都是左右其慈善活动决策的重要因素。

第五，家族慈善组织可持续运行难。按照现行规定，我国高收入人群捐赠设立的非公募基金会，年度慈善活动支出不得低于上年末净资产的6%～8%。与此同时，受基金会保值增值和投资规定限制，大多数基金会投资的年化收益低于4%。另外，非公募基金会年度管理费用不得高于当年总支出的12%～20%，这里的管理费包括理事会经费，员工工资、奖金及五险一金，基金会办公费、租赁费等各项费用。以某企业家捐赠5000万元设立的基金会为例，其年度最低支出为6%即300万元，但投资收益只能达到4%即200万元，缺口100万元；同时，其年度管理费不得超过年度支出的13%，按年度最低支出300万元计算，管理费为39万元，而对于这家有6名员工的基金会来说，仅员工工资就需要约150万元，此处有缺口100余万元。也就是说，如果某企业家捐赠5000万元成立一家慈善基金会，每年至少还要额外补贴200万元，才能保障基金会的合规可持续运行。这是目前众多高收入人群对慈善基金会望而却步的重要原因。

第六，捐赠家族成员治理参与感受差。按照我国《基金会管理条例》的规定，高收入人群设立的非公募基金会，有近亲属关系的基金会理事不得超过基金会理事会成员总数的三分之一；有公募资格的基金会，具有近亲属关系的理事不得同时在理事会任职；此外，在基金会领取报酬的理事不得超过理事会成员总数的三分之一。相比美国、英国、新加坡及我国香港地区的同类制度，这些规定较为苛刻。一些超高净值人士因担心基金会难以长期确保慈善初心，选择了退缩。

规模化、组织化地推动高净值人群投身家族慈善，需要加强顶层设计、优化制度环境。比如，探索开展以遗产税、赠与税、房产税、资本利得税等为重点的税收政策试点；探索将家族慈善基金会差异化对待，在准入、设立等方面给予简便化安排；探索开展以完全民事行为人为委托人的慈善信托，同时探索给予慈善信托类法人资格，使其可以持有股权、房产等慈善资产；探索鼓励企业家将企业股权交由慈善基金会或慈善信托长期持有的家族慈善模式；等等。

五　社会认知

英美等先发国家的实践表明，家族慈善是高收入人群“利他”与“自利”的最佳结合点。课题组调研发现，家族慈善发展与社会财富量级不匹配的重要原因，一是相关职能部门未能充分认识家族慈善的多重社会功能，二是众多高净值人士对财富社会责任的认知不充分，对家族善财传承理解不深刻。

发展家族慈善，有助于探索建设长期共享繁荣的新社会。我国已经开启全面建设社会主义现代化国家的新征程，要发展和完善中国式现代化新道路和人类文明新形态，首先要明确不再走通过剧烈动荡调整社会秩序、促进社会正义的老路。大力发展兼顾利他与自利的现代家族慈善，是新时代紧迫而重要的议题。

发展家族慈善，有利于构建分工明确、业态丰富的慈善行业生态。2020 年第二季度统计数据显示，我国基金会数量为 7979 个，但其中资助型基金会占比不足 1%。慈善事业的高质量发展，需要有慈善资源提供方、慈善项目执行方、慈善项目评估方，还要有专业的咨询服务机构、能力评价机构、行业自治组织等。从海外经验看，家族慈善机构大多数是资助型机构。大力发展现代家族慈善，可以给慈善事业注入不竭的慈善资源。

从家庭文明建设角度看，发展家族慈善有利于塑造优良家风，夯实社会有序的根基。家庭是社会的基本细胞，是人生的第一所学校，也是国家发展、民族进步、社会和谐的重要基点。家风是社会风气的重要组成部分，家风好，就能家道兴盛，和顺美满；家风差，难免殃及子孙，贻害社会。家族慈善是家族精神、家族文化最重要的行动载体，利他行动蕴含的是家族成员的共同价值观。此外，家族慈善平台也是家族的情感纽带，能实现对家族成员的教化功能。要实现“慎终追远，民德归厚”，需要大力发展家族慈善。

家族慈善也是培育家族优秀人力资源的重要路径。未来30年，我国约有50万亿的家族财富及大量与之关联的民营企业需要从第一代传到第二代。促进以民营企业家为主体的我国广大高净值人士顺利实现有序传承，既是民营企业家的私事，也是事关经济发展、城乡就业、巩固税源的公事。慈善是家族后代建立正向价值观和不依附于财富的独立人格，培育同理心和同情心的重要途径。通过发起和参与家族慈善，家族后代能够在公共关系、合作精神、财务能力、领导力等多个方面得到训练。因此家族慈善是高净值人群的必选项，不是可选项。

从更广的视野看，目前我国中等收入群体大约为4亿人，也就是约1.5亿个家庭。倡导每个小家庭通过家族慈善来开展家庭教育、塑造良好家风、实现善财传承，对于推进新时代家庭文明建设，增强社会凝聚力和向心力，提升全社会道德文明水平也具有重要意义。

从海内外实践看，对于家族善财，我们可以有以下四层理解：其一，善财是正当的所得，即非恶财。君子创富，取之有道，能够传之久远的家族财富，必须是有底线的财富，是基于劳动、管理、知识产权等生产要素贡献的合法所得。其二，善财是有益的发展，即善的财。家族事业创始人、运营者对财富的社会价值有清晰的认知，能够让家族企业在为投资人创造价值、为社会创造就业、为国家提供税收的同时，主动承担对员工成长、对社区治理、对环境保护等方面的社会责任。其三，善财是自觉的行动，即善加财。新时代的民营企业家都应该是社会创新家，他们致力于商业向善与战略慈善同步推进，基业长青与社会责任并行构筑，企业和慈善都是其促进公共利益、推动社会进步的载体。其四，善财是美好的愿望，即无量财。穿越百年，人们就能够看清楚，好人缘、好名声、坚韧品格、杰出能力、圆融的智慧，才是家族真正的财富。

发展现代家族慈善，推动家族善财传承，首先要更新财富观，财富的本质是资产所凝结的劳动和社会关系，家族后代不能理解财富的本质，就难以驾驭财富。从另一个角度来看，直接赠与家族后代大量财富，将导致他们无法获得正常人的感知能力、奋斗勇气和创新精神，换句话说，财富可能毁掉了他们成为能人的机会。其次要更新传承观。从族群繁衍的角度看，毫不利他、专门利己的物种不太可能长久存续，因此，慈善是超高净值家族传承的必选项，只有包含利他要素的传承，才能奠定家族基业长青的根基。最后要更新成功观。成功有多种呈现形式，每代人有各自认可的“成功”。保有巨大的家族财富只是成功的一种形式，更大的成功是“为天地立心，为生民立命，为往圣继绝学，为万世开太平”。

除了改进公众认知，营造良好氛围之外，专业机构的赋能和服务对于发展我国现代家族慈善也是至关重要的。比较关键的是两类机构，一是行业研究和倡导机构，能够依据中国特色现代慈善事业的特点，借鉴海外有益经验，定期研究发布我国家族慈善发展的相关报告、分析发展趋势，开展面向高收入群体的传播和倡导，同时推动完善相关公共政策。二是培训赋能和咨询服务机构，开展基于我国实现共同富裕战略目标和庞大家族企业传承需求的善财传承顾问培训，逐步建立以私人银行、信托公司、家族办公室及枢纽型慈善基金会高管人员为主的善财传承合作网络，促进各类财富服务机构运用专业运营、资源整合及综合服务能力积极地将慈善事业纳入高净值客户服务的范围，为家族慈善事业充当顾问，推动高净值人群规模化投身慈善事业的发展，促进共同富裕目标的实现。

第一要提升财富向善的认知。在传统慈善和传统商业之间，当代中国家族财富开创者或掌门人可以选择双重底线投资、ESG 投资、使命相关投资、社会企业、共益企业等多种模式。建立自利利他的格局，找到财务回报和社会影响力的平衡点，无论这个点在光谱图的哪个位置，无论采用哪种工具，只要向着中心靠拢，都迈出了财富向善的步伐。

第二要对家族慈善做整体设计。高净值人群行善主要有几种路径：直接向公益慈善组织或项目进行捐赠、在有公募资格的慈善基金会下设立专项基金、设立捐赠者建议基金（donor - advised fund）、设立家族慈善信托以及成立家族基金会等。建议财富家族在开启慈善事业之初就做出整体规划、系统设计，将家族慈善作为家族长远发展和家族基业长青的基础工程。

第三要完善家族治理制度。家族治理制度是财富家族善财传承的关键。家族治理机制也决定了家族慈善事业的参与人、创始人介入程度，慈善主体的运营模式以及慈善与产业结合的方式。固定的机制可以保障财富家族创始人文化和价值观的传承，确定家族慈善活动的地域范围和重点关注领域。

与此同时，应当充分发挥中国光彩事业促进会、中华慈善总会等行业性、枢纽型慈善组织的作用，组织开展以民营企业家为主体的高净值人士善财传承培训，提升其对财富社会责任和现代慈善事业的认识，并组织提供现代家族慈善专业服务。另外，民政部等职能部门要充分借助数字化手段，优化审批监管流程，提升监管服务能力，建立行业自治网络，加强社会舆论监督，既促进家族慈善蓬勃发展，又保障家族慈善真正服务公共利益。

六　报告框架

《中国家族慈善研究报告（2022）》是我国首个聚焦现代家族慈善的专题研究报告。研究及发布此报告的目的，是贯彻落实中央关于“鼓励高收入人群和企业更多回报社会”“家风家教是家庭最宝贵的财富，是留给子孙后代最好的遗产”的重要指示精神，引导我国中高收入人群结合家庭文明建设目标，通过慈善基金会、慈善信托、企业社会责任等途径提升家族财富的社会价值，促进更多社会财富用于慈善目的，推动实现人的全面发展和全体人民共同富裕。

“中国家族慈善研究”课题由北京师范大学社会治理与公共传播研究中心主任，北京师范大学社会学院教授、博士生导师傅昌波担任课题组组长，北京师范大学社会治理与公共传播研究中心研究部主任魏璞祯担任课题秘书。课题组成员以北京师范大学社会治理与公共传播研究中心研究人员及北京师范大学社会学院、社会发展与公共政策学院的博士生为主，个别章节特邀外部团队参与研究并撰稿。报告分为绪论、发展现状、行业服务、基础研究、重要案例和附录等六个部分，全面反映我国大额慈善捐赠、家族慈善基金会、慈善信托、大众家庭慈善等发展状况，呈现各类财富管理服务机构推动家族慈善发展、促进实现共同富裕的创新举措，汇集家族慈善功能定位、文化根基、制度环境等方面的研究成果，提供部分重要家族慈善案例。

《中国家族慈善研究报告（2022）》各章节内容及撰稿人如下。第一章：绪论，从家族慈善的发展背景、概念界定、发展回顾、制度环境、社会认知等五个方面系统论述我国发展现代家族慈善的意义，介绍研究报告的整体框架，撰稿人为北京师范大学社会学院教授、北京师范大学社会治理与公共传播研究中心主任傅昌波。第二章：家族直接捐赠，以高收入群体直接捐赠行为为对象，分析近年来家族直接捐赠的捐赠规模、捐赠方、捐赠财产、受赠方，并对发展趋势进行分析，撰稿人为北京师范大学社会治理与公共传播研究中心研究部主任魏璞祯。第三章：家族慈善基金会，分析家族慈善基金会数量、资金规模、地域分布、支出规模、关注领域及治理情况，并对发展趋势进行分析，撰稿人为傅昌波，魏璞祯，北京师范大学社会学院博士生游海霞等。第四章：家族慈善信托，以慈善信托、家族慈善信托为研究对象，分析慈善信托发展模式、备案数量、资金规模及发展趋势，撰稿人为傅昌波，中航信托慈善信托业务负责人上官利青，北京师范大学社会治理与公共传播研究中心助理研究员李莉等。第五章：家族慈善账户，以家族慈善专项基金和捐赠者建议基金为研究对象，介绍两种模式的发展历史、实践模式与典型案例，撰稿人为舜益咨询机构执行总监韩婷，魏璞祯等。第六章：家族企业慈善，从海外家族企业商业向善回顾入手，介绍中国家族企业慈善实践的时代背景和典型案例，并对未来发展做出展望，撰稿人为傅昌波，四川文化艺术学院助教喻雨田。第七章：大众家庭慈善，介绍大众家庭慈善的时代价值、发展环境、发展现状及发展趋势，撰稿人为傅昌波，浙江省七彩阳光公益基金会秘书长刘欢。第八章：私人银行家族慈善服务，介绍私人银行业促进家族慈善发展的外部背景和内在动力，分析中国私人银行业在家族慈善领域的发展机遇，撰稿人为亚洲银行家研究经理蒲适，李莉等。第九章：信托行业家族慈善服务，介绍信托行业促进家族慈善发展的海外模式，分析我国信托行业服务家族慈善现状及发展前景，撰稿人为傅昌波、上官利青、李莉等。第十章：家办行业家族慈善服务，分析家族办公室行业在推动家族慈善方面的作用，介绍我国家办业服务家族慈善总体情况，撰稿人为傅昌波，德裕世家执行总经理魏晓翔，宁波市善园公益基金会理事赵岩等。第十一章：寿险行业家族慈善服务，从海外寿险业服务家族慈善的模式引入，介绍中国寿险业服务家族慈善的模式和案例，并对未来发展作出展望，撰稿人为傅昌波，北京师范大学社会发展与公共政策学院博士研究生陈凯，中华遗嘱库汤婷婷、于艳华等。第十二章：家族慈善文化根基，研究我国的“家族”渊源与“慈善”基因、马克思主义思想与近代家族慈善、新时代家族慈善的返本开新等几个方面，对家族慈善文化进行溯源，撰稿人为北京师范大学文化创新与传播研究院讲师车凤，北京师范大学社会学院讲师贺少雅。第十三章：家族慈善功能定位，从慈善事业的发展定位、家族慈善的社会功能、家族慈善的传承功能三个方面展开研究，对新时代家族慈善的功能定位进行深入阐释，撰稿人为傅昌波，北京师范大学社会学院博士研究生董培，魏璞祯。第十四章：家族慈善制度环境，结合我国慈善制度政策框架与家族慈善运营管理特点，借鉴国际相关制度，从家族慈善的实现形式、治理机制、行为监管和激励机制等方面，探讨我国家族慈善制度环境的薄弱环节和完善方向，撰稿人为美国佐治亚州立大学博士研究生叶萌，魏璞祯。第十五章：家族慈善典型案例，从慈善项目成效、机构治理情况和家族慈善初心等三方面介绍和的基金会、燕宝基金会、大鸾翔宇基金会、老牛基金会、鲁冠球三农扶志基金、河仁基金会、国强基金会、健坤基金会、美灵基金会和陈一丹基金会，撰稿人为李莉，北京师范大学社会治理与公共传播研究中心副主任范志宏。附录包括近代知名慈善家名录、家族慈善基金会名录、家族慈善信托名录、家族专项慈善基金名录及家族慈善相关法规及文件名录，整理人为魏璞祯、游海霞、叶萌。

《中国家族慈善研究报告（2022）》由中华慈善总会家族慈善文化建设慈善信托、北京老牛兄妹公益基金会提供资助，北京师范大学社会治理与公共传播研究中心提供学术支持，中华慈善总会家族慈善与慈善信托委员会、京师善财传承实验室、北京老牛兄妹公益基金会共同发布。

第一部分

发展现状

第二章

家族直接捐赠

直接捐赠是家族慈善的重要实现途径。本章所指的家族直接捐赠，区别于本报告其他章节讨论的用于设立家族慈善基金会、家族慈善信托、家族慈善专项基金等的捐赠，不同于通过发起设立的上述机构或渠道进行的捐赠，也不包括以企业名义开展捐赠的企业社会责任行为。家族直接捐赠特指高收入群体以个人、家庭、家族的名义，向与家族无直接关联关系的慈善组织、慈善项目执行方或受益方捐赠巨额现金、等价证券或物资的行为。

中国的家族直接捐赠自古有之。春秋末期的政治家、商人范蠡是有史书记载的家族大额捐赠的鼻祖。据司马迁在《史记·货殖列传》记载，范蠡“十九年之中三致千金，再分散与贫交疏昆弟”，就是说范蠡一生三次聚财，又三次千金散尽捐助他人。

明清时期，随着“工商皆本”“贾儒相通”逐渐为主流社会接受，富商家族大额捐赠开始出现。课题组整理了近代较为知名的慈善家共66位（名单见附件一），他们多数为实业发家的商人，具体可分为绅商、买办、侨商、新兴企业家等4类，主要集中在长三角和珠三角的沿海省市。这些慈善家的家族直接捐赠主要用于应急救灾、修建基础设施、捐建学校医院等。应急救灾捐赠占近代慈善家善行的半数。清光绪年间因“丁戊奇荒”而兴起的义赈，可视为近代社会慈善家群体大规模进行应急救灾捐赠活动的发端。慈善家经元善等在灾荒时期设立“上海协赈公所”，作为组织上海绅商义赈活动的常务机构，并率先垂范，捐金千两，使得上海协赈公所成为赈济光绪初年华北大旱灾的重要机构和社会力量。自 1878 年 5 月至

1879 年底，由上海协赈公所解往直隶、河南、陕西、山西四省灾区的赈款，共计白银 470763 两。之后，经元善、郑观应、盛宣怀、熊希龄等相继利用“义赈”组织形式开展慈善救济活动。义赈也因此成为近代中国慈善家群体进行灾难救济的最主要形式，也是有翔实记载的家族直接捐赠。

改革开放以来，我国社会财富总量持续增长，家族直接捐赠也随着我国慈善事业的逐步恢复持续增长。特别是在 1998 年举国抗洪、2003 年抗击非典型性肺炎、2008 年汶川地震救援、2019 年底以来应对新型冠状病毒肺炎等重大灾害时，许多民营企业家慷慨解囊，慈善资金成为政府救灾经费的重要补充。

以“中国捐赠百杰榜”① 为基础，课题组对 2011 至 2021 年之间，当年累计捐赠超过 1000 万元人民币的上榜慈善家族直接捐赠（含承诺捐赠）进行统计，以展示近年来部分家族直接捐赠的显著特征。从近 11 年的直接捐赠数据可以看出，直接捐赠这种虽然简洁明快但参与感偏弱、可持续性较差的家族慈善方式正日渐萎缩，众多超高净值人士开始选择建立家族慈善平台开展慈善实践。

一　捐赠资金规模

2011～2021 年，我国每年均有单笔超过千万元的直接捐赠，单笔超过亿元的直接捐赠也不在少数。年度直接捐赠总额最多的一年是 2018 年，有 25.28 亿元，最少的一年是 2020 年，也有 7200 万元。11 年来，“中国捐赠百杰榜”上榜慈善家族直接大额捐赠的总额为 143.38 亿元②。

总体来看，11 年来，“中国捐赠百杰榜”上榜慈善家族直接捐赠总金额在波动中呈现下降趋势。年度直接捐赠总额 2011～2014 年持续下降，2015～2016 年短暂攀升，2017 年大幅下降，2018 年到达最高点，2019 年

① “中国捐赠百杰榜”2012 年由北京师范大学中国公益研究院首创，后由北京师范大学中国公益研究院与深圳国际公益学院、北京师范大学社会治理与公共传播研究中心合作发布，至今已连续发布十一年。“中国捐赠百杰榜”统计上一年度中国大陆居民或中国大陆非国有企业控制人用于公益慈善目的的捐赠。榜单统计的外币捐赠，统一按当年 12 月 31 日的中国银行外汇中间价计算；榜单统计的股权捐赠，统一以当年 12 月 31 日收盘价计算。

② 本章数据为作者基于公开媒体报道、上市公司公告、基金会年报信息整理。

再次大幅下降，2020 年为连续 11 年来的最低点。

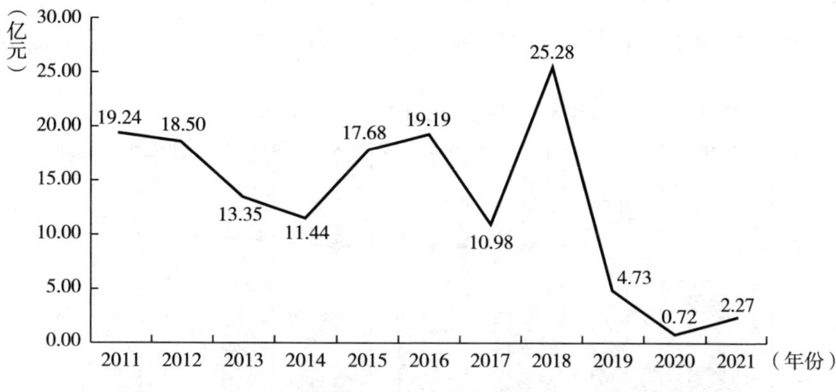

图 2-1　“中国捐赠百杰榜”上榜慈善家族直接捐赠总额

2011～2021 年，年度直接捐赠总额占当年捐赠总额最多的前百名捐赠方总捐赠额的比例平均为 7.06%，占比最高的年份是 2011 年，比例为 15.77%，占比最低的年份是 2020 年，为 0.23%。

比例变化趋势与捐赠总量变化趋势类似，也经历了下降－波动－再下降的过程，只不过最高点位于 2011 年。

这意味着，虽然直接捐赠金额绝对值很高，但在当年总捐赠中仍然只是很小一部分。并且，直接捐赠在大额捐赠方捐赠版图中的重要程度也在逐年减弱。

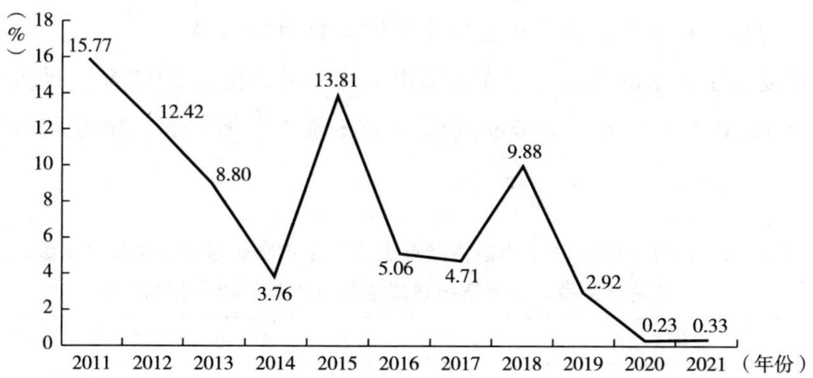

图 2-2　“中国捐赠百杰榜”上榜慈善家族直接捐赠总额占当年捐赠总额比重

这一点在其他机构研究成果中也有所体现。中民慈善捐助信息中心、中国慈善联合会等机构连续统计我国年度社会捐赠数据，并对捐赠主体进行个人捐赠和企业捐赠的区分。由数据对比分析可以看出，2008～2014 年个人捐赠大体上呈现下降趋势，人均公益捐赠占人均 GDP 的比例也呈下降趋势。

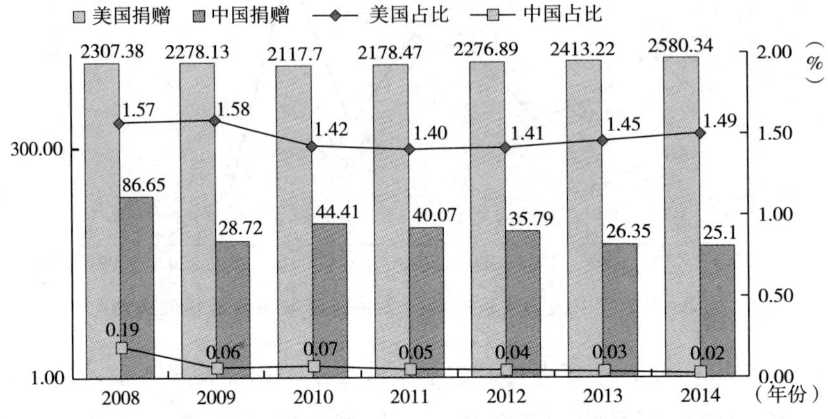

图 2－3　2008～2014 年中美个人捐赠情况对比

资料来源：刘太刚、吴峥嵘：《个人的公益捐赠越多越好吗？——基于中美两国的比较和需求溢出理论资源效率论的维度》，《江苏行政学院学报》2017 年第 4 期，第 59～66 页。美国捐赠、中国捐赠指各年中美个人捐赠金额，单位：亿美元；美国占比、中国占比指各年人均个人捐赠金额占该年人均 GDP 比例。

从“中国捐赠百杰榜”上榜慈善家族的直接捐赠笔数来看，每年都有 5 笔以上是以直接捐赠的方式产生的大额捐赠，最多的一年是 2011 年，有 62 笔，最少的是 2020 年和 2021 年，有 5 笔。平均每年有 34 笔。位于平均值以上的年份有 5 年，这 5 年的平均捐赠笔数为 51. 2 笔。

年度直接捐赠的笔数一直在波动中下降，最高值是 2011 年，最低值是 2020 年和 2021 年，进一步印证直接捐赠逐渐在各类大额捐赠方式中受到冷落。

表 2－1　2011～2021 年“中国捐赠百杰榜”上榜慈善家族直接捐赠笔数、年度总金额、年度直接捐赠金额占当年捐赠总额的比例

年份	直接捐赠笔数	直接捐赠总额（亿元）	直接捐赠占百杰比例（%）
2011	62	19. 24	15. 77
2012	43	18. 50	12. 42
2013	58	13. 35	8. 80

续表

年份	直接捐赠笔数	直接捐赠总额（亿元）	直接捐赠占百杰比例（%）
2014	33	11.44	3.76
2015	45	17.68	13.81
2016	48	19.19	5.06
2017	18	10.98	4.71
2018	34	25.28	9.88
2019	20	4.73	2.92
2020	5	0.72	0.23
2021	5	2.27	0.33
平均值	33.73	13.03	7.06

二　捐赠方分析

在大额捐赠的个人捐赠人中，虽然也存在一定比例的体育界、娱乐界、文艺界、教育界人士，以及前政要、学者等，但他们或捐赠金额较少，或通过个人基金会、专项基金进行捐赠，未进入本章讨论范围。因此，2011~2021年直接捐赠的捐赠主体全部为民营企业家，大多为董事长、实控人，仅有少量职业经理人、高管或是功成名就后辞去商业职务的民营企业创始成员。由此看来，民营企业家仍然是家族直接捐赠的主体。

企业家的慈善捐赠在企业中起着对企业文化塑造的关键性作用。"高层基调"（Tone at the Top）是人们在组织工作中的空气、气候，或者文化①，一个机构的董事长、实控人做出捐赠行为会在整个机构形成奉献、利他、担当社会责任的氛围，能够带动整个机构甚至员工的家人加入行善的队伍。

本章覆盖的捐赠方虽进行直接捐赠，但一些捐赠方也已经设立了家族或企业慈善基金会、慈善信托，或在公募基金会设立了专项基金。我们观

① 曾建光、张英、杨勋：《宗教信仰与高管层的个人社会责任基调——基于中国民营企业高管层个人捐赠行为的视角》，《管理世界》2016年第4期，第97~110页。

察到，捐赠人进行了直接捐赠的年份通常也会通过企业或其他慈善实体进行捐赠，仅仅通过直接捐赠方式进行大额捐赠的并不多见。随着时间推移，这种情况越来越少。

从捐赠人行业分布来看，房地产行业和制造业从业者在直接捐赠的总额和总人次上都排在前列，互联网行业、金融和批发零售行业从业者的直接捐赠位列其后。从各年度行业变化趋势来看，采矿业、水电燃气供应行业从业者在2011～2016年的直接捐赠名单中还占一定比例，但2017年以后便踪迹难寻。此外，2011～2016年直接捐赠人所属的行业在11个左右，但在2017年以后，捐赠人所属行业数量明显减少至7个上下，最近两年更是减少至每年仅有3个行业的捐赠人进入名单。

一方面，越来越多的企业不再从事单一产业，而是以集团为主体，在多个领域同时发展，也有一些企业逐渐转为多元投资公司，反映出企业在参与公益慈善的同时，业务逐渐做大做强，抵御风险的能力增加，追求自身可持续发展的过程。

另一方面，良好的企业社会责任表现能够通过声誉效应等方式提升企业业绩，增强公司持续发展能力，企业积极承担社会责任的行为可以有效降低企业风险，这一效果在股价波动的反应中尤为明显[①]。因而，承担企业社会责任也在帮助企业增加无形资产，促进可持续经营。

从直接捐赠行为捐赠人所在省份来看，广东捐赠人数量最多，每10个捐赠人中就有一位来自广东。捐赠人数排在二、三位的是北京（占比14%）和福建（占比13%）。位列4～6位的依次是山东、江苏和浙江三个省份，捐赠人在全国占比在5%左右。

总体来说，东南沿海经济发达地区捐赠人数占比较多。广东近些年在大额捐赠，特别是大额直接捐赠中有突出表现，这也与近年来大力推广的广东扶贫济困日活动有关。每年6月底至7月初，广东各级政府和慈善会、基金会都会开展劝募活动，辖区内有影响力的企业也会积极响应，举牌认捐，其中不乏以个人或家庭、家族名义进行的捐赠。

① 曾建光、张英、杨勋：《宗教信仰与高管层的个人社会责任基调——基于中国民营企业高管层个人捐赠行为的视角》，《管理世界》2016年第4期，第97～110页。

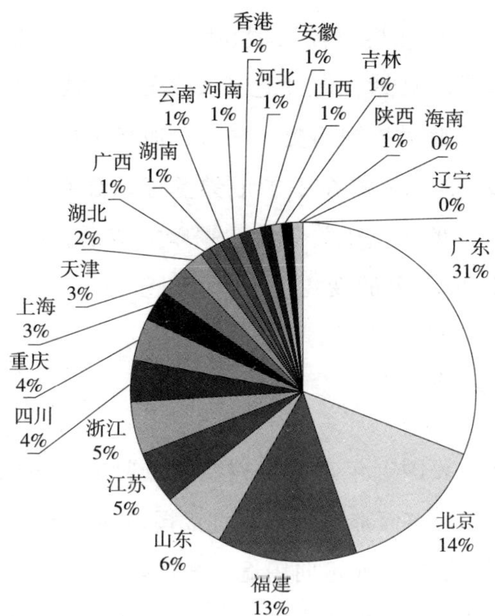

图 2－4　直接捐赠人所在省份分布

说明：因四舍五入，小于 0.5% 的数值显示为 0%，下同。

三　捐赠财产分析

随着资本市场的发展，股权是大量财富人群的主要资产形式。近些年来，捐赠资产形式日趋多元化，股权捐赠已成为中国大额捐赠的重要方式，2011～2021 年，几乎每一年均有大额股权捐赠。然而，因价值认定、税收优惠、境外上市企业向境内捐赠的政策法规尚不完善，一些国内股权捐赠落地时间较长，也有一些股权捐赠选择放在境外。

相较于现金捐赠，股权捐赠通常是更加大额的慈善安排，捐赠人往往也会用股权捐赠用于设立慈善基金会或慈善信托。据统计，捐赠股权直接用于与捐赠方无关联关系的项目执行方或受益人仅有两笔。其中一笔是 2015 年蓝色光标股东赵文权向北京大学教育基金会捐赠其持有的 200 万股蓝色光标股份；另一笔是 2017 年北极光创投创始人邓锋向清华大学教育基金会捐赠其持有的对兆易创新天使投资所得股票。

2015 年，北京蓝色光标公司大股东赵文权向北京大学教育基金会捐赠其持有的200万股蓝色光标可流通股份，用于设立“蓝基金”，支持北京大学创建世界一流大学计划，促进北京大学教学科研、人才培养及教育科研事业的发展，成为北大捐赠历史上的首例股权捐赠①。

2015年4月23日，捐赠在中国证券登记结算有限公司深圳分公司通过非交易过户形式办理完成相关手续。捐赠完成后，赵文权持有的蓝色光标公司股票数量由7051万股变更为6851万股②。

四　受赠方分析

教育领域始终是我国近年来直接捐赠的重要关注领域。2011～2021年，捐赠笔数和捐赠金额两方面都占到全部直接捐赠的半数以上。除教育领域以外，受到关注的领域依次是非定向用途、扶贫以及救灾减灾、特定人群等。

“中国捐赠百杰榜”课题组数据显示，2016～2021年间，每年各种形式用于扶贫领域的大额捐赠与用于教育的捐赠金额总体接近；受捐赠用途多元化以及政策引导等多重因素的影响，用于生态环境及医疗的大额捐赠也占有一定比例。然而，在各类大额捐赠倾向的领域中，教育接收的大额

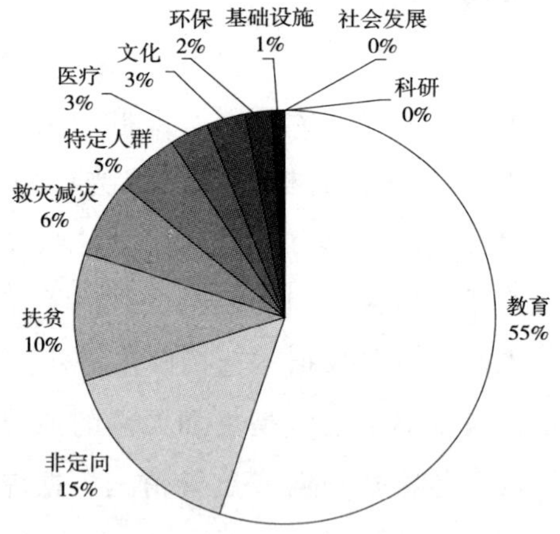

图2－5　2011～2021年直接捐赠用于各公益领域的笔数分布

① 安宁：《北京大学授予赵文权校友名誉校董》，北京大学，https：//news. pku. edu. cn/xwzh/129－289483. htm。

② 《M2冲击波》，https：//xueqiu. com/6642838710/132516222？page＝2。

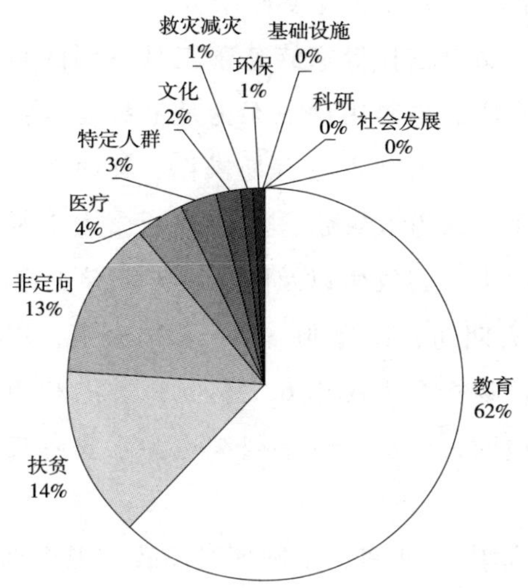

图 2－6　2011～2021 年直接捐赠用于各公益领域的金额分布

捐赠更多以直接捐赠的方式进行。

此外，通过连续多年的数据可以观察到，在 2011～2018 年，直接捐赠分布在 7 个左右的方向；而到了最近三年，直接捐赠所指向领域只局限在 3 个左右的方向。教育始终是直接捐赠会覆盖的领域，另一些是扶贫、救灾减灾和特定人群。

教育捐赠是一直以来各种捐赠形式关注的重点。在教育捐赠中，大量捐赠人是本校校友。尽管一些高校出于对捐赠方隐私保护等原因不会全部公开捐赠信息及捐赠金额，但仍能在校庆新闻、媒体报道和信息披露中了解到校友捐赠在教育捐赠中的重要分量。

2017 年，北极光创投创始人邓锋将自己持有的对兆易创新天使投资所得股票卖出，全部捐赠给母校清华大学，总价值 1100 万美元。

邓锋多年来持续向高等教育人才培养领域进行捐赠，并在项目上亲身参与，投入精力和智力。2003 年，邓锋曾向清华大学捐赠 1000 万元，每年支持 100 个学生出国参加一流的国际会议，以提高和增加清华学生论文的质量和数量。2007 年，邓锋在清华大学发起“思源骨干计划”，每年出资 70 万元，资助清华大学学生赴青海、贵州、长三角等地区实践考察，了解基本国情；赴美国、印度、芬兰、俄罗斯等国参观考察，了解国际形势。十年来，思源骨干计划学员达600余人[①]。

与慈善基金会、慈善信托等家族慈善工具不同的是，通过直接捐赠用于救灾减灾的善款在所有捐赠用途中无论是笔数还是金额都排在更为靠前的位置。直接捐赠用于救灾减灾具有易操作、耗时短、见效快的优势，从近代中国到今天，每一次重大灾情，境内外社会力量都快速响应，成为灾后恢复重建、避免次生灾害发生以及防灾减灾宣导工作的重要补充。

1998年抗洪赈灾期间，作为唯一指定募捐渠道，中国红十字会系统共从国内外募集善款善物折合人民币6.7亿元。香港和澳门红十字会向灾区提供近亿元的善款援助，台湾红十字组织也为水灾募集了852万元人民币的善款[②]。

2003年抗击“非典”期间，全国各级民政、卫生部门，红十字会、中华慈善总会系统共接收非典型肺炎防治社会捐款13.76亿元[③]。

2008年汶川地震救灾期间，全国共接收国内外社会各界捐赠款549.09亿元，全国4550万名党员共缴纳“特殊党费”97.3亿元[④]。全球华侨华人通过“侨爱工程”、驻外机构、中国红十字会、慈善总会，以及涉侨部门等各种渠道，为中国抗震救灾捐款捐物11.33亿元人民币。[⑤]

从受赠方所在省份来看，广东、北京、福建接收了2014年以来直接捐赠的半数金额，这些地区同样是捐赠方聚集的地区。需要强调的是，这里的省份仅仅是捐赠接收机构或个人所在省份，并不一定是项目最终受益方所在地。

广东是乡贤捐赠最突出的省份。2018年前后，广东省陆丰市将教育、医疗卫生等民生项目建设放在重要位置，先后启动了一批建造、升级项目。这些项目建设不但满足人民基本生活需求，还能带动当地经济社会发

① 谢舒：《邓锋：精英创精英》，《中国慈善家》2017年11月刊。

② 上海市红十字会：《往昔丨1998年抗洪赈灾》，https://www.163.com/dy/article/G8OLRGE40514CFU0.html。

③ 张明：《民政部：防治“非典”社会捐赠已超过24亿元》，https://www.chinanews.com.cn/n/2003-05-30/26/308721.html。

④ 郭卫民：《全国共接收国内外社会各界捐赠款物437.64亿元》，https://news.ifeng.com/c/7fYPb1IUM8l。

⑤ 唐伟杰：《全球华侨华人广泛支持抗震救灾 捐赠数量大》，中国新闻网，https://www.chinanews.com.cn/hr/kong/news/2008/06-02/1269906.shtml。

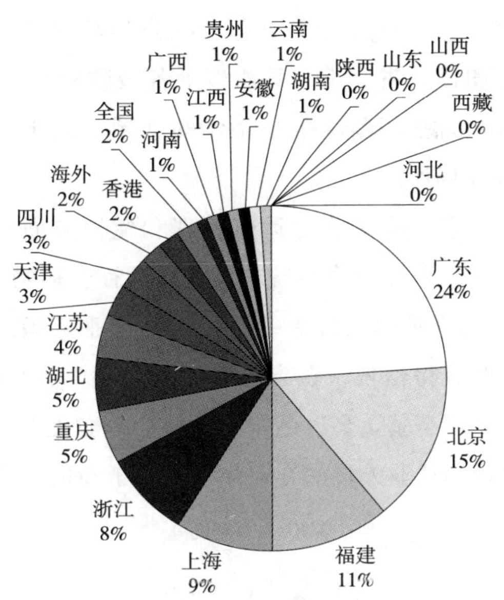

图 2-7　2014~2021 年直接捐赠接收省份接收总金额分布

展，加快城市化进程，更对塑造当地形象、改善和优化发展环境起到关键性作用。

2018 年 6 月，深圳市恒裕集团董事长龚俊龙以及深圳市绿海城集团董事长吴远溪、深圳市汉京集团董事长吴远港兄弟分别以家庭名义向广东省陆丰市人民政府捐资 3.6 亿元建设陆丰第二人民医院（甲子人民医院），捐资 3.5 亿元建设龙山中学和大安中学。

这是乡贤支持家乡事业的一个缩影。2018 年，陆丰市政府民生项目的投建，得到了社会各界人士的高度关注和大力支持，众多企业家心系家乡，情牵桑梓，纷纷慷慨解囊。

捐赠人龚俊龙表示，此次捐赠是他和家人的共同决定，无偿捐资助力医院建设，完善医院各项配套设施设备，保障三甲地区乃至周边村镇几十万人民身体健康，是他和夫人的夙愿。同时，他也想借此机会呼吁更多乡贤和热心人士，为家乡建设和发展做出更多更大的贡献①。

接收直接捐赠的主体中，总笔数的 2/3 接收者是基金会，其中主要为

① 麦田：《二乡贤向陆丰捐款 7.1 亿元支持卫生教育事业》，善达网，http://www.shanda960.com/shandaguan/article/15379。

公募基金会和高校基金会；另 1/3 中有大部分为其他社会组织，包括慈善会、联合会等社会团体；省、市、县或以下各级政府 8 年间共接收 17 笔直接捐赠；仅有个位数直接捐赠给了中小学幼儿园、红十字会、港澳台非营利机构、个人和医疗场所。

对于大额捐赠，基金会专业化运营管理和免税方面的优势明显，是捐赠人进行捐赠的首选。红十字会系统本应是接收社会捐赠用于人道救援的重要途径，但 2011 年以来捐赠给红十字会的款项微乎其微。2020 年新冠疫情暴发，红十字会重新赢得信任，在当年和此后的 2021 年共接收两笔直接捐赠。无论是红十字会还是基金会、慈善会，社会捐赠尤其是紧迫用途的捐赠流入，对于机构治理和从业人员的专业化都提出了新的、更高的要求。

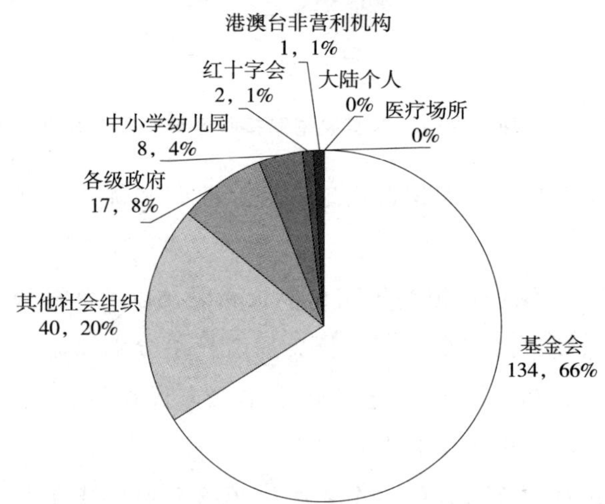

图 2－8　2014～2021 年直接捐赠各主体接收笔数分布

五　直接捐赠发展趋势

（一）直接捐赠笔数减少，引导开展战略慈善

从近 11 年统计数据可以发现，年度单笔家族直接捐赠笔数波动下降（图 2－9）。在年度社会总捐赠金额和笔数波动上升的前提下，家族直接捐赠的比例正在降低。预计今后家族直接捐赠将保持较低比例，同时，由于目前基金会、专项基金等法规条例在捐赠支出、业务范围有所限制，直接

捐赠仍是目前见效最快、执行时间最短的家族慈善方式，因此家族大额直接捐赠不会完全消失。

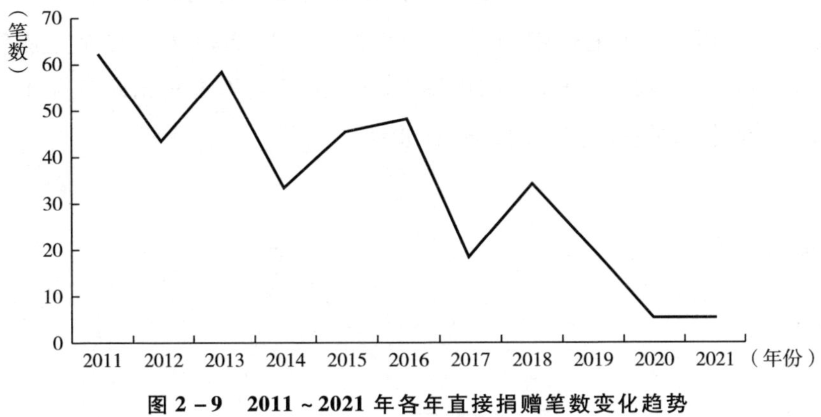

图 2－9　2011～2021 年各年直接捐赠笔数变化趋势

在国内捐赠总额保持稳定并略有上升的背景下，直接捐赠金额连续下降，意味着捐赠更多采用了通过企业捐赠、通过个人或企业慈善基金会以及通过慈善信托等多种慈善工具进行，零散、随机捐赠的金额和次数都在减少，慈善捐赠更加具有专业性和长期规划，并与自己关注和擅长的领域结合。总体看，我国家族大额捐赠已经跨越直接捐赠阶段，开始探索家族战略慈善。因此，直接捐赠金额下降，直接捐赠占比与西方国家存在差距并不是一件坏事，不应一味追求金额增长和补齐差距。

公益慈善是第三次分配的重要组成部分。各类政策法规应加大激励社会力量参与包括直接捐赠在内的慈善行为的力度，促进慈善事业高质量发展；同时，监督管理部门及教育培训机构应加强对捐赠方的培训辅导，引导捐赠方建立战略性、长远性、专业性家族慈善平台，培育科学、高效的慈善资源供给者。

（二）捐赠金额趋于理性，更应做好捐赠服务

从各年直接捐赠平均金额来看，2011～2013 年，平均捐赠额在 3000 万元左右；2014～2018 年，平均捐赠额逐年上涨，2018 年达到平均捐赠额峰值，为 8078 万元；随后在 2019～2020 年下降到不到 2000 万元，又在 2021 年回升到 4541 万元（图 2－10）。这表明，随着捐赠意愿增强、慈善

相关法律出台，鼓励慈善的社会环境显现，平均单笔捐赠金额水涨船高；但随着各类捐赠方式被更多人所了解，法律不断完善，捐赠方逐渐设立专业机构进行捐赠或通过企业进行与企业战略相吻合的捐赠，直接捐赠额平均值下降。2021 年单笔捐赠额增长，课题组认为与 2021 年疫情、洪灾等突发灾害有关。因此，预计未来单笔捐赠年平均值不会再出现逐年上升的趋势，而是稳定在一定范围内，略有波动。

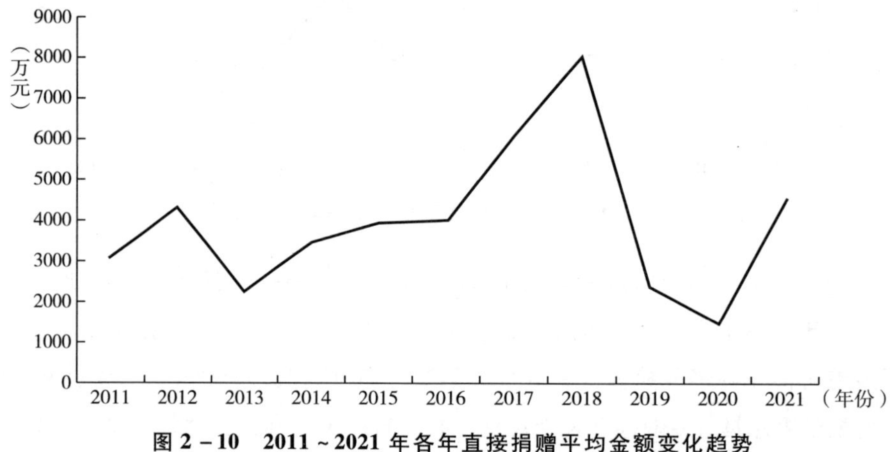

图 2－10　2011～2021 年各年直接捐赠平均金额变化趋势

结合直接捐赠领域变化趋势，近年来捐赠领域由多元捐赠用途变为主要捐赠给学校和巨灾应急与灾后救助。教育捐赠往往是向母校捐赠，体现个人捐赠意愿，这类捐赠不一定与企业所属行业相关，也不一定包含在个人设立的基金会或其他慈善主体关注的方向中；此外，灾后救助往往需要快速响应，而企业或专业慈善机构涉及多个利益相关方，决策流程较长，不如直接捐赠快捷。因此，在未来一段时间内，预计一部分用于教育、应急的捐赠仍以直接捐赠方式进行。

由于直接捐赠更加倾向于应急救助，这就对应急捐赠反馈的真实、准确、及时提出了更高要求，需要接收方在募集资金、使用和调配、问题解决程度方面做到公开透明。政府也要引导社会慈善力量合理使用慈善资源，防止慈善资源过度集中在热点事件、热点人物身上，过度消费社会慈善热情①。

① 王爱文：《正确认识把握推进共同富裕中的分配、社会福利与慈善问题》，《学习时报》2022 年 6 月 22 日，第 1 版。

第三章

家族慈善基金会

现代意义的家族慈善基金会肇始于 20 世纪初的美国。美国“石油大王”约翰·D. 洛克菲勒和他的家族后代运用在石油领域取得的巨额财富创办了洛克菲勒基金会（Thc Rockcfcllcr Foundation）、洛克菲勒家族基金会（Rockefeller Family Fund）、洛克菲勒兄弟基金会（Rockefeller Brothers Fund）等多个家族慈善基金会，百年来向全球教育、医疗、扶贫、文化等众多领域提供资助。

改革开放 40 余年来，随着社会财富增长，牛根生、党彦宝、何享健、刘永好、杨国强、陈一丹等民营企业家，以及一批在文化、艺术、体育、医疗、军事等领域做出突出贡献的名人及其后代相继成立了家族慈善基金会。随着我国慈善法规日渐完善，舆论环境不断优化，家族慈善基金会已成为进行家族慈善的重要途径，成为家族文化和家族财富同步传承的重要载体。

一　家族慈善基金会界定

家族慈善基金会并非一个法律概念，各国对这一组织的判断标准各有不同。美国基金会中心（Foundation Center）依据慈善基金会的资金来源和运作方式，将基金会分为五类，分别是企业基金会（corporate foundation）、独立基金会（independent foundation）、家族慈善基金会（family foundation）、运作型基金会（operating foundation）和社区基金会（community foundation）。其对于家族慈善基金会的判断标准是：由单一家族成员出资的独立、私人基金会；家族成员常常在基金会任职或担任理事，并在做出资助决定时扮演关键角色。美国基金会理事会（The Council on Foundations，COF）的定义为：资金主要来源于同一家族多个成员的基金，不管以信托形式、离岸公司形式，还是以单一户头或银行账户形式存在，都可以统称为“家族基金”。COF 对家族慈善基金会的判断标准是：由单一家族的成员出资；有至少一位家族成员在基金会任职或担任理事，并在控制和（或）运营中扮演关键角色。

英国发布的家族慈善基金会报告《捐赠趋势——Top 100 家族慈善基金会》使用的判断标准为：在名字中有“家族”二字的独立基金会；有一位在世捐赠人的姓氏与基金会名字一致；信托人的姓氏与基金会名字或一位在世捐赠人或已故捐赠人姓氏一致。而在澳大利亚，Philanthropy Australia 定义家族慈善基金会为由一个家族成立，并由家族成员或出资家族成员经营管理的私人基金会。

在 2014 年，中国基金会中心网对中国家族慈善基金会给出如下判断标准，即基金会名称包含家族名称，基金会发起人或出资人为个人或家庭，家族成员在基金会任职。国内有学者指出，家族慈善基金会最初通过捐赠家族财富设立，具有私募性质。它拥有独立的管理机构，私人公司或家族企业作为捐赠者在基金会理事会中占有一席之地，为个人或其他非营利组织提供资金支持。不仅如此，家庭成员在基金会的整个发展过程中发挥了重要的监管作用，并且大部分的家族慈善基金会由家族成员无偿担任财产受托人或理事进行运作。

参照中西方家族慈善基金会的定义，基于中国家族慈善基金会现状可以判断，中国的家族慈善基金会首先是区别于政府背景（包括政府发起和运营）的基金会，也在一定程度上区别于家族企业社会责任（Corporate Social Responsibility）。

根据中国的实际情况，本报告将满足以下条件且不具有公开募捐资格的慈善基金会列为研究对象：

（1）由个人、家族或由个人、家族控股的非公有制企业出资设立，且个人或家族成员在基金会担任重要职务的慈善基金会；

（2）由在政治、经济、文化、科技等领域具有重大影响力的个人或家族成员发起设立，且个人或家族成员在基金会担任重要职务的慈善基金会。

本章研究对象为在中国大陆注册的家族慈善基金会及其家族成员，所用数据主要来源于中国基金会中心网，截止日期为2020年12月31日。其他数据和文献均采自公开信息渠道，包括中国社会组织政务服务平台、中国基金会中心网、北京老牛兄妹公益基金会、各基金会的官方网站及微信公众号、媒体报道、上市公司公告等，截止日期为2021年12月31日。另有部分信息源自《中国家族慈善基金会发展报告（2018）》课题组。

二　家族慈善基金会现状

新中国成立以来设立的家族慈善基金会，与清末民初的以“义庄”为主要载体的家族慈善主体有着本质的不同。从法律性质上说，家族慈善基金会属于不具备公募资格的慈善基金会，从慈善资产来源而言，家族慈善基金会的慈善资产主要来自高净值人士家庭或家族的捐赠，从受益对象来说，家族成员不能成为家族慈善基金会的受益人。

（一）组织数量

截至2021年底，我国慈善基金会共有8866家，其中符合课题组判定标准的家族慈善基金会共有277家，占基金会总数的3.12%。

中国大陆第一家基金会是1981年注册的浙江省妇女儿童基金会，而第一家家族慈善基金会是1986年注册的福建省泉州贤鎏福利基金会。1980年，爱国华侨何瑶煌先生捐资兴建“贤鎏福利大厦”，贤鎏福利大厦租金和所有收益作为长久提供贤鎏福利基金会的资金[①]。何瑶煌和哥哥何瑶焜当时分别担任会长和永久会长，二人过世后家族成员继续管理运营，历任理事名单中都有何氏家族成员的名字。贤鎏福利基金会于1988年设立“贤鎏奖”，至今已有19021名优秀学子、优秀教师获得“贤鎏奖”。第二

① 《2022年贤鎏基金会奖学金名单公布1282位学生及老师获奖》，福建省泉州贤鎏福利基金会官网，http：//xljj. qzedu. cn/content/？338. html。

家家族慈善基金会——北京市黄胄美术基金会于1989年1月注册成立，是黄胄先生创办的公益机构，起初为炎黄艺术馆在国内外筹募资金。炎黄艺术馆开馆后，基金会在为炎黄艺术馆提供资金和学术支持外，持续推动中国国画发展及对优秀艺术家的培养和资助。目前由黄胄先生之女梁缨女士任基金会理事长。

1989年是《基金会管理办法》出台的第二年，这是改革开放后中国第一部专门规范民间组织登记管理的行政法规。同年，吴作人国际美术基金会、马海德基金会先后在北京注册成立。

2004年，《基金会管理条例》出台，进一步促进社会力量参与公益事业。这一年，内蒙古老牛慈善基金会等7家家族慈善基金会相继成立。内蒙古老牛慈善基金会家族特征明显：资金由牛根生先生与家人捐出，与家族以外自然人或法人（包括家族企业法人）没有关联；家族两代成员均在基金会担任重要职务，参与重要决策；财富和理念具有传承性，家族慈善基金会的“有形资产”和“无形资产”代际相传。

2011年，家族慈善基金会数量突破100家，2015年达到200家。从数量增长趋势来看，2004～2015年是家族慈善基金会迅速增长的阶段，1986～2004年及2016年以后增长速度缓慢。

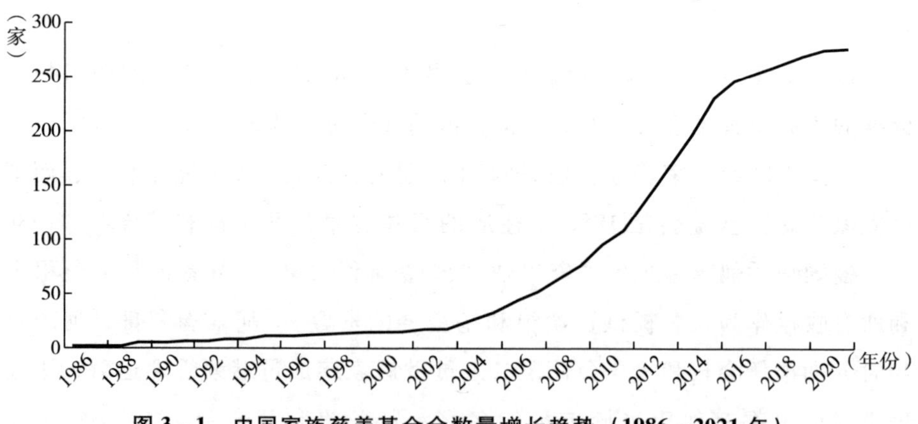

图3－1　中国家族慈善基金会数量增长趋势（1986～2021年）

对比各年新增家族慈善基金会数量与我国1981～2017年基金会数量（见图3－2），家族慈善基金会年平均增长率为26%，基金会年平均增长率为23%。若剔除1989年家族慈善基金会由1家增长到5家的畸高数据，则其年平均增长率为20%，略低于全国基金会年平均增长率。全国基金会的增长趋势经历了1981～1993年较快增长、1994～2003年增速放缓、2004～2015迅速增长、2016～2020年增速再度下降的过程。在整体变化趋势中，后三段与家族慈善基金会基本类似。

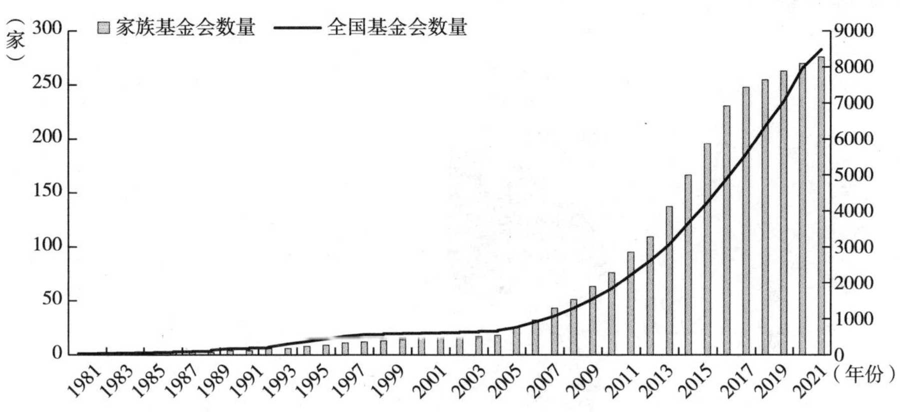

图3－2　中国家族慈善基金会数量及全国基金会数量发展趋势

（二）组织规模

中国家族慈善基金会目前存在两种发起方式：一种是贡献家族有形资产，即家族近亲属成员或家族企业提供资金，这种情况占比96%；另一种是在社会上有影响力的名人接受特定方捐赠，例如1991年阎宝航先生的生前好友张学良将军、宁恩承先生以及阎宝航的子女倡议发起的上海阎宝航社会公益基金会，又如2016年吴建民大使夫人施燕华女士和吴大使生前好友等共同发起北京吴建民公益基金会。

截至2020年底，277家家族慈善基金会的注册资金总计为23亿元，净资产总额为144.41亿元，其中53%以非公募基金会最低注册资金200万元注册。2020年，全国6737家基金会净资产总额约2186亿元，家族基金会2020年末净资产占全国基金会的比例为6.6%。

2004年施行的《基金会管理条例》中规定“非公募基金会的原始基金不低于200万元人民币”。在研究范围内的家族慈善基金会中，仅有马海德基金会是马海德夫人周苏菲“拿着3万美元”于1989年在民政部注册成立的[①]，属极个别情况。146 家以 200 万最低注册资金注册，超过全部家族慈善基金会半数，发起资金在 201 ~ 499 万元、500 ~ 1000 万元、1001 ~ 9999 万元的家族慈善基金会分别占 14. 8% 、17. 69% 和 13% （见图 3 – 3），泛海基金会和江苏陶欣伯助学基金会发起资金为 2 亿元，是发起资金最高的家族慈善基金会。

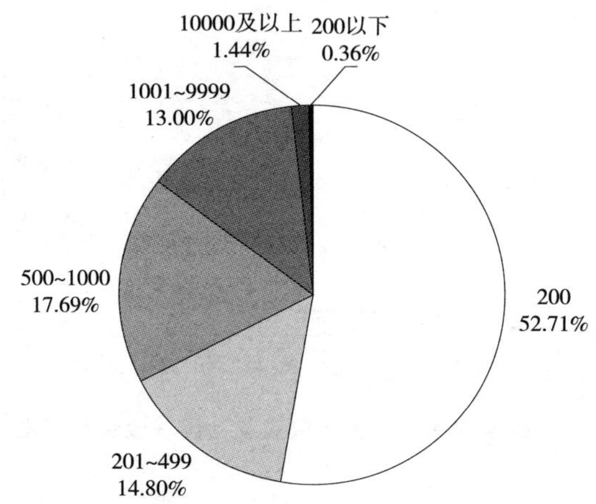

图 3 – 3　中国家族慈善基金会注册资金分布（单位：万元）

全国范围内，在山东省、江苏省、新疆维吾尔自治区、北京市、上海市、宁夏回族自治区注册或在民政部注册办公场所在上述地区的家族慈善基金会发起资金平均值超过全国的平均值 882. 38 万元（见图 3 – 4）。北京市、江苏省、广东省是家族慈善基金会注册资金总额最高的三个省份。注册资金 1 亿元的威海市文登仁济基金会是山东省家族慈善基金会平均值在全国处于最高的主要因素，新疆仅有的一家家族慈善基金会新疆维吾尔自治区新勇教育基金会注册资金为 1500 万元，这便形成了和山东类似的省份注册资金总额低、平均值高的特点。北京市、广东省等家族慈善基金会数量较多，但注册资金大多为 200 万元，这是这些地方注册资金总额在地区中排名靠前，但平均值不突出的主要原因。

① 《加入中国共产党，拯救 50 万中国人的美国医生：我不走！我是中国人!》，https：// mp. weixin. qq. com/s/H – 9sp_mpkWdFRgTD_m4ezA？ spm = zm1062 – 001. 0. 0. 1. EBS0YJ，2019 年 7 月 11 日。

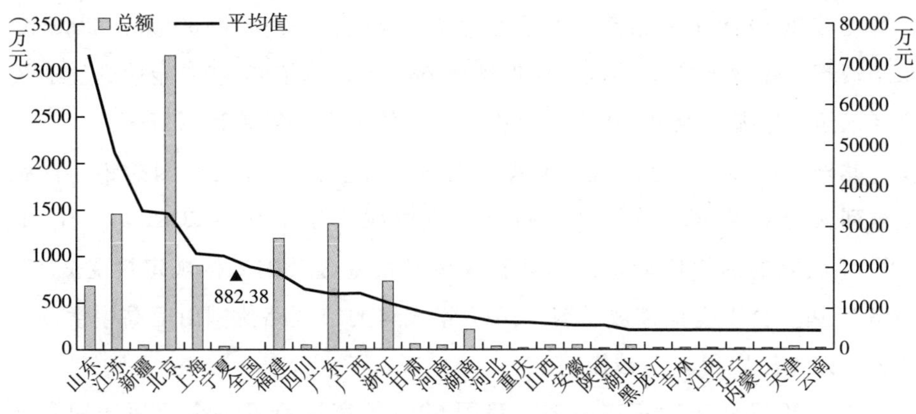

图 3－4　中国家族慈善基金会注册资金总额及平均值各省份分布

近年来，我国家族慈善基金会的注册数量有所上升，年发起资金总量也相应上升。数据表明，1986～1997 年基金会普遍注册资金为 200 万元或略高于 200 万元，1998～2006 年间有大额设立基金会的实践探索，在 2006 年之后家族慈善基金会年均注册资金金额在 500 万～2000 万上下浮动，整体变化不显著（见图 3－5）。

年均发起资金最高的是 1999 年，因为当年成立了唯一一家家族慈善基金会——上海唐君远教育基金会。该基金会的注册资金 4000 万元来源于唐君远先生的遗赠、唐君远之子唐翔千先生及唐氏家族的捐赠、唐氏有关企业的捐赠等。

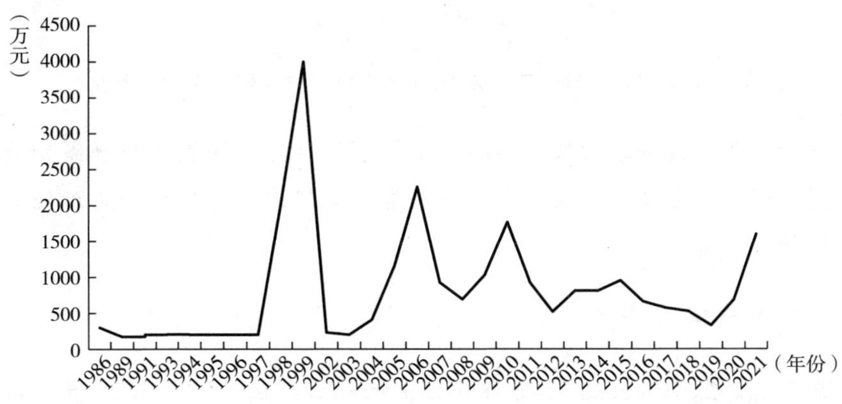

图 3－5　中国家族慈善基金会年平均注册资金发展趋势

比较2020年末家族慈善基金会净资产与发起资金，189家在2020年末净资产超过注册资金，这一比例达到68.23%。有45家未能达到注册资金，甚至2家基金会2020年末净资产为负值，没能妥善运营资金。

此外，1986年以来，有25家家族慈善基金会因各类原因撤销、注销或被列入活动异常名单，这些基金会主要成立于2005～2015年，比如，2007年成立的浙江广天日月鲍林春建设科技基金会因未按规定接受2017、2018年基金会年度检查被撤销，2011年成立的宁夏路伏国山区高中生助学基金会因无法取得联系被撤销。

依据2020年末净资产数据，我国69%的家族慈善基金会属于净资产不到3000万元的中小型家族慈善基金会，净资产在3000万元以上的有45家，净资产在1亿元以上的有16家，10亿元以上的有5家（见图3－6），其中江苏省1家、福建省1家、广东省2家、浙江省1家。

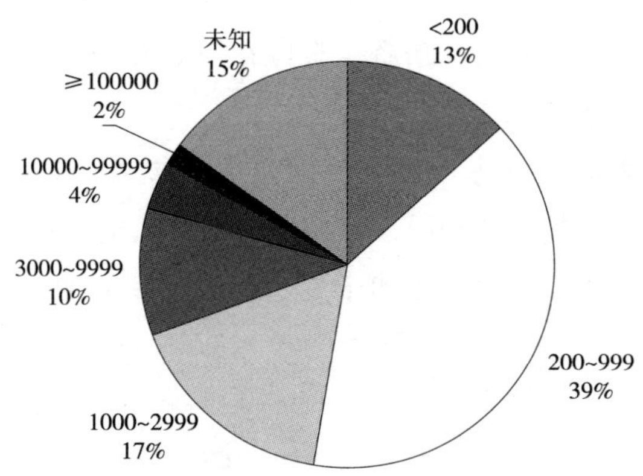

图3－6　中国家族慈善基金会2020年末净资产规模（单位：万元）

随着家族慈善基金会数量增加，家族慈善基金会净资产总规模相应扩大，但净资产分布变化不大。家族慈善基金会从注册金额到净资产规模的年度变化都较为平稳。

（三）地域分布

在有统计的中国大陆31个省（自治区、直辖市）中，27个省（自治区、直辖市）均设有家族慈善基金会，但在数量上相差很大。东南沿海地区家族慈善基金会最多，内陆省份家族慈善基金会数量少。

与我国基金会地域分布类似，家族慈善基金会地域分布不均①。数量最多的前五个地区依次是：北京（53家）、广东（51家）、福建和浙江并列（33家）以及上海（20家），均为经济发达省份，全国近70%的家族慈善基金会分布在这五个省份。家族慈善基金会数量在10个以上的还有长三角地区的江苏（16家）以及内陆地区的湖南（15家）。有20个省（自治区、直辖市）家族慈善基金会数量在7个或以下，西藏、青海、贵州、海南为0。总的来看，东南部经济发达地区、有强烈宗族观念的地区家族慈善基金会数量较多，西部欠发达地区的基金会数量较少（见图3－7）。

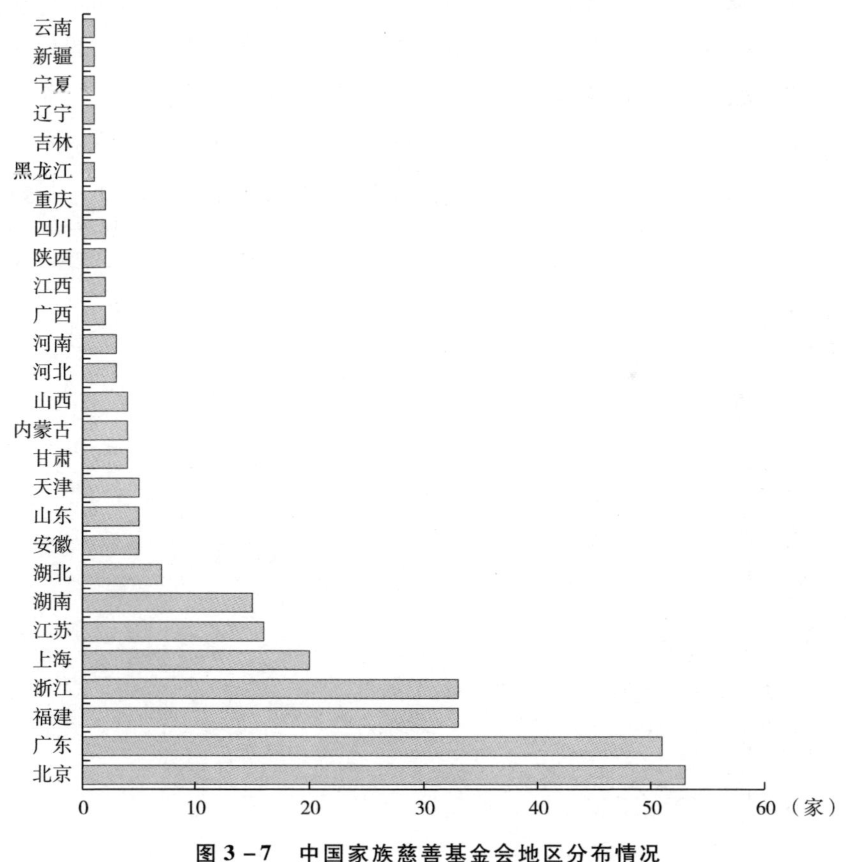

图3－7　中国家族慈善基金会地区分布情况

① 在民政部注册的基金会以所在地归类。

（四）关注领域

数据显示，教育和扶贫是我国家族慈善基金会关注最多的领域，文化、老年人服务是家族慈善基金会关注的特色领域。

在所有公开重点关注的项目和领域中，关注领域中包含基础教育的家族慈善基金会占比 46%，关注高等教育的占比 18%，两项相加超过半数。2020 年度净资产排名前二十的家族慈善基金会均或多或少对教育领域有所贡献。教育项目形式以向周边中小学发放奖、教、助学金为主，也有部分用于图书室、教学楼等基础设施建设。项目地区多为贫困地区、面向人群多为贫困家庭子女，因为教育也常被当作扶贫的重要手段。例如，广东省国强公益基金会捐资创办了三所慈善学校，国华纪念中学、广东碧桂园职业学院及临夏国强职业技术学院，均以接收家庭困难学生为主，多年来累计招生 8506 人；基金会还设立仲明大学生助学金、惠妍教育助学基金等 20 余项教育专项基金，资助品学兼优的家庭困难大学生等；此外，基金会

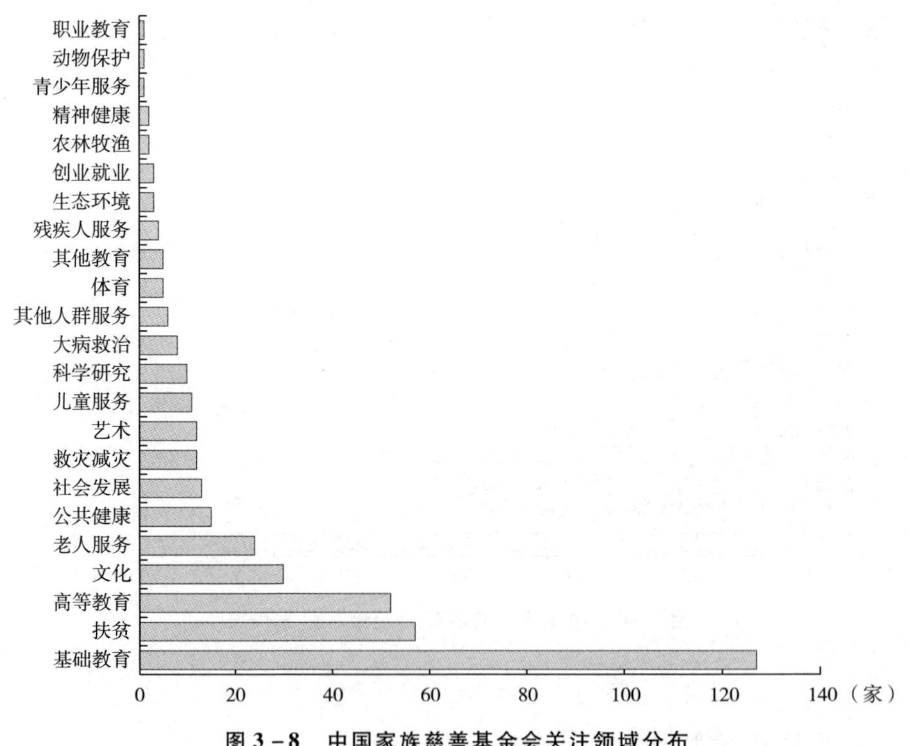

图 3-8　中国家族慈善基金会关注领域分布

也捐赠支持清华大学、香港科技大学等40余所高校发展。

与全国所有基金会相似，教育和扶贫同样是重点关注领域，不过，关注文化艺术领域和老人、儿童等特定人群服务是家族慈善基金会的突出特点。有11%的家族慈善基金会关注文化、9%的家族慈善基金会关注老年人服务。

传统文化传承与弘扬是很多家族慈善基金会成立的初心，例如北京市黄胄美术基金会为炎黄艺术馆持续提供资金，上海市应昌期围棋教育基金会致力于弘扬围棋传统文化，湖南省谭嗣同爱国公益基金会主要支持谭嗣同以及湖湘文化研究等等。

造福所在社区，帮助乡邻老、幼、病、残等困难群体也是很多家族慈善基金会尤为支持的重点，例如江西查氏宗亲发起并管理的江西婺源查之家帮扶基金会、福建丘（邱）氏宗亲发起并管理的福建省龙岩市邱家宗慈善基金会等等，这些机构的资助对象中都有本地老人、贫困学生等。

由此可见，家族慈善基金会与全国基金会和个人、企业捐赠的方向在一致中略有不同，体现了家族属性、地域特性决定的灵活多变和个性化。

（五）支出情况

2005～2017年，277家中国家族慈善基金会捐赠支出由872.91万元增长至58.65亿元。增长分为三个阶段，2005～2008年总支出持续翻倍增长，2009年略有下降，这一年全国基金会捐赠总额同样与2008年度相比减少，2010～2014年再次经历快速增长，2015年全国基金会捐赠总额再度缩减，而家族慈善基金会仅表现为增速放缓，2016年家族慈善基金会迎来85%的增长率，远超过全国基金会36%的增长率（见图3－9）。

与全国基金会总支出较平稳的增长趋势不同，家族慈善基金会总支出增长率大，且增长率在个别年份呈大幅增长趋势。因此，家族慈善基金会总支出占全国基金会总支出的比例在2011、2013和2016年都有大幅提升。数量上占比只有4%的家族慈善基金会在公益支出中的比例占到7%。

家族慈善基金会整体捐赠支出主要受捐赠量大的基金会影响。数据显示，2020年中国家族慈善基金会捐赠支出平均值为2474.63万元，中位数为146万元，捐赠超过1亿元的有8家，连续16年来首次出现两家年度捐

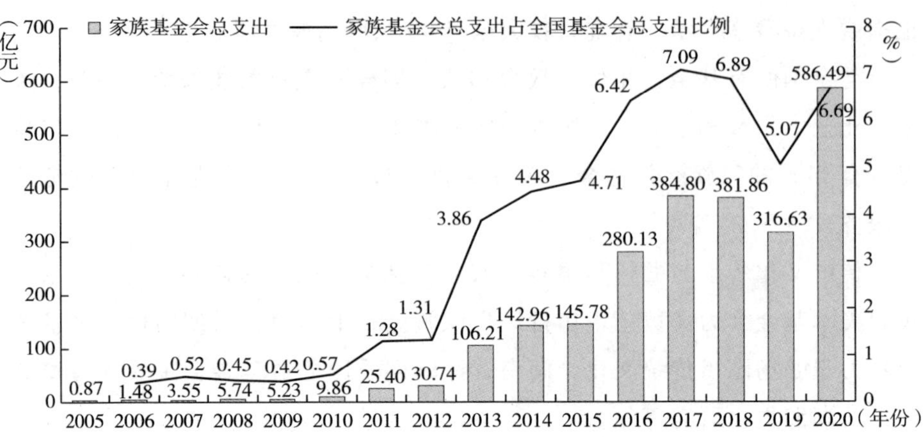

图 3－9　2005～2020 年中国家族慈善基金会总支出及占全国基金会总支出比例

赠支出超过 10 亿元的情况，分别是河仁慈善基金会支出 15.87 亿元和广东省国强公益基金会支出 11.33 亿元。2020 年是全面打赢脱贫攻坚战的收官之年，也是新冠肺炎疫情暴发首年，中国家族慈善基金会做出了突出贡献。2020 年 9 月，河仁基金会宣布向福建、湖北、贵州三省捐赠 14 亿元，助力扶贫、救灾、医疗、教育等项目①。国强基金会在 2020 年投入 2.24 亿元用于扶贫资金，投入 1.94 亿元用于各级疫情防控及相关人员补助②。

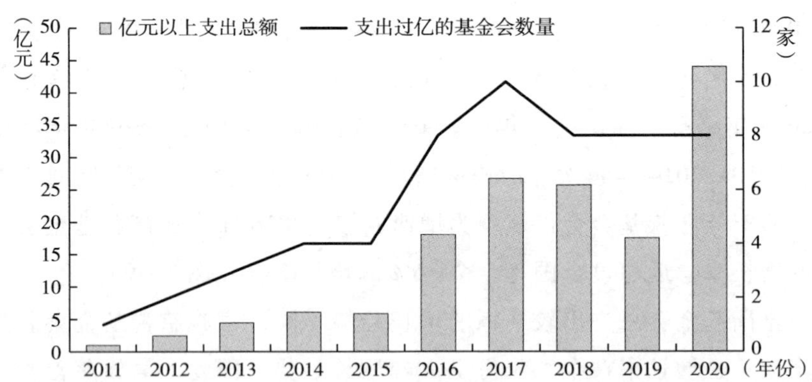

图 3－10　中国家族慈善基金会亿元以上支出总额及过亿基金会数量发展趋势

① 《河仁慈善基金会向福建、湖北、贵州三省捐赠仪式在福州举行》，河仁基金会官网，https：//www.hcf.org.cn/detail？id＝221&newsId＝1616980461062&infoType＝2&nameId＝0。

② 《广东省国强公益基金会 2020 年度工作报告》，国强基金会官网，https：//www.guoqiang-foundation.com/#/information？id＝14。

三　家族慈善基金会的治理状况

（一）治理结构

家族慈善基金会治理是指在完善的法人治理结构下，建立治理机制，包括决策机制、问责机制、执行层激励和约束机制等，并搭建沟通渠道，促进基金会有效且可持续地践行使命、创造社会价值（见图 3－11）。家族慈善基金会的核心利益相关方主要包括捐赠人/捐赠家族、理事/监事成员、基金会员工、受益方、政府、合作伙伴（尤其是资助类基金会有较多公益伙伴）、媒体、行业等；有效的治理，需要平衡和满足各利益相关方的需求，合理合规行使职权。

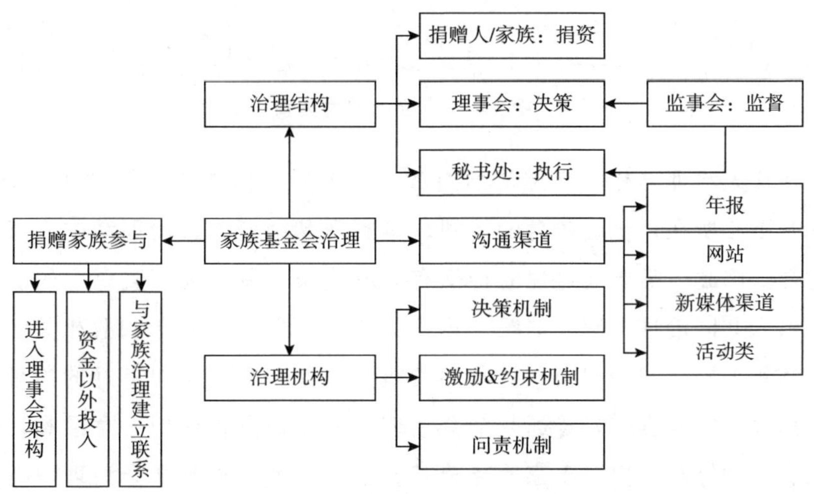

图 3－11　家族慈善基金会治理模型

在遵守我国基金会相关法律的基础上，中国家族慈善基金会的治理架构呈现三种样态：一元结构，即理事会（含监事）模式；二元结构，即理事会—监事会和顾问委员会—理事会—监事会模式；三元结构，即会长/荣誉会长—理事会—监事会—顾问委员会模式。从治理架构设置来看，理事会肩负决策功能，监事/监事会则是决策机制的制衡元素，对于保持基金会的“独立原则”具有重要意义，而“顾问委员会”则为基金会的发展提供了充分的外部支撑。合理的治理架构可以避免内部制衡缺失和外部支撑失灵的制度困境，构建内部治理为主、外部治理为辅的架构，有助于基金会实现“独立运作”，更有效地实现组织预期。

分析发现，仅有约14%的家族慈善基金会披露了治理架构；一、二元治理结构模式是主流，部分基金会拓展了“顾问委员会”，以智库、专家委员会、战略委员会等形式存在。部分家族慈善基金会，捐赠人以荣誉会长、荣誉理事长或名誉主席等身份参与，不担任法人代表，但为基金会发展方向提供指引。

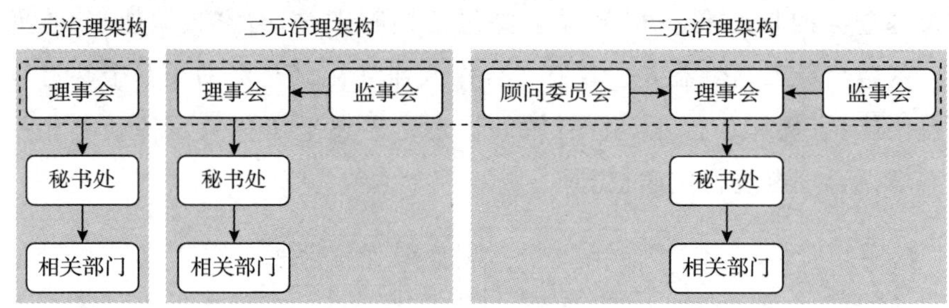

图3－12　治理架构类别

在法人治理结构中，厘清所有权、控制权、监督权、管理权“四权”边界及重心所在，明确各自的权利，是实现基金会法人治理结构完善的重要途径。因此，需要通过建立均衡有效的决策机制，提高监事会的法律地位，引入共同治理机制，消解“内部人控制”等，建立起利益相关者、理事会和管理层之间的权力平衡和问责机制，使基金会走向良好的治理。其中，捐赠人的问责权是普通基金会治理的一大痛点，捐赠人意愿和诉求得不到有效的体现，但对于家族慈善基金会，捐赠人在基金会治理中有较大的影响力，有很大的问责权。

（二）机构发起人的角色

发起人是家族慈善基金会的核心，其慈善意愿和治理理念影响着基金会发展方向。除资金以外，发起人的视野、胆识、企业家精神、经验、资源网络、影响力等，都会在很长时间内指引基金会选工作团队、选项目、选实施地点。

发起人参与基金会的方式是多元化的，有些在幕后提供支持，比如广东省和的慈善基金会的发起人何享健先生，是基金会的领路人，参与重要活动和仪式，但不参与具体事务，目前担任基金会荣誉主席；有些则亲力亲为参与项目设计与决策，例如宁夏燕宝慈善基金会发起人党彦宝、边海燕夫妇，二人目前担任基金会理事长、副理事长职务。

在中国家族慈善基金会，发起人的角色也是多元化的。多数发起人在基金会担任理事长、理事等职务，也有部分在世发起人被称为永久理事长/荣誉理事长/荣誉会长/主席等，这可能是考虑到我国基金会管理中对于年龄、领薪理事、近亲比例等有相关要求。不过，后一类发起人虽不在理事会架构中，但在活动报道或理事会议中常常能见到其身影，在基金会中仍发挥关键作用。

在 277 家家族慈善基金会中，有 156 家在基金会名称中包含家族成员姓名或相关元素。2004 年以前成立的家族慈善基金会几乎都在名称中体现家族成员的名字；2005～2010 年成立的家族慈善基金会中，约有 65% 体现了家族成员的名字；而 2011～2021 年成立的家族慈善基金会中，这一比例下降至 45%（见图 3－13）。

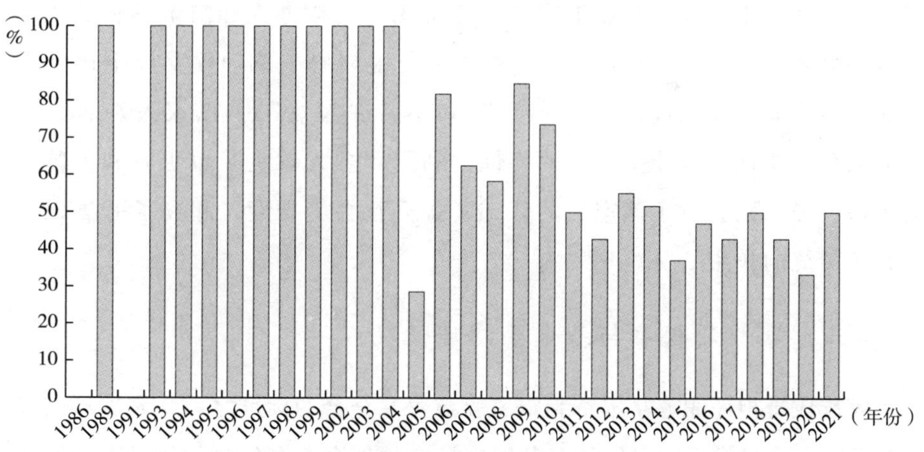

图 3－13　家族慈善基金会名称中有姓名元素的占比

在 2011 年以后成立的家族慈善基金会中，有几家进行了去家族化的更名，其中“何享健基金会”更名为“广东省和的慈善基金会”，“浙江嵊州希俭公益基金会”更名为“浙江惟哇公益基金会”，“广东省万明子慈善基金会”（发起人隋广义，字万明子）更名为“广东省天使慈善基金会”。

上述趋势一方面体现了一些家族基金会在发展到一定阶段后进行了战略调整，向着更加独立化、社会化的方向转变；另一方面是家族企业基金会增加，并且家族成员深度参与基金会管理。此外，《民政部关于成立以人名命名的社会团体问题的通知》（民发〔2000〕168 号）规定，社会团体名称如无特殊需要，一般不以人名命名；以人名命名社会团体，目前只限于确实需要的科技、教育、卫生、文化艺术领域内，对我国和世界做出了巨大贡献、享有盛誉的杰出人物①。本条针对社会团体命名的规定在实际操作上也对基金会命名起到一定影响。

不过，也有个别基金会在名称中重新加入了家族成员的名字，如 2018 年成立的“四川省绿领公益慈善基金会”在 2021 年变更为“四川省永好公益慈善基金会”，刘永好任理事及名誉理事长，其女儿刘畅任副理事长。

在有家族成员姓名元素的基金会中，大部分为发起人的名字，例如河北省静远教育基金会（发起人为韩敬远）、广西李宁基金会、湖南汀汀公益基金会（汀汀为发起人戴跃锋花名）；另一些是为纪念家中有名望的前辈而命名，例如黄奕聪慈善基金会（由黄杰胜先生和虞蘅女士夫妇发起创立，以祖父、印尼华人企业集团“金光集团”的创办人和前董事长黄奕聪的名字命名）、北京大鸾翔宇慈善基金会（由周恩来总理侄女周秉德女士发起，名称取自周总理的字“翔宇”和小名“大鸾”）。以家人姓名为基金会冠名，体现了家族基金会的特性，利用“名人效应”也更有利于基金会传播，加深社会对于该家族的认知，提升社会美誉度，起到了弘扬该家族光荣传统的作用。

（三）家族后代参与基金会治理情况

家族成员担任职务是本章判定家族慈善基金会的标准之一，家族后代参与慈善基金会日常活动可以培养其回馈社会的理念，多代参与可以有效减少代际沟通产生的矛盾，青年人参与机构治理也可以锻炼其工作能力。

分析可见，在家族慈善基金会担任重要职务的家族成员主要是直系亲

---

① 《民政部关于成立以人名命名的社会团体问题的通知》（民发〔2000〕168 号），民政部官网，https：//xxgk. mca. gov. cn：8445/gdnps/pc/content. jsp？ mtype = 1&id = 14715。

属，少数涉及旁系亲属，个别扩大到整个宗族宗亲。

数据表明，约23.8%的家族慈善基金会已有后代参与，担任理事长、副理事长、理事、秘书长等职务。参与慈善的家族新生代有第二代和第三代（孙辈），累计有55位下一代慈善参与者，二代占比约83.3%，三代占比16.7%；在参与慈善的家族后代成员中，男女比例约为1∶1.3。

自1986年成立第一家家族慈善基金会以来，有19家基金会呈现去家族化的特点，这些基金会的成立时间在1993～2016年。去家族化的方式主要有两种，一种是发起人或担任理事长等重要职务的家族成员年龄增长，没有能力继续担任职务，而又没有家族后代接任；另一种是基金会逐渐成为向社会公开招聘、广泛调研后选择资助方向的较为独立的基金会。大部分去家族化的基金会是第一种情况，例如胡文虎之女胡仙发起的胡文虎基金会、庄希泉之子庄炎林任原理事长的庄希泉基金会，也有很多家族基金会在家族后代接任方面有很好的传承安排，例如1999年成立的上海唐君远教育基金会，基金会首任理事长为唐君远先生，第二任理事长为唐君远之子唐翔千先生，现任理事长唐英年为唐翔千之子。家族直系二代、三代成员持续在基金会担任理事长职务，体现出家族精神对于家族慈善事业很好的传承与发扬。

四　家族慈善基金会发展趋势及政策建议

（一）发展尚处初级阶段 期待环境更加友善

近年来，我国高收入人群开始探索各类行善方式，总体来看，中国家族慈善基金会发展处于起步阶段。对比欧美国家家族慈善基金会，我国2020年家族慈善基金会占全国基金会数量的4%，公益支出占全国基金会公益支出的7%；美国家族慈善基金会在2002年就达到了3万个，并在随后的年份保持增长，在2020年达到5.4万余个，占所有基金会的30%，资金规模、捐赠支出数额在全国基金会中占相当比例①。

① 数据汇总于美国基金会中心网（Foundation Center）、美国家族慈善中心（National Center for Family Philanthropy）。

相比之下可以看到，家族基金会在中国还有很大的发展空间。其中，内在原因是我国企业家对于家族慈善文化培养的重视程度有待提高，对于后代传承培育方式方法有待转变，外在原因则包括法律政策激励环境有待改善、社会舆论环境也需要正向引导。

目前，《基金会管理条例》（国务院令第 400 号）规定："用私人财产设立的非公募基金会，相互间有近亲属关系的基金会理事，总数不得超过理事总人数的三分之一；其他基金会，具有近亲属关系的不得同时在理事会任职。"这一条对于家族成员参与基金会管理有严格约束。此外，相关规定对于非公募基金会在理事年龄、人员报酬、基金会管理费、保值增值等问题上与公募基金会、与社团和民非等其他社会组织同等对待，这抑制了高收入人群设立基金会的意愿，甚至在一定程度上影响了他们在中国大陆开展慈善的行动。

（二）引导家族慈善基金会成为科学高效的行善主体

目前，越来越多的财富家族认识到家族慈善的重要作用。财富人群行善手段和方式不断创新，透明度不断提升，行善从传统慈善向战略性、专业性、创新性慈善转型，因此，成立家族慈善基金会成为其行善的一个选择。

家族新生代逐渐成为家族慈善基金会的主力军也将为机构带来更大的活力。相较于他们的父辈、祖辈，年轻人接收的信息更加多元，学习能力更强，朋友圈范围更广，而参与家族慈善基金会则让他们更早接触家族慈善，理解更加深入。并且，家族下一代更有可能和家族企业结合，融入商业思维，采取更加多样的方式、以更加优化的治理结构参与基金会管理，帮助基金会向着更加科学、高效的方向发展。

因此，国家和社会应加强推广、传播，引导广大高收入人群充分认识家族慈善基金会的重要作用，为家族慈善基金会的参与者搭建交流和学习平台，并鼓励年轻人投身家族慈善，为良好家风文化传承和践行社会责任做出应有贡献。

第四章

家族慈善信托

关于家族慈善信托，不论是我国《慈善法》还是《信托法》，都没有对其进行定义。基于字面意思，我们可将其拆解为“家族信托”以及“慈善信托”。

2018 年 8 月，中国银行保险监督管理委员会下发的《信托部关于加强规范资产管理业务过渡期内信托监管工作的通知》对“家族信托”做了定义：家族信托是指信托公司接受单一个人或者家庭的委托，以家庭财富的保护、传承和管理为主要信托目的，提供财产规划、风险隔离、资产配置、子女教育、家族治理、公益（慈善）事业等定制化事务管理和金融服务的信托业务。

我国 2016 年 9 月正式施行的《慈善法》将慈善信托定义为“委托人基于慈善目的，依法将其财产委托给受托人，由受托人按照委托人意愿以受托人名义进行管理和处分，开展慈善活动的行为”。美国在《信托法重述》[*Restatement of Trusts*（*Second*）] 第 348 条中表述为：“慈善信托是因当事人意愿而设立，委托他人以慈善的目的管理该财产的一种基于财产的信赖关系。”

结合慈善信托的定义，我们可将家族慈善信托定义为“委托人基于慈善目的，依法将其个人或家族所有的财产委托给受托人，由受托人按照委托人意愿以受托人名义开展慈善活动的行为”。

一　家族慈善信托制度环境

我国家族慈善信托起步晚，相关立法主要包括《信托法》《慈善法》

和《慈善信托管理办法》。

2001 年颁布施行的《信托法》是我国规制信托法律关系的基本法，其中第六章整章都是关于公益信托的规定，为公益信托制度提供了法律基础。但是，《信托法》的相关规定都是对公益信托的原则性规定，缺少配套立法，导致公益信托在实践中频频出现问题。2007 年《信托公司管理办法》出台，肯定了信托公司作为公益信托受托人的资格。2008 年汶川地震发生后，银保监会（现为银保监会）针对灾后重建工作发布了《关于鼓励信托公司开展公益信托业务支持灾后重建工作的通知》（以下简称《通知》），对公益信托设立方式、信托单位金额、委托人资格与数量等做出突破性规定。《通知》是我国颁布的第一份具体针对公益信托的规范性文件，促进了公益信托的发展，但该《通知》只适用于灾后重建，制度层级低，未能解决税收优惠、受益人救济等关键性问题。

2016 年 9 月 1 日，《中华人民共和国慈善法》正式颁布施行，明确了慈善信托的重要地位，并在第五章将“慈善信托”列为专章加以规范，对慈善信托的运行管理作出了特别规定。《慈善法》的出台为慈善信托的具体操作提供了制度保障，开启了慈善信托事业发展的新纪元，业界也因此将 2016 年称为慈善信托元年。《慈善法》明确了慈善信托的受托人由慈善组织或信托公司担任，制定了慈善财产的使用规则，明确了慈善信托的备案制度，解决了困扰慈善信托多年的设立、审批、操作等具体问题，使慈善信托业务的开展具有可操作性。

2017 年 7 月 7 日，银监会、民政部联合印发《慈善信托管理办法》（以下简称《办法》），标志着我国慈善信托规制体系基本建立。《办法》对于银监部门和民政部门的职责进行了相对清晰的规定，银保监会负责监督信托账户的管理工作，而民政部门负责慈善信托的变更和终止。2019 年 1 月 1 日，民政部发布的《慈善组织保值增值投资活动管理暂行办法》（以下简称《暂行办法》）正式颁布施行，规范了慈善组织的投资活动，在一定程度上防范了慈善财产运用风险，对慈善信托持续、健康的发展起到了推动作用。

二　家族慈善信托发展状况

根据《2022 中国高净值人群家族传承报告》，中国拥有 1000 万元人民币净资产的“高净值家庭”数量达 206 万户，净资产过亿元的“超高净值家庭”数量达 13 万户。展望未来，高净值家庭预计有 18 万亿元的财富将在 10 年内传承给下一代，49 万亿元的财富将在 20 年内传承给下一代，92 万亿元的财富将在 30 年内传承给下一代。精神传承作为家族传承的重要内容得到众多高净值人士的关注。慈善信托成为家族信托业务发展的重要内容，信托公司积极打造融合财富管理与慈善规划的家族慈善信托。

（一）发展状况

依据“慈善中国”的数据，课题组对截至 2022 年底的 1184 单慈善信托做了分析，将同时具备以下条件的慈善信托认定为家族慈善信托：①以一位或多位家庭成员为委托人的；②慈善信托财产备案规模不低于 10 万元的。

数据显示，截至 2022 年 12 月 31 日，全国满足上述条件的家族慈善信托共 78 单，约占全部慈善信托总数 1184 单的 6.59%；备案家族慈善信托的财产规模为 16.24 亿元，约占全部慈善信托财产规模 51.66 亿元的 31.44%。其中备案规模超过 1 亿元人民币的家族慈善信托有 3 单，分别是中信信托·2021 芳梅教育慈善信托（2.0001 亿元）、中信·何享健慈善基金会 2017 顺德社区慈善信托（4.92 亿元）以及鲁冠球三农扶志基金慈善信托（6 亿元）。从受托人看，万向信托股份有限公司担任受托人的家族慈善信托最多（16 单），其次是光大兴陇信托有限责任公司（8 单）。

在 78 单家族慈善信托中，财产规模在 10 万～99 万元的有 35 单，100 万～999 万元的有 30 单，1000 万元及以上的有 13 单。从家族慈善信托财产规模看，我国家族慈善信托的财产规模有接近半数低于 100 万元，属于小型慈善信托，这部分慈善信托多为基于个人或家庭的慈善意愿建立起来的；有 38% 的家族慈善信托财产规模在 100 万～999 万元之间，这部分慈善信托通常是民营企业家以个人或家族的名义建立的；财产规模在 1000 万元及以上的大型家族慈善信托共13单，其中超过1亿元规模的家族慈善信托有3单。这13单慈善信托的资产总规模约为15.49亿元，约占全部家族慈善信托财产规模的97.24%，这部分慈善信托通常是永续性、战略性、系统性的家族慈善信托。

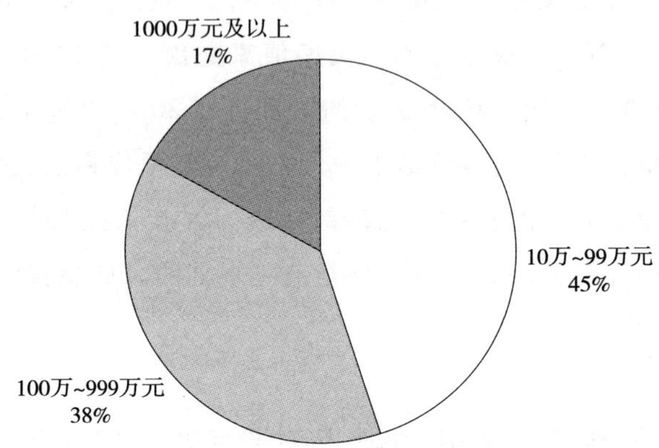

图4-1　家族慈善信托财产规模分布情况（截至2022年12月31日）

整体看，自2016年至今，前三年家族慈善信托备案单数较少，近四年的备案单数增多，尤其在2021年、2022年，家族慈善信托的备案单数都高达22单。家族慈善信托备案单数呈上涨趋势，说明家族慈善正在得到社会认同，众多高净值人士开始尝试通过家族慈善信托建立家族慈善平台。

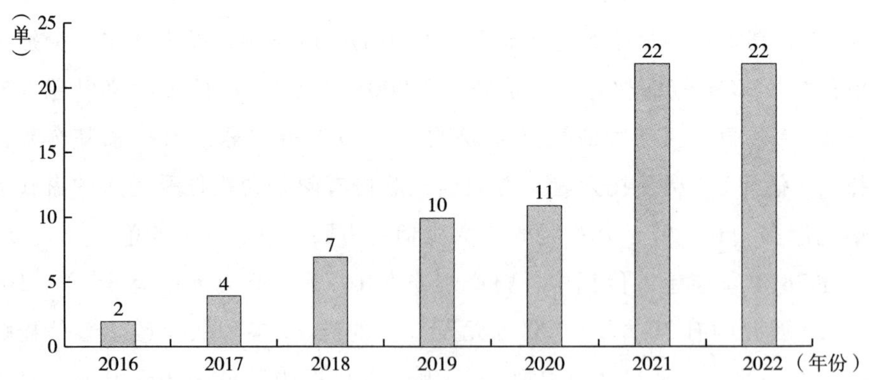

图4-2　家族慈善信托成立年份分布情况（截至2022年12月31日）

从家族慈善信托的备案地区分析，浙江省为备案单数最多的地方，数量为20单，大幅度领先其他地区，且具体备案地区均在省会城市杭州。浙江省作为全国共同富裕示范区，在建立慈善信托方面有创新性的突破，有利好的政策氛围和制度，家族慈善信托备案可以说明这一点。广东省（具体在广州市和深圳市）备案的家族慈善信托为 11 单，江西省（主要是南昌市）为 9 单，甘肃省（具体在兰州市）为 8 单，北京市为 7 单，其他省份依次递减。从图 4－3 中可以得知，其他省份的备案单数还都较少，家族慈善信托还有待在更多地区发展。此外，家族慈善信托有 16 单在广东省、湖南省、青海省、北京市和上海市五个省级行政单位注册，占比 20.51%；其余 62 单均在市级行政区注册，占到近八成。表明家族慈善信托更多在距离更贴近、办理更便捷的市级民政局注册。

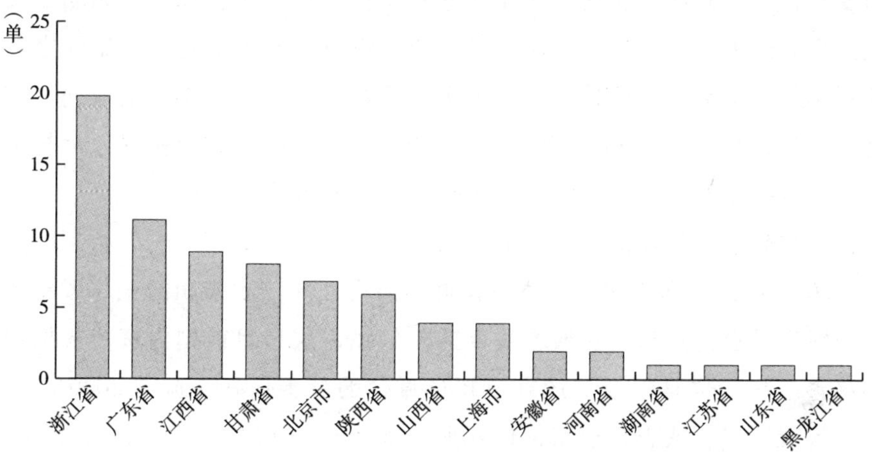

图 4－3　家族慈善信托备案地区分布情况（截至 2022 年 12 月 31 日）

（二）治理机制

家族慈善信托往往带有三个特点：一是永续性，旨在将慈善精神多代传承；二是家族性，慈善捐赠规划往往反映家族的世界观与价值观；三是规划性，正因为永续运转是家族对慈善信托的愿景，家族慈善信托往往要匹配短－中－长期慈善支出规划，进行有效的投资运作及流动性安排，因此对项目端慈善资金运用方向与运用计划要有严谨的评估与短－中－长期规划，对资金端则需要根据家族的风险偏好、慈善项目的用款规划与规律进行有效的资产配置投资管理。

可以说家族慈善信托是家族规划慈善捐赠的一个平台式工具，促使家族参与慈善更具战略前瞻性与实施规划性。家族慈善信托多采用家族信托＋慈善信托的架构。在设立家族信托作为母信托的基础上，再用家族信托的一部分收益，设立慈善信托子信托，借助“双层信托”架构，通过信托业务的拓展和延伸，满足客户实现物质财富和精神财富的双重传承需求，既能使财富增值保值，又实现了慈善目的。

为保证家族跨代始终能在信托架构及家族慈善治理架构下有效参与家族慈善规划与决策，家族决策模式的传承大体呈现出一代创始人掌权到二代兄弟姐妹合伙决策再到三代堂（表）兄弟姐妹中的核心团队共同决策的演变过程。鲁冠球三农扶志基金（慈善信托）中，鲁伟鼎以父亲名字命名设立家族慈善信托，延续鲁冠球对农业、农村、农民的特殊情结，家族三代列席信托董事会获得慈善信托运作经验及领悟家族慈善价值取向，该基金（慈善信托）的顺利运行，不仅表明了上市公司控股股权置入信托架构已具备可操作性，更重要的是，在慈善信托架构中，我们看到家族二代和三代参与到慈善信托治理结构中。

2018 年，万向三农集团董事长鲁伟鼎将万向三农集团的全部股权作为信托财产设立鲁冠球三农扶志基金慈善信托，这是目前国内资产规模最大的慈善信托，也是首个资产规模超过百亿的慈善信托。截至 2020 年 6 月末，鲁冠球三农扶志基金慈善信托所持有资产（股权、现金及金融资产）净值达 141.79 亿元。

鲁冠球三农扶志基金慈善信托实行董事会决策、受托人管理、信托监察人监督的治理机制。董事会、受托人和信托监察人根据鲁冠球三农扶志基金的《宪章》《章程》《慈善信托合同》等信托文件和国家法律规定履行职责。根据上述文件信息，笔者整理了鲁冠球三农扶志基金架构图（如图 4－4）。

（三）典型案例

1. 乐淳家族慈善信托

根据国内媒体的公开报道，在《慈善法》实施之后，首例家族慈善信托为“万向信托·乐淳家族慈善信托”。“万向信托·乐淳家族慈善信托”

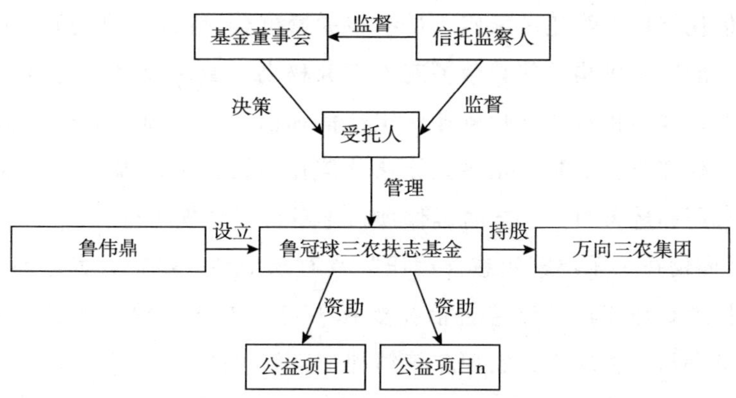

图 4-4　鲁冠球三农扶志基金架构

委托人选择不公开，备案期限为永续，信托财产总规模为 2000 万元人民币，备案机构是杭州市民政局。该慈善信托的资金监督保管账户为某商业银行的专用账户。该慈善信托的公益目的为教育科研资助和传统文化保护，受托人为万向信托股份公司。

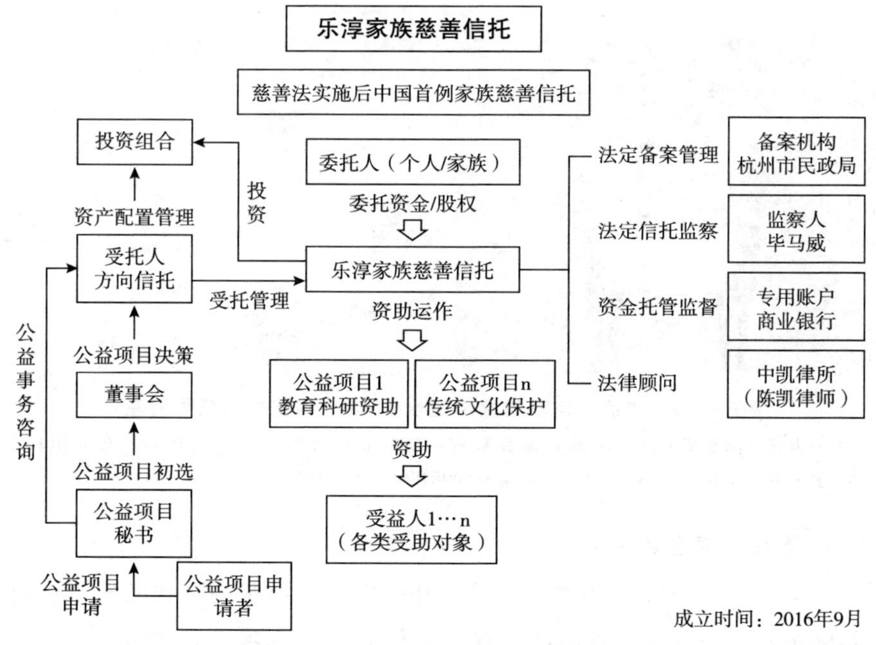

图 4-5　乐淳慈善信托架构

资料来源：《中国首个家族慈善信托面世 走入慈善信托 2.0 模式》，https://baijiahao.baidu.com/s? id = 1603934582931961905&wfr = spider&for = pc，2018 年 6 月 22 日。

该信托架构下组建了家族成员参与的董事会(管理委员会)，作为具体资助项目的决策机构，并聘请了慈善事务秘书。董事会对资助项目进行审批后资助，并由指定会计师事务所担任信托监察人。通过信托机制的灵活设计及内外部监督机制，乐淳家族慈善信托在设计上确保了有效持续地实现家族意愿和慈善目的，同时确保项目本身合法合规运行。

“万向信托·乐淳家族慈善信托”具有永续性，委托人家族参与决策，并可以扩大委托资产。该慈善信托委托人可以参与慈善资助的决策过程，家族成员参与慈善决策，实现慈善精神在家族中的传递。

2. **顺德社区慈善信托**

2017 年，“中信·何享健慈善基金会 2017 顺德社区慈善信托”正式备案。该信托委托人是美的控股有限公司，受托人是何享健慈善基金会和中信信托。该信托初始规模达 5 亿元人民币，每年慈善支出约 3000 万元。该慈善信托主要用于广东佛山市顺德区的扶贫济困、养老、教育和社区发展等慈善事业。

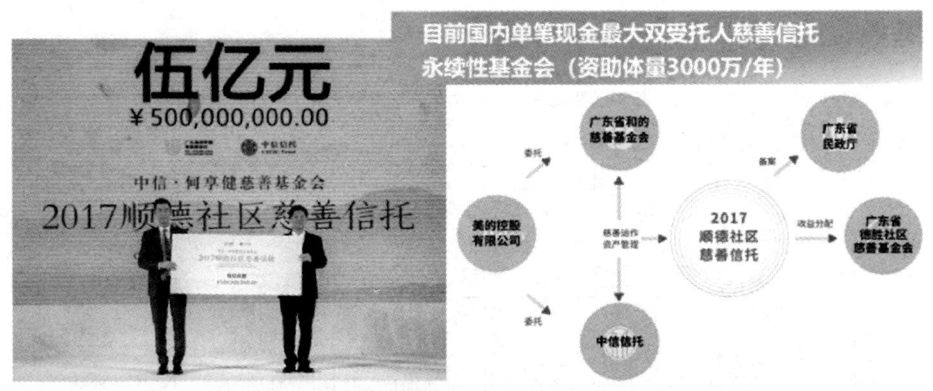

图 4－6　中信·何享健慈善基金会 2017 顺德社区慈善信托

资料来源：德胜基金会《喜讯丨德胜基金会高分获得佛山市“十大基层社会治理典型案例”》，搜狐网，https：//www. sohu. com/a/575098486_120817397。

3. **芳梅教育慈善信托**

中信信托·2021 芳梅教育慈善信托的委托人由张一鸣和龙岩市慈善总会共同担任，受托人为中信信托有限责任公司，监察人为张岭，设立目的是将信托财产有效用于奖励龙岩市优秀教师，继而推动龙岩的教育水平提高、为龙岩的发展提供高素质人才。该慈善信托在当前中国教育领域的慈善信托中规模位居前列，也是2021年全国备案规模最大的一笔慈善信托。在决策与管理上，芳梅教育慈善信托成立决策委员会，根据信托合同约定和目的选定慈善项目和受益人。根据慈善中国信息及信托合同，笔者整理了芳梅教育慈善信托示意图（如图4－7）。

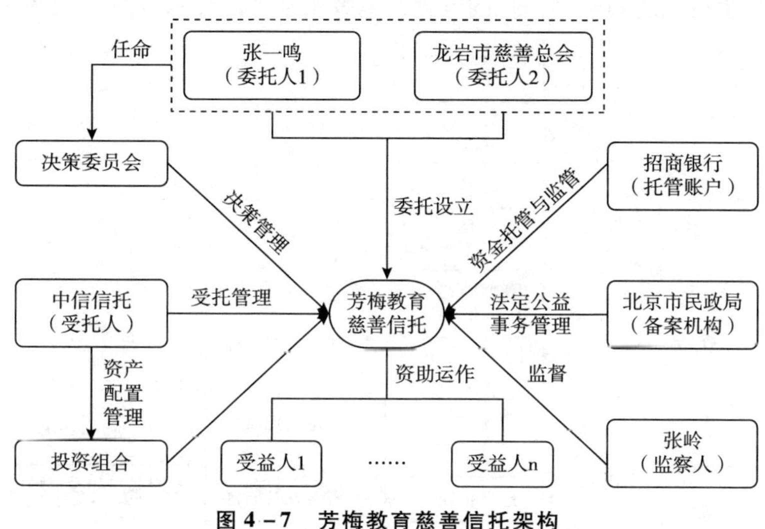

图4－7　芳梅教育慈善信托架构

三　遗嘱信托与家族慈善信托

遗产捐赠与遗嘱信托是中华遗嘱库等遗嘱服务机构参与家族慈善的主要方式，这两种方式，在传统型和专业型的遗嘱服务机构中都有涉及。

我国《民法典》第一千一百三十三条明确规定："自然人可以立遗嘱将个人财产赠与国家、集体或者法定继承人以外的组织、个人。自然人可以依法设立遗嘱信托。"我国《继承法》也规定了"公民可以立遗嘱将个人财产赠给国家、集体或者法定继承人以外的人"的处理原则。通过遗嘱进行家族慈善捐赠的案例屡见不鲜，如著名作家刘白羽通过遗嘱将毕生收藏的各类名人字画捐赠给国家、杨绛先生遗嘱不留骨灰生前财产悉数捐赠国家等。

遗嘱信托作为海外家族财富传承的常见工具，在过去一直未被国内家族财富领域重视，实务中也少见遗嘱信托的踪影。近两年来，遗嘱信托逐渐进入大众的视野并开始被信托公司实践，众多的遗嘱服务机构，如公证处、律师事务所和中华遗嘱库等，也都陆续在开展遗嘱信托业务的试验。

2021 年 9 月，25 岁的邹先生在长沙设立遗嘱信托成为热点。在遗嘱中，邹先生承诺身故后捐出全部存款给糖尿病公益机构。此案例打破了人们“年轻人不立遗嘱”的陈旧观念，也表明遗嘱慈善信托并非富豪的“专属权”。根据邹先生设立遗嘱慈善信托的流程，笔者整理了流程示意图（如图 4 －8）。

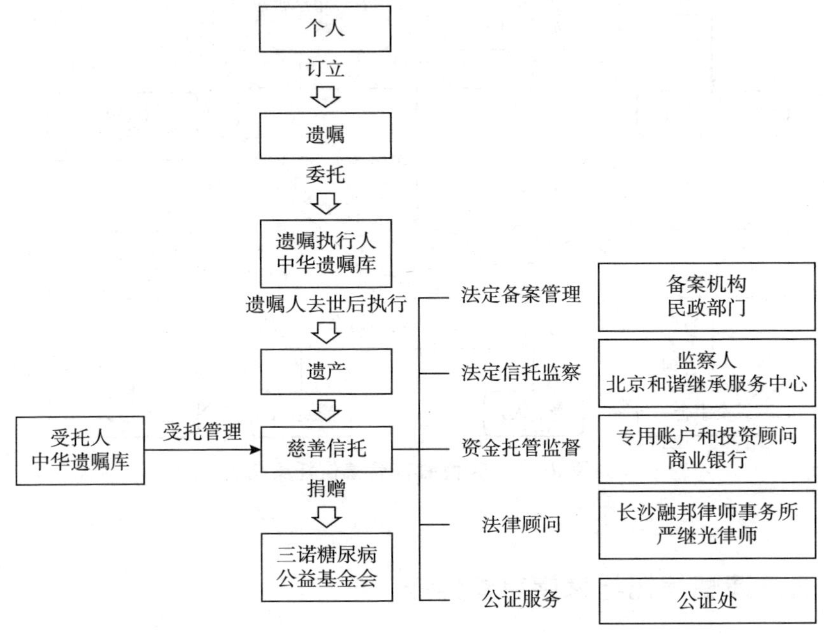

图 4 －8　邹先生遗嘱信托架构

从“慈善中国”网站可以看到，2018 年 12 月 5 日，南京市民政局成功备案了一单名为“吴毅文慈善信托”的遗嘱慈善信托。“吴毅文慈善信托”是南京农业大学毕业生、河海大学已故教师吴毅文以其遗产作为信托财产所设立的慈善信托，在该慈善信托中，吴毅文前同事、遗嘱执行人毛积孝律师作为委托人，南京市慈善总会作为受托人。该慈善信托的初始财产规模超过 900 万元，系当年江苏省备案慈善信托中规模最大的。

四　家族慈善信托趋势展望

尽管家族慈善信托已经有众多实践案例，但是由于在众多财富传承方式中家族慈善信托无明显税收优势、委托人不可继任、权利受限制等，相对于庞大的社会财富力量，当前我国家族慈善信托的数量偏少，仍有巨大的发展潜力。

随着《慈善法》《慈善信托管理办法》等法律法规的出台，我国慈善信托的规制体系已经基本建立，但是家族慈善信托的发展仍然面临着许多问题和障碍，尤其是法律制度的不完善，阻碍了家族慈善信托未来的发展。因此，我国不少企业家选择在境外设立家族慈善信托，这造成了财富和人才的双重外流。只有境内也提供类似于境外的家族慈善信托服务，才能留住财富，留住人心。我国家族慈善信托未来的发展应注重以下几个方面。

第一，加强顶层设计、优化制度环境。首先要积极完善信托财产登记制度，出台合理的税收政策。一方面，家族慈善信托的破产隔离依赖于信托财产的独立性，信托财产独立性的实现除了依赖《信托法》的相关原则规定外，还依赖于信托财产的独立性登记，通过信托登记把个人或家族设立信托的财产打上“信托”的烙印。信托财产登记后，让人一眼就能分辨出某项财产是否为信托财产，并使该财产受到《信托法》关于独立性规定的破产隔离保护。当前，我国《信托法》第十条对信托财产登记作了原则性规定，但信托财产登记的登记机关、登记效力、登记时点等具体事项不明确，导致《信托法》第十条的规定难以操作。如何将非现金资产装入信托，是目前家族慈善信托的一大难题，国内信托财产登记制度的缺失，对家族慈善信托的设立和管理，产生了明显制约。另一方面，当前我国家族信托与慈善信托在税务方面缺乏合理的规定，极大地降低了委托人设立家族慈善信托的积极性。以慈善信托为例，《信托法》第六十一条明确了“国家鼓励发展公益信托”，《慈善法》和《慈善信托管理办法》均提出了相应的促进措施，如《慈善信托管理办法》第四十四条规定，“慈善信托的委托人、受托人和受益人按照国家有关规定享受税收优惠”。但是，目前“国家有关规定”并不存在，我国尚没有针对信托财产所有权和受益权相分离的特点对慈善信托所涉及的所得税、增值税、印花税等税种的税收优惠政策做出相应规定。

第二，大力发展股权慈善信托，助力共同富裕。股权作为中国高净值客户的一大财富载体，在居民财富结构中将占据越来越重要的地位。以股权设立慈善信托，可以实现企业控制权、经营权和收益权的有效分离。股权慈善信托设立后，股权作为初始信托财产，其财产属性由私人财产转变为社会公共财产。根据现有法律法规，作为慈善信托财产的股权可以不动用，不影响企业家对企业的继续经营和实际控制。也就是说，公司的控制权仍然可以掌握在慈善信托的委托人或者其继承人手中，可以通过合理的机制设计将企业的经营管理权传承下去。同时股权慈善信托的公益特质能够激励家族企业继续创造财富，有效避免下一代创富动机的枯竭，防止家族衰败或者衰亡。可以说，股权慈善信托承载家族的精神与希望，进而成为国家和社会进步的动力。在此基础上，股权慈善信托用每年产生的股权分红来开展公益事业，并由此让企业获得更多的税收优惠政策扶持。由于慈善信托的期限没有限制，理论上可以永久存续，因此股权慈善信托有利于企业长期稳定的经营管理，发挥先富帮后富的作用，助力共同富裕目标的实现。

第三，进一步丰富家族慈善信托实践模式。相比于传统的家族基金会，家族慈善信托具有设立程序简便、门槛低、运行成本低、资金使用灵活、期限多样化且可以充分尊重和体现委托人的意愿和需求的特点，家族慈善信托还具备不可撤销、风险隔离、跨代传承等显著特点，继而可以成为一种主流的家族财富传承架构，实现家族信托与慈善信托的双重目的。基于此，可进一步丰富我国家族慈善信托的发展模式，如家族信托慈善信托并联模式、家族信托剩余财产成立慈善信托模式、家族信托本金/收益成立慈善信托模式等，一方面可以满足家族成员的生活需要，另一方面满足更多的人对美好生活的向往，这将是我国未来财富管理和传承的主流趋势。

第四，发展家族慈善的影响力投资。家族慈善架构是一个良好的训练平台，不少企业家都愿意让二代或者家族成员参与到慈善信托和影响力投资的运作中去，通过参与项目挑选、监管运营、投资的过程，二代的管理能力会得到提升，也可以激起原本不愿意做投资或者接班商业的家族二代心中的热情。成立家族慈善信托并进行影响力投资，不仅为解决社会问题提供帮助，同时也能产生商业收益，以确保这种模式的可持续发展。鲁冠球三农扶志基金的信托财产和收益将全部用于开展慈善活动或由万向三农集团继续开展三农相关的产业投资，以公益精神和社会参与的方式助力乡村振兴战略。“产业扶志，以经营的思维做慈善”的理念极其成功的运作很好地诠释了影响力投资的魅力。

第五章

家族慈善账户

家族慈善账户是指具备家族慈善特征的非独立家族慈善主体，主要包括家族慈善专项基金和捐赠者建议基金（Donor - advised Fund，以下简称 DAF）。本章梳理我国慈善专项基金和 DAF 的发展情况及典型案例，讨论慈善账户在实现家庭或家族慈善愿景中的作用、运作方式以及发展趋势。

一 家族慈善专项基金[①]

在公益慈善领域，“专项基金”指用于专门公益慈善用途的基金，或者可以更准确地称其为“专项公益基金”或“慈善专项基金”，以此区别于商业性或投资领域的专项基金。从实践看，慈善专项基金大多数设在具有公募资格的基金会中，其目的是借用基金会的资质筹集慈善资金，少部分为企业家、慈善家捐资设立的家族慈善专项基金。

（一）专项基金定义及发展现状

关于专项基金的法律规范，最早可以追溯到 1999 年 9 月，民政部印发的《社会团体设立专项基金管理机构暂行规定》。该规定首次对“社会团

① 专项基金，在本小节内容特指在公募和非公募基金会下根据相关专项基金管理办法成立的专项基金。家族或家庭专项基金，特指发起人和主要捐赠人为一个或两个以上家庭成员，直接或通过基金会专业团队参与专项基金决策和运作，初始捐赠金额不限，发起动因中直接或间接包含家庭教育、家庭或家族文化传承等考虑因素。

体专项基金”作出官方定义。2004 年 3 月出台的《基金会管理条例》未对“专项基金”做进一步解释。2012 年 7 月，民政部印发《关于规范基金会行为的若干规定（试行）》，指出“基金会应当建立健全内部制度，将所有分支机构、代表机构、专项基金以及各项业务活动纳入统一管理”。2016 年发布的《基金会管理条例（修订草案征求意见稿）》，首次纳入有关专项基金的相关条款①。

南都基金会对专项基金的定义如下：专项公益基金，是指基金会、社会团体、民办非企业单位等公益组织根据捐赠人或发起人意愿设立、实行专款专用、在本组织运作框架下有一定独立自主性的专用资金②。一般而言，任何用于专门用途且具有存续性的资金都可以被称作专项基金。

以中国红十字基金会为例，其专项基金主要有三种形式：一是由红十字基金会自主发起设立，即红十字基金会根据工作需要设立专项基金并明确其专门用途；二是自然人或法人捐赠起始资金发起设立，并借助红十字基金会的公募资格对外筹集慈善资金，这类专项基金的发起人通常是文体育明星等有号召力的公众人物，或是有影响力的机构，如媒体机构、教育机构等；三是由民营企业家或其实际控制的民营企业捐赠设立，此类专项基金由捐赠人一次或连续捐赠提供资金，捐赠人享有冠名权，也可称“冠名基金”。

专项基金的主要特征如下：专项基金不具有独立法人身份，专项基金的设立主体可以是自然人、企业法人、基金会、社会团体、民办非企业以及政府部门等；专项基金必须遵守所属基金会的章程和专项基金管理办法，成立相关管理委员会并按要求进行决策、筹款和项目运营；专项基金性质为公益基金，服务人群为不特定对象，使用方向为特定方向，具体捐赠需符合捐赠人意愿，慈善资产所有权归专项基金所属的基金会。

根据历史年检报告，2014 年捐赠收入最高的 20 家全国性公募基金会

① 刘扬微：《浅谈专项基金与捐赠人建议基金模式的比较》，John 和他的朋友们，https://mp.weixin.qq.com/s/4-k1thTTjWC-hDQmp3vm6A。

② 《什么是公益专项基金？与基金会有何不同？如何管理？》，南都基金会官网，http://www.naradafoundation.org/content/4025。

中，有16家设立共计289个专项基金。中国社会福利基金会拥有专项基金70多个，是当时专项基金数量最多的公募基金会。数据扫描结果显示，目前没有完整、规范、统一的关于国内专项基金的数据统计报告。此外，在专项基金管理制度限制下，很多专项基金实际以公益项目的形式存在，因此存在统计障碍。2015年，民政部针对专项基金的“蓬勃发展”存在的管理问题，下发了《关于进一步加强基金会专项基金管理工作的通知》[①]，一方面彰显出专项基金的“受欢迎程度”，另一方面也揭示了专项基金管理面临的挑战。专项基金在具体执行中能否体现设立时的慈善目的，能否产生预期社会效益，都是亟待探索和解决的问题。

近些年，各大基金会的专项基金设立门槛和要求也在不断提高，专项基金的发展呈现收缩趋势，具体原因在民政部通知中有所涉及：“有的专项基金以独立组织的名义开展活动，有的忽视了公开透明，有的偏离了公益宗旨，有的背离了捐赠人和受助人的需求，还有个别专项基金甚至为个人或企业牟取私利。这些行为不同程度地损害了基金会的社会公信力，给公益慈善事业带来了负面影响。”

以上问题，课题组在桌面研究和非正式访谈过程中也有所了解。对于专项基金发展而言，首要挑战就是信息公开透明，一些理应披露的关键信息无法通过现有的公共平台或公开渠道（如基金会、专项基金专属网站、平台等）进行获取。同时，在我们与国内不同基金会负责人和专项基金捐赠人的非正式交流过程中，他们也提及专项基金在依据现行规章制度进行具体运营操作时，很难充分有效地实现捐赠人的慈善诉求或目标，普遍存在基金款项无法有效支出的问题，形成了一定程度的“资金囤积和滞留”现象。

（二）专项基金与国内家族慈善

开展家族慈善需要整体规划，高净值人群主要考虑路径包括直接捐赠、在公募基金会下设专项基金、设立捐赠者建议基金（DAF）、家族信

① 《民政部关于进一步加强基金会专项基金管理工作的通知》，中国政府网，http://www.gov.cn/zhengce/zhengceku/2015-12/12/content_5554665.htm

托或成立家族基金会等。本节通过扫描国内存续的家族或家庭专项基金，借助桌面研究和访谈相结合的方式，总结当前专项基金在家族传承中的功能以及现阶段的发展特点、面临的主要挑战及发展趋势。

课题组依据“家庭”“家族”“专项基金”等关键词在全网铺开桌面调研，收集并梳理了以下在公募和非公募基金会、慈善会以及高等院校等机构设立的家庭或家族慈善专项基金信息①。

从数量上来看，总体不多。选择设立的基金会类型偏向于公募基金会，内在原因可能是希望能够拥有更加多元的潜在筹款渠道。个人或家族专项基金发起人，期待能够带动家庭成员及亲朋好友甚至包括企业员工等利益相关方共同参与慈善实践，丰富家庭成员或员工的社交生活，提升参与者的社会价值感。

与此同时，高净值捐赠人也倾向于选择与民政系统关系较为密切的地方慈善会，以及社会知名度较高的高等教育机构或其下属基金会开展合作。在设立主体类别上，民营企业家主体比较突出，另外一个重要主体是明星夫妻，包括体育领域、影视演艺领域的明星等。针对民营企业家主体，我们选择了不同地域、不同资产规模、不同行业背景的三个企业家慈善案例进行分析；针对明星夫妻主体，我们选择了嫣然天使基金作为案例。

（三）案例访谈和桌面研究发现

为进一步了解国内家庭或家族慈善发起的动因和主要影响因素、资金来源、项目领域、家庭参与情况以及对家族传承的影响，我们选择了四个具有代表性的专项基金案例进行分析，如知名度非常高、设立时间也较早的嫣然天使基金，以及新近成立的鹏进家族公益专项基金。另外，基于桌面资料，我们也梳理了杨国强家族和张荣华家族在使用专项基金开展慈善项目的特点。

---

① 请参考附录4，主要收录了部分明确成立性质是家庭或家族成员发起的专项基金，不包括个人名义成立但是没有明确家庭或家族属性的专项基金或专项计划。

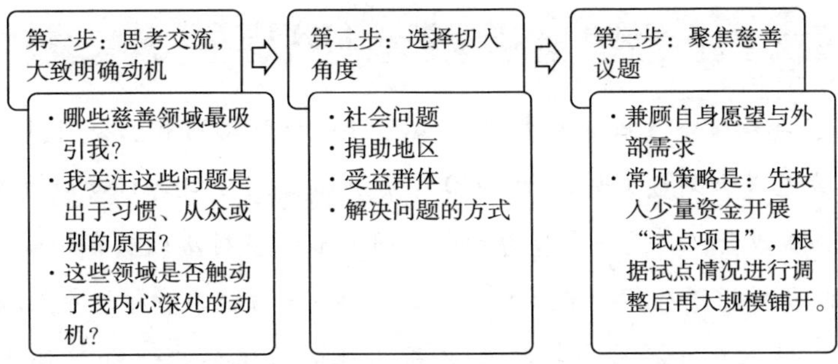

图 5－1　个人、家庭、企业聚焦捐赠领域流程

资料来源：深圳国际公益学院家族传承研究课题组编《中国家族慈善指南》，北京时代华文书局，2021，第 68 页。

案例 1　嫣然天使基金[①]

嫣然天使基金是由李亚鹏先生、王菲女士于2006年倡导发起，在中国红十字基金会的支持和管理下设立的专项公益基金，旨在救助家庭贫困的唇腭裂儿童[②]。发起专项基金的初心，源于他们的女儿唇腭裂这样一个独特的经历，引发了他们对唇腭裂的系列调研，结果发现国内对该手术有大量需求，于是开启了“嫣然天使基金”。“嫣然天使基金”的资金来自发起人李亚鹏、王菲及其友人、爱心人士、国内外法人和自然人的捐赠[③]，初始资金100万来自李亚鹏、王菲，这也是中国红十字会以个人名义发起的第一个专项基金。

李亚鹏、王菲经常共同出席嫣然天使基金的活动，两个女儿[④]也有参与到嫣然天使基金的善款筹集和线下活动当中[⑤]。由此可以看出，整个家庭对于“嫣然天使基金”活动参与程度相对较深，家庭慈善对于子女的行为、社会认知及价值观有积极影响。参与形式主要是项目筹款和公共倡导。

① 由于无法直接找到创立者进行访谈，主要资料来源于官方网站和网络新闻与社交媒体信息。

② 嫣然天使基金，中国红十字基金会官网，https：//www. crcf. org. cn/article/category/xiangmu_name_yanrantianshi。

③ 《基金管理规则》，中国红十字基金会官网，https：//www. crcf. org. cn/article/1250。

④ 《窦靖童携妹妹李嫣助力嫣然天使基金救助行动》，新浪网，https：//gongyi. sina. com. cn/gyzx/fr/2016－07－06/doc－ifxtsatn8223907. shtml。

⑤ 《李嫣致力公益筹善款，三个小时募近两万元，自信笑容已无兔唇痕迹》，腾讯新闻，https：//new. qq. com/rain/a/20200802A0HTZT00。

案例2　鹏进家族公益专项基金[①]

鹏进家族专项公益基金是由鹏进（厦门）控股集团有限公司董事长及联合创始人黄进兴和刘颖夫妇，于2020年底在福建省担当者行动教育基金会成立的专项公益基金，这是一个致力于成为国内专注乡村基础教育领域的家族公益基金，以乡村阅读教育助学为主要公益方向，兼顾公益青年培养领域。

发起人有着对于经济成功之外更高的社会价值需求，并且高度认可教育给人带来的改变，同时身体力行地影响孩子们的教育发展观。发起人自身也担任基金会的理事，对于基金会的阅读项目有很高的认同感，对于基金会的团队文化有深刻理解。为了更加可持续地支持自身认可的教育公益项目和培养青年人才，发起人最终决定以专项基金的形式，依托基金会专业团队来进行项目运营和评估。首先是支持担当者行动教育基金会自有的成熟的阅读教育项目，并发起定向支持捐赠人家乡图书馆建设子项目，然后延伸出支持大学生青年公益发展项目——鹏青计划。专项基金首期捐赠100万人民币，全部来自家族企业的捐赠，每年将一部分企业利润投入到专项基金以支持现有项目，并带动员工和亲朋好友一起参与公益，支持乡村教育和青年成长。

发起人夫妇和两个孩子都会积极参与到基金会的志愿者和项目走访活动中，并且定向支持自己的家乡设立阅览室，同时也发动乡亲一起参与阅览室的建设和维护。发起人夫妇来自闽南地区，在专项基金命名时，加入“家族”二字，代表了基金促进家庭文化和家族传承的价值取向。

案例3　杨国强家族慈善专项基金

杨国强先生是碧桂园控股有限公司创始人、董事局主席，以其名字命名的国强公益基金会下设专项基金项目较多[②]。另外，杨国强先生还通过地方慈善会设立支持领域较广的冠名专项基金。在不同的高等院校也会设

① 信息主要来源于对基金创立比较熟悉的担当者行动总干事张春亮先生的访谈以及公开网络资料。

② 具体情况参照国强基金会官网。

立针对高校人才培养、教育扶贫等领域的专项基金[①]。

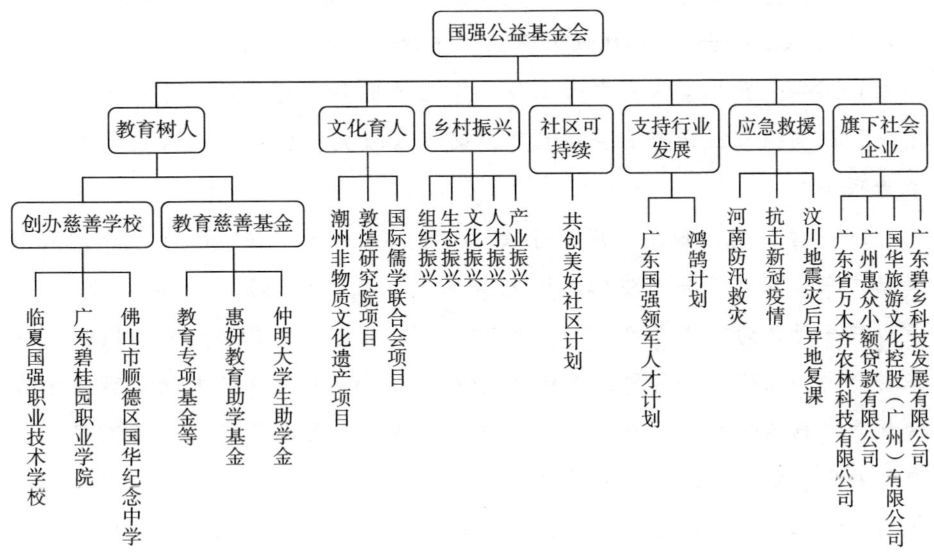

图 5－2　国强公益基金会项目结构

资料来源：国强基金会官网，https：//www. guoqiangfoundation. com/#/index。

根据国强基金会官网信息，基金会希望以教育和文化为手段，以人的培养为中心，促进乡村振兴、社区可持续发展，推动国家民族富强与人类社会进步。专项基金资金主要来源于杨国强本人、家庭成员、企业及国强基金会。

杨国强家族慈善专项基金涉及的项目领域较广。一类是通过顺德慈善会设立，包括以个人名义冠名、由碧桂园集团及杨国强本人共同捐资[②]，主要支持本土助学、助困、助残、助老和公益设施建设[③]的“国强慈善基金”；以及以精准教育扶贫为主、资助当地贫困学子完成学业、支持顺德区公益教育事业发展的“惠妍教育助学基金”。另一类专项基金设在包括清华大学、中山大学、深圳大学、广东外语外贸大学、昆山杜克大学在内

① 具体情况参照附录 4。

② 《1320 万元！国强慈善基金大手笔支持顺德慈善》，顺德城市网，http：//www. shundecity. com/a/whsd/2013/0329/96187. html。

③ 《“惠妍教育助学基金”启动！杨国强父女再捐 1 亿助力顺德教育事业》，搜狐网，https：//www. sohu. com/a/126457121_355874。

的高等院校，致力于培养资助高端人才，主要用于教育人才培养、师资队伍建设、优秀学生资助。另外，还有支持医疗发展方面的专项基金项目：2017 年国强基金会捐赠 1000 万设立“惠妍医疗人才基金”，专项资助和支持在广州市妇女儿童医疗中心工作、学习的医务人员培训培养项目。总体看来，杨国强家族专项基金在教育方面投入较大，针对不同人群的教育设立专项基金。

1997 年，杨国强先生用其母亲的名字，设立了“仲明”助学金，用于资助广东省家庭经济困难但品学兼优的大学生。杨国强先生在创业初期，就以纪念母亲为名进行慈善捐赠活动。二女儿杨惠妍继承家业，国强公益基金会由杨国强、杨惠妍父女俩共同建立。2017 年设立的惠妍教育助学基金便是以杨惠妍的名字冠名。从家族成员共同参与慈善来看，杨国强、杨惠妍担任国强公益基金会荣誉会长，女婿陈翀担任理事长，一定程度上可以看出其家族慈善的可传承性，以及对于家族慈善文化塑造的积极影响。

案例 4　张荣华家族慈善专项基金

张荣华是天津荣程祥泰投资控股集团有限公司董事会主席。张荣华家族与大学、慈善组织、国际组织等合作，在公益创善、医疗研究、助力疫情防控等领域设立了多个专项基金①。

张荣华的先生张祥青出身贫苦，曾在唐山大地震中失去双亲，回馈社会意愿强烈。张荣华夫妇热心慈善，2008 年捐助汶川地震救援及灾后重建时，从最初的 1000 万元追加捐款至 1 亿元。为了秉承荣程集团创始人张祥青先生“感恩社会 传承爱心”的公益理念，2015 年成立了荣程普济基金会，资金主要来源于家族企业及家庭成员的捐赠。

张荣华家族的专项基金涵盖领域主要为医疗和防疫相关。一类专项基金设立在医学研究领域，与华中科技大学同济医学院合作设立的“新型冠状病毒与生命科学专项研究基金”，助力新冠肺炎防治和相关生命科学医学研究；向天津中医药大学捐赠 500 万元设立“新冠肺炎与传统中医药－医学研究专项基金”，用于抗疫医药研究与应用。另一类用于防疫相关的

① 具体请参考附录 4。

社会支持，与天津市红十字会、天津市政府联合设立“天津市海河医院医务人员关爱基金”并捐赠500万，用于奖励和慰问抗疫医务人员①；与联合国妇女署联合启动“支持女性从新冠疫情社会经济影响恢复项目”并捐赠100万美元，针对妇女所有的中小企业设定多方位疫后恢复计划，以推动后疫情时期社会可持续发展②。2021年9月7日，荣程集团通过普济公益基金会向中国发展研究基金会捐赠1000万元设立“创善基金”，主要用于支持健康乡村建设、共同富裕等。

小结

从案例可以看出，设立专项基金是高净值家庭慈善在起步阶段所选择的一种路径。一些超高净值家庭或家族会选择直接注册非公募基金会，并在基金会下设不同资助方向和领域的专项基金，来充分实现其慈善目标，全职团队负责运营。对于初始选择专项基金的个人和家庭，如王菲、李亚鹏，黄进兴、刘颖夫妇等，我们了解到影响其决策的因素包括：选择与自己关注慈善领域相似的成熟基金会合作，可减少专业成本投入；对比直接成立基金会，人力和行政管理成本相对较低；家庭和个人参与的门槛相对低，也比较灵活。

二　捐赠者建议基金在中国

家族文化、家族精神与财富共同传承，实现家业长青，已成为众多高净值人士的共识。当有形的物质财富积累到一定规模，对文化与精神财富的需求就会不断增长。家族传承需求对于慈善的影响会越来越大。国内捐赠者建议基金（Donor - advised Fund，以下简称DAF）模式也多以专项基金的形式存在，与早期典型的专项基金模式区别在于，DAF其附加的灵活性、以捐赠人为中心的慈善顾问服务以及对于捐赠人慈善资产的有效管

① 梁思琦：《向“天使”致敬！医师节荣程普济设立500万元医务人员关爱基金》，搜狐网，https：//www. sohu. com/a/484726643_121123745。

② 《荣程集团 & 联合国妇女署 | 凝聚“她力量”共创“她时代”》，荣程集团官网，http：//www. rockcheck. com/news/show. php？ itemid = 1863。

理，一定程度可以缓解当前专项基金发展面临的挑战和不足。

近20年来，DAF在美国、加拿大等得到迅速发展，已成为新富人群及家族下一代最青睐的慈善工具。据2017年《美国高净值人群慈善报告》，美国90%的高净值人士会进行慈善捐赠，其中最常使用的捐赠工具就是DAF，其使用比例与家族基金会、慈善信托及其他捐赠工具的比例之和持平，且仍呈上升势头①。

有趣的是，美国越来越多的科技亿万富豪也开始使用DAF。Facebook创始人扎克伯格于2012年捐赠5亿美元价值的股票给硅谷社区基金会（Silicon Valley Community Foundation）下的DAF账户，并且在2013年追加捐赠10亿美元②。微软公司前首席执行官鲍尔默2016年捐赠19亿美元在高盛慈善金会（Goldman Sachs Philanthropy Fund）设立DAF账户③，另外如埃隆·马斯克、雪莉·桑德伯格等业界精英也都纷纷设立有自己的DAF账户。近些年DAF已经成为美国发展最快的慈善捐赠工具。

（一）DAF的定义及运营模式

在美国，DAF是由公共慈善机构（Public Charity）管理的一种捐赠模式，由捐赠人出资，在慈善机构下设立一个子基金。从表面看，DAF就是捐赠人的慈善钱包，它是慈善账户和储蓄（或投资）账户的结合，捐赠人在基金会设立账户，然后将慈善资产放入其中。此时，从慈善账户角度看，捐赠人拥有对账户资金慈善资助方面的建议权；而从储蓄投资账户角度看，捐赠人也可以对账户中暂时还未支出的资金提出保值增值建议。

2006年《退休金保护法案》（Pension Protection Act of 2006）中，官方定义DAF是一个基金或账户，其特点是：按照捐赠人的捐赠意愿独立设

---

① The Indiana University Lilly Family School of Philanthropy: "The 2018 Study of High Net – Worth Philanthropy", https://ustrustaem.fs.ml.com/content/dam/ust/articles/pdf/2018 – HNW – Philanthropy – Study – Full – Report.pdf.

② "Mark Zuckerberg's $2.5 Billion Foundation", https://www.insidephilanthropy.com/home/2014/7/25/mark – zuckerbergs – 25 – billion – foundation.html.

③ David Callahan: "Billionaires funding a Goldman philanthropy charity unmasked by IRS snafu", https://www.ocregister.com/2018/03/14/billionaires – funding – a – goldman – philanthropy – charity – unmasked – by – irs – snafu/.

立；由运营机构拥有并控制；捐赠人可以拥有对捐赠资产投资或慈善支出的建议权。①

符合上述三条标准的基金或账户一般被视为 DAF。可见，DAF 是捐赠人的专属慈善账户，捐赠人有权对此账户的慈善支出和投资提出建议，而慈善基金会拥有最终慈善捐赠的处理权。尽管捐赠人放弃了账户的所有权，但在实践过程中，基金会一般会最大限度地尊重捐赠者合理的投资和慈善支出建议权。根据国内外实践，笔者整理了 DAF 运营模式示意图（如图 5－3）。

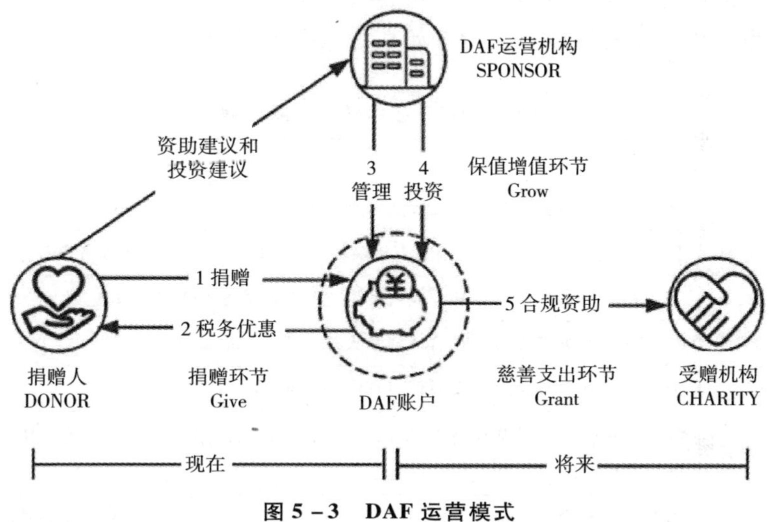

图 5－3　DAF 运营模式

DAF 的核心运营模式包括三个环节（3G）：捐赠环节（Give）、保值增值环节（Grow）、慈善支出环节（Grant）。在捐赠环节，捐赠人将资产捐赠至自己设立的专属账户中，捐赠一旦完成不可撤销，捐赠人立时享有捐赠的税务优惠。捐赠的资产除现金外，也可以是不动产、股票、债券及字画古董等。在保值增值环节，捐赠人可以将慈善资产进行投资以实现保值增值，基金会提供不同类型或不同周期的投资产品，捐赠人根据自己的风险偏好及慈善计划做出具体投资选择。对于大额捐赠，基金会还有专门

① Library of Congress: "Pension Protection Act of 2006", https://www.congress.gov/109/plaws/publ280/PLAW－109publ280.pdf.

的慈善投资顾问来为捐赠人打理捐赠账户内的资产，以建立更为综合的投资组合，实现捐赠人的整体捐赠与投资目标。在慈善支出环节，捐赠人可以向任何符合美国国税局（Internal Revenue Service）501（c）（3）条款或基金会提供的白名单中的公益慈善机构进行捐赠，也可以通过美国境内的慈善机构向境外慈善机构进行捐赠。

（二）DAF 在中国的发展历程及运营机构

中国的 DAF 模式的实践始于 2017 年。近年来，公益及金融机构开始重视和探索 DAF 这种新型慈善路径，已有很多中国本土化的创新。据公开资料不完全统计，已有以下机构开始在国内践行 DAF 模式。

表 5－1　DAF 在中国的发展历程

时间	事件
2017 年 04 月	北京市永源公益基金会宣布成立两支永续传承 DAF，是国内 DAF 的首次尝试
2017 年 06 月	深圳慈善会宣布成立冠名捐赠人建议基金，随后设立“中国捐赠者服务基金网”
2017 年 11 月	明湾资产通过中国证券基金业备案设立私募公益金融类捐赠人建议基金
2018 年 01 月	北京圣商慈善基金会宣布启动捐赠人建议服务基金系统
2018 年 01 月	上海市慈善基金会设立大爱福（DAF）专项基金
2018 年 09 月	深圳市递爱福公益基金会正式宣布成立，这是国内第一家纯粹以运营 DAF 为主的基金会
2018 年 10 月	山东大学教育基金会设立国内教育基金会中的第一个 DAF“梦竹爱心基金”
2018 年间	上海联劝公益基金会设立了三个团体或个人发起的 DAF 专项基金
2019 年初	北京益行者公益基金会开始以捐赠人深度参与公益实践的 DAF 模式服务捐赠人，先后成立了 20 余支公益基金
2019 年 03 月	深圳市慈善会和建设银行合作的“善行公益”DAF 捐赠人建议基金平台启动
2019 年 05 月	灵山慈善基金会和金百临慈善基金会共同发起“邻家公益计划”
2020 年 02 月	万向信托金融科技团队自主研发 DAF 智慧系统，助力慈善组织开展抗击疫情的工作
2020 年	嘉实公益基金会开发捐赠人慈善账户服务系统
2020 年	宁波市善园公益基金会“17 行善”：借助互联网技术实现精准高效行善的 DAF 模式
2020 年	千禾社区公益基金会：扎根社区，滋养社会，以 DAF 推进社区公益

从 2017 年永源基金会设立第一支 DAF 开始，我国已经有十多家机构参与 DAF 模式的落地实践，其中大多数是公益慈善机构，也有嗅觉灵敏的金融机构结合自身业务特点积极参与其中。在国内实践过程中，DAF 模式随着运营机构的特点不同呈现各异特色。

1. 灵山基金会的邻家公益计划

“邻家公益计划”是无锡灵山慈善基金会和无锡金百临慈善基金会联合发起的公益计划。邻家计划取名“邻家”是希望每一个加入计划的“独立公益基金”能够关注身边需要帮助的人和事，关心与之相关的群体和领域，并以基金为平台，凝聚家庭成员、亲友和社会各界的力量，推动美好改变。邻家计划从国人注重家族荣耀及传承的传统出发，以家族名义成立 DAF 模式基金。目前，邻家计划主要包括三个模块：邻家公益基金、邻家公益社群及邻家公益项目。

截至 2021 年 12 月，具有中国传统文化特色的邻家公益计划共有 369 支 DAF 基金，慈善项目 268 个，慈善资金总额约 3790 万元。

2. 嘉实基金会的 DAF 模式

北京嘉实公益基金会于 2016 年注册成立，由嘉实基金管理有限公司发起。嘉实基金会希望利用自己的优势来做公益，为此，基金会借鉴美国金融机构广受欢迎的 DAF 模式，开发推出了自有的 DAF 系统。这个系统囊括捐赠、增值保值和慈善支出三部分，是国内 DAF 系统中最贴近美国传统意义的账户系统。

嘉实公益能够从账户系统出发探索国内 DAF 模式，是有其特殊的背景和优势的。第一，嘉实基金会的发起方嘉实基金是国内领先的金融机构，擅长投资理财，基金会 DAF 做增值保值是充分发挥了嘉实基金的优势并间接推动了公益行业慈善资产增值保值的发展。第二，嘉实公益有长期的实践积累。经过十三年的持续实践，嘉实在捐赠人、专家资源、公益项目和志愿服务等方面均有一定积累。第三，基金会发起人嘉实基金拥有强大的 IT 技术和资金实力，且基金原本的个人理财账号系统本身与 DAF 系统有相同之处，这些都是系统开发所必不可少的元素。目前嘉实的 DAF 模式系统已开发完成，处于内部测试阶段。

3. 益行者基金会的 DAF 基金

北京益行者公益基金会由 72 位“北大光华益行者”联合创始发起，主要以 DAF 模式，助力企业家、校友等捐赠人践行社会责任、参与公益实践、实现美好愿景，用专业服务打造企业家最值得信赖的公益慈善平台。

为协助捐赠人践行公益实践，基金会采用 DAF 的模式，通过赋予捐赠人建议权，使捐赠人有更多机会深度参与公益项目。目前基金会所设立的 DAF 专项基金包含以下领域：个人与家族传承基金，如中睿和源公益基金、正楷公益基金，由捐赠人自主冠名设立，旨在家庭纪念与传承；纪念基金，如史树中公益基金，为纪念恩师史树中先生，由北京大学光华管理学院副院长张圣平教授与同门师兄弟联合设立；组织与企业专属基金，如蓝桥公益基金、中青五善守护校园公益基金等；社群与捐赠圈基金，如和悦公益基金、萱草 1 型糖尿病公益基金、儿童肿瘤救助基金，捐赠人通过 DAF 基金形成持续性的捐赠圈，共同践行公益理念。

4. 联劝基金会的 DAF 基金

上海联劝公益基金会是上海第一家由民间发起的资助型基金会，联劝公益关注如何让公众与公益产生共鸣与连接，从而更积极持续地参与公益。

联劝公益基金会 DAF 基金的特点是以社群发起为主，截至 2021 年 10 月，39 个 DAF 账户当中，有 21 个都是由社群发起。这些发起 DAF 基金会的社群可分为几类，第一类是女性社群；第二类是学校家委会，特别是国际学校的家委会；第三类是一些兴趣俱乐部，比如滑雪俱乐部、高尔夫俱乐部。这种个人捐赠人聚集在一起，将捐款捐入同一个公益基金，并共同决定捐款用途的形式就是“捐赠圈”，联劝公益会协助他们建立委员会，帮助他们探讨民主议事，让他们和议题有连接，进而追求慈善影响力。

5. 递爱福基金会的 DAF 生态链

深圳市递爱福公益基金会由深圳国际公益学院、北京中伦公益基金会、深圳中顺易金融服务有限公司三方机构联合发起，是中国首家正式批准成立的以捐赠者建议基金（DAF）慈善账户模式运作的基金会。

递爱福基金会重视捐赠人通过慈善账户顾问对慈善财产使用的建议权；在捐赠财产的投资与捐助过程中，慈善账户顾问就合适的投资方案向合格受赠组织的捐助提出建议。在符合基金会章程及内部相关指引的前提下，基金会将充分尊重该建议，做出最终的投资决定或捐助决定。为促进DAF事业的健康有序发展，递爱福基金会着力建设DAF公益生态链，希望联合其他相关DAF参与者，构建集公益基础设施、公益交互平台、公益培训课程、公益交流活动、公益信息披露、专业志愿服务、公益资产配置于一体的DAF公益合作新生态。

6. 善园公益基金会的“17行善”

宁波市善园公益基金会（以下简称“善园”）注册成立于2015年，立足宁波本地，链接政府、企业等各类资源，服务辐射宁波当地慈善组织。为了“让求助更方便快捷，让行善更精准轻松”，善园开发、推出善园网平台，让捐赠轨迹透明，捐赠信息对称，捐赠成果可视，捐赠反馈及时。

善园立足于“人人慈善”理念，调低准入门槛，结合互联网技术条件、系统与平台，参考美国DAF模式特点，在2020年推出“17行善”。“17行善”以提升慈善捐赠精细化、智能化和自主性管理为特色，借助互联网技术辅助DAF系统账户管理，以解决传统慈善模式中捐赠人不能自主管理、追踪捐赠去向等痛点问题。“17行善”依托善园团队多年深耕金融的经验积淀，不断研发、升级和创新捐赠人服务，从基金设立、拨付、反馈到基金社交，再到捐赠激励，让新技术打通捐赠人服务整个生态链。善园认为，DAF服务于有意识并致力于公益慈善的人才能发挥更大效用。“17行善”巧用现代技术，将行善的权利归还给捐赠人，让捐赠更“智慧”。

7. 千禾基金会的DAF业务

成立于2009年的千禾社区公益基金会（以下简称“千禾”），是中国第一家以“社区”命名的公益基金会。千禾作为珠三角地区的公益枢纽，通过专业化运作支持扎根社区的公益组织，协助捐款人有效管理慈善资金，开展战略性社会投资和公益传播，同时联结基层政府、媒体、企业、基金会、慈善团体和研究机构等各界力量，持续开展社区服务，推动社区公益创新与多元治理。千禾致力于为捐赠人创造看得见、看得懂、能参与的公益，创造更多参与公益的体验。

2020年，千禾开始尝试探索DAF业务，针对有公益行动意愿的捐赠人、劝募人或有资源发展视角的社区行动者、行动社群，协助孵化丰富多元的社区公益项目，尊重与实现这类社区行动者的公益梦想，搭建区域资源平台，从回应本地社区真实需求出发，为社区公益专项计划提供资源整合、支持网络和陪伴赋能活动。目前已孵化珠三角在地关注社区教育、社区发展、社区公共空间共建等议题的8个社区DAF基金。

可见，DAF不是一种固定不变的单一模式。如无锡灵山慈善基金会把DAF模式用于中国人的家族传承，符合传统文化特点；深圳市递爱福公益基金会因为其发起人具有专业律师背景，所以有非常完备的架构和体系，并且始终在行业中促进DAF的发展和合作；上海联劝公益基金会在践行DAF模式中借鉴社群慈善的理念，让捐赠圈与DAF结合，让捐赠人、慈善基金会与资助机构共赢共创；北京嘉实公益基金会借助自身优势，通过标准的DAF模式账户系统探索保值增值服务；善园公益基金会“17行善”，借助互联网技术打造专属DAF账户系统，助力捐赠智能化、精细化。千禾在思考如何运转DAF时，关注的是能为捐赠人带来怎样的改变、能为其家庭带来怎样的精神价值。

（三）国内DAF家族慈善账户案例

由于DAF在国内还处于起步阶段，关于家族慈善账户的样本量还较少。以下四个案例依次从小家庭、大家庭以及代际传承三个维度来展示DAF家族慈善账户在实践中的特点。

1. 联劝J&N公益基金

2018年年底，联劝公益开始设立家庭冠名基金，目前已经有9支家庭DAF账户。其中一半是父母带着孩子一起设立的，另一半是夫妻捐赠，比如结婚把礼金捐出来，通过这种仪式来纪念家庭关键时刻。

联劝J&N公益基金是一支由家庭发起的DAF，发起人Nicole想有计划、可持续、有目标地做慈善，有一个属于家庭的慈善账户，以一家人的名义捐款，希望将家庭价值观和慈善文化作为“传家宝”一直传承下去。

在这支家庭DAF建立之前，Nicole和她的孩子阿金每年都会参加上海联劝公益基金会的“小小暴走”活动。起初阿金还不知道自己走这么远的路为了什么。坚持了几年下来，阿金已经习惯每年在固定的时候参加“小小暴走”，将自己生日收到的礼金捐给帮助老人的公益机构。看到阿金的改变和成长，以及家里人对做公益的认可，Nicole 意识到“公益”在孩子心中埋下一颗爱的种子，等这颗种子发芽成长，孩子也会渐渐成长为有担当、有爱心的人。

但“小小暴走”一年只有一回，Nicole 苦恼平时怎么以“我们一家人”的名义捐款。联劝公益基金会家庭 DAF 的出现，为她打开了一个尝试的机会。Nicole 通过设立 DAF，拥有一个属于家庭的慈善账户，她和家人可以随时随地进行捐赠，也可以一起讨论、决定善款的去向。[①]

联劝 J&N 公益基金体现出 DAF 在家庭慈善专属账户方面的优势。一方面，DAF 能够为家庭提供一个长期可持续的慈善账户，可以把之前零散的行为和资金做整合。另外，DAF 便于家庭共同参与，孩子在参与公益过程中，能够看到真实的世界是什么样子，参与过程中也会带来一些积极的改变。

2. 邻家公益计划 ——“宁朗兄妹基金”

邻家计划遵循的是 DAF 模式，其底层哲学是中国人对家和宗教传承的信仰。邻家计划期望以善为宗，以家为基，重建新的家庭、家族观念，重塑新的邻里关系。这种理念在“宁朗兄妹基金”的案例中得到了充分体现。

“宁朗兄妹基金”是灵山慈善基金会秘书长王文及夫人在龙凤胎孩子一周岁生日时，以宝宝名字冠名发起的。王文曾在朋友圈里写道：“他们两个的到来，对于我们来说也是全新的生命开始，培养他们成为一个什么样的人，开始成为时刻都会有的思考。‘希望做一个心中有爱，眼中有光，给予人温暖的人’是父母曾经对我们的期许，我们努力践行，也希望他们也朝着这个方向一起行走。”

该基金以“儿童关爱、助学和教育”为主要方向，联合家族成员及亲友，邻家公社社员和其他社会爱心人士的力量，依托灵山慈善基金会专业团队运营管理。孩子三岁生日时，基金特地发起助力春晖计划项目，为 50 名寒门学子筹集助学金，希望更多可爱的孩子们都拥有美好的未来。疫情

① 捐赠人建议基金，联劝官网，https：//www. lianquan. org. cn/donorAdvisedFund. jsp。

期间，“宁朗兄妹基金”还为武汉一线医务人员送出800件医用防护服，共克时艰。

王文在很多场合都提道：“在基金设立之前，家人几乎没有为他所在的机构捐过款，因为家人觉得那是他的工作。但在基金设立之后，家族里几乎所有成员都开始为这个基金捐款，他们认为这是家里的事。”① 例如他的岳父，作为一个老媒体人，在疫情期间以“宁朗兄妹基金”的名义，多次带着家人为一线的疫情防控人员提供援助，这对整个大家庭的影响是非常明显的。

“宁朗兄妹基金”体现了DAF慈善账户与中国传统家族观念相结合的优势。

一方面，家族传承是中国人最朴素的信仰，而家族传承不仅仅是物质的传承，更重要的是精神传承。如果说财富是看得见的显性传承，而家族价值观、品德、文化等看不见的传承，则是一种容易被忽视可贵传承。DAF家族慈善账户可作为这种隐性传承的天然载体，使其更加形象和生动。家族成员能通过DAF账户回应如何有意义地花钱这个问题，DAF的可持续性、策略性和参与性还能有效回应一个家族如何传承价值观与文化的问题。

另一方面，慈善是家族非常有效的黏合剂，家族成员可以很便捷地通过DAF参与慈善，探讨公益话题。这个过程与市场竞争排他性的场景不同，更容易产生支持与合作，既可以加深成员之间的认识与理解，又可以使成员对自己家族在经济和社会层面有更多反思，最终能够塑造出真正属于自己家族的符号。

3. 联劝公益—曹鹏公益基金

曹鹏公益基金是著名指挥家曹鹏先生及外孙于2020年成立的，是上海联劝公益基金会的一支DAF，致力于自闭症儿童全生命链条的健康发展和推广。

此前数年，曹鹏先生就已率领全家坚持用音乐为自闭症患儿及其家庭服务，帮助孩子们建立起与外界交流的途径。早在2007年，上海曹鹏音乐

---

① 王文：《灵山基金会王文：企业基金会要摆脱依附性，回归公共性人格！》，凤凰网，https：//ishare. ifeng. com/c/s/7o4HKLYEzX7。

中心就发起关爱自闭症的倡议书。2008 年，曹鹏音乐中心与上海市慈善基金会共同成立“天使知音沙龙”关爱自闭症项目。曹鹏及家人除了用音乐改变孩子之外，还创办了咖啡社会实践基地和爱课堂公益教学基地，用各种社会实践和教学给孩子们带来潜移默化的改变。

2020 年疫情发生之初，曹老全家就开始为支援抗疫而行动：曹老和老伴为抗疫积极捐款；大女儿曹小夏安排孩子们网上交流课程，和乐团志愿者捐了数千只口罩分发给急需人员；小女儿夏小曹教授坚持在网上授课，用音乐给予大家温暖和力量；外孙石渡丹尔承担起最佳运输和为疫区配送抗疫物资的任务。①

从中我们能够看到一位耄耋老人带领全家三代人，深切关爱自闭症儿童成长、关心社会发展的公益使命，也能看到一个行善家族的传承和优良家风。

在曹老的家族慈善事业中，DAF 更多体现出专业慈善顾问的重要性。在没有专业慈善顾问及基金会平台作为支撑时，关爱自闭症儿童的活动在社会宣传、帮困救助、活动策划以及志愿者培训方面都缺乏系统性和可持续性。曹老建立 DAF 后，联劝公益为其辅助落地公募场景（如慈善音乐会、拍卖会），帮助其快速回应募捐需求，撬动更多企业资源，并在整个服务过程中，帮助其把控公益项目及活动的合规性。这些都能体现出 DAF 充分尊重捐赠人的慈善意愿，能够为其提供专业的慈善顾问服务的特点。

4. 千禾公益破风少年专项基金

捐赠人 C 女士在千禾社区基金会开设了自己的 DAF 后，自己的所有年度对外捐赠（支持公益人才培养、社区抗疫、支援河南水灾等）都通过千禾来进行项目筛选和自主管理。在进一步建立起信任的基础上，C 女士提出，希望可以让自己的孩子参与到公益项目中，期待能够有一个让孩子可以持续参与的公益项目。

在千禾的支持下，2020 年暑期，C 女士的两个孩子作为月捐人第一次进入城中村走访接触流动儿童。走访结束后，两个孩子在父亲的陪同下骑

---

① 《天使的挚爱 | 曹鹏老师三代人与天使知音沙龙》，天使知音沙龙，https：//mp. weixin. qq. com/s/Z_L2gdhGm638sRlCvt3xGA。

行500公里为流动儿童项目募集善款；2021年暑期，他们携手自己的4位同学再次开启公益骑行，与此同时，千禾邀请他们作为志愿者深入了解困难儿童的处境，逐步建立少年们与流动儿童议题的联系，帮助他们看到自己行动的意义和价值，提升自我认同感。2022年暑假，少年们决定以后每年都要持续公益骑行，破风少年DAF公益专项基金应运而生。

破风少年DAF公益专项基金支持青少年主导的公益实践活动，青少年在活动中由浅入深，由抽象到具体地参与公益，感受自身价值的同时，把积极向上的正能量传递给身边的朋友、亲人以及公众。所有公益过程家长们全程陪伴、鼓励和支持，作为榜样带头行动。破风少年公益专项基金实现了从青少年们自我能力的锻炼、责任感的提升，到整个家庭对公益慈善的携手参与，再到对更多家庭的辐射带动作用。

C女士的DAF案例提供了一条基金会服务捐赠人朴素而务实的路径：通过专业高效的一般性资助服务与捐赠人建立基础关系和信任；随着对捐赠人价值观、公益愿景与基础信息的了解，基金会由被动式回应服务转为主动建议，从个人服务转向家庭服务；对于家庭成员参与公益项目，针对捐赠人家庭可触达的社群定制活动及传播策略，活动设计上依据捐赠人意愿鼓励子女主导、家庭参与，借由公益活动促进家庭关系；通过筹款前后梯级的志愿服务与参与，加深捐赠人及家庭成员对社会议题、困境人群的理解，进而建立起其子女、捐赠人自我、捐赠人家庭对于自身、对社会的责任感，而这些责任感终将成为利他行为惠及他人。

在以上探索发展DAF模式的案例中，不同基金会根据自身资源和战略发展特点，采取了不同的策略和路径，一定程度激活了家庭或家族慈善捐赠主体的参与度。在共同富裕的背景下，中国的高净值人群及其家族也在不同的慈善参与路径中做选择，设立DAF账户的方式可以与捐赠人、慈善顾问及慈善基金会一起，共同参与并回应社会问题。但基金会也要考虑未来可能面临的挑战，随着DAF账户的增加，越来越多的捐赠人深度参与的意愿和需求也会增加，这对基金会的人力资源和专业能力也会有更高的要求。如何实现“以捐赠人为中心”的深度服务，让慈善捐赠热情不减，让基金会发展DAF模式的信心更足，这些问题需要慈善基金会探讨和行动。

（四）DAF与其他捐赠工具的对比

1. 与直接大额捐赠的比较

与直接捐赠相比，DAF可以帮助捐赠人进行长期的和策略性的捐赠。DAF的一大特点就是善款在捐赠和慈善支出上存在时间差。捐赠人将善款存入DAF账户后，可以在一段时间以后再进行慈善支出，这种时间差就给了捐赠人做思考和决策的时间，避免了冲动和盲目的捐赠，有利于实现有效的策略性捐赠。

慈善捐赠和支出的时间差也使DAF账户成了一个慈善资金的“缓冲池”，方便捐赠人在收入充足时多捐，以保持收入不足时仍能继续捐赠。在美国，许多捐赠人就会在工作时持续将资金存入自己的DAF账户，这样就能保证退休后有足够的资金捐给想要帮助的慈善机构。同时，持续的捐赠也可以帮助被资助机构在关键时刻渡过难关，特别是经济不景气的时期。2009年，受全球经济危机影响，全美捐赠总额同比降低3.6%，经历了近50年来最大的降幅①，而当时DAF捐赠者仍能持续资助慈善机构，当年DAF慈善支出总额已超出捐赠总额，前者同比减少率不及后者的三分之一②。因此，DAF是慈善捐赠领域的一个有效的减震器，它能降低经济波动对捐赠人持续捐赠的影响。

2. 与慈善信托的比较

慈善信托与DAF各有其特点，但近年来DAF的快速发展也说明它在某些方面确实有一些对捐赠人来说更为便利的优势。仅就以下几个方面来看。

第一，一般来说，慈善信托相较DAF行政成本高。设立慈善信托需要有专门的有资质的受托人，起草单独的信托法律文件进行备案，而DAF的设立相对便捷。

第二，慈善信托的税收优惠政策有待明确。目前国内对慈善信托可以享受哪些优惠、在哪些环节享受优惠尚未明确，这会在一定程度上影响家

① Giving USA: “Giving USA 2010 Report”, https://www.americansforthearts.org/sites/default/files/GivingUSA_2010_ExecSummary.pdf.

② “2010 Donor - Advised Fund Report”, http://www.centerforgiving.org/Portals/0/2010_DAF_Report.pdf.

族设立慈善信托的意愿。

第三，慈善信托的灵活性低于 DAF。慈善信托的运营包括受益人指定、信托资产管理方式等均需通过信托文件约定，一旦签署完成，后期变更成本很高。DAF 则完全不受此影响，捐赠人可以根据自己的需要，随时通过线上或线下的方式更改已捐赠资产的增值保值方式或指定不同的接受捐赠对象。

第四，慈善信托的慈善专业度有待提升。目前信托公司刚开始涉足慈善领域，对国内慈善生态尚未有足够深入的认识，更无法像 DAF 基金会一样为捐赠人提供翔实的慈善信息以及专业的慈善顾问服务。

3. 与家族基金会的比较

对于最积极投入的慈善家而言，创建一个家族基金会能对善款运用发挥显著影响。但创办基金会的确会让捐赠人承担烦琐的行政管理责任。对于不想处理行政管理事务的慈善人士或许更愿意在基金会设立 DAF 账户，捐赠人由此获得类似家族基金会的话语权，而规避了烦琐的行政事务及运作成本，捐赠人只需要专注于慈善事业即可。

DAF 的设立程序非常便捷，捐赠门槛也较低，现在国内的 DAF 门槛一般为一万元，而家族基金会的门槛为 200 万元，而且设立行政审批手续复杂。

对于家族成员而言，建立家族 DAF 的好处之一是可以帮助家族减少法律和税务风险，转而由专业的慈善机构负责。此外，相较于家族基金会，DAF 通常更加灵活、更有效率，尤其是资金规模相对较小的 DAF 不需要面临每年特别严格的最低支出要求，而即使是非公募基金会每年的最低公益支出也不得低于上一年基金会余额的 6% ~8%。

三　DAF 模式促进家族慈善的前景展望

近年来，在国内家族传承相关议题的讨论中，人们逐渐认识到公益慈善在家族精神传承及价值观传承中的重要性。如何发展家族慈善也成为大家共同探索的方向。DAF 模式或可成为推动国内家族慈善发展的切入点。

首先，DAF 模式天然具备慈善传承功能，能让慈善之旅延续至后代。

与传统的慈善捐赠方式相比，DAF 模式提供了一个长期、可持续的慈善专属账户，能与捐赠人建立长久深远的关系。捐赠人的 DAF 账户也可以传承给后代，DAF 鼓励捐赠人联合家人共同参与慈善捐赠规划。这对下一代有积极的影响，可以鼓励下一代接触社会，培养助人精神，让后代以开放的心态去感受多元世界，学会用行动承担公共责任。

另外，DAF 模式以捐赠人服务为导向，结合慈善顾问提供专业化公益慈善服务，可以很好地提升捐赠人体验，为捐赠人设计合理化捐赠计划。这种新的公益模式极大地调动了捐赠人的捐赠热情和参与度。家庭成员能有更多选择和更加深入的参与，这有助于家庭成员之间的沟通，有利于家庭价值观的传递。

其次，DAF 模式降低了家族慈善事业的门槛，也有利于可持续运作。

DAF 模式对慈善家族而言，可视为是“虚拟基金会”，家族成员只需要专注于慈善事业本身，而无须具备专业运营能力。“虚拟基金会”背后的专业机构在听取家族的慈善意愿和建议后，帮忙处理好相关事务并把控法律合规要求即可。

早期的家族专项基金主要是资质共享，未来的“家族专项基金”必然是专业力量的共享，而 DAF 模式就显示出专业分工和专业力量共享的创新性与前瞻性。所以从这个角度看，DAF 模式或许可以成为“家族专项基金 2.0”，通过委托基金会做专业运营，共享成熟基金会的专业能力和资质。

最后，国内 DAF 发展面临非常好的政策窗口期。

近年来，中央明确提出“在高质量发展中促进共同富裕”“构建初次分配、再分配、三次分配协调配套的基础性制度安排”的要求。民政部也明确提出将完善税收优惠和扶持政策，探索建立慈善行为的记录和激励机制，让每个人一生都有一个慈善账户。同时，国家鼓励发展互联网慈善。通过这些激励政策和措施，进一步拓宽居民收入、社会财富向慈善事业涌流的渠道。

同时，DAF 模式对个人捐赠有很好的激励作用。尊重捐赠人意愿，让捐赠人有参与和选择权，需要建立完整的慈善行为记录。作为专属账户的模式，DAF 模式比较契合政策发展趋势。有理由相信家族慈善专属账户模式未来在中国家族慈善发展的过程中将占据一个重要的角色。

当然，即便是在美国，DAF 慈善模式也正处于争议、变化和不断优化之中。我们既要学习美国 DAF 模式的发展经验，也要认识到美国 DAF 模式发展的局限性。在中国发展参考 DAF 模式进行本土化实践，更要结合中国的慈善文化环境和法律制度背景，推动 DAF 模式在本土实践中的有效应用。

总之，DAF 慈善模式是符合慈善事业高质量发展需要的高效工具，应当成为未来家族慈善专属账户的重要载体，以便系统有效高质量地回应捐赠人需求，撬动个人、家庭、家族的捐赠热情，打开公益慈善行业慈善资源的“水龙头”。

第六章

家族企业慈善

对于家族企业而言，慈善行为有助于树立家族形象和声誉，并提升家族企业的竞争力。美国学者迈克·波特（Michael E. Porter）提出“竞争导向型慈善行为”，将企业的慈善行为归为三个阶段：公共义务、博取好感，以及战略性捐赠。1999 年，他在《慈善事业新视角：创造价值》[①] 一文中指出，并非任何慈善行为都会提升企业竞争力，只有当企业的慈善行为同时也对企业的竞争环境产生重要积极影响时，企业社会责任与经济目标才能兼容。

相较于传统慈善单向度的“支票式”捐赠，家族企业从事慈善时经常面临来自不同利益相关方的期待。家族企业一方面需要回应政府或社会的要求履行社会责任，另一方面要满足来自股东追求商业回报的诉求。因此，越来越多的家族企业决策者开始思索，履行慈善行为对经营绩效到底能产生哪些效益？如何找到社会效益和经济效益之间的动态平衡，以实现企业的可持续发展？于是，一种从全局出发、从长远出发的慈善行为日益受到企业决策者的青睐，即，有战略规划的实施慈善行为。家族企业并非把慈善简单作为社会救济而履行其社会责任的手段，而是从自身角度出发考虑能使企业与社会共同获益的方式，使企业能够长远发展进而开展稳定、持久的慈善活动。[②]

---

① Michael E. Porter and Mark R Kramer：“Philanthropy's New Agenda：Creating Value”，*Harvard Business Review*，November - December，1999，pp. 121 - 130.

② 北京师范大学中国公益研究院、深圳国际公益学院：《中国亿元捐赠与战略慈善发展报告》，2016。

一 海外家族企业商业向善及其战略

家族企业作为社会经济成分的重要组成部分，其慈善行为的动机是财富的传承，也是文化的传承。在西方社会，慈善被视为家族企业鼓励子女与外界接触的重要渠道。家庭成员通过慈善活动领悟财富的真正意义，并对父辈、祖辈所从事的慈善事业感到无比骄傲，进而形成对家族的进一步认同。许多后辈由此延续了前人的慈善事业，甚至将其拓展到了更广阔的领域中。

以洛克菲勒家族这样已传承百年的家族为例，约翰·D·洛克菲勒——洛克菲勒财富帝国的创始人，也被誉为“战略性慈善事业之父”。他提出“像商业一样经营管理慈善”，在这一理念引导下，洛克菲勒家族逐渐开始从直接零散式捐赠向科学、专业化、机构化运作方向转变，分别捐给学校、医院、研究所，以及建立起庞大的慈善机构等。在其后一个多世纪，洛克菲勒家族历代传承人仍坚持开展战略慈善，并不断拓展家族慈善的内涵和外延。到现在，洛克菲勒家族现有300多名成员，不同的家族成员在各自喜欢的慈善领域和具体项目上有着不同的选择，而且他们还通过聘请非家族成员的专业人才来帮助他们做战略慈善。正如洛克菲勒家族第五代传承人瓦莱丽·洛克菲勒·韦恩所言，“财富没有分裂我们的家庭，因为慈善使我们家族更加团结”。

对于家族企业来说，企业捐赠和慈善行为实质上是企业的社会投资，是企业与社会积极互动、互利的一种行为。因此，除了一般慈善事业，家族企业还倾向于通过社会责任战略、影响力投资以及ESG投资等方式，探索家族企业的可持续发展之道。

案例1 乔治威斯顿公司以促进可持续发展建立世代价值

乔治威斯顿公司（George Weston Limited，简称GWL）作为一家领先的加拿大上市公司和家族领导的公司，其历史可以追溯到1882年，由乔治威斯顿创建，至今已经传承至第四代。1882年，年仅17岁的威斯顿决定从他的老板手里买下整条面包生产线，开办了第一家乔治威斯顿商店。经过逾百年的奋斗，如今，GWL 已构建起以食品零售和房地产投资为主的商业帝国，拥有雇员人数达 22 万余人，资产额超 377 亿美元[①]。这个历经一个多世纪的家族企业，GWL 的企业使命定位为：通过在战略、并购、资本配置和人才管理方面的专业知识，与积极管理的零售和房地产市场领先业务，建立世代价值。GWL 董事长兼首席执行官 Galen Weston 曾表示："我相信企业既有机会也有责任在社区中产生积极影响，增长和繁荣不需要以牺牲可持续性为代价。"

案例 2　宜家将社会责任纳入企业发展战略

宜家集团（IKEA）是一家全球知名的家居用品公司，由英格瓦·坎普拉德（Ingvar Kamprad）于 1943 年在瑞典创立，起初，他骑着自行车向邻居兜售有用的物品。后来，宜家通过提供各种精心设计，功能齐全的家居用品，以尽可能低的价格为更多人创造更美好的日常生活这一愿景，发展成为全球家居市场占有率排名前列的知名家居用品企业。为了确保公司产品的品质和特色，宜家制定了采购行为准则，即宜家家居物品采购方式（The IKEA Way on Purchasing Home Furnishing Products，IWAY）。具体来说，IWAY 分为三大领域，即外部环境、社会责任与工作条件、木制产品。在这三大领域之中，又细化成 19 个方面，从环境改善、地面污染、童工问题到环境保护、种植人造林等，都有非常详细的规定。在贯彻实施 IWAY 的过程中，宜家公司摸索出了一整套行之有效的做法，包含传授、审核、改进、认证等方面，保证了高水准的社会责任的供应商与宜家公司携手前行、持续发展。

二　中国家族慈善发展概况

中华人民共和国成立以来尤其是改革开放 40 多年来，中国民营经济从无到有，逐步发展壮大，对国民经济和社会发展的贡献逐步加大。国家市场监督管理总局发布的数据显示：2021 年，中国民营企业数量达到 4457.5

---

① 乔治威斯顿公司，《财富》，https：//www.fortunechina.com/global500/254/2021。

万户，民营企业在企业总量中的占比达92.1%[①]，在稳定增长、促进创新、增加就业、改善民生、保护环境等方面发挥了重要作用，成为推动经济社会发展的重要力量。

习近平总书记曾指出："只有富有爱心的财富才是真正有意义的财富，只有积极承担社会责任的企业才是最有竞争力和生命力的企业。"改革开放以来，随着对民营经济在国民经济中地位的认同，占据民营经济绝大比例的家族企业得到了长足发展。在中国传统社会中，"达则兼济天下"是自古就有的家族慈善的文化传统。对于将社会责任作为立足之本的中国家族企业来说，慈善活动更是企业社会承诺和善因表达的公开体现。企业家们普遍认同，回馈社会是家族产业延续的重要组成部分。所以，在中国的民营企业家中，从来都不乏"富且仁"的全心回馈社会之人，扶贫济困一直是中华商道崇尚之风。从"严守本分，不行恶举"到"乐善好施，扶危济困"，再到"既获得财富回报实现商业闭环，又创造价值发挥社会影响力"，我们欣然看到，中国家族企业慈善事业及履行社会责任发展迅速，成就斐然，呈现出向好的发展趋势。

1. **家族企业向善的制度环境**

中国家族企业战略慈善的长足发展，离不开良好的社会环境。随着改革取得初步成效和人们对推进改革的共识逐步形成，2002年，党的十六大提出了到2020年建成完善的社会主义市场经济体制的改革目标，并总结提出科学发展观和构建社会主义和谐社会的重大战略构想，这对民营企业科学认识社会责任、承担社会责任产生了巨大的促进作用，来自社会的广泛认同以及国家的政策支持，进一步强化了家族企业回馈社会的意愿；2005年10月，我国公布了新的《中华人民共和国公司法》，其中第五条明确规定企业要摆脱片面强调股东利益最大化的理念，强调营利性的同时兼顾社会责任。

2014年，为贯彻落实党的十八大和十八届三中全会关于"支持发展慈善事业""创新社会治理"的要求，民政部、全国工商联发布《关于鼓励

---

① 《从2012年1085.7万户增长到2021年4457.5万户 民营企业数量10年翻两番》，国家市场监督管理总局，https：//www.samr.gov.cn/xw/mtjj/202203/t20220323_340715.html。

支持民营企业积极投身公益慈善事业的意见》，鼓励支持民营企业积极投身公益慈善事业；2017 年 9 月，中共中央、国务院出台的《关于营造企业家健康成长环境 弘扬优秀企业家精神 更好发挥企业家作用的意见》（以下简称《意见》）将“模范遵纪守法、强化责任担当”作为意见实施的第一个原则，将履行社会责任作为企业家精神的核心内容之一。《意见》结合时代特征和制度环境，用 36 个字总结了新时代优秀企业家精神，即爱国敬业、遵纪守法、艰苦奋斗、创新发展、专注品质、追求卓越、履行责任、敢于担当、服务社会。其中，企业家精神的诸多方面都对民营企业履行社会责任提出了明确的要求；2020 年，中共中央办公厅印发了《关于加强新时代民营经济统战工作的意见》，倡导企业家义利兼顾、以义为先理念，坚持致富思源、富而思进，认真履行社会责任，大力构建和谐劳动关系，积极参与光彩事业、精准扶贫和公益慈善事业。

2021 年，中共中央统一战线工作部印发了《关于深入推进新时代光彩事业创新发展的意见》指出，要以习近平新时代中国特色社会主义思想为指导，深入落实党中央关于加强新时代民营经济统战工作的各项决策部署，准确把握光彩事业“政治性、社会性、公益性”属性，始终坚持先富带动后富、实现共同富裕的根本宗旨，积极助推缩小城乡、区域和收入差距，扎实推进“产业化、平台化、品牌化”改革，不断增强凝聚力、动员力、引领力和影响力，更好地发挥光彩事业在民营经济人士思想政治建设中的载体作用、在实现全体人民共同富裕中的促进作用和在创新社会治理中的协同作用。总而言之，随着一系列有利于企业践行社会责任的规章制度的不断出台，为家族企业履行社会责任“合法性”的建构提供了制度基础。

2. 家族企业慈善和社会责任发展概况

自党的十八大以来，企业社会责任逐步被纳入全面深化改革大局，民营企业承担社会责任也进入了新的阶段，民营企业积极参与精准扶贫“万企帮万村”、西部大开发、军民融合、污染防治、“一带一路”走出去等，主动响应国家的大政方针战略，履行社会责任。

1994 年，民营经济还处于起步阶段和补充地位，全国民营企业只有 43.2 万户，民企投资者只有 88.9 万人。同年，为配合《国家八七扶贫攻坚计划》，在全国工商联七届二次常委会上，由10名民营企业家联名发起了影响深远的“光彩事业”，倡议和号召民营企业到老、少、边、穷地区培训人才、兴办项目、开发资源，为缩小地区差距、促进共同富裕，献一份爱心、做一份贡献。

经过近30年的迅速发展，我国民营企业数量超过4400万家，涌现出一批大型和超大型民营企业，2020年中国民营企业500强户均资产达到739亿元，资产超1000亿元的有80家，有29家进入世界500强。2021年新财富500富人榜入围门槛89亿元，人均财富340亿元，超1000亿元的有38人，超2000亿元的有11人①。这些情况说明，我国民营企业的产业水平、技术积累和财富增长已达到一个新阶段，为光彩事业更大更好发展奠定了更加坚实的财力基础。截至2020年年底，中国光彩事业促进会共牵头举办35次光彩行，吸引1.23万人次民营企业家参加，落地项目1483个，实际投资额7959.07亿元②。特别是光彩事业配合实施三峡库区移民工程、培育库区支柱产业和聚焦促进“三区三州”打赢脱贫攻坚战，取得了突出成果。

2021年12月，中华全国工商业联合会连续第四年发布《中国民营企业社会责任报告（2021）》（以下简称《报告》），并揭晓“2021中国民营企业社会责任100强企业榜单”。据课题组统计发现，该榜单中家族企业占比超过六成，新希望、吉利、娃哈哈、方太、宝丰等家族企业名列榜单之上。《报告》显示，新时代民营企业的社会价值突出表现在积极参与脱贫攻坚，踊跃投身疫情防控，发挥稳经济促就业作用，持续加大公益慈善投入，成为科技创新主力军，加快绿色低碳发展六大方面。研究还发现，民营企业履行社会责任已趋于平台化、规范化、组织化、专业化和品牌化，并呈现“发展快、活力足、潜力大、态势好”的阶段性特点。③涌现出诸多积极践行社会责任的优秀家族企业实践案例，展现了家族企业为党

① 陶娟：《2021新财富500富人榜丨薇娅90亿上榜，左晖成地产新首富，小米7人上榜》，新财富，https://mp.weixin.qq.com/s/J36n9C11LDZDdTh_L8NAUA。

② 光彩事业简介，中国光彩事业官网，http://www.cspgp.org.cn/gywm_7180/cjh/jj/。

③ 《全国工商联发布〈中国民营企业社会责任报告（2021）〉》，全国工商联，https://www.gslhr.org.cn/desc/7674.html。

分忧、为国效力、为民造福的责任和担当。

案例3　从"光彩事业"到"乡村振兴"——新希望的社会责任战略

新希望集团是我国最大的农牧企业，其创始人刘永好也是伴随中国改革开放进步和成长的民企企业家代表之一。刘永好认为，新希望的产业和"三农"天然相关、和老百姓天然相关、和消费者天然相关，所以践行社会责任和发展企业一样都是新希望最重要的事。

1994年4月23日，在中央统战部、全国工商联组织推动下，刘永好等10位民营企业家发出了《让我们投身到扶贫的光彩事业中来》的倡议，号召全国先富起来的民营企业家到老、少、边、穷地区参与扶贫开发，促进共同富裕。同年10月，新希望投资1500万元的西昌希望饲料厂建成投产，这成为"光彩事业"撒下的第一颗"种子"。其后20余年，新希望始终坚持发挥自身主责主业的优势，不断创新扶贫方式，从单纯的项目帮扶转向产业链的帮扶，从单纯的投资帮扶转向投资与品牌、人才、信息相结合；从单打独斗、个体的帮扶转向了与合作伙伴群体联合的帮扶。自1994年以来，新希望在"老、少、边、穷"地区投资已超过50亿元，在新疆、甘肃、宁夏、四川、重庆、贵州、湖北、湖南、云南、江西、海南、河南、山西、山东等地建造了超过150家同类型光彩事业扶贫工厂，带动地方就业6万多人，并安置国有企业下岗、转岗员工13000多人。

2021年，新希望积极融入国家发展战略大局，提出响应乡村振兴战略的"五五工程"。计划未来五年，联合四川省永好公益慈善基金会，在乡村产业振兴、解决就业、绿领培训、中小微企业帮扶、建设现代乡村振兴示范样板五个方面发挥龙头企业带头作用，争做"乡村振兴排头兵"。2022年，刘永好联合10位民营企业家共同发起《让我们积极投身到"万企兴万村"行动中来》倡议，继续将"光彩事业"精神延续下去。

从"光彩事业"产业扶贫，到积极参与"万企帮万村"精准扶贫，再到提出"五五工程"以及联合倡议"万企兴万村"活动，我们看到，新希望走的每一步都与履行社会责任相关。刘永好曾公开表示，"践行社会责任和发展企业就像新希望的两条腿，一直在协同奔跑"。

三　中国家族企业慈善典型实践

随着我国经济发展进入新常态，在全球化发展的背景下，无论从道德角度还是从国际化竞争视角来看，家族企业主动履行社会责任已经成为“必答题”，无论是在经济责任、法律责任、客户责任等本职责任领域，还是在伙伴责任、环境责任、就业与员工责任以及社会公益事业领域，家族企业都有承担更大责任的空间。以下将以利益相关方为框架，谈一谈家族企业社会责任战略升级以及对供应链伙伴、环境、员工、社会所履行的社会责任。

（1）社会责任战略升级，重视长期价值

对于家族企业而言，履行社会责任有利于帮助企业积累无形资本，提高企业声誉、企业市值并增强企业的市场认知度，最终有利于家族企业的可持续发展与家族企业传承。因此，将企业社会责任管理由被动型和适应型提升为主动型和战略型，把社会责任意识融入企业生产经营的各个环节，完善企业策略和长期计划，加快形成企业与社会的共生共荣关系，这对家族企业实现长期发展极具建设意义。

案例4　“创造共生价值”——安踏集团升级家族慈善和社会责任战略

2021年，安踏集团庆祝创立30周年的新十年战略及可持续发展发布活动上，安踏集团董事局主席兼CEO丁世忠宣布将启动安踏新的事业：将以家族名义捐赠100亿元的现金和股票，成立“和敏基金会”，未来将投身医疗救助、体育事业、乡村振兴及环境保护四大领域的公益项目，促进社会进步及共同富裕。丁世忠提出了在新发展阶段的价值新主张——“创造共生价值”，从与消费者共生、与伙伴与员工共生、与环境共生及与社会共生五大维度来打造共生型组织，推动实现可持续发展及共同富裕。安踏在创立30年之际，提出社会责任战略以及公益慈善规划，能为企业树立良好的社会形象，拉近与客户、消费者及供应商的距离。同时，也更能帮助企业找到应该重点关注的社会责任方向，实现可持续发展。

（2）协同供应链伙伴，实现共赢发展

在当代经济和社会背景下，企业不是独立存在的，而是社会的一个重要的组成部分。企业通过社会责任的实施，使其经营活动和行为符合各利益相关方的合理期望和要求。对于家族企业而言，利益相关方对其存续和发展也有非常重要的作用。家族企业可以通过建立完善的基于利益相关方的公司治理结构，比如将反对商业腐败、维护公平竞争、尊重知识产权等实质议题一层层传递于其全价值链中的利益相关方伙伴，让价值链中的每一个环节都承担起相应的社会责任，从而推动自身与伙伴协同的共赢发展。

案例5　百年李锦记携手供应链伙伴实现共赢

1888年，李锦记创办人李锦裳先生于广东省珠海南水镇发明蚝油，并创立李锦记。历经一百多年的持续发展，李锦记已成为一个家喻户晓的酱料品牌，是“品质与信心”的标志。秉承“务实”“诚信”“永远创业精神”“思利及人”“造福社会”“共享成果”的经营理念，带动伙伴和企业的共同进步。

随着李锦记的不断发展壮大，无论在原材料采购、硬件系统的调配，还是在培训中的项目招标、接待服务，企业所需要的社会资源都会越来越多。让这些供应商提升服务水平，参与公司的咨询决策，成为企业发展的一部分，是企业实践社会责任的一种体现。

因此，李锦记专门组织行业专家，为重点供应商提供规范化管理、质量管理培训，通过培训和技术交流，把质量和安全信息传递给合作伙伴，使双方了解彼此的需求，从源头把关，保证合作伙伴提供给公司的原材料质量的稳定性和安全性，以确保李锦记的产品令顾客满意，同时可以提升合作伙伴的质量意识、人员素质、管理能力，使公司、合作伙伴、社会达到“三赢”。

（3）关注环境，促进可持续发展

企业环境保护责任是企业社会责任的重要一环。企业在生产经营过程中在谋求自身经济利益的同时，均不同程度地对环境产生着影响和压力，因此，企业承担着合理利用资源、采取措施防治污染、对社会履行保护环境的责任。当前，全球正处于从高碳向低碳甚至向零碳转型的重要历史时期，国家碳达峰碳中和战略也正加速推进。在此背景下，企业承担环境保护社会责任的必要性，以及企业在环境保护责任中的地位也越来越重要。中欧家族传承研究中心和中欧财富管理研究中心联合发布的《中国A股上市公司家族企业社会责任报告》显示，中国家族企业中，超过三成的新生代企业家认为企业的盈利模式由社会和环境使命感所驱动，上市企业中家族企业在履行环境责任方面表现积极。

案例6　亨通集团拥抱绿色科技，实现绿色发展

近年来，在“双碳”目标背景下，作为国家经济的基本盘——民营企业也不例外，需未雨绸缪，积极应对国家碳中和目标。1991年，亨通集团创始人崔根良将从吴江七都乡政府接手的吴江乳胶厂更名为吴江七都通信电缆厂，经过30余年的发展，逐渐从一家乡镇企业壮大成为今天中国线缆产业的领军标杆企业，产业覆盖全国13个省以及全球10多个国家。崔根良始终坚持社会责任是企业的第一责任。在环境保护领域，亨通认为，发展经济绝不能以牺牲环境为代价，这是亨通的底线，本着对国家、对人民、对子孙后代高度负责的精神，企业必须正确处理好经济发展同生态环境保护的关系。2012年，了解到使用光棒制造原料四氯化硅会产生大量氯化氢，存在环境污染隐患，崔根良立刻终止四氯化硅光棒扩能计划，以牺牲至少两年的亨通市场利益为代价，率先尝试有机硅光棒研发。经过多年的持续投入攻关，亨通终于研发出以无氯有机硅D4为原料的新一代光棒制造技术，并实现有机硅大尺寸光棒的产业化，成为除美国康宁外全球第二家拥有该核心技术的企业，且无氯化等多项指标处于领先水平，逆转了我国绿色无污染光棒依赖进口的局面。

此外，亨通还大力倡导全球成员企业及员工积极投身绿色行动，主动承担起与人类、地球命运共同体的绿色责任。自2018年以来，亨通集团已在全国、全世界范围内开展“亨通森林计划”植树造林活动。《2022年亨通企业社会责任报告》显示，自“亨通森林计划”实施以来，共完成植树12000余棵，参加志愿者1000多人次。按照植一棵树每年固碳4～18千克粗略计算，至少可以减少240吨碳排放，为保护生态环境做出“亨通贡

献”，并把生态文明的理念传递到每一个人心里。

（4）投资于人，助力共同富裕

员工是企业财富的创造者，企业的发展离不开员工的劳动创造，员工是企业社会责任所考虑的最主要的利益相关方，对员工权益的保障也成为企业社会责任最直接和最主要的内容。无论是非家族企业还是家族企业都纷纷认识到，企业要获得持久的竞争优势，就必须重视发挥员工的才能，尊重员工的价值，激发员工的创造力。此外，随着共同富裕成为国家未来中长期社会与经济发展的核心目标，让每个员工都能共享企业改革发展成果，不断增强员工的获得感、幸福感、安全感，已成为企业推动共同富裕的应有之义。

案例7　吉利启动共同富裕计划，让员工共创共享发展成果

作为一家员工总数超过12万人的超大型企业，吉利控股集团不断拓展业务边界的同时，也在持续健全员工福利保障体系。2021年，在党和国家强调的“共同富裕”号召下，吉利发布了共同富裕计划行动纲领，宣布将积极探索实践吉利共同富裕先行示范点，进一步完善和实施包括全员收入增长计划、全员家庭健康保险计划、全员职业提升计划等一系列举措，旨在推动企业从效率优先向公平优先转变，与员工一起努力实现共同富裕。《吉利控股集团2021可持续发展报告》显示，2021年8月30日，吉利汽车董事会共批准3.5亿股额度，第一批向一万多名员工授予其中1.67亿股，按照吉利汽车（HK.0175）的当日收盘价计算，第一批股份市值约为45亿港币。此外，吉利还建立覆盖员工全职业生涯周期的教育培训体系，打造吉利“人才森林”；设立估值近5亿美元的吉利感恩基金，提升员工福利。吉利控股集团董事长李书福认为，员工的稳定不仅有利于吉利的企业发展，也能让人才集中精力沿着自己的专业方向不断实践探索，提高造诣，真正创造价值。

（5）关注社会问题，践行财富向善

近年来，特别是在疫情冲击下，越来越多的人希望在未来的投资中更多地关注并创造社会价值。对于家族企业而言，由于疫情影响以及全球市

场的不确定性增加，在一定程度上触发了家族企业对于财富管理目标和投资价值的重新反思，可持续发展目标中环境问题和社会问题等成为家族企业重点关注的方向。特别是家族企业慈善的新一代投资人，更希望在获利的同时也能够在解决社会问题上贡献力量。因为很多新财富拥有者较为年轻，受教育程度颇高，又没有历史包袱，他们在投资领域并非一味看重利润最大化，而更加关注对社会的影响，致力于实现财富向善。支持教育和关心下一代是全社会十分关心的时代命题，也是家族企业家反哺社会、回馈社会的共识之举。

案例8　碧桂园杨国强家族父女接力，投身教育公益事业

碧桂园作为一家在改革开放大潮中成长起来的房地产家族企业，其二代杨惠妍自2007年从父亲杨国强手中接过大部分股权后，连续15年入选福布斯富豪榜。如今，碧桂园家族已经在传承中走向成熟，对教育公益事业的责任和担当也在家族内得以传承。

早在1997年，创始人杨国强便投入100万元建立仲明助学金，资助广东省内的贫困大学生。其后，他还通过创办慈善学校、发动爱心助学行动以及创办国华纪念中心、广东碧桂园职业学院和临夏国强职业技术学校，为贫困学子免费提供高中和职业教育，帮助他们用知识和技能改变命运。2017年，杨国强与女儿杨惠妍共创教育助学基金，持续资助广东省22所高校品学兼优的贫困大学生，倡导大学生“受惠社会，回报社会”。

《碧桂园控股有限公司2021年度可持续发展报告》显示，截至2021年年末，碧桂园共投入助学资金28.9亿元，惠及经济困难学子超过50万人次。从扶贫到扶智，再到扶志，这份企业家的责任担当与家国情怀，在杨国强家族接力传承，硕果颇丰。

四　家族企业慈善展望

1. 战略慈善成为家族企业年轻一代的使命与传承

改革开放以来，第一代民营企业家创造了丰富的物质财富的同时，也留下了宝贵的精神财富，推动着我国经济、社会不断向前发展。有研究表明，截至 2021 年 6 月，全球亿万美元富豪人数最多的十大城市中，中国有 5 个城市位列其中，其中北京位列富豪人数第一。但从年龄结构上，我国超高净值人群大部分在 50 岁以上，相当一部分年龄已在 60 岁以上，老龄化日趋严重。[①] 中国家族企业正在进入一个第一代创富到第二代接棒的时候，也是财富传承的一个非常重要的阶段。在共同富裕背景下，对中国家族企业传承的专业性也提出了更高要求，因为这不仅是企业个体的发展问题，还影响着中国经济的健康与社会可持续发展。

家族企业的年轻一代在继承家族财富的同时，还肩负着传承家族精神，让家族永续传承的使命。如何处理好企业的商业利益和社会利益的关系，选择合适的慈善策略，对于年轻一代继承者来说，具有重要的战略意义。年轻一代的成长环境优渥，接受过更为国际化的教育，有更开阔的全球视野，其慈善事业的着眼点也随之改变。他们部分继承了老一辈反哺社会的价值观，但更为注重慈善工作的成果和效率，并更加深度地参与协调家族慈善行动，从而使以往较为着重本土的家族式慈善工作变得更为广泛、更加国际化，并拓展到新的领域。

梁在中是三一基金会和接力中国基金会的创始人，他也是三一集团创始人梁稳根之子。2006 年，梁在中从英国华威大学毕业后进入三一集团工作。“因为这一代人大多数没有经历过贫穷，他们不像父母那样拥有强烈的赚钱欲望，他们更愿意捐赠。”在梁在中看来，中国的“富二代”更愿意承担社会责任。梁在中相继创立了三一基金会和接力中国基金会两个非营利组织。三一基金会致力于支持机会平等和教育平等；接力中国基金会重点是号召中国财富二代参与各种社会公益活动，并推动所在企业和组织成为优秀的企业公民，塑造良好社会形象，履行自己的社会责任。其中，不乏四通集团创始人段永基之子段刘文、新希望集团创始人刘永好之女刘畅、东方集团创始人张宏伟之子张显峰等家族企业二代的身影。

可以看到，这群年轻一代的继承者们正在关注并努力解决社会问题，而且他们目标明确，喜欢亲力亲为，更追求慈善行为的真实、可衡量的成

---

① 润成家族办公室：《润成 2021 家族传承发展报告（中文版）》，润成家族办公室官网，https：//www. rc - wealth. com/h - nd - 657. html? fromColId = 2。

果。对他们来说，商业和慈善的疆界正变得模糊，他们更倾向于商业是一种能够更好地从事慈善事业的手段；慈善工作也不再是财富拥有者对社会的一种偿还，而是他们利用个人及家族的资本、时间和社会地位针对社会问题发挥可持续及可扩展的正面影响。由此可见，战略慈善是家族企业年轻一代青睐的选项，且正当其时。

2. 履行社会责任是家族企业的应有之义

从宏观环境来看，2015 年联合国发布可持续发展目标，旨在引导政府部门、商业部门和慈善部门共同努力以综合方式彻底解决社会、经济和环境三个维度的发展问题，转向可持续发展道路。2021 年，《中华人民共和国国民经济和社会发展第十四个五年规划和 2035 年远景目标纲要》中，将“扎实推动共同富裕”提到国家战略的高度，指出要在初次分配、再次分配基础上，倡导发挥以慈善事业为主的第三次分配作用。同时，明确提出要“促进民营企业高质量发展，鼓励民营企业积极履行社会责任、参与社会公益和慈善事业。弘扬企业家精神，实施年轻一代民营企业家健康成长促进计划”。以上国内国外的发展趋势以及方针政策都为家族企业履行社会责任提供了行动指南。

从国内国外家族企业战略慈善的发展路径来看，洛克菲勒家族、乔治·威斯顿家族、宜家坎普拉德家族、新希望刘永好家族、安踏丁世忠家族、李锦记李锦裳家族、亨通崔根良家族、吉利李书福家族以及碧桂园杨国强家族等的成功实践，为家族企业履行社会责任提供了有益参考。他们的成功之道在于有效地将可持续发展目标整合进企业社会责任的核心战略和运营中，在慈善项目的选择上不拘泥于眼前问题的解决，而是选择能够为社会带来持续影响和长远裨益的项目。而且，创始人的深度参与并关注社会责任项目的全过程，更加注重项目的实际效益和真实成果，使其所投入的精力和财富均发挥出最大的社会价值。

展望未来，我们相信以社会贡献和社会影响力为价值取向的企业社会责任已成为家族财富可持续发展的应有之义。可以看到，越来越多的中国家族企业开始践行以效率、长期主义以及目标为导向的社会责任战略模式，更有温度、更有细致颗粒度地投身于社会责任实践当中，扎实推动我们的社会迈向“共同富裕”。

第七章

大众家庭慈善

本章将讨论家族慈善的最小形态——大众家庭慈善。推动发展现代家族慈善，首先聚焦的是高收入人群——鼓励和促进超高净值家庭、高净值家庭投身慈善，是新时代慈善事业高质量发展的重要内容，但是，家族慈善绝非高收入人群的专属权利，每个人都来自一个家庭，每个家庭都归属一个家族，因此，每个人都可以在家庭慈善、家族慈善上有所作为。在中国注重传统文化复兴、重视家庭文明建设的背景下，大众家庭慈善将有更大的施展空间。

据 2022 年 5 月 12 日国家发展改革委副主任胡祖才介绍，中国已如期全面建成了惠及全体人民、含金量高的小康社会，中等收入群体的规模超过 4 亿人。按联合国标准，我国的人民生活水平已经进入相对殷实富足阶段。仓廪实而知礼节，随着国家扩大中等收入群体规模、提高低收入群体收入政策的实施，将有更多的中高收入群体通过志愿服务、共同参与、慈善账户等方式参与家庭慈善行动。

一　大众家庭慈善界定

通俗地说，大众家庭慈善即小规模的“家族慈善”。虽然从某些角度来说，大众化家庭慈善与家族慈善具有很强的相似性，比如两者都是以有血缘关系的成员利用共同的财富，围绕共识社会目标开展“善意行动”，但是，大众家庭慈善在发展环境、社会功能、慈善行动能力等方面与家族慈善有所不同，有着自己独特的背景和视角。

从社会文化的角度来说，家庭和家族有着深刻的差异，徐扬杰在《中国家族制度史》中谈及：家庭和家族的关系，主要表现为个体和群体的关系，在以血缘关系为纽带结合而成的这类社会组织中，家庭是个体，是基础，家族则是群体，是家庭的上一级组织形式。接着又说：家庭和家族的主要区别，在于是否同居、共财、合爨，家庭是同居、共财、合爨的单位，而家族则一般地表现为别籍、异财、各爨的许多个家庭的集合群体。[①]可见，家庭和家族都为血缘型的基本社会组织，只是家庭规模更小，社会功能更基础，成员关系更亲密。

家庭作为慈善主体，在既有研究中鲜有提及。以慈善捐赠为例，从历年的《中国慈善捐赠报告》中可以发现，个人、企业、社会组织、宗教等主体均有所提及，唯有家庭未被列入。有学者认为：纵观关于慈善捐赠的研究，大部分侧重于研究个人或企业的捐赠行为，我们认为，一类非常重要的捐赠主体被遗漏在慈善捐赠研究的视野之外，那就是家庭。

从大众化的角度看，家庭作为社会构成的基本单元，是最小的组织单位，也是个体生存的基本空间，它在一定程度上完全嵌入、并影响着其他慈善主体的行为，是慈善资源的重要载体，在更深刻的意义上，它还规范着慈善文化的内涵和传承。为此，慈善领域应该充分引导家庭常态化、稳定化地参与到多种慈善活动中来，使其在第三次分配中发挥显著的作用。

家庭慈善对家庭建设具有独特的作用。众所周知，慈善一般面对的是社会生活中的艰难困苦，家庭参与慈善活动，可以让孩子与社会中的不同阶层、不同群体密切接触，充分了解他们的生活状态和面对的困难，从而让孩子获得全新的社会认知，并逐渐建立起具有责任和道德意识的同理心，这是传统的课堂教育和社区教育无法实现的。2021 年，《中共中央关于全面加强新时代少先队工作的意见》中就提道：少年儿童应该按照不同年龄和学段特点，分层系统开展学工、学农、学军和生产一线岗位体验、夏冬令营、文化体育、少年科学院、科学普及、志愿服务等丰富生动的实践活动，这给家庭慈善打开了全新的实践视野。

就大众家庭慈善的实践来看，大体可分为家庭成员的志愿服务、慈善捐赠和慈善项目参与，具体又可分为个人慈善行动、夫妻慈善行动、两代

① 徐杨杰：《中国家族制度史》，人民出版社，1992，第 5 页。

慈善行动、全家慈善行动等。总体而言，大众的含义是一般性的、普遍性的以及数量多的，对应着“人人慈善、全民慈善”的基本要求。大众家庭慈善根植中华优秀文化传统，符合国家倡导方向，是新时代家庭文明建设的重要内容，是家风塑造、子女培育的重要途径，是中国慈善领域发展的新动力和新未来。

二 大众家庭慈善的发展环境

（一）大众家庭慈善的文化基础

中国的家庭及其组成的社会，即使不断发展和变迁，始终都会有传统文化的缩影，这为大众家庭慈善的发展提供了充足的文化支撑。

中国传统文化对于人的本性就有“性善论”的论述。《诗经·大雅》的《烝民》一篇中，开头四句便写道：天生烝民，有物有则。民之秉彝，好是懿德。翻译过来的意思就是：老天生下这些人，有形体有法则。人的常性和与生俱来的性情，将追求善美当作品德。这充分说明了早古封建社会就有“人之天生，其性必善”的观点，这也是中国道德社会的起点。

孟子的“四端说”详细地论述了人的天性有四善之源，分别是：恻隐之心，仁之端也；羞恶之心，义之端也；辞让之心，礼之端也；是非之心，智之端也。此“四端”即“仁、义、礼、智”四种“善”的萌芽状态，这也是《三字经》中描述的“人之初，性本善”的内涵。但是，人的天性虽然是“善”的，但这并不能代表人一定会发展成为一个善的人。《论语·阳货》中写道：“子曰：性相近也，习相远也。”如果一个人不经过艰苦卓绝的自我探索，他就无法到达善的境界，无法获得“天人合一”的理想状态。如果并非所有人都是“仁”的，那么这个社会就无法成为“小康”之治和“天下大同”的社会。

儒家的学说将基于性善本体的社会建构观念发展壮大起来，并找到了个人、家庭与社会的一般关系及其互相构建的法则，希望将人的性善恒常与社会的美好构建联系起来，帮助国人找到一种入世的人生哲学。在这个过程中，中国传统的道德文化逐渐成为慈善文化的有机组成部分，也成了家庭慈善的现代文化基础。

最为人所熟知的论述就在《大学》的开篇之中：“古之欲明明德于天下者，先治其国；欲治其国者，先齐其家；欲齐其家者，先修其身；欲修其身者，先正其心；欲正其心者，先诚其意；欲诚其意者，先致其知；致知在格物。物格而后知至，知至而后意诚，意诚而后心正，心正而后身修，身修而后家齐，家齐而后国治，国治而后天下平。”《大学》里的这一段，精确地将中国传统的人性道德基础及其发展过程和家庭本位、社会本位建立起了因果关系，对于中国家庭慈善文化具有很强的塑造作用。我们可以发现，家庭慈善最终会证明一个人“天人合一”的正善成果；也在这个过程中，社会和国家会因为千万个家庭合力的集体慈善行动，到达“小康”“大同”的理想形态。

对于家庭慈善的目标，《礼记·礼运》作了生动的阐述：“大道之行也，天下为公，选贤与能，讲信修睦。故人不亲其亲，不子其子。使老有所终，壮有所用，幼有所长，矜、寡、孤、独、废疾者皆有所养，男有分，女有归。货恶其弃于地也，不必藏于己；力恶其不出于身也，不必为己。是故谋闭而不兴，盗窃乱贼而不行，故外户而不闭。是谓大同。”从文化根基看，儒家倡导的个体道德体验、家庭慈善行为和社会稳定和谐是一体的。

（二）大众家庭慈善的政策环境

中国的社会发展已经迎来了一个全新的拐点，家庭作为社会的基本单元，成为社会建设的关键领域，成为社会政策关注的核心要点，即家庭文明建设已经成为社会建设的重要组成部分。大众家庭慈善是家风建设的重要一环，对于家庭慈善的提倡，是希望让家庭慈善支撑家风建设，将慈善家庭表意为优秀家风的典型示范，尤其需要发挥家庭慈善在道德建设和文化建设上的引领作用。

党和国家历来对家风建设十分关注。2016 年 12 月 12 日，习近平总书记在会见第一届全国文明家庭代表时强调：“家风好，就能家道兴盛、和顺美满；家风差，难免殃及子孙、贻害社会，正所谓‘积善之家，必有余庆；积不善之家，必有余殃’。”2019 年 2 月 3 日，习近平总书记在春节团拜会上说：“没有国家繁荣发展，就没有家庭幸福美满。同样，没有千千万万家庭幸福美满，就没有国家繁荣发展。我们要在全社会大力弘扬家国情怀，培育和践行社会主义核心价值观，弘扬爱国主义、集体主义、社会主义精神，提倡爱家爱国相统一，让每个人、每个家庭都为中华民族大家庭做出贡献。”

党的十八大以来，我国相继出台了大量的政策文件，逐渐形成家风建设的制度保障体系，笔者将较为重要的文件列举如下（依照时间顺序排列）。

政策名称	出台机构	出台时间	相关内容
《关于深化家庭文明建设的意见》	中央精神文明建设指导委员会	2016-08-25	全篇
《中华人民共和国民法典》	全国人大	2021-01-01	第一千零四十三条 家庭应当树立优良家风，弘扬家庭美德，重视家庭文明建设
《关于进一步加强家庭家教家风建设的实施意见》	中宣部、中央文明办、中央纪委机关、中组部、国家监委、教育部、全国妇联	2021-07-21	全篇
《中国妇女发展纲要（2021—2030年）》	国务院	2021-09-27	二、发展领域、主要目标和策略措施 （六）妇女与家庭建设： 1. 树立新时代家庭观，弘扬爱国爱家、相亲相爱、向上向善、共建共享的社会主义家庭文明新风尚，推动社会主义核心价值观在家庭落地生根 4. 注重发挥家庭家教家风在基层社会治理中的重要作用
《中国儿童发展纲要（2021—2030年）》	国务院	2021-09-27	二、发展领域、主要目标和策略措施 （三）儿童与教育 13. 坚持学校教育与家庭教育、社会教育相结合。统筹社会教育各类场地、设施和队伍等资源，丰富校外教育内容和形式，鼓励儿童积极参与科技、文化、体育、艺术、劳动等实践活动，参与日常生活劳动、生产劳动和服务性劳动，帮助学生深入了解国情、社情、民情

续表

政策名称	出台机构	出台时间	相关内容
《中华人民共和国家庭教育促进法》	全国人大	2021－10－23	第二章 家庭责任 第十五条 未成年人的父母或者其他监护人及其他家庭成员应当注重家庭建设，培育积极健康的家庭文化，树立和传承优良家风，弘扬中华民族家庭美德，共同构建文明、和睦的家庭关系，为未成年人健康成长营造良好的家庭环境 第三十五条 妇女联合会发挥妇女在弘扬中华民族家庭美德、树立良好家风等方面的独特作用，宣传普及家庭教育知识，通过家庭教育指导机构、社区家长学校、文明家庭建设等多种渠道组织开展家庭教育实践活动，提供家庭教育指导服务
《中共中央关于党的百年奋斗重大成就和历史经验的决议》	中国共产党第十九届中央委员会第六次全体会议	2021－11－11	四、开创中国特色社会主义新时代 （八）在社会建设上：注重家庭家教家风建设，保障妇女儿童权益
《新时代公民道德建设实施纲要》	中共中央、国务院	2022－03－01	三、深化道德教育引导 （2）用良好家教家风涵育道德品行

从以上的政策文件，我们可以发现党和国家对于家风建设的主要内容集中在家庭道德教育、少年儿童成长教育和基层治理服务上。这些内容与家庭慈善的基本内涵不谋而合，有理由认为，虽然家庭慈善没有成为一个政策概念，但是它已经事实性地融合在了当代社会的家风建设的政策要求里。

三 大众家庭慈善的发展情况

（一）大众家庭志愿服务

志愿服务是所有大众家庭慈善行为中最普遍的，在中国的实践发展中也越来越受到重视。一方面，中国的家庭发展开始出现明显的小规模化趋势。新中国成立以来，我国家庭规模的总趋势是不断缩小的，1953 年家庭规模平均为 4.30 人，1964 年为 4.29 人，1982 年为 4.41 人，1990 年为 3.96 人，2000 年为 3.44 人，2010 年为 3.10 人，2020 年只有 2.62 人。[①] 家庭的教育能力和社会稳定器的能力正在不断减弱。另一方面，志愿者是依靠自身闲暇时间、自愿参与志愿活动的自然人。志愿者的这种属性使其无法被强制使用、也难以形成稳定的组织管理体系。在志愿者组织管理的诸多挑战中，最为严峻的困难之一就是志愿者的招募和维护。

大众家庭志愿服务可以很好地缓解两个方面的问题，实现志愿者家庭受益、志愿服务组织扩能、社区服务能力增强的“三赢”格局。大众家庭志愿服务能将自身家庭潜在的志愿服务资源转化成为满足社区居民需求的稳定志愿力量，实现家庭和社区的协同发展，极大地增强家庭成员的社会责任感。

除了社会部门（家庭和志愿服务组织）的自我需求促进了家庭志愿服务的大发展之外，教育部门的政策也预示了很大的发展空间。2022 年，教育部印发《义务教育劳动课程标准（2022 年版）》，将劳动从原来的综合实践活动课程中完全独立出来，并设立了十个任务群。其中，公益劳动和志愿服务就是十个任务群之一，这意味着中小学教育中会全面植入公益劳动和志愿服务，充分支持中小学生深度参与社区志愿服务。

实际上，很多基层政府部门已经意识到大众家庭志愿服务是社会发展的自然产物，也认识到其对于基层治理的重要意义。如上海市杨浦区创立了杨浦区家庭志愿服务平台，鼓励家庭成员弘扬志愿精神，播撒爱心火种，在奉献爱心的同时增强家庭成员的社会责任感，满足家庭成员自我价值实现的需求，促使家庭成员成为增进社会信任、维护社会稳定、促进社会和谐的有生力量。另外，青岛市崂山区也成立了青少年家庭志愿联盟，为崂山区广大青少年参与志愿服务搭建了平台，将青少年志愿服务与学生成长有机结合，推动崂山青少年志愿者活动步入规范化、科学化轨道。崂山区青少年家庭志愿联盟在 2022 年发布的志愿项目清单中，有文明礼仪、

---

① 梁建章、任泽平、黄文政等：《中国婚姻家庭报告 2022 版》，育娲人口研究，https://mp.weixin.qq.com/s/2o9Yw1Npi1E1NC-fc2gaxg。

文化传承、环境保护、安全防护、关爱弱势群体五大板块，为爱朗读、文明餐桌、公益助学、自闭症儿童关爱行动等历年来在崂山区受到一致好评的志愿者项目都涵盖其中。

种种现实发展表明，大众家庭志愿服务具有很大的发展潜力。在过去一段时间的发展中，大众家庭慈善也自我创造了多种形态的志愿服务方式。《志愿者管理条例》第十一条所示：志愿者可以参与志愿服务组织开展的志愿服务活动，也可以自行依法开展志愿服务活动。为此，家庭志愿服务也采取了依托志愿服务组织开展和自主开展两种形式。当然，还有一些家庭不满足于此，会自主创建社会组织开展家庭志愿服务。在依托志愿服务组织开展的家庭志愿活动中，以社区志愿服务为主，举例来看，有儿童慈善义卖、儿童社区宣传员、社区环境保护、社区防疫工作等，这一类志愿服务活动较多的是参与到社区社会组织的策划安排中去，以志愿活动组织的引导和策划为主要安排。当然，也有很多的家庭的自主能动性比较强，会组织、协调和策划规模较大的志愿服务活动，如 2022 年长沙慈善榜的上榜者杨淼家庭，就举全家之力投入各项公益慈善活动，在 2021 年春节前后组织 440 名志愿者慰问英雄老兵，多次参与疫情防控志愿服务和无偿献血活动等；在兰溪从事家政服务的舒淑君，开展慈善义工 14 年，带出了一支 600 多人的义工队伍，其中就包括她的丈夫和女儿，舒淑君全家都以义工的方式服务当地。另外，还有一些家庭具有更强的时间管理能力和资源聚集能力，会通过注册社会组织，更加广泛和深入地参与到社会民生服务中来，比如湖州市织里镇的平安大姐工作室，就是以家庭志愿者的身份注册了一家社会组织，在织里镇的纠纷调解、社会救助、养老服务和儿童教育各个方面都开展了志愿服务，成了织里镇在基层治理层面的一道风景线，成为“法、理、情”基层治理的践行者。

除此之外，互联网及其科技能力的参与，也使得家庭志愿活动的成长空间越来越大，如阿里巴巴的“人人三小时”志愿平台和杭州的“志愿汇”平台，都使得家庭志愿活动有更加开阔的信息渠道和数据沉淀。

（二）大众家庭慈善捐赠

大众家庭慈善捐赠与大众家庭志愿活动相比，隐蔽性更强，统计和研究更加困难。作为简便易行的慈善活动，家庭捐赠无论在专业性、单笔资金规模和周期时长都不及其他的大众家庭慈善行为。对于大众家庭慈善的动机，可以在一些研究中略见端倪，如表 7 - 1 所示。

表 7 - 1　城乡家庭在不同领域捐赠参与率及捐赠额度

项目	捐赠参与率（%）			捐赠额度（元）		
	全体家庭	农村家庭	城市家庭	全体家庭	农村家庭	城市家庭
宗教	3.95	5.71	2.51	77.79	131.95	33.51
教育	5.67	4.80	6.38	45.61	27.58	60.36
扶贫、济困救灾	71.48	66.00	75.96	316.92	116.01	481.22
医疗卫生健康	6.30	6.29	6.30	19.56	8.91	28.27
环境与动物保护	0.40	0.07	0.66	0.73	0.02	1.32
文化艺术保护	0.26	0.42	0.13	1.58	1.71	1.47
邻里与社区服务	5.50	9.13	2.54	36.47	44.06	30.27
综合性领域	4.15	2.71	5.32	19.83	4.03	32.74
其他	6.26	6.92	5.72	17.34	8.52	24.55

资料来源：朱健刚、刘艺非：《中国家庭捐赠规模及影响因素探析》，《中国人口科学》2017 第 1 期，第 12 页。

可以看到，国内慈善家庭的捐赠兴趣以“扶贫、济困及救灾”为最主要，也就是中国社会传统的问题领域。慈善家庭一般将自身的慈善行为与传统的社会救助相结合，视慈善捐赠为扶危济困的一种方式，但在诸如科技和医学发展、文化艺术保护等社会问题前沿领域却涉足较少，这也充分说明了慈善家庭在很大程度上还处于传统“道德—责任”体系的价值认知中。

目前大众家庭慈善捐赠呈现出两种类型趋势。其一是家庭散捐，即慈善家庭在受捐慈善组织上没有捐赠偏好，对于项目主题也没有特别固定的倾向，只是凭善意进行不定期的捐赠，在这种情况下，慈善捐赠一般会落入上文中所说的“扶贫、济困及救灾”这类传统主题，如大病救助类的公益项目，就颇受家庭捐赠的喜爱，资金体量也很大。其二是围绕家庭慈善捐赠建立模式化、组织化和项目化的管理制度，但是严谨和专业程度不同。举例来看，韩守训是一位有近 50 年党龄的部队军休老干部，2008 年汶川地震后，韩守训牵头成立了“家庭慈善基金”，规定只要有收入的家庭成员，每人每月都捐款50元注入基金。基金由财会专业出身的大儿媳代收、代管，并通报使用情况，基金积累到一定数额，全家人就共同商讨如何做慈善。2016年3月，韩守训荣登“中国好人榜”。[①] 韩守训的“家庭慈善基金”虽然比较“草根”，但是却是善意的市民社会自主创新而产生的，代表了一定的家庭慈善捐赠趋势。再举例来看，上海联劝公益基金会推出了“家庭冠名基金”，其本质为设立在联劝内部的专项基金。上海联劝公益基金会将为“家庭冠名基金”提供在各种场景下的捐赠，比如孩子的生日捐、压岁钱捐或者是毕业捐等，相当于让家庭在联劝公益有个慈善钱包，随时随地可以把钱捐进自己的钱包里。联劝公益还为家庭成员设计项目探访和提供志愿服务机会，去探访基金资助的机构或者是感兴趣的机构，也可以为家庭成员提供长期的志愿服务机会。[②] 联劝基金会的“家庭冠名基金”实质上是DAF捐赠者建议基金的一种变形，类似联劝家庭冠名基金的做法，在其他地方屡见不鲜。早在2009年，青岛市慈善总会就正式向全社会推出了个人（家庭）冠名慈善基金这一全新的募捐形式，截至2012年，青岛市签约个人（家庭）冠名慈善基金达到500个，基金总额达1195.19万元。2022年，湖南宁乡市慈善总会推出了《“爱心宁乡”个人微慈善冠名基金章程》来吸纳家庭慈善捐赠。该章程提道：个人、家庭或团体，根据自己的意愿定名、定向、定额在本会设立小额慈善基金；凡热心于公益慈善事业、自愿捐赠一定金额的个人、家庭或团体均可在本会设立个人微基金。

可以发现，慈善领域已经开始关注家庭慈善捐赠，并通过场景设计和小额吸纳的方式不断做大家庭慈善捐赠的“蛋糕”，并行使第三次分配的功能。

（三）大众家庭慈善活动

总体来说，大众家庭慈善活动比起前两类家庭慈善行为而言，更需要

① 《韩守训：成立“家庭慈善基金”》，党建网，http：//www.dangjian.com/djw2016sy/2016djwsyznlrw/201609/t20160901_3653982.shtml。

② J&N家庭冠名基金，联劝网，https：//www.lianquan.org/ActivityPlus_ActivityInfo？guid＝233923D63B4DD42D7732EE71E50F797ACC026733CEEAF64209780E8E5DA05F28FD6F27274EA6ABC907585F684773AE14。

专业的慈善公益能力和更高的参与度，因为大众家庭慈善活动往往比其他二者有深度的家庭需求，以及需要家庭全员更深刻的社会民生理解程度。志愿服务和慈善捐赠一般来说较为简易，大部分是家庭以自身闲暇和集体资金参与慈善目标活动，但是慈善活动却不仅需要家庭跟随参与，更需要家庭为此付出学习、研究和理解的努力，在目标设置、活动内容和执行上有自己的看法。

在众多的家庭慈善活动中，有几类活动数量最多，分别是女性类慈善活动、儿童类慈善活动以及救助救济类慈善活动。举例来看，苏州工业园区汤妈妈公益慈善中心的创始人汤崇雁热心志愿公益事业已近20年，先后获得江苏省优秀志愿者、江苏好人、第三届“江苏慈善奖”、“抗击新冠肺炎疫情全国三八红旗手”等众多荣誉称号。2007年开始，汤崇雁以身作则开展各种慈善行动，并带动家人行动，无论是爸爸、妈妈、哥哥、姐姐、妹妹，都以汤崇雁公益慈善中心为一个点，来把“大家互相帮助、能做多少是多少的”爱心理念辐射出去。十几年下来，慈善已经成了汤崇雁家庭的生活方式，支教、义卖、捐钱都成了日常。[①] 四川益路同行慈善服务中心的发起人蒲斌及其家庭从2008年开始从事慈善活动，包括为贫困学子发放助学红包、看望陪伴孤寡老人、为贫困家庭送物资、为一线工作人员送清凉，等等。四川益路同行慈善服务中心成立后，蒲斌家庭汇聚了1.62万余名社会爱心人士和280家爱心企业，截至2022年5月，他们共开展公益活动4301次，受益群众达到23.61万人次。这些家庭慈善活动不仅照顾了属地社会民生的实际需求，更加体现了参与家庭的良善之心和对于社会问题事实的调研、发现和认识，并且通过长周期的努力建立了以家庭为中心的社会行动网络，积累了慈善的社会资本和较为复杂的项目内涵。

（四）政府的家庭慈善倡导

家庭慈善开始出现复杂化和专业化的趋势，政府也逐渐意识到慈善家庭的重要意义。政府视角下的家庭慈善和慈善家庭有什么特殊“内涵”也

---

① 《【家族清明会】苏州汤妈妈的跨国慈善家庭：慈善是一种生活方式》，我苏网，http://www.ourjiangsu.com/a/20180407/1523094164107.shtml。

是未来家庭慈善研究的一个重要方面。只有建立公共管理视野下的慈善家庭研究路径，才有机会建立常态化的慈善家庭挖掘机制和家庭慈善转换机制。

1. **广州市“慈善家庭”评选**

在《广州公益慈善事业发展报告（2019）》收录的《“慈善家庭”促进慈善融入广州市民生活》一文中，我们可以发现政府体系文本中的慈善家庭叙事——政府将慈善家庭作为一种在社会建设领域的家庭建设[①]：“寻找广州市‘慈善家庭’活动按照‘广泛发动、审核把关、投票评选、公布结果、荣誉宣传、总结提升’等六个阶段有序开展。整体而言，在活动伊始，广泛动员各区、各单位、各公益慈善组织开展慈善家庭寻找活动，采取活动带动、媒体预热等方式，利用家庭综合服务中心、慈善广场、慈善超市等服务阵地，大力宣传活动，深入挖掘热心公益、乐于助人、奉献社会的慈善家庭。广州市民政局、市文明办、市妇联及家庭文化专家代表组成评审小组，最终确定100个优秀慈善家庭，并向社会公示。”在活动中期，开展网上公众投票，并在100个优秀“慈善家庭”中重点评出10个最美“慈善家庭”，通过报纸、电视、广播、网站、微博、微信等方式，积极宣传“慈善家庭”的先进典型事迹。在活动后期，及时总结“慈善家庭”活动开展情况，提炼经验。探索建立寻找“慈善家庭”长效机制，畅通渠道，讲述慈善好故事，传递慈善好声音，让寻找“慈善家庭”成为慈善工作的一种常态，让争做“慈善家庭”成为一种追求。

从上文可以看出，广州市2018年举办的“慈善家庭”评选活动，是一个重点的民生生活领域的政府活动，对应着良好的城市文明建设和美好家庭建设。截至2022年6月，“慈善家庭”评选活动已经成功举办四届。广州市政府在慈善家庭的挖掘和表彰上已经形成了一套模式体系，并和社会组织建立了充分的合作关系。尤其值得关注的是，政府对于慈善家庭的内涵、作用都有了一定的设计。

事实上，广州市开展的“慈善家庭”评选活动已经成为我国家庭慈善

① 邓榕兰：《“慈善家庭”促进慈善融入广州市民生活》，《广州公益慈善事业发展报告（2019）》，社会科学文献出版社，2019年，第187页。

研究最翔实的数据库，将是未来家庭慈善研究的重要阵地。基于此，笔者整理了公开数据中的2021年广州市“最美慈善家庭”资料，[①] 列表如下。

序号	家庭名称	详细事迹
1	杨崇斌家庭	从2015年起，杨崇斌家庭累计志愿服务3000多小时。杨崇斌在近100所学校开展了500多场法治教育讲座，服务50多万人次，帮教失足和边缘少年300多人，志愿服务1500多小时；妻子韩艳捐赠剪纸作品300多件，开展百余场剪纸公益讲座，向图书馆和中小学校捐赠5本剪纸图书著作；儿子杨子皓参加公益演出20多场，向全区中小学校、图书馆捐赠自己编写出版的书籍多本。疫情期间杨崇斌家庭通过志愿服务、作品捐赠、编制线上课程等方式支持抗疫。
2	肖锐成家庭	肖锐成与妻子李小媛加入保利花园志愿服务队13年，参与了近600项志愿服务。作为志愿队队长，肖锐成带领队伍常年开展社区志愿服务，包括每月义剪义诊、节日探访高龄老人、爱心午餐送上门、募集旧衣等；组织开展山区服务项目，包括保利花园西山村城乡关爱活动、募捐图书送山区、为云南山区和四川色达县藏族同胞募捐衣物、协助2018～2020年广东省老龄办举行公益活动，先后为多地家庭贫困人员累计募集善款达98100元。
3	吴小丽家庭	吴小丽带头成立从化区吕田镇黑花生专业合作社，向村民免费派种子、开展种植培训，并与本地68户村民签订回收合同，让村民年平均收入提高到1.2万元每户，为村民提供了40多个就业岗位。吴小丽家庭创办小桥人家乡村体验基地助力乡村振兴：成立留守儿童之家，向留守儿童提供阅读场所、义务辅导，并组织200多场户外拓展活动；长期积极参加各类志愿公益活动，2020年疫情期间向留守儿童之家捐赠口罩1000个。
4	何能驹家庭	何能驹军龄18年、在党50多年，退休不褪色，一直热心社区公益事业。近5年间，个人慈善捐款不完全统计约3万元，并言传身教，带动子女参与公益。儿子何卫江敬业奉献、乐于助人，获银行系统多项荣誉称号。女儿何卫红创立“广府文化传承基金”，在校园大力传扬广府文化；参加“扶贫救心”活动，为梅州贫困家庭的81名先天性心脏病儿童做术前筛查；为“绿色腾格里 共植一棵树”募款捐资、义务植树；发挥专业惠企暖企，助力复工复产。

① 《广州市2021年十大“最美慈善家庭”定了》，广州市慈善总会 https：//static. nfapp. southcn. com/content/202112/23/c6067790. html。

续表

序号	家庭名称	详细事迹
5	张华家庭	2012 年，有 25 年党龄的张华夫妇发起创办了广东省蓝态幸福文化公益基金会，十年间累计投入金额超 4700 万元，开展项目、活动超 3000 场次，20 万人次受益；2016 年至今输出志愿者 3 万多人次，总服务时数达 50 余万小时。蓝态爱心环保餐厅为 60 岁以上老人及残障人士提供 14 万余份免费健康午餐。疫情期间，蓝态向全国 200 多家医疗单位、政府防疫部门、4 家大使馆捐赠了 600 余万元物资。2021 年，蓝态 AED 紧急救助项目为广州大学城高校捐赠 80 余台 AED 设备。
6	陆锋家庭	陆锋于 2015 年 12 月创办广州市残疾人服务协会，带领家人投入公益事业。陆锋家庭积极参与广州志愿服务培训、助残志愿活动、探访残障机构等活动，每年前往全国多地学习助残服务经验。5 年间，陆锋家庭每年向助残公益事业投入近百万元，并号召亲友加入助残服务志愿团队。目前，志愿团队成员已达 1000 多人，超 700 家爱心企业支持助残，累计举办 950 多场公益活动，动员志愿者 6200 多名，累计服务 54200 小时，帮助残障人士约 40935 名。
7	林慕贞家庭	1966～1978 年，林慕贞累计献血约 30 次。在她的言传身教下，两个儿子坚持献血 20 年，大儿子徐志坚从 1998 年起累计献血 1.32 万毫升，小儿子徐志平从 1999 年起累计献血 1.34 万毫升。林幕贞家庭无偿献血累计超过 3.5 万毫升，相当于 7～9 个成人的血液总量。林慕贞与丈夫徐远豪于 2001 年与中山医学院签订了身后捐献遗体协议。2006 年徐远豪去世后，遗体由中山医学院接受。在夫妻俩的影响下，两个儿子也签订了身后捐献遗体协议，一家两代人志愿成为“大体老师”。
8	黄剑锋家庭	黄剑锋是一名执法民警，认真履职、爱岗敬业，多次被评优、评先，妻子李爽是一名基层一线医务人员。2020 年疫情暴发以来，他们舍小家为大家，分别坚守在转运专班、医院防疫门诊防疫一线。2021 年街道发生疫情，二人主动承担维持秩序、协助核酸检验等工作。黄剑锋家庭长期热心公益，近 3 年累计捐款 8200 元，志愿服务 600 多个小时，扶助 6 人次。2019 年，黄剑锋向清远市一所乡村学校捐献教学、体育用品，荣获热心公益“慈善达人”称号。
9	曾建红家庭	曾建红是广州市第一人民医院鹤洞分院呼吸内科副主任医师，丈夫董超雄是市八医院的泌尿外科医生。2021 年 5 月，广州发生疫情，曾建红家中 4 位老人和 2 个小孩均在封闭区域，本来可以居家隔离的夫妻俩，选择了挺身而出。曾建红自接受任务后，坚守抗疫一线，20 多天没有回过家；丈夫也在市八医院参加抗疫工作。曾建红夫妻热衷公益，2017 年起，参加各项志愿服务活动约 50 次，服务时长 100 多个小时。

续表

序号	家庭名称	详细事迹
10	赖志光家庭	赖志光夫妇十年来热心公益，向贫困地区捐建公共设施，长期关爱孤寡老人、爱心助学，为下属企业属地居民购买保险，截至目前，家族及旗下捐款达 1.5 亿元人民币。妻子王海榕发起母乳爱志愿服务队，志愿时长累计达到 1000 小时。疫情期间，赖志光和王海榕部署东升实业集团及东升慈善基金会，向抗疫一线主要医院、属地政府和社区群众捐赠物资 3400 万元。2021 年河南发生特大洪水灾害，赖志光第一时间通过广东省慈善总会向河南灾区捐赠 300 万元。

通过表格内容发现：首先，获奖的十个家庭都长期奋斗在慈善公益的第一线，有至少 5 年的从业时间；其次，他们都在积极努力地协同政府开展社会民生和公共服务类的社会治理活动，是民间参与基层治理的典范；最后，他们都具有广泛的社会影响力，是优秀的社会枢纽家庭和慈善资源中心。

2. 其他政府倡导活动

除了广州市之外，其他地方政府虽然没有明确提出将“慈善家庭”作为一种评选目标，但是在其评选之中，也会部分纳入慈善家庭的内容，实质上也是将慈善家庭作为慈善力量的组成部分进行考量。

举例来看，江苏省的“五好家庭”和“最美家庭”年度评选活动，在 2021 年度的榜单中，很多家庭的获奖原因都是因为开展了慈善行为，有爱祖国、爱社会、爱家庭的良善美德。比如，2021 年度“五好家庭”徐孝成家庭，家住南京市雨花台景明佳园社区，徐孝成、龚素娟是一对盲人夫妇，女儿也患有先天性白内障。2002 年 10 月，在韩国釜山举行的“第八届远东南太平洋残疾人运动会”上，徐孝成获得 100 米赛跑、跳远、三级跳三枚金牌。2008 年 5 月 12 日，汶川大地震发生以后，徐孝成家庭决定将最宝贵的一块釜山残运会 100 米金牌卖掉，所得的 5000 元钱全部捐给了灾区。“长沙慈善榜”含长沙慈善捐赠榜、长沙慈善影响力榜、长沙慈善年度致敬人物三类榜单。其中，长沙慈善影响力榜包括企业影响力榜、慈善人物影响力榜、慈善项目影响力榜、公益组织影响力榜、志愿者影响力榜、慈善文化传播影响力榜、慈善家庭影响力榜等 7 份榜单。在 2021 年度的评比中，有三个慈善家庭上榜，分别是李可立家庭、杨森家庭和周淑义家庭。在公布的具体信息中可以看到，这些家庭在志愿服务、慈善捐赠、慈善活动各个方面均有所涉及。

除此之外，在一些传统的评选活动中，虽然是评选个人，但是每一个个体的背后都是家庭，没有家庭的支持和帮助，个体是无法继续发扬持久的慈善力量的。比如，中央文明办连续 14 年组织开展网上“我推荐我评议身边好人”活动，目前共有 16228 人（组）入选“中国好人榜”，生动讲述新时代身边好人故事，集中展示平凡英雄风采，大力弘扬社会主义核心价值观。这些上榜的“中国好人”，正是一个个中国慈善家庭及其慈善行为的缩影。又比如，自 2015 年起，中国新闻社与杭州灵隐寺等共同推出一年一度的中华慈孝文化节，开展中华慈孝人物评选表彰活动，举行中华慈孝文化论坛，推动海内外的中华文化交流和传播。通过活动评选出的慈孝人物，也是中国慈善家庭的代表，在传统中华道德的价值体系中开展亲亲孝顺的慈善行为。

四　大众家庭慈善的未来和建议

（一）大众家庭慈善将成为慈善发展的新动力

家庭慈善是以家庭为慈善主体的慈善行为，是小规模的家族慈善。在中国，家庭的经济能力和集体行动逻辑都发生了质的变化，孕育着强大的慈善动能。在日常生活中，家庭有很多的经济行为，作为社会的基本单位，家庭内部也有分工、生产、消费、投资、储蓄等行为。作为家庭的主要经济行为，消费为家庭带来了各种物质需求的满足。近年来，中国家庭的消费模式发生了巨大的变化。根据国家统计局的数据，2012 年我国城乡地区家庭消费恩格尔系数分别为 36.2% 和 39.3%，首次均低于 40%，这说明，我国城乡家庭已经属于富裕家庭。

家庭富裕程度的改变，也从根本上改变了家庭的消费方式。生活必需品的支出负担在不断降低，替代它的是非商品的消费，如服务的消费在不断上升。慈善活动在某种程度上正好迎合了这种消费的升级，因为慈善作为一种高级的体验性活动，在情绪发生和情感供应上，都有极强的心理效用，可以视为一种优质的服务性产品。比如，许多基金会的捐赠人管理制度就说明了这一点。在家庭成员利用互联网工具开展慈善捐赠或者参与线下志愿者活动后，慈善组织就会将他们纳入捐赠人管理计划中，将情感共情的体验不断放大，给予慈善家庭最好的体验，慈善家庭就会将慈善捐赠纳入长期计划，成为日常开销的组成部分。

（二）深刻理解家庭在慈善事业中的定位

家庭是社会的基本组成单元，从古至今，无论社会如何变迁，家庭始终存在，它毫无疑问地承载了社会稳定器的巨大作用。另者，慈善作为人类社会自主产生的一种社会行为，是人们对于他者的利他和同理心，是社会协同的一种方式。在现代中国，慈善更是参与国民经济第三次分配的主要措施，也是社会稳定的重要举措。由此可见，家庭的作用和慈善的作用在社会建设的层面上不谋而合，都是社会得以稳定和发展的重要基石。家庭有动机、有能力长期地开展慈善活动，对社会建设和社会发展有特别积极的作用。

（三）对于扩大家庭慈善资源转换的建议

家庭慈善在总体慈善事业中有十分重要的地位，为此，如何促进家庭慈善资源的转换迫在眉睫。笔者建议可以从以下几个方面开展。

1. 开展慈善家庭评选活动。相关政府部门可以认真研究广州市慈善家庭评选活动的经验，探讨在全国复制该模式的可行性，在慈善意愿充足的一线城市和有慈善文化积淀的地区，率先开展属地化的慈善家庭评选活动，倡导慈善家庭新风尚和家庭慈善新时代文明建设。

2. 开展家庭慈善创新研讨。家庭慈善更加关注教育功能，更加重视自身的“道德—责任”体系属性，为此，如何创新性地研发慈善公益项目、满足家庭慈善的教育要求，是家庭慈善转换的重要方向；当然，在稳定功能上，创新理念的进入更加重要，因为家庭内涵的巨大变化使得这些功能也有了积极的意义。

3. 将家庭慈善嵌入家风建设。家庭是文化血脉之基、传承之径，中国的传统道德是中国家庭文化的重要养分，而慈善道德和慈善文化作为中国传统文化的重要组成，也应该是家庭文化建设需要特别重视的。如果家风之中蕴含慈善文化之根，那家庭慈善资源转换则是家庭的常规行为。

4. 依托学校、单位、社区等基层机构，形成人人慈善场景。就目前的发展来看，家庭慈善还是集中在一定区域范围内，以自身熟悉的生活领域为主要慈善行为区域。因此，学校、相关企事业单位和社区、街道等可以积极思考如何将自身职能、业务和管理与家庭慈善深刻结合，以便“互利共赢”，协同发展。

5. 科技赋能家庭慈善资源转换。现代家庭都是生活在互联网的覆盖之下的，利用前沿的大数据、AI 技术、元宇宙等技术，可以对千万家庭的慈善行为数据进行汇总和挖掘，建立体验感强、技术门槛高、具有强闭环的慈善模型，将家庭慈善资源的涓涓细流汇聚成海。

（四）为家庭慈善提供专业服务

应当提供 DAF、慈善信托、社会组织注册指导等服务，帮助慈善家庭开展专业慈善、可持续慈善。这里有两个方向值得优先思考，一是加大家庭志愿活动的鼓励机制，让更多的家庭志愿者有自己的平台、自己的积分管理制度和自己的奖励机制；二是大力发展 DAF 捐赠者建议基金，让碎片化的、小额的、即时的家庭慈善资金得以沉淀，这是激活家庭慈善捐赠的一个关键措施。

第二部分

行业服务

第八章

私人银行家族慈善服务

私人银行是为高净值客户提供综合化金融服务与全方位非金融服务的特殊金融机构。在私人银行业务历史悠久的欧洲和北美地区，慈善规划与税务规划及家族影响力都密切相关，慈善服务是私人银行提供的非金融服务的重要组成部分，并在巩固客户关系以及促进其他金融服务方面起到了重要的作用。在我国，私人银行服务起步较晚，但是，慈善服务已经受到私人银行行业的高度关注，部分领先的私人银行已经设立了专门的慈善顾问团队或岗位。

一　私人银行与公益慈善概述

传统私人银行发源自16世纪的瑞士日内瓦，并扩散到欧洲主要国家。19世纪下半叶，随着美国的经济崛起，私人银行业务在北美得到了进一步的发展，各大银行金融集团开始设立符合现代私人银行定义的私人银行。20世纪60年代以后，随着以日韩以及亚洲“四小龙”为代表的亚太新兴经济体的私人财富的快速积累，欧美私人银行也纷纷在亚太地区开拓业务，由此全球私人银行业务形成了欧洲、北美、亚太三足鼎立的格局。

（一）私人银行行业概述

目前对私人银行有两种定义。

一是传统私人银行的定义。以瑞士私人银行为代表，瑞士私人银行家协会从企业的组织形式出发，把私人银行定义为“具有独立的法人地位，可以是单一所有权、注册合伙制、有限责任合伙制或股份有限责任合伙制等，要求其中至少有一位应承担无限责任的合伙人，服务内容主要包括全权委托管理资产、遗产规划和资产保护等”，这类传统私人银行有成立于1796年的瑞士隆奥银行（Lombard Odier）和瑞士宝盛（Julius Baer）。

二是现代私人银行的定义。美国众议院从服务内容出发，把私人银行定义为“向拥有高净值资产的私人客户个别提供金融产品和金融服务，包括接受存款、贷款、个人信托、遗嘱处理、资金转移、开立专服账户以及其他一切不向公众普遍提供的金融服务”，目前全球多数银行下设的私人银行部门，如汇丰私人银行、花旗私人银行包括国内各家银行设立的私人银行，大都以此定义为参考标准。

私人银行在中国大陆的发展历史不长，进入21世纪，随着瑞士银行、花旗银行和德意志银行等外资私人银行进入中国大陆，国内银行也开始逐步学习并开办私人银行业务。2007年3月，中国银行首开私人银行业务，门槛为100万美元。随后，渣打银行宣布私人银行在华开业。2007年末，开展私人银行业务的还有花旗银行、巴黎私人银行、德意志银行、招商银行、中信银行等。2012年1月1日施行的《商业银行理财产品销售管理办法》对商业银行私人银行客户的门槛正式定义为“金融净资产达到600万元人民币及以上的商业银行客户”。

私人银行为高净值客户提供的服务可以分为金融服务和非金融服务两个大类，金融服务集中在投资顾问和资产管理方面，非金融服务包括法税咨询、企业管理咨询、家族治理咨询、留学教育规划、礼宾服务、其他高端增值服务以及慈善相关服务。

随着高净值人群需求的愈发多元化，全球私人银行开始扩展其非金融服务，而慈善相关服务是评价私人银行非金融服务质量的一个重要领域。

案例　平安银行一站式慈善规划服务

2021年上半年，平安私人银行在业内率先推出一站式慈善规划服务，用金融+公益模式助力高净值人群更好地进入公益慈善领域。平安私人银行的一站式慈善规划服务涵盖协助设立慈善主体、公益项目投向管理、定制家族慈善活动、社会影响力塑造等内容。

平安私人银行联合社会公益组织和外部慈善专家，通过乐善公益慈善规划服务为高净值人群定制慈善战略和目标。慈善规划服务分为四个层次：第一个层次是协助客户设立慈善主体，包括建立客户可命名和可主导专项基金、慈善信托等；第二个层次是协助客户评估及挑选具体公益项目并根据客户所想设计和运营项目，跟进项目的“选、投、管、退”；第三个层次是具体活动的开展，其中包括定制家族慈善活动；第四个层次是帮助客户将公益活动和品牌推广和传递给社会。

从与慈善机构的横向合作来看，平安私人银行已与多家社会组织展开顾问合作，包括中国妇女发展基金会、上海宋庆龄基金会、中国青少年发展基金会、深圳市社会公益基金会、深圳国际公益学院等。

平安私人银行更是基于平安集团的金融科技能力参与慈善事业，在搭建的平安公益平台上充分发挥了技术赋能公益的功能，例如接入平安银行独立开发的平银数字存证平台，实现了在平安公益平台发布的所有公益项目和用户的捐赠流水会被永久记录。交易上链，无法篡改，全程留痕，保证捐赠透明可信，解决捐赠人最为关心的“善款专用”问题。

目前，平安私人银行已为多位客户提供慈善规划服务，例如为客户朱某提供慈善规划服务，协助对接河南受灾地区捐赠和善款用途规划；协助客户通过慈善信托参与救灾援助、策划“小画笔公益项目”、设立“雨亭行动 为国储才”专项公益基金、捐赠乡村文化室，公益项目涉及救灾、教育、文化等多个领域。

（二）慈善服务已成为全球私人银行的重要服务内容

从慈善服务的需求而言，近期有几个发展趋势促使高净值客户对于私人银行的慈善相关服务提出了新的要求。

一是战略慈善成为慈善的主流，相比对慈善组织简单捐赠的传统的“支票慈善”，高净值人群更加希望对慈善的目标、方式、策略和慈善影响力有主导权；

二是高净值人群在慈善等领域的诉求更加多元化，慈善内涵拓展到农业科技、罕见病医药研发和影响力投资等领域，慈善事业的工具和载体也随需求的多元化而进一步拓展；

三是慈善行业参与主体的数量增加以及慈善相关业务专业化程度加深，使得慈善生态圈进一步扩容并更加复杂化；

四是中国政府的“共同富裕”等目标的提出，大力鼓励富裕阶层通过慈善事业实现“三次分配”。

以上四股发展趋势叠加，使得高净值人群亟待其可信赖的专业服务机构在慈善事业上给予其全方位的深度支持。

从慈善服务的供给而言，私人银行服务的一大特点就是高度定制化的个性服务，竭力满足客户的各类需求是私人银行所秉持的服务宗旨。此外，私人银行作为日常接触高净值客户的主要服务提供方，一方面能够获得客户的充分信任，另一方面更清楚客户的需求与资源禀赋。因此，以国外私人银行为例，其基于专业的慈善团队及长期以来与慈善生态圈内各类主体的密切合作，通过多样化的形式，满足高净值客户在慈善领域的多元化需求，包括社会影响力投资、可持续投资组合等，同时兼顾高净值客户的税收规划、家族传承和家族治理等因素。

案例　巴克莱私人银行可持续投资组合管理

可持续投资指的是将资金投入到改善全球可持续发展的各类资产中，比起传统的慈善捐赠和慈善事业，可持续投资会兼顾投资收益，因此受众相对较广。

巴克莱私人银行为包括家庭办公室和私人银行在内的客户管理可持续投资组合，规模从500万英镑到5亿英镑不等。巴克莱私人银行的可持续发展投资组合很重要的一点是没有主题，因为巴克莱私人银行认为自上而下的主题投资（thematic investing）往往会导致投资组合中出现固有的偏见并错失投资机会。作为积极的投资者，巴克莱私人银行从全球范围内识别最好的公司，并使用专有的三阶段评估过程评估他们的可持续发展影响力。

巴克莱私人银行的可持续发展投资组合拥有在全球供应链和资产类别中的多元化组合，并积极主动与管理层接触，推动被投公司持续改进可持续发展能力，并向客户承诺可持续投资组合不会投资于任何化石燃料公司。

由于欧美慈善文化的存在，加之慈善在税务规划方面的重要性，慈善规划等业务能力一直是私人银行顾问的重要技能。近年来，欧美私人银行更是出现了由专业的独立团队负责慈善业务的新动向：英国顾资银行（Coutts）率先于2005年成立了专属的慈善服务部门，法国巴黎银行财富管理（BNP Paribas Wealth Management）也在2008年创建了专门的慈善团队。瑞士银行、巴克莱、摩根大通和渣打银行的私人银行也纷纷顺应潮流，把慈善规划和负责任投资等业务都纳入私人银行综合服务体系中，为客户提供各类深度定制的慈善相关服务。

全球部分私人银行慈善团队及相关服务包括。

（1）瑞银集团（以下简称UBS）。总部位于瑞士的瑞银集团拥有瑞银Optimus基金会、全球慈善服务（Global Philanthropy services）团队和全球慈善家社区（Global Philanthropists Community，简称GPC）为客户提供慈善服务。服务内容包括慈善规划及建议、捐赠者建议基金设立和管理的相关工作、举办慈善活动并组织慈善主题的旅行、建立并管理全球慈善家社区以及发布各类慈善相关主题的研究报告。瑞银的特色包括：一是可以为客户提供无偿的DAF管理服务，即帮助客户在UBS慈善基金会的伞形架构下设立DAF，并无偿提供DAF的相关管理和报税服务；二是在2015年成立的会员制全球慈善家社区（GPC），为成员们提供慈善交流、慈善教育和分享慈善心得的社区与平台；三是组织有相似慈善需求的客户开展为期5天的慈善之旅，带领客户会见本地社区、慈善伙伴并学习慈善项目的相关知识。

（2）瑞士信贷（Credit Suisse）。同样位于瑞士的瑞士信贷拥有Accentus、Empiris、Symphasis和SymAsia四大伞形慈善基金为客户提供战略捐赠、慈善基金和可持续投资相关服务。瑞士信贷将帮助客户从设立慈善目标、选择慈善工具及载体，以及评估慈善捐赠影响力等全流程给予客户咨询建议。瑞士信贷建立了四个主题鲜明的慈善基金，分别为侧重于社会、人道主义和医疗的Accentus Foundation，旨在支持科学研究及教育领域的Empiris Foundation，促进社会、生态和文化项目的Symphasis Foundation以及于2010年设立的聚焦于亚洲的SymAsia Foundation。瑞士信贷将协助客户根据自己的慈善目标，在四个伞形基金下建立客户自己的子基金。

（3）美国银行私人银行（Bank of America Private Banking）。美国银行私人银行拥有一个慈善方案团队，协助客户识别慈善机会及制定慈善策略、帮助客户比选适合的慈善工具、协助客户建立 DAF 或家族基金会并提供慈善组织运营咨询。美国银行私人银行的慈善组织运营咨询向客户的家族基金会或其他慈善非营利机构提供合规咨询，就慈善组织在运营效率和内部管理流程优化方面提供建议，并协助客户制定需求建议书等。

（4）摩根士丹利私人银行（Morgan Stanley Private Banking）。同样位于美国的摩根士丹利私人银行不仅拥有慈善管理团队，还在夏威夷和旧金山分别设立了觉醒财富管理集团（The Conscious Wealth Management Group）、摩根士丹利基金会以及一个全球影响力资助信托（GIFT）。他们为客户提供全方位慈善规划、家族基金会管理、影响力投资服务，并协助客户选择并使用 DAF、慈善信托及慈善赠予年金（CGA）等工具实施客户的慈善策略。值得注意的是，摩根士丹利私人银行通过旗下的 DAF 基金全球影响力资助信托（GIFT）特设了一个叫作 GIFT Cures 的疾病治疗特定项目，协助客户通过捐款寻找疾病的治疗方法、参与资助新药研发。客户可以选择向阿尔茨海默病、癌症、心血管疾病、罕见病、胃肠道疾病和免疫疾病等特定疾病提供资金支持。

（5）巴克莱私人银行（Barclay Private Banking）。位于英国的巴克莱私人银行通过其慈善及非营利组织团队为客户提供慈善专家咨询服务，借助其超过 60 年与慈善组织和非营利机构的合作，巴克莱累积了众多慈善组织、高校及地方政府等资源，能够给客户在识别慈善机会和创造慈善影响力方面提供专家咨询。同时，巴克莱慈善及非营利组织团队也为慈善提供资金管理及投资服务，提出可持续投资解决方案。在制定可持续投资解决方案中，巴克莱银行运用可持续投资策略与三阶段影响力评估流程，为私人银行、家族办公室客户或其设立的非营利组织提供可持续投资解决方案，使得客户的投资组合与他们的慈善目标相一致。

（三）私人银行参与公益慈善的主要驱动力

私人银行参与慈善事业中主要有三大驱动力：巩固提升客户关系，促进其他金融业务，展现企业社会责任及提升品牌价值。

1. 巩固提升客户关系

私人银行作为高净值客户的一站式服务提供商，通过满足客户在公益慈善方面的需求可以获得客户的进一步肯定与信任。以瑞银为例，通过建立并管理世界上最大的私人慈善社区——全球慈善家社区（Global Philanthropists Community，GPC），并组织客户参与慈善主题的旅行，能够进一步巩固提升客户关系。此外，高净值人群往往利用各类慈善活动作为对下一代教育的重要契机，私人银行还可以借此与客户家族的多代人建立发展关系。

案例　瑞银的合作式慈善（UBS collective philanthropy）

作为引领高净值客户参与慈善的世界著名私人财富管理机构，瑞银集团在2021年10月推出了瑞银慈善聚合体（UBS Collectives）服务，这项慈善规划服务率先将战略慈善和合作式慈善（collective philanthropy）的概念结合在一起。

瑞银提出的合作式慈善指的是将慈善目标相近的客户联系在一起，通过客户间密切的合作和模仿形成慈善合力，结合客户的专业知识与资源来更好地支持其慈善目标。瑞银根据客户在儿童保护、气候变化、健康和教育等领域中的慈善诉求设立了三个慈善聚合体，以期实现合作影响力（collective impact）。

瑞银设立的三个慈善聚合体分别为。

气候行动聚合体（Climate Collective）：气候行动聚合体聚焦于气候变化，以及气候变化对于环境与社会的影响，该聚合体将支持东南亚及其他地区的社区制定气候减缓和适应战略，为减排和改善生物多样性做出贡献。参与气候行动慈善聚合体的客户与其他慈善家、一流的非营利组织和专家一起，为社区和小农户发展提供可持续的气候适应性方案，缓解气候变化的影响，并利用基于自然的解决方案封存碳排放，支持当地社区发展，并改善东南亚及其他地区的生物多样性。

转变聚合体（Transform Collective）：转变聚合体首先观察到目前全球估计有500万~600万名儿童生活在机构护理设施中。鉴于家庭对于儿童成长具有不可替代的重要性，该慈善聚合体致力于支持以家庭作为弱势儿童护理与照料服务的基本场所，从而减少生活在机构护理设施中的儿童数量，以期保护弱势儿童，加强家庭在儿童健康成长中扮演的角色。

加速聚合体（Accelerate Collective）：加速聚合体更侧重于通过创新型的社会融资（social financing）来促进弱势社区在健康和教育等领域的发展。

基于以上三个慈善聚合体，瑞银的慈善服务团队将在三年内为慈善聚合体成员提供辅导和指导。在第一年，每个聚合体将为各自领域的慈善问题建立一个战略、实施和衡量项目影响力的框架；在第二年，成员们将前往相关的地点，把第一年的学习成果付诸实践。然后，所有三个慈善聚合体将通过网络研讨会、面对面的会议和额外的实地考察来监测他们的努力所取得的进展。

2. 促进其他金融业务

如上文所述，随着慈善需求的多元化，慈善工具及载体也进一步复杂化，慈善信托、家族基金会以及 DAF 等均需要金融财务方面的专业知识，也需要托管、现金管理、贷款和投资顾问等银行其他业务的支持，从而通过慈善撬动银行内各项金融业务的发展。

3. 展现企业社会责任及提升品牌价值

慈善不仅能树立慈善家良好的个人形象，私人银行作为重要的慈善参与方也可以通过提供慈善服务展现企业社会责任感和提升品牌价值。建设银行更是走在前列，把其建立的“善建益行”公益慈善服务体系于 2019 年成功注册品牌商标，成为中国首个由银行发起的金融慈善服务品牌。

（四）私人银行提供的公益慈善相关服务

私人银行所提供的慈善相关服务，可根据服务所侧重的方向大致分为智、财、人三个领域：“智”主要指的是在慈善规划与建议方面给予客户的智力支持，“财”指的主要是利用银行金融牌照为慈善提供的托管、现金管理以及投资等金融服务，“人”则聚焦于慈善事业中各类社会关系的拓展维护以及对外部人力资源进行调动等工作，如加强家族成员慈善参与、搭建慈善合作平台、促进慈善教育等。示意图如图 8 – 1。

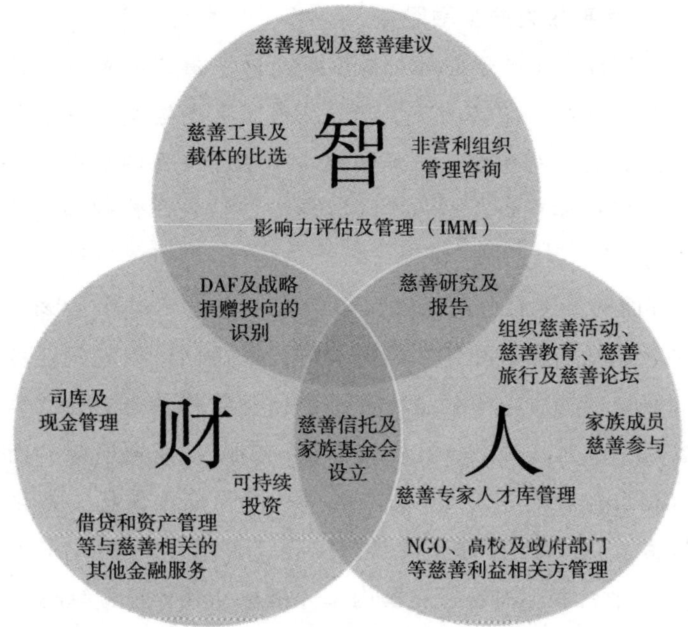

图 8－1　私人银行慈善服务的三个维度

1. 智——慈善规划与慈善建议

“智”方面的慈善服务是体现私人银行慈善服务核心竞争力和比较优势的主要服务领域。与“智”相关的服务贯穿客户慈善项目的全生命周期：首先，私人银行慈善咨询师帮助客户确定慈善目标和预算，其次，以此开展对慈善对象、工具及载体进行比选，最后，协助客户对慈善项目进行影响力评估及管理（impact measurement & management，IMM）。此外，一些大型私人银行会联合高校或者智库推出慈善研究报告，例如瑞银与哈佛大学推出的《全球慈善报告》(The Global Philanthropy Report)。

值得注意的是，随着战略慈善理念的深入人心，客户更加开始重视对于慈善项目的影响力评估及管理，私人银行的慈善服务的重心也从前期慈善咨询开始逐步向慈善项目的后期评估和管理进行延伸。以巴黎银行财富管理为例，其提出了“积极影响力（Positive Impact)”的全面评估方法，把联合国可持续发展目标（UN SDG Goals）作为影响力衡量的基准，并为客户推出 myImpact 的影响力评估工具，让客户能够随时随地掌握自己可持续投资组合的影响力。

2. 财——慈善相关的金融服务

“财”方面的慈善服务是对于货币资金这一重要慈善资源开展的相关金融服务，往往对慈善服务的质量与效率有重要的影响。这部分内容包括对慈善资金的托管、对慈善项目开展的司库和现金管理服务、DAF 和慈善信托的设立、可持续投资、财务顾问以及借贷和资产管理等与慈善相关的其他金融服务。

“财”方面的慈善服务对于私人银行来说是并不陌生的老本行，但是仍然需要金融创新的突破和各部门群策群力的协同。以托管业务为例，招行为壹基金提供的托管业务就是作为首家公益慈善基金的独立第三方托管人参与公益基金的运作环节，在资金监管、信息披露透明等方面开辟了新的渠道；农行也为袁隆平夫人所设立的“袁隆平慈善信托”提供了托管和财务顾问服务。这个领域的金融创新实践还包括建行试点开展“善行公益”DAF 慈善平台和上海银行在国内率先推出的慈善投顾解决方案。

案例　上海银行慈善投顾系列解决方案

上海银行于 2018 年发布慈善投顾系列解决方案，成为国内首家为高净值个人提供慈善基金解决方案的银行。

上海银行慈善投顾系列解决方案由四部分组成：“益财富”集合捐赠产品采用直选模式，将客户投资产品的部分收益进行捐赠；“益传承”DAF 采用顾问模式，为每个慈善账户配备投资顾问和慈善顾问，设立人具有一定自主权；“益天下”战略慈善投资规划则是为顶级客户个性化搭建慈善架构，制定专属慈善战略；“益启能”青少年慈善赋能方案则聚焦于培养客户子女在慈善公益方面的意识和能力。

上海银行在多年探索和实践的基础上，从财富管理视角出发，整合金融、法律、公益、学术等优质资源，为客户全面搭建慈善投顾系列解决方案，助力客户家族和企业传承，引领正确的传承价值观。2016 年《慈善法》颁布后，上海银行即成立了首单类家族信托；此后，又率先落地国内第一单慈善综合解决方案，这也是国内银行首次采用国际领先的“慈善信托＋慈善基金会”结合模式为私人银行客户提供完整专业的慈善规划方案，在慈善实践领域具有重要意义。2018 年 6 月，上海银行携手联合国开发署发布国内首部《慈善法手册》。

3. 人——家族成员慈善参与以及外部利益相关方的互动管理

“人”方面的慈善服务聚焦于慈善事业中各类社会关系的拓展维护以及对外部人力资源进行调动等工作，如加强家族成员慈善参与、搭建慈善合作平台、促进慈善教育等。

近年来，慈善生态圈所包含的主体越来越多，涉及的面也越来越广，私人银行作为慈善生态圈中连接财富与慈善的重要节点正在扮演极为重要的角色。以世界上最大的私人银行瑞银为例，其在2014年就创办了全球慈善家社区，目前已经成长为世界上最大的私人慈善家网络，在推动慈善事业和传播慈善最佳实践方面起到了重要的作用。

值得注意的是，越来越多富裕家族认为慈善是重要的二代教育方式。由瑞银集团、Campden Wealth、惠裕全球家族智库三方发起的对78位中国富裕家族和家族办公室从业者的调研显示，40%受访者表示家族年轻一代都在积极参与慈善事业，而所有受访者都认为年轻一代将在家族慈善事业中发挥重要作用。私人银行通过组织慈善活动进一步增强家族成员的代际联系并提升家族治理水平。此外，通过鼓励年轻的家族成员从一笔不大的资金着手建立一个DAF或进行慈善捐赠，也为其提供了一个重要的财商教育的学习机会。

二　中国私人银行在慈善领域的发展与机遇

（一）中国私人银行在慈善领域的主要发展

近年来，我国慈善事业发展迅猛，中华慈善联合会《2020中国慈善捐赠报告》显示，中国内地的慈善捐赠总额从2009年的330亿元人民币增长到2020年的2090亿元人民币，中国家族慈善基金会的捐赠总额从2005年的873万元人民币增长到2017年的37亿元人民币。根据招商银行和贝恩公司最新发布的《2021中国私人财富报告》，近两年来，在高净值人群的八大财富目标中，“慈善”相关需求增长最快，慈善规划服务市场潜力巨大。

随着2016年《慈善法》的施行与2021年“共同富裕”的提出，中国私人银行的慈善事业参与迎来了井喷式发展，不论慈善的创新性还是多样性都出现了显著的进步。私人银行行业对于“共同富裕”开展了广泛的讨论，2021年10月21日，中国银行业协会发布《中国私人银行发展报告（2021）暨中国私人银行公益慈善白皮书》，对私人银行参与慈善公益事业展开了专题讨论，报告发现高净值人群和民营企业的捐赠行为呈现出更强的组织性和持续性，更多地使用了专项基金、家族基金会、慈善信托等结构清晰明确、捐赠行为可溯的捐赠工具。报告认为，私人银行作为具备专业运营、资源整合及综合服务能力的金融机构，应更加积极地将慈善事业纳入高净值客户服务的范围内，为公益慈善事业充当专业顾问，并利用规模优势为先富群体提供捐赠平台，有序推动中国公益慈善事业的发展。

在2022年8月3日的中国银行业协会私人银行与财富管理业务专业委员会的第三次全体成员大会上，私人银行与财富管理业务专委会第二届常务副主任、工商银行私人银行部总经理李宝权代表工行发言，提到工行私人银行将立足当下，坚持“人民金融”底色，服务大局，勇担使命，聚焦财富服务、家企服务和农业服务三大主营赛道，助力共同富裕。

近些年，部分中国私人银行慈善服务如下。

（1）中国银行私人银行“中银私享爱心荟—春蕾计划”：作为中国银行高端增值服务体系“中银私享荟”中的重要组成部分，自2014年中国银行私人银行携手中国儿童少年基金会，发起了“中银私享爱心荟—春蕾计划”客户慈善助学活动，持续对春蕾高中女生进行帮扶。

（2）中国银行私人银行慈善信托：2018年创新采用“现金+金融产品”的模式做国内首单混合财产慈善信托，2021年帮助客户设立乡村振兴主题慈善信托等。

（3）中国银行公益理财产品：2022年4月，中国银行私人银行作为代销机构，协助发行公益理财产品，产品将以一部分固定比例加上清算时的超额收益捐赠到“春蕾计划”项目中。

（4）平安银行私人银行“平安乐善”一站式慈善规划服务：2021年，平安私人银行推出的慈善规划服务涵盖“协助设立慈善主体”“公益项目投向管理”“定制家族慈善活动”等内容，以专业的方式帮助客户更好地善心善用。此外，平安私人银行将慈善规划作为重要特色服务纳入其升级后的“企望会”服务体系中。

（5）平安银行私人银行慈善信托：2021 年 9 月，平安银行私人银行协助客户设立规模达 5000 万元的慈善信托——“平安翰德慈善信托”，成为 2021 年规模最大的个人慈善信托，该慈善信托将主要用于促进教育事业发展，帮扶因病返贫人群、残疾人、孤寡老人等弱势群体，救助突发事件造成的损害等。

（6）平安银行私人银行慈善活动：2021 年 12 月，平安银行私人银行与深圳市社会公益基金会联合举办“乐善之夜”慈善拍卖晚宴，为公益项目筹款；此外，平安银行私人银行还通过“为爱挥杆”和健步走等活动进行公益捐赠。

（7）工商银行私人银行“君子伙伴 · 与爱同行”项目：2018 年，工商银行私人银行启动“君子伙伴 · 与爱同行”公益项目，携手客户共行善举，截至 2022 年 6 月末，已举办百余场公益慈善活动，接受 6000 余人次来自客户及员工的捐助，善款金额达数百万元，惠及百余所中小学的四万余名贫困学子。

（8）工商银行私人银行慈善信托平台：2021 年工商银行私人银行推出以“君子伙伴慈善信托”命名的永续集合型慈善信托服务平台，开创性地将慈善信托和家族信托无缝衔接，工商银行私人银行客户设立的家族信托作为慈善信托共同委托人，按客户本人意愿确定的方式向此慈善信托提供捐赠资金；在工商银行端则在业内首次尝试对慈善信托服务进行机制化、专业化与长效化管理，“聚小善、办大事”，实现慈善模式从点到面、从个人到平台的升级。

（9）建设银行私人银行“善建益行”服务体系：建设银行深圳市分行整合内外部资源于 2018 年建立了“善建益行”公益慈善服务体系，含五级七大类金融慈善工具，能够满足从大众小额捐赠到家族财富精神传承等差异化公益慈善需求，整个体系可持续、可落地、可复制，是慈善 + 金融融合共享的创新。“善建益行”在建设银行总行的支持下于 2019 年成功注册品牌商标，成为中国首个由银行发起的金融慈善服务品牌。

（10）建设银行私人银行爱心理财和慈善信托：近年来，建设银行累计发行爱心理财系列产品 20 多期、规模近百亿元，预计捐赠金额近 800 万元；发行慈善集合信托、创新慈善信托顾问服务，筹款近 2300 万元、帮助 185 名贫困儿童移植人工耳蜗。为陕西安康、吉林延边山区村民提供免费体检、免费白内障手术、医疗一体箱捐赠等健康扶贫。

（11）建设银行私人银行 DAF 试点：在陕西、云南搭建教育扶贫公益慈善平台，建设银行试点开展“善行公益”DAF 慈善平台，向捐赠者提供投资方式、资助项目、受益对象等慈善落地建议权。

（12）建设银行私人银行慈善活动：建设银行开展“乡村振兴 善建益行”基层医生赋能培训，助力破解农村基础医疗难题，赋能基层医疗一线；举办“相聚北京 筑梦建行”星光夏令营，为乡村学生提供健康体检和爱国、历史、理想教育，倡导正确人生观和价值观。

（13）上海银行私人银行慈善基金解决方案：上海银行是国内首家为高净值个人提供慈善基金解决方案的银行。2016 年《慈善法》颁布后，上海银行即成立了首单类家族信托；此后，又率先落地国内第一单慈善综合解决方案，这也是国内银行首次采用国际领先的“慈善信托 + 慈善基金会”结合模式为私人银行客户提供完整专业的慈善规划方案，在慈善实践领域具有重要意义。

（14）上海银行私人银行慈善投顾解决方案：上海银行慈善投顾系列解决方案具体由 4 部分组成。“益财富”集合捐赠产品采用直选模式，将客户投资产品的部分收益进行捐赠；“益传承”DAF 采用顾问模式，为每个慈善账户配备投资顾问和慈善顾问，设立人具有一定自主权；“益天下”战略慈善投资规划则是为顶级客户个性化搭建慈善架构，制定专属慈善战略；“益启能”青少年慈善赋能方案则聚焦于培养客户子女在慈善公益方面的意识和能力。

（15）兴业银行私人银行绿色慈善信托：2021 年，兴业银行将绿色金融、私人银行与慈善公益信托有机结合，推出“兴慈善 1 号绿色慈善信托”，并在生物多样性保护领域试点。据悉，兴业银行私人银行与兴业信托已率先参与捐赠，后期项目将持续围绕生物多样性保护主题展开，并面向意向私人银行客户推荐。“兴慈善 1 号绿色慈善信托”是我国首个以生物多样性保护为主题的绿色慈善信托。

（二）私人银行在家族慈善发展中的机遇与展望

除了我国富裕阶层的快速崛起，国内慈善领域监管法规的进一步完善以及“共同富裕”的相关要求这些对于整个慈善公益圈的普遍利好外，超高净值人群社会责任感的提升也是中国公益慈善事业发展的一个重要机遇。波士顿咨询公司（BCG）与兴业银行私人银行联合发布《中国超高净值人群社会责任白皮书2021》指出四大因素驱动超高净值人群社会责任浪潮奔涌向前发展：一是创富一代反哺回馈社会并创造价值的强烈意愿，二是国家宏观政策对于社会责任话题的鼓励引导，三是市场环境引导高净值企业主提升对社会责任的关注，四是技术进步和标准规范化为践行社会责任提供土壤。

此外，私人银行作为一个值得客户信赖的专业机构参与到中国公益事业当中还有一个重要的原因，即我国慈善组织出现的信任危机。以“郭美美事件”为分界点，高净值人士主要选择朋友，或者委托慈善组织开展慈善活动，直接通过私人银行机构参与慈善活动的比例并不高。但在国内慈善组织的一系列丑闻爆出之后，我国慈善组织的公信力受到了极大的影响，以红十字会为例，郭美美事件发生的2011年，红十字会收到的全国捐赠总量同比减少59.39%。

在慈善组织的信任危机的背景下，私人银行作为高净值客户所信赖的专业服务提供机构开始介入慈善相关服务，通过慈善信托、家族基金会等为国内高净值人士提供了参与慈善活动的重要窗口。另外，私人银行能够把其专长的法税咨询和财务顾问等服务与慈善事业结合，帮助客户实现财富保护、遗产规划、家族治理等，越来越多的高净值客户开始选择私人银行作为其参与慈善服务的“前台部门”。

（三）私人银行将在未来中国公益慈善中占据重要位置

私人银行凭借渠道、客户及规模优势，常常位于大财富管理生态圈的核心位置，并凭借其优势在慈善生态圈中占据了一个有利的生态位。首先，私人银行是最频繁并深度接触到富裕人群的财富管理机构，由此能够作为慈善业的“前台部门”最快最早发掘客户慈善需求，利用规模优势提供捐赠平台撬动客户资源，引导客户参与慈善事业；其次，私人银行自身或者其隶属的银行金融集团与社会各行各业的接触面最广，能够扮演“关系中介”的角色介绍客户对接到各类慈善机构和组织；最后，私人银行专业化程度高，并受金融业监管，作为客户对接慈善组织的桥梁时，能够在一定程度上解决客户对于慈善机构的信任问题。

（四）私人银行开展慈善规划服务相关建议

1. 将慈善规划服务纳入私人银行的发展战略

在“共同富裕”的时代背景下，慈善规划服务应该是打造全面私人银行服务的应有之义。私人银行作为具备专业运营、资源整合及综合服务能力的金融机构，应更加积极布局慈善领域，在公司发展战略层面将慈善相关业务纳入高净值客户服务的范围内，并高度重视慈善规划服务未来在法税咨询、公司金融以及品牌建设等领域的可拓展潜力。

2. 加强业务团队建设，打造慈善服务“生态圈”

一部分具有相当客户基础和资源禀赋的私人银行应该参考海外私人银行的模式，广纳慈善规划人才，设立小而精的慈善业务团队，并与各类型的慈善组织建立联系，发掘慈善项目，利用私人银行的独特优势为中国公益慈善事业做出应有的贡献。

3. 拓展慈善服务产品，提升慈善规划服务综合实力

每个时代都有新的慈善主题，并有相应的多元化的工具来带动高净值人群参与慈善事业。除了现在主流的慈善捐赠和慈善信托等工具，私人银行应该广泛与监管部门和学界建立密切的联系，探索推动DAF和家族基金等慈善工具的落地和推广。

4. 做好宣介工作，积极引导客户参与慈善事业

私人银行拥有最优质的高净值客户资源，应该积极帮助客户发掘自身慈善相关需求，拟定家族慈善策略，并通过慈善活动和慈善宣讲等形式积极引导客户财富向善。

第九章

信托行业家族慈善服务

信托制度起源于13世纪的英国。当时教徒习惯将自己去世后的土地捐献给教会，这使得教会的土地不断增多。根据英国当时的法律，教会的土地免征役税，因此，教会的土地激增导致国家役税收入锐减，这严重影响了国王和封建贵族的利益。13世纪初，英王亨利三世颁布了一个规定，规定把土地赠予教会团体的，要得到国王的许可，擅自出让或赠予的，要没收其土地。作为对这个新规定的回应，教徒们对其捐献行为进行了变通。他们在遗嘱中把土地赠予第三方所有，同时规定教会拥有该土地的实际使用权和收益权，这就是最早的信托制度。

现代信托行业是19世纪初英国的信托制度传入美国后快速发展并形成规范的。美国是目前信托制度比较健全、信托产品最为丰富、发展总量最大的国家。为财富家族提供慈善信托服务，也是英美等国信托行业的重要业务。

一　国外慈善信托运作模式

（一）英国慈善信托的发展情况和运作模式

慈善信托起源于英国。基督教徒向教会捐赠财物，教会对受捐的财物进行管理并用于接济穷人、教育儿童、照顾老人和病人等慈善目的。随着用益（use）制度[①]在英国的流行，慈善信托逐渐得到官方和民间的认可。

---

① 用益制度起源于13世纪的英国，当时的英国宗教文化盛行，教徒们信奉“活着多捐献，死后可升大”的宣传的影响，常把自己的土地捐献给教会，而根据当时的法律规定，教会持有土地是免税的，这就导致王室的土地税收骤减，于是王室颁布条例禁止（转下页）

1601 年，英国颁布了《慈善用途法》（The Statute of Charitable Uses），明确了公益慈善的范围，构建了慈善资金募集体系和监管机制，为此后的慈善信托良好发展奠定了基础。1853 年，《公益信托法》（The Charitable Trusts Acts）出台，慈善委员会作为慈善信托的统一监管机构而成立，确保慈善信托运作程序的公开透明。在此之后，英国的慈善信托法律逐渐完善，慈善信托从成立到拨付的各个环节都能做到有法可依，形成了较为完善的民事信托制度。

根据运行模式的不同，英国的慈善信托主要可分为契约型慈善信托和宣言型慈善信托两类。契约型慈善信托类似于国内常见的信托订立模式，委托人和受托人在信托合同中明确慈善目的、受益人范围和受托人职责以及信托的运行规则等。宣言型慈善信托是指委托人对外发表声明，声称为了实现某种慈善目的，自己将作为受托人来管理这项信托财产。宣言型慈善信托最典型的特点就是委托人同时也是受托人，这种信托模式能够激发更多人从事慈善事业的热情。

（二）美国慈善信托的发展情况和运作模式

美国的慈善信托来源于英国，但起初慈善信托在美国的发展过程较为坎坷，直到美国社会贫富分化问题日益严重，慈善信托才受到人们的重视。1954 年，美国颁布《慈善目的受托人统一监督法》，对慈善组织的活动加以规范。之后，《统一机构基金管理法》（Uniform Management of Institutional Funds Act）和《统一审慎机构基金管理法》（Uniform Prudential Management of Institutional Funds Act）分别于 1972 年和 2006 年出台，为慈善基金的投资运作提出指导意见，确立了机构基金投资管理的标准。尽管起初慈善信托在美国发展缓慢，但在 20 世纪 50 年代以后，慈善信托对美国慈善事业的发展产生了深远影响。

美国慈善信托最主要的特征是能将公益目的和私益目的进行有效结合。美国慈善信托主要有两种类型：全部以“公益”为目的的慈善信托以及“公益”和“私益”目的相结合的利益分离型慈善信托。全部以“公

接上页注① 教徒将土地捐赠给教会。为了对抗该条例，用益制度产生了：教徒们将土地转手给第三人，由第三人代教会对土地进行管理，土地收益归教会所有。

益”为目的的慈善信托和我国国内的慈善信托相似，信托目的必须完全是慈善性质的，信托财产的本金和收益必须全部用于慈善目的，具有不可撤销的属性，享受税收优惠。利益分离型慈善信托则是指委托人在设立慈善信托时约定将信托财产中的一部分用于慈善目的，另一部分拨付给指定受益人。利益分离型慈善信托又可分为慈善先行信托和慈善剩余信托两类。慈善先行信托是指在信托合同中约定每年先将一定比例的信托财产（美国通常为初始信托财产规模的5%）用于慈善活动，信托终止时，再将剩余信托财产拨付给指定受益人。用于慈善活动的部分可享受税收优惠，用于私益的部分不享受税收优惠。慈善剩余信托是指在信托存续期内，每年至少向指定受益人拨付一定比例的信托财产，受益人去世后，剩余的财产用于慈善活动，用于慈善活动的这部分财产可以享受税收优惠。

（三）日本慈善信托的发展情况和运作模式

相较于英美，日本的慈善信托起步较晚。1922年日本《信托法》对公益信托进行了定义，即以祭祀、宗教、慈善、学术、技艺及其他公益目的的信托。起初，由于相关部门未出台完善的审批及登记制度，加上大众普遍认为慈善信托应由政府负责，因此，慈善信托在日本的发展一开始并不顺利。由于缺乏有效监督，20世纪40年代日本盛行的公益法人形式的慈善滋生出很多贪污腐败事件。因此，20世纪70年代开始，日本成立了慈善信托制度的研究会，研究慈善信托的制度及操作实务，慈善信托从设立到拨付的各环节的法律法规日益完善。2006年，日本《慈善信托法》出台，2015年，日本政府进一步推动慈善信托的改革，在设立流程和税收优惠方面给予了慈善信托更多的政策倾斜。

日本慈善信托的模式和欧美不同，在慈善信托设立环节，需要先向主管部门递交申请材料，在主管部门审批通过之后慈善信托才能成立；在慈善事务管理环节，日本设立运营委员会对受益人进行筛选，对慈善项目的执行提出建议和意见；在慈善信托财产的投资管理方面，安全稳妥是首要原则，投资范围较窄；在信息披露方面，日本慈善信托的公开透明度更高，受托人需要向主管机关定期出具信托财产管理报告，审核通过后会进行信息公共披露。

二 我国信托行业对家族慈善的促进

（一）我国信托业的发展历程

我国的信托业起源于1913年日本在东北设立的大连取引所信托株式会社。之后，中国的信托行业经历了初步发展、停滞、恢复及整顿阶段。1919年，聚兴城银行上海分行成立信托部。1921年，通商信托公司在上海成立中国通商信托公司，这是第一家内资信托投资机构，从此信托公司正式登上我国历史舞台。

新中国成立后，由于实行计划经济体制，信托业处于停滞状态。1979年，中国国际信托投资公司成立，中国的信托业进入恢复阶段。1982～1999年，信托业分别针对业务范围模糊、货币投放和信贷规模失控、机构设立过多、业务管理混乱、内控薄弱等问题进行了五次整顿。在对全国信托公司进行重新登记后，信托公司数量大幅减少，规范性提升。2001年，《信托法》正式颁布实施，随后，《信托公司管理办法》、《信托公司集合资金信托计划管理办法》和《信托公司净资本管理办法》相继出台，规范了信托的发展模式，信托逐渐回归主业，显露生机。

2007年以来，我国信托行业各项业务迅速发展，成为仅次于银行的第二大金融业态，是支持实体经济发展的重要力量。

（二）信托行业助力家族慈善信托发展

1. 经济环境。得益于中国经济多年的快速增长，国内财富管理市场已经是全球增长最快的市场之一。全国68家持牌的信托公司，基本都开设了慈善信托业务。中国信托业协会数据显示，2021年，我国的信托资产规模已达20万亿元。自2018年《关于规范金融机构资产管理业务的指导意见》（以下简称“资管新规”）发布以来，信托业进入转型阶段，资产规模从2017年四季度末的高点持续回落。随着“资管新规”过渡期临近结束，信托资产规模降幅渐趋平稳，2021年二季度首次出现回升。虽然受疫情影响，但2020年和2021年中国经济依然呈现出强大的韧性和复苏能力，财富市场规模持续扩大。

2. 政策支持。2001年颁布的《信托法》中专设公益信托一章，是我国公益慈善信托的起点。2008年汶川地震后，当时的中国银保监会办公厅发布《关于鼓励信托公司开展公益信托业务支持灾后重建工作的通知》。2016年9月，《慈善法》颁布，明确慈善信托属于公益信托，由民政部门进行管理，进一步规范、促进慈善事业的发展。2017年，在《慈善法》颁布一年之际，银保监会、民政部联合印发《慈善信托管理办法》，我国慈善信托规制体系基本建立。

2021年6月10日，中央《关于支持浙江高质量发展建设共同富裕示范区的意见》发布，专门提到“探索各类新型捐赠方式，鼓励设立慈善信托”，将慈善信托提到了新的高度。2021年6月30日，中国信托业协会发布《中国信托业内控合规管理建设倡议书》。倡议书提出，积极发展服务信托、家族信托、慈善信托等本源业务。浙江省民政厅在《在建设共同富裕示范区进程中开创慈善事业发展新局面》中也提出了“着力培育和发展慈善组织和慈善信托”的新展望。

慈善信托已成为助力缩小收入差距、促进共同富裕的新型慈善工具，是我国慈善事业的重要组成部分，是实现第三次分配的重要方式。目前，国内大多数信托公司开始创新业务模式，设立慈善信托业务部门或办公室，以便更好地发挥慈善信托在居民财富管理中的作用，实现更多高净值客户慈善需求落地。

3. 人才支持。高净值人群的财富传承需求呈现多样化和个性化，家族财产也分为不同类型，因此，家族慈善信托具有高度的定制化特征，对管理团队的专业性要求也极高，不仅要有金融方面的专业人士，还要有法律、会计以及慈善项目设计运作等方面的专业人才。随着我国信托业的发展，越来越多金融、法律、投资、税务等领域具有较高专业水平和服务能力的复合型人才进入信托行业，为客户提供全方位、多层次的家族财富管理服务，推动了家族慈善信托的发展。

三 现有慈善信托运行模式

在国家政策的鼓励支持下，越来越广泛的社会公众释放出参与慈善信托的热情，更多领域的企业和个人参与探索慈善信托的可行性。

（一）慈善信托发展概况

根据慈善中国备案信息分析，2021 年我国慈善信托数量及规模实现平稳增长。从备案单数和规模来看，截至 2021 年 12 月 31 日，全国累计慈善信托备案 773 单，财产规模总计 39.35 亿元。其中，2021 年新设立慈善信托共计 227 单，财产规模达 5.71 亿元，较上年增长 32.48%。从单个信托的规模来看，十万元级和百万元级规模“小而美”的慈善信托占比居多。其中，规模在 100 万元以下的慈善信托 161 单，约占全年新增备案慈善信托的 71%；规模在 100 万元（含）至 1000 万元之间的慈善信托 54 单，占比约 24%；规模在 1000 万元（含）~1 亿元的慈善信托 11 单，占比约 5%；规模等于或超过 1 亿元的仅有 1 单（见图 9－1）。可见，慈善信托的设立门槛较低，灵活性强，可以满足不同群体、多个领域的个性化需求。

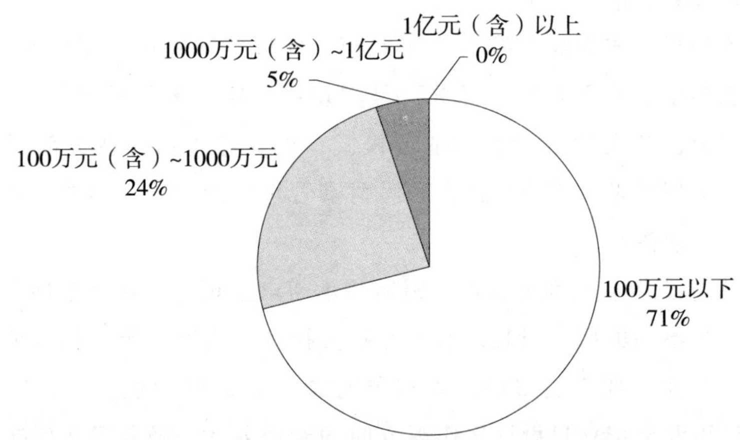

图 9－1　2021 年度新增慈善信托规模区间占比

1. 慈善信托集中度高

2021 年度，新增备案单数前三名为万向信托、光大信托和五矿信托，分别为 62 单、22 单和 14 单，其中，万向信托的慈善信托新增备案单数占比达到 27.31%，为行业新增总数贡献了约 1/4 力量。从慈善信托新增备案规模来看，中信信托、万向信托和平安信托新增规模分别达到 20001 万元、8768.84 万元和 6520 万元，占比总计超 60%，占据了行业新增规模的半壁江山，而新增规模前十的信托公司的规模占总新增规模的 90.01%，可见新增的市场份额几乎被这十家所占据（见表 9－1）。

表 9－1　2021 年度慈善信托新增规模前十

信托公司	新增备案（单）	新增备案占比（%）	新增规模（万元）	新增规模占比（%）
中信信托	1	0.44	20001	35.08
万向信托	62	27.31	8768.84	15.38
平安信托	5	2.20	6520	11.44
五矿信托	14	6.17	4114.31	7.22
光大信托	22	9.69	3041.02	5.33
苏州信托	2	0.88	2500	4.39
中航信托	7	3.08	2291.17	4.02
金谷信托	2	0.88	1465	2.57
安徽国元信托	2	0.88	1440	2.53
中建投信托	5	2.20	1174.39	2.06
总　计	122	53.74	51315.73	90.01

自 2016 年《慈善法》颁布至 2021 年底，慈善信托累计备案财产规模前三名分别是万向信托、光大信托以及中信信托，备案规模均超过 7 亿元（见图 9－2），累计占行业总规模的 66%。其中，万向信托慈善信托累计备案规模超过 10 亿元，占比超过四分之一（见图 9－3）。

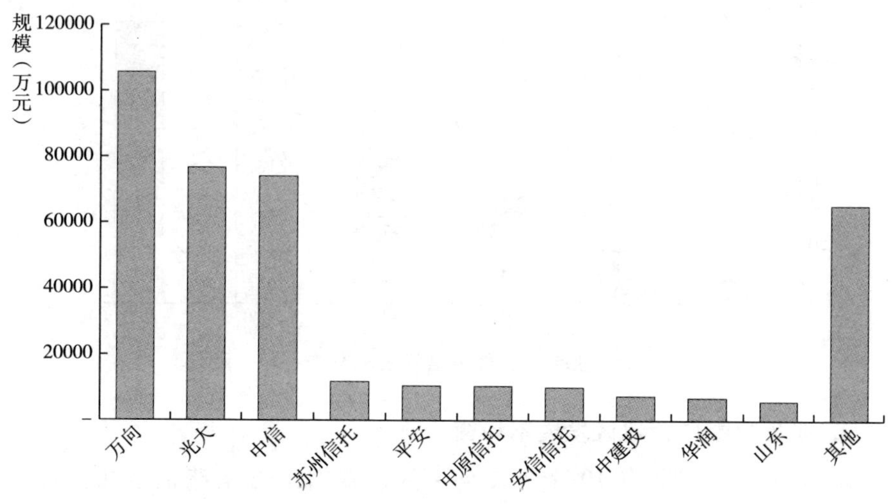

图 9－2　2016～2021 年慈善信托累计财产规模

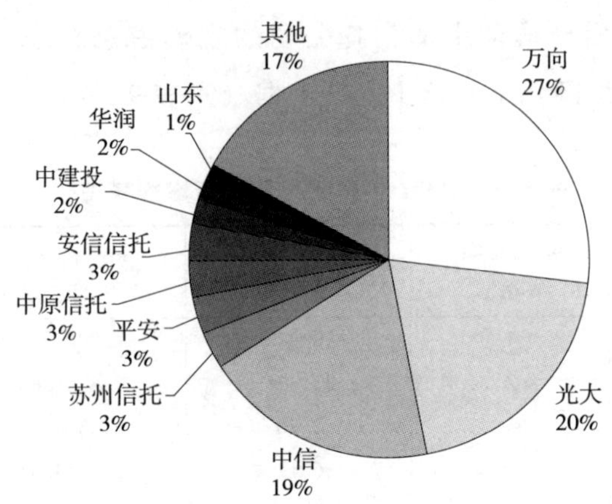

图 9－3　2016～2021 年慈善信托累计财产规模占比

从慈善信托单数的年度变化来看，2016～2020 年，慈善信托备案单数迅速增长，尤其在 2020 年，备案单数翻了一番，而 2021 年慈善信托备案总单数相比 2020 年有所减少。从具体信托规模区间来看（见图 9－4），2021 年 100 万元以下的慈善信托同比减少约 14%，1000 万至 1 亿元区间的慈善信托数量同比减少约 15%；除 2020 年度外，每年度均有 1～2 单规模 1 亿元以上的慈善信托备案。

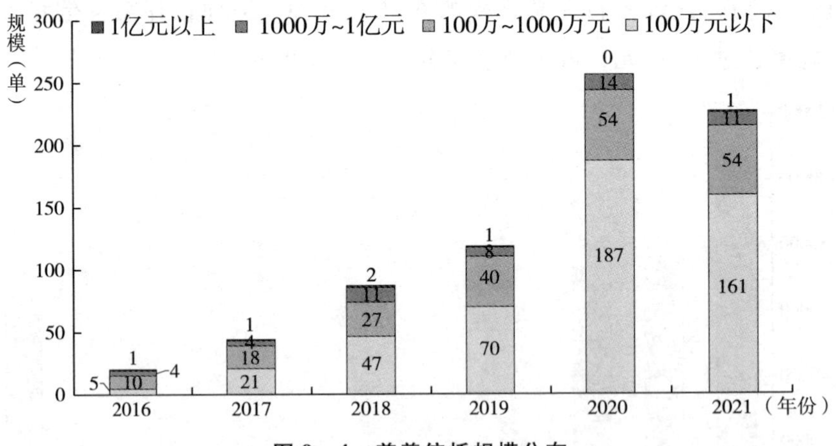

图 9－4　慈善信托规模分布

2. 涉及范围广、地区发展不均衡

2021 年，全国共有 19 个省、自治区、直辖市备案慈善信托。其中，浙江省新增 78 单、甘肃省新增 22 单，且浙江、甘肃两省 2016～2021 年累计备案慈善信托超过100单，浙江省以168单领跑全国，甘肃省紧随其后，累计数量为133单，广东、陕西、北京超过50单，而湖北、黑龙江、湖南、新疆、辽宁、吉林、云南、内蒙古、贵州、山西、河北、海南12个省份则不到10单。

3. 受托人持续增多

2021年备案的慈善信托中，受托人仍以信托公司为主，但双受托人慈善信托占比提升。以万向信托为例，2021年新增32单双受托人慈善信托，多家慈善组织积极探索慈善信托的实践模式，这有利于慈善信托在政策突破后蓬勃发展。此外，慈善信托发展呈现慈善信托期限愈趋灵活、慈善信托目的多重化、银行托管稳固发展、律所在监察人中保持主导地位等特点。

（二）国内慈善信托的主要模式

国内慈善信托大体可以分为五类模式，依照实际操作经验，作者整理了各类模式的特点及流程示意图。

1. 信托公司作为受托人，慈善组织作为慈善公益项目执行人

在这种模式下，信托公司受委托人委托成立慈善信托后，聘请慈善组织作为具体实施慈善项目的执行人，慈善组织在受助活动、受助对象、支付形式等确定后，由信托公司支付相应的慈善资金（见图9-5）。

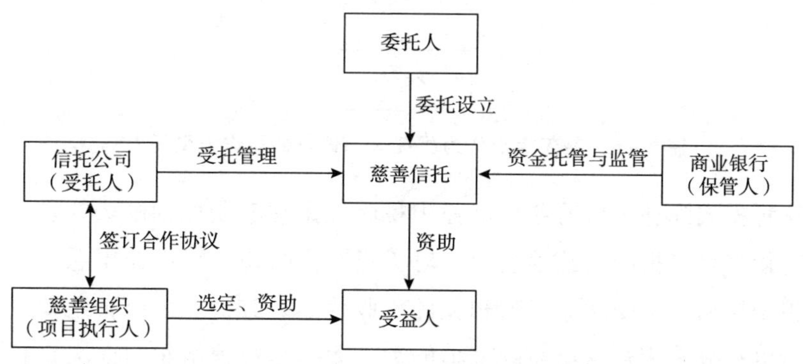

图9-5　信托公司作为受托人，慈善组织作为慈善公益项目执行人

这种模式具有多个优势，一方面，慈善组织作为项目执行人可以充分发挥慈善组织的项目运营经验（如筛选慈善项目，就慈善项目与地方政府、主管部门进行沟通协调、培训组织等），弥补信托公司作为慈善信托受托人在项目实施能力以及经验方面的不足，使慈善活动得到更好的执行。另一方面，信托公司作为受托人，根据慈善组织确定的用款进程给付资金，对闲置资金可以进行合理投资、保值增值，使慈善信托业务分工精细化、专业化。此外，这种模式有助于拓宽慈善活动类型，包括有固定期限的慈善项目或者永续的慈善项目。

2. 慈善组织作为委托人，信托公司作为受托人

该模式下，捐赠人通过捐赠的形式将财产捐赠给慈善组织，慈善组织据此开具捐赠发票，之后慈善组织自己作为委托人，将捐赠获取的财产委托给信托公司设立慈善信托，信托公司作为受托人管理信托财产，并向慈善组织确定的受益人分配慈善信托财产（见图9－6）。

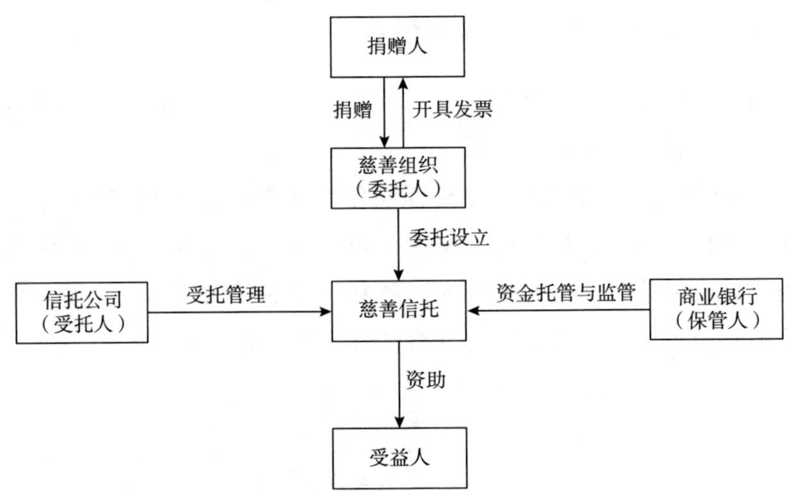

图9－6　慈善组织作为委托人，信托公司作为受托人

这种模式弥补了目前慈善信托中税收优惠配套制度的缺失，首先，捐赠人直接将财产捐赠给慈善组织，对于捐赠人来说，可以获得慈善组织开具的捐赠票据、享受慈善捐赠相关的税收优惠。其次，由慈善组织募集资金，可以充分发挥慈善组织的募集能力，尤其是慈善组织面向大众捐赠者的募集能力。再次，捐赠给慈善组织的资金通过设立慈善信托的方式用于公益事业，增加了资金运用的监管环节，增强了资金使用透明度，可以最大程度提高捐赠者对慈善组织的信任程度。最后，信托公司对闲置资金的管理更加专业，有利于慈善信托财产的保值增值。

但是，这个模式也存在一些缺点，由于捐赠和信托形成的是两种完全不同的法律关系，《信托法》规定，慈善组织作为实际委托人，拥有委托人的权利，而捐赠人自完成财产交付时起便失去了对财产的控制，对财产的使用管理不再拥有话语权和控制权。实践中，为了让捐赠人的意志得以体现，往往会再设立一个信托决策委员会或信托管理委员会，并将捐赠人代表等纳入，负责慈善信托运行过程中管理事项的决策。此外，慈善信托的委托人根据需要可以再设置信托监察人，监察人对受托人的行为进行监督，依法维护委托人和受益人的权益，监察人发现受托人违反信托义务或者难以履行职责的，应当向委托人报告，并有权以自己的名义向人民法院提起诉讼。委托人、受托人及监察人还可以在信托合同或监察合同中约定监察人的其他职责，例如对信托决策委员会或管理委员会的行为进行监督等。

在实践中，这个模式会产生另一种形式：捐赠人先把信托财产捐给慈善组织，再与慈善组织一起作为联合委托人，此模式兼顾解决税收优惠和委托人对慈善信托的控制权问题（见图9－7）。

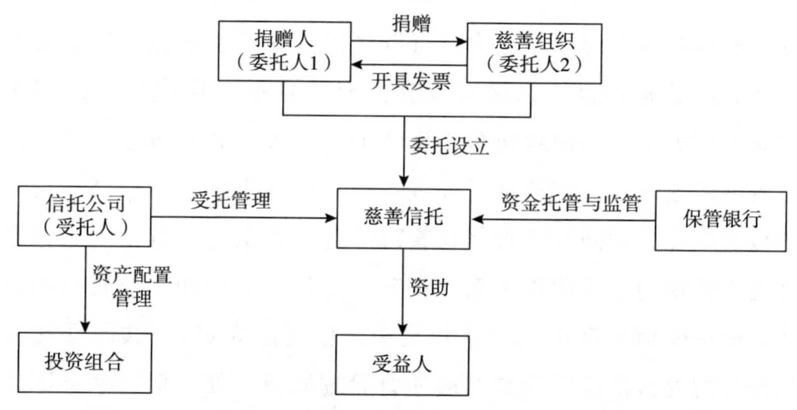

图9－7　慈善组织和捐赠人作为委托人，信托公司作为受托人

3. 慈善组织和信托公司作为双受托人

在“双受托人”模式中，由信托公司与慈善组织共同担任受托人，与委托人签订慈善信托合同，规定各自的权利、义务及需要承担的风险。该模式下，信托公司主要负责资金的保值增值，包括信托财产的账户管理、资产保值增值、信息披露等相关事宜；慈善组织负责慈善项目的落地，包括对慈善项目的发掘、筛选、评估等（见图9－8）。

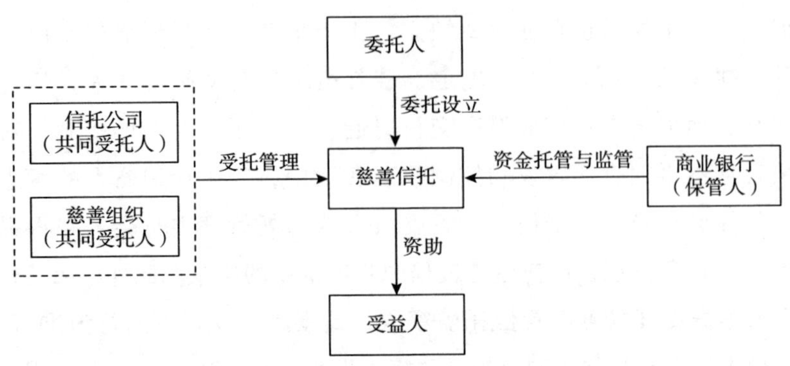

图 9－8 慈善组织和信托公司作为双受托人

双受托人模式最重要的就是通过制度设计将两者的职责进行明确划分，在发挥信托财产独立、隔离风险的基础上，通过协议内容灵活管理财产，最终更好地开展慈善活动。共同受托模式有以下几点优势：第一，专业的人做专业的事，提高资金管理能力和慈善项目运行能力。慈善组织是专业从事慈善活动的机构，在慈善项目的实施、管理以及慈善资源的组织等方面具有突出优势。信托公司在信托财产的投资管理、风险控制、分配清算等方面具有较强的专业能力，可以将闲置的慈善信托财产配置各类金融资产及资产管理产品，以实现委托人对信托财产保值增值的需求。第二，深化合作关系，利用双向募集资金能力，推动慈善事业发展，保持信托事务管理的连续性。在双受托人模式中，慈善组织与信托公司均处于受托人的核心地位，共同对慈善信托管理运营工作负责，有助于双方紧密合作，并建立长期的合作伙伴关系。第三，受托人之间相互监督与制衡，提高受托人的整体信用度以及风险承受力。信托法规定，“共同受托人之一违反信托目的处分信托财产或者因违背管理职责、处理信托事务不当致使信托财产受到损失的，其他受托人应当承担连带赔偿责任”。尽管共同受托人之间进行了专业分工，但是由于存在连带责任机制，双方就关系慈善目的实现的重大事项往往采用共同决策的方式，客观上有助于提高慈善信托资金运用决策的科学性，最大限度地保障委托人和受益人利益，高效实现慈善信托目的。

但双受托人模式的不足之在于，由于存在两位受托人，因此法律关系相对比较复杂，因此，信托合同中应事先需约定好各受托人的责任、义务及应承担的相应风险，也可采取设立慈善事务委员会或信托管理委员会的方式，将委托人代表、监察人代表、理财顾问、慈善顾问等作为委员会成员，提高决策水平，明确双方权限和职责。此外，还要充分利用双受托人相互监督与制衡的优势，完善信息披露制度，以及对变更、终止等事项的详尽规定，有利于慈善信托在委托人的意愿下长时间存续。

4. “信托＋基金会”模式

该模式下，捐赠人对信托和基金会都有控制权，委托人先将货币、非货币等资产委托给信托公司设立慈善信托，由信托公司作为受托人受托管理该慈善信托，负责财产的保值增值、扩大规模，并将投资收益置于基金会；基金会仅作为慈善公益项目的执行人。世界500强美的集团创始人何享健的公益慈善体系就是“信托＋基金会”的双驱动模式（见图9－9）。前端的慈善信托以美的控股有限公司作为委托人，信托公司作为受托人，和的慈善基金会作为受益人。有了前端慈善信托源源不断的收益资金注入，基金会可以专心慈善，并致力构建一个立体、可持续的公益慈善体系。

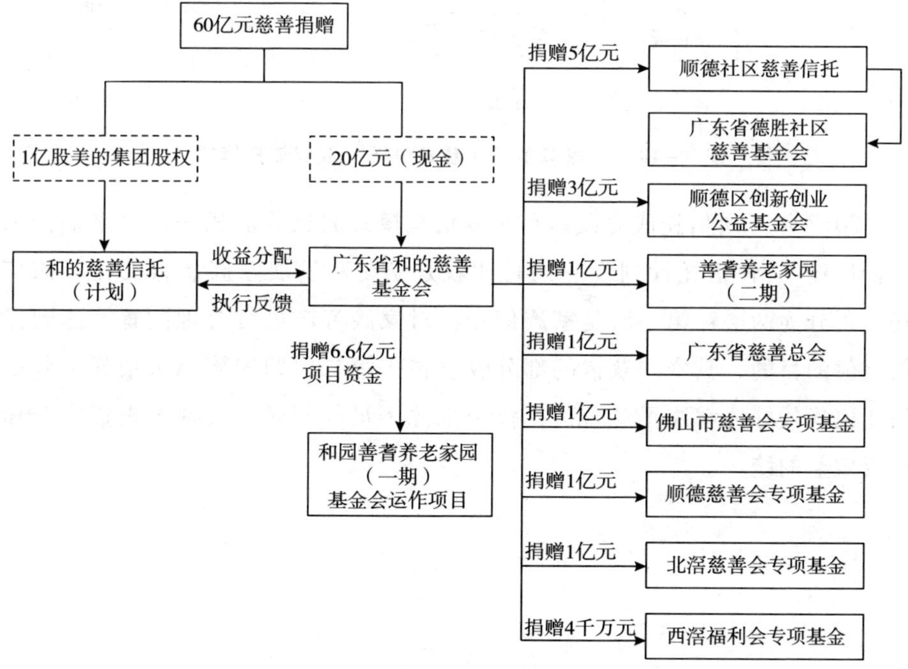

图9－9　何享健“信托＋基金会”模式

5. **“家族信托 + 慈善信托”双层信托模式**

原则上，慈善捐赠的财产和收益都必须用于慈善事业，但在实践中，很多捐赠人想保留本金，仅将收益部分用于慈善，这就催生了“家族信托 + 慈善信托”的双层信托模式（见图 9－10）。该模式将慈善活动和家族信托相连接，为家族资产配置提供服务，还可以满足企业家们的慈善需求，实现了财富传承的私益目的和社会公益目的协调统一。此时，家族信托和慈善信托同时成立：家族信托对家族财富进行投资管理；慈善信托确定合适的资助项目，实现捐赠人的慈善目的。

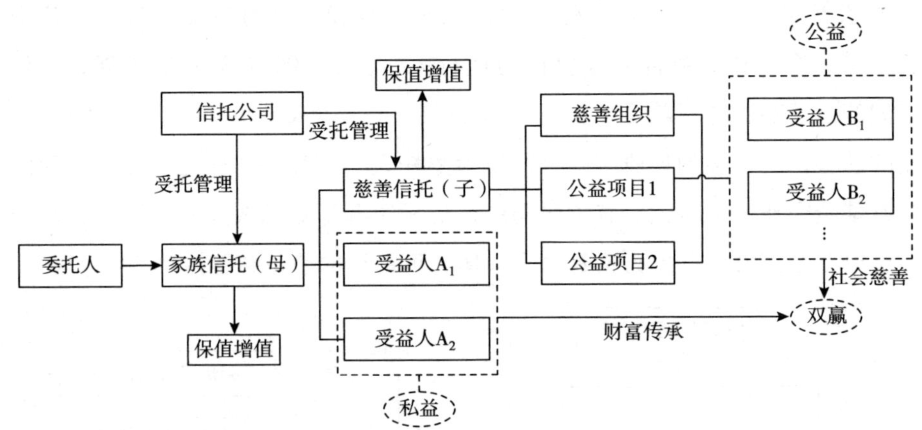

图 9－10　“家族信托 + 慈善信托”双层信托模式

2017 年万向信托成立我国首个双信托模式的慈善信托——“幸福传承慈善信托”，该信托计划设立的目的就是弘扬和发展家族慈善文化。该信托计划分为两层：第一层是家族信托，对家族资产进行合理配置，达到保值增值的目的，其资产获得的部分收益转入第二层即家族慈善信托。双层信托模式较好地解决了慈善信托资金来源不足的问题，实现了投资安全和投资效益的统一。

第十章

家族办公室行业家族慈善服务

商业向善、财富向善如今是全球的潮流，慈善对于家族财富传承具备独特价值也越来越成为共识。在这过程中，家族办公室行业发挥了重要的作用，家族办公室不仅帮助传承财富，而且与家族慈善息息相关，是传承家族精神、践行社会价值、塑造家族影响力的关键所在。对于今天中国高收入群体的家族慈善，家族办公室行业提供了什么服务，如何引领他们抵达兼济天下的远方？

一　家族办公室的起源、发展与慈善推动

所谓家族办公室，就是指专门为超高净值家族提供综合性、全方位财产管理和家族服务的专业机构，通常汇集来自银行、信托、律师、注册会计师、投资经理、证券经纪、保险经纪、财务顾问等领域经验丰富的专业人才，统筹家族可能面对的投资、保险、法律、税务和慈善机构设立等事务。

（一）全球家族办公室的发展历程

家族办公室起源于欧洲，兴盛于美国。早在公元6世纪，古罗马时期就出现了家族主管（Domus）的概念，而现代意义上的家族办公室则是在工业革命后期的美国得以兴盛并蓬勃发展。总体而言，家族办公室经历了三个阶段的发展（见图10－1）。

1. 第一阶段（1850～1950年）：诞生

工业革命带来巨额家族财富积累，驱动单一家族办公室诞生。借助工

业革命完成原始资本积累的实业大亨，迫切需要系统地对家族财富和利益进行保护和管理。1868 年，美国银行家托马斯·梅隆创办了世界上第一个现代意义的家族办公室，独立管理梅隆家族资产，研究如何管理和保护自己家族财富。此时的家族办公室多是为单一家族服务的私人机构，即 SFO（Single Family Office）。

2. 第二阶段（1950～2000 年）：拓展

二战之后创立的大量家族企业经历了上市和并购整合浪潮，家族办公室的业务范围也快速拓展，从传统财富管理、财富传承，逐步向另类投资、保险、法律架构咨询等专业领域延伸，组织架构愈发复杂和完善，越来越多专业人士开始为家族成员服务。出于运营成本考量，单一家族办公室逐步向其他家族提供服务，形成联合家族办公室，即 MFO（Multi Family Office）。同时，家族办公室在慈善捐赠、经营上的角色也越发重要。

3. 第三阶段（2000 年～至今）：成熟

随着互联网经济的崛起，以银行、信托、投行为代表的传统主流金融机构纷纷入场，特别是在 2008 年金融危机之后，美国政府加强了监管，家族办公室被纳入 SEC 的监管范围。专业程度更高、实力更强的金融机构及大型联合家族办公室得以加速发展，提升行业规范程度。以比尔·盖茨家族办公室为代表，不仅实现了家族财富的稳定增值，同时在教育、医学等领域掀起了美国甚至世界的慈善事业新革命。

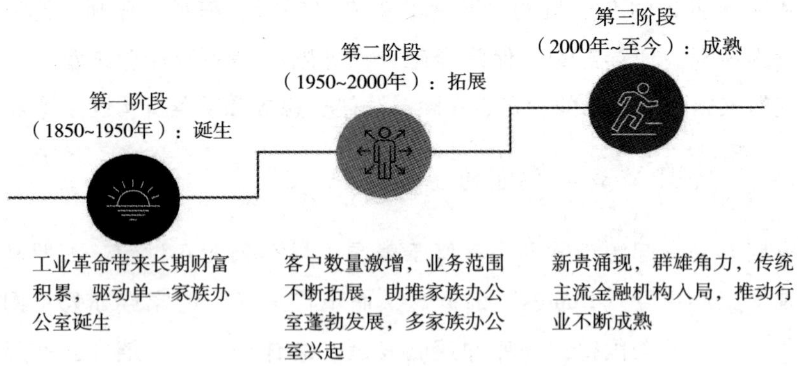

图 10－1　现代意义的家族办公室发展阶段

资料来源：麦肯锡《全球领先的家族办公室的成功之道》，腾讯网，https：//new.qq.com/rain/a/20211122A094JW00。

时至今日，家族办公室在家族的财富管理、传承规划、公益慈善等诸多方面承担着重要的载体作用，不仅是全球金融市场的重要参与者，而且在全球慈善事业、教育科技等领域发挥着重要的推动作用（见图 10－2）。

排名	名称	地区	资产管理规模（十亿美元）	家族资产管理规模（百万美元）	最低资产管理规模要求（百万美元）	联合家族办公室或私人银行的家族理财部门	是否包括单一家庭办公室
1	HSBC Private Wealth Solutions	香港	137	404	50	私人银行	是
2	Northem Trust	美国	112	32	20	私人银行	是
3	Bessemer Trust	美国	78	35	10	家族办公室	是
4	BNY Mellon Wealth Management	美国	76	190	100	私人银行	是
5	Pictet	瑞士	57	1.146	100	私人银行	是
6	UBS Global Family Office	全球	48	—	无最低要求，取决于客户所需服务	私人银行	是
7	CTC Consulting Harris myCFO（BMO Financial）	美国	36	112	25	私人银行	是
8	Abbot Downing（Wells Fargo）	美国	32	54	50	私人银行	是
9	U.S. Trust（Bank of America）	美国	31	192	25	私人银行	是
10	Wilmington Trust（M&T Bank）	美国	25	56	10	私人银行	是

图 10－2　2013 年全球家族办公室前 10 强

资料来源：建信信托“中国家族办公室”课题组：《中国家族办公室研究报告》，社会科学文献出版社，2016，第 25 页。

（二）家族办公室助力慈善

在家族办公室的帮助下，美国洛克菲勒家族、福特家族等都成功克服传承百年的挑战。家族办公室不仅助其破解了家族继承人缺乏的内部隐患，而且适应了复杂的外部变化；一方面建立起可以庇荫后代的家族传承系统，同时助力其家族在慈善领域深耕，保持家族的价值观和理想，塑造其强大的影响力。

1. 洛克菲勒 5600 房间

1882 年洛克菲勒家族设立了家族办公室，由于该家族办公室在洛克菲勒广场的 56 层办公，常被称为“5600 房间”。

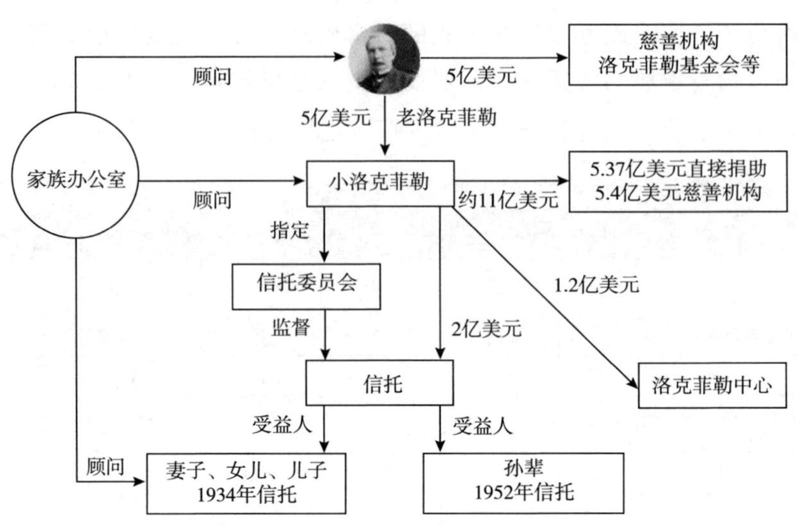

图 10－3　洛克菲勒家族办公室架构

资料来源：建信信托“中国家族办公室”课题组：《中国家族办公室研究报告》，社会科学文献出版社，2016，第 37 页。

5600 房间起初主要帮助洛克菲勒家族的创始人老洛克菲勒（John D. Rockefeller）打理庞大的资产和管理慈善活动（见图 10－3）。20 世纪 60～80 年代，在迪尔沃斯的带领下，洛克菲勒家族办公室设置了涵盖传统投资（股票和债券）、不动产另类投资和风险投资的三个投资部门，实现资产的保值增收，走向规范化与专业化。1980 年，由洛克菲勒家族控股的家族办公室更名为洛克菲勒金融服务有限公司（Rockefeller Financial Services Inc），正式成为在美国证券交易委员会（United States Securities and Exchange Commission，缩写：SEC）注册的投资顾问公司，业务范围从只为家族成员服务拓展到同时为外部客户提供资产管理服务。

在家族办公室的帮助下，洛克菲勒家族不仅实现了财富的传承，更实现了精神文化的传承。洛克菲勒家族每一代都积极地参与文化、卫生与慈善事业，家族至今已经创立或支持了包括北京协和医学院在内的至少 72 所重要机构，对美国及世界民生领域产生了深远影响。毫不夸张地说，洛克菲勒家族已经成为美国国家精神的杰出代表，家族影响力已渗透到世界各地。

2. 比尔·盖茨家族办公室

比尔及梅琳达·盖茨基金会成为世界上最大的慈善基金会，离不开其家族办公室的运作。

1994 年，比尔 · 盖茨成立瀑布投资（Cascade Investment）家族办公室，2000 年，比尔 · 盖茨与前妻共同成立了比尔及梅琳达 · 盖茨慈善基金会（Bill & Melinda Gates Foundation）和比尔及梅琳达 · 盖茨投资（Bill and Melinda Gates Investments，BMGI）。2006 年，盖茨将基金会一分为二，分别是基金会和信托基金，二者均为私人机构，基金会为信托基金的受益人，基金会的受托人是比尔 · 盖茨、梅琳达 · 弗兰奇 · 盖茨和沃伦 · 巴菲特，信托基金的受托人只有比尔 · 盖茨及梅琳达 · 弗兰奇 · 盖茨。至此，盖茨财富版图的“三驾马车”搭建完成，家族办公室负责个人财富的管理，信托基金负责公益财富的管理，慈善基金会负责公益财富的支配（见图 10 – 4），

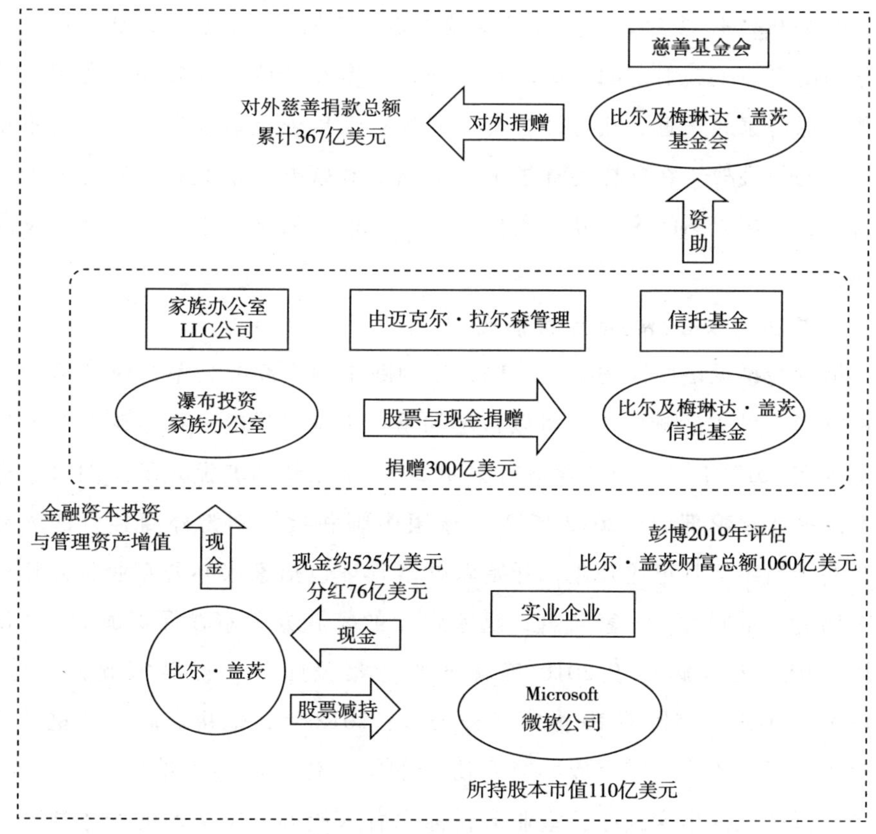

图 10 – 4　盖茨财富版图

资料来源：李文、范勇宏、芮萌、扈皓、李萌：《中国家族财富管理发展报告（2020 ~ 2021）》，社会科学文献出版社，2021 年，第 396 页。

同时还会将个人财富捐赠给信托基金转成公益财富，即从实业资本向社会资本的华丽转身。

在家族办公室的运作下，比尔·盖茨的净资产平均年增长率高达8.5%，与此同时，比尔及梅琳达·盖茨基金会成为世界上资产最多的私人慈善基金会，2010年3月，盖茨基金会获联合国人口基金会颁发的联合国人口奖，表彰其为世界教育、卫生、医疗、环境等事业作出的卓越贡献。

二　中国家族办公室行业服务家族慈善情况

（一）中国家族办公室行业发展现状

改革开放40多年，中国经济实现了跨越式的发展，企业的成长造就了中国超高净值家族财富的高速增长，增长速度在全球实现领先。实现永续传承、保持家族长青、践行社会责任等议题近年来逐渐成为富裕阶层不得不面对的新挑战。在这样的背景下，中国的家族办公室业务发展开来。不过与欧美地区成熟的家族办公室相比，中国地区的家族办公室仍处于发展初期。

1. 中国家族办公室的四种模式

梳理最早见诸媒体的报道，仍无法判断中国家族办公室行业“第一位吃螃蟹者”的先后顺序。但可以肯定的是，中国最早的一批家族办公室应该出现在2012年。瑞士联合银行集团2011年在新加坡设立了亚洲家族办公室及家族慈善部门，2012年3月瑞银中国获批转制为外商独资法人银行，并于当年7月正式开业，开始以财富管理包括家族办公室业务开拓中国市场。几乎同时，一家名叫“汉家族”的家族办公室在深圳成立。“汉家族”创始人杨辉早于2010年就开始考察美国各大知名家族办公室；2011年，他走访美国前10大家族办公室；2012年，他将家族办公室的模式引入中国，成为美国家族办公室协会的第一位中国会员单位。2013年，中国银行率先推出家族办公室业务，标志着家族办公室类型的服务通过金融机构在中国正式落地。

目前，我国的商业银行、信托公司、咨询公司都在探索家族办公室在本土的组建及发展方式。现在中国主要有三类本土化的家族办公室。

第一类是主流金融机构设立的私人银行部或家族办公室。商业银行、信托公司等主流金融机构，基于市场需求对家族办公室的模式进行了研究和探索，已经开始提供家族办公室服务，以更好地满足超高净值家族客户的需求。典型的有招商银行私人银行部、中信信托家族服务部、中金公司家族办公室等。

第二类是由超高净值家族自己创办的家族办公室。香港荣氏家族、阿里巴巴的马云、腾讯的马化腾、万达的王健林父子等部分中国超高净值家族已经开始设立类似家族办公室的投资公司来管理家族财富。

第三类是由金融专业人士或第三方财富管理公司创办的家族办公室。这类办公室一般是在超高净值家族的支持下建立的，或者是由创始人独立出资设立的。目前，在北京、上海和广东，由金融业资深人士在家族的支持下成立的联合家族办公室有几十家，诸如德裕世家家族办公室、九元家族办公室等。与此同时，独立于银行、保险、证券等金融机构之外的第三方财富管理公司也纷纷涉足家族办公室业务，根据客户需求为客户进行金融资产配置和理财产品筛选。

2. 中国家族办公室服务发展迅速

目前而言，家族办公室在中国发展迅速，但尚处于摸索和起步阶段，还未形成规模，建立起特别完整系统的家族办公室业务体系还需时日。目前，在中国力推家族办公室服务的主要是信托公司和银行的私人银行部门。虽然私人银行部门和信托公司在资产管理或私人银行等业务领域的经验和资源是其进一步拓展家族办公室业务的重要优势，但由于在税收法律、商业模式、人才培养等层面存在问题，尚未建立如西方发达国家那样完备、系统的家族办公室业务体系。

不过，随着中国财富人群的扩大，中国的家族办公室行业势必朝着专业化、规范化的方向不断发展；根据福布斯和平安银行联合发布的《2020中国家族办公室白皮书》，截至2020年，国内的家族办公室已达2000~3000家。目前，家族办公室已成为国内家族财富传承最重要的平台，未来，家族办公室必将成为中国财富家族不可或缺的智囊。

（二）中国家族办公室业务服务中国家族慈善壮大

伴随着中国经济的腾飞和社会财富的积累，国内超高净值家庭对财富的认识发生了质的变化——更加关注传承与社会责任，与之相伴的是中国家族慈善规模和捐赠方式的不断壮大和发展。

1. 中国家族慈善规模大幅成长

尽管中国现代家族慈善才刚刚起步，但后劲十足。首先是家族捐赠行为普遍化。据《家族慈善白皮书2020》，截至2020年年底，在中国沪深A股、港股中资股和美股中概股上市公司中有2075家家族企业，有实际慈善捐赠行为的家族共984个，成立家族基金会的有144个。

捐赠的规模成长更是迅速，《2021德裕·胡润全球世纪慈善家》报告显示，2011~2020年，来源于中国大陆、捐赠（含承诺）额累计达2196.26亿元。十年中亿元以上捐赠共278人次，十亿元以上捐赠共33人次。根据《中国家族慈善基金会发展报告（2018）》，我国共有268家家族慈善基金会，2005~2017年，家族慈善基金会捐赠支出由873万元增长至37亿元。增长分为三个阶段，2005~2008年总支出持续翻倍增长，2009年略有下降，2010~2014年再次经历快速增长，2016年家族慈善基金会迎来85%的增长率。

2. 家族慈善捐赠方式的多样化

家族慈善捐赠资产方式日趋多样化，股权捐赠成为重要方式。2018年，万向集团董事长鲁伟鼎以6亿元出资额对应的全部股权无偿授予设立的“鲁冠球三农扶志基金”慈善信托，是目前在中国境内设立的金额最高的慈善信托，因其家族传承性质，成为中国家族善财传承的里程碑事件。2021年，美团CEO王兴也以股权捐赠的方式注入王兴基金会，践行慈善。随着资本市场的发展，股权越来越成为财富人群的重要资本形式，股权捐赠将是未来财富向善的重要方向，这不仅惠及社会，同时有利于企业和家族建立起负责任的形象而赢得资本市场的青睐。而随着股权捐赠的发展，其落地运行需要更多捐赠工具和政策的支持与帮助。

同时，慈善信托逐渐增多。自2011年《信托法》明确规定了公益信托制度，慈善信托被正式引入中国。信托是我国对英美法慈善信托的法律移植，起初操作中面临设立需审批、必须设立监察人、主管机构不明确等困境。2016 年 3 月，我国颁布《慈善法》，为“慈善信托”单独设立一章，规定慈善信托属于公益信托。2017 年 7 月，原银监会颁布了《慈善信托管理办法》。目前，我国的慈善信托已基本形成以《信托法》为一般法、《慈善法》为特别法、《慈善信托管理办法》为具体操作规范的法律规则体系，使公益信托的落地成为可能。

在此制度基础上，2016～2020 年，每年新备案设立的慈善信托数量都达到了上一年度的两倍。慈善中国网显示，截至 2022 年 4 月 7 日，慈善信托备案项目共 842 单，其受托财产总规模超 40 亿元。慈善信托的委托人可以是具有完全民事行为能力的自然人、法人或者依法成立的其他组织，因此很多个人、民营企业把慈善信托作为直接捐赠、设立慈善基金会以外的现代慈善工具。

3. 家族慈善的资金流向

就地域而言，《2021 德裕·胡润全球世纪慈善家》比较了近 8 年的捐赠流向，发现东部地区始终为接受捐赠最多的地区。中、西部地区与之相比差距较大。特别是 2020 年，大部分捐赠都流向东部地区，这一方面是由于东部地区高校集中，捐赠方希望捐赠高校用于技术研发；另一方面，则是由于自新冠肺炎疫情突袭而至，东部地区企业积极应对，通过本地慈善组织向有需要的地区实施捐赠造成的。

而就捐赠领域而言，数据显示，教育和扶贫是最为重要的捐赠领域。其中，教育是我国家族慈善基金会关注最多的领域，文化、老年人服务和社会发展是家族慈善基金会的关注特色。2011～2020 年在所有公开重点关注的项目和领域中，关注基础教育的家族慈善基金会占比 43%，关注高等教育的占比 17%，两项相加超过半数。教育项目形式以发放奖、教、助学金为主，也有部分图书室、教学楼等基础设施建设项目。而在精准扶贫的政策号召下，2015～2019 年扶贫领域捐赠有了大幅度提升，与此同时，医疗健康领域也在近几年得到大量关注。

4. 家族办公室服务慈善的主要途径

（1）行业研究

随着家族办公室业务的深入开展，不少家族办公室开始对家族慈善事业进行系统研究。建信信托有限责任公司（下称建信信托）自《慈善法》

颁布以来便开始了在家族慈善领域的业务研究与探索。截至目前，建信信托与北京师范大学社会公益研究中心、北京慈弘慈善基金会合作开展“北京公益基金会能力建设”工作坊——慈善组织如何参与实施慈善信托项目，形成业内首个聚焦企业家人群进入慈善公益领域的专业报告；建信信托与中国妇女发展基金会建立战略合作关系，为家族客户设立以家族命名的专项基金，提供定制化的慈善投放策略和慈善领域选择服务。

（2）应急响应

2020 年，在疫情背景下，惠裕全球家族智库联动十大知名家族办公室携手发起首个家族办公室慈善基金——善谷—FO 永续生命健康基金。

北京乐益公益基金会作为该基金的执行机构来具体运营，北京市盈科（深圳）律师事务所受托出任该专项基金监事，为基金的合法合规运行提供法律保障。

基金的总体目标是动员家族办公室和家族慈善的力量，支援抗击疫情，树立家族慈善事业支持健康卫生服务的典范，助力全球可持续发展目标描述下的良好健康与福祉的实现。

惠裕全球家族智库创始人范晓曼表示，通过这次善谷—FO 永续生命健康捐赠基金的筹措，深刻感受到了家族办公室行业的凝聚力和向心力，以及对家族慈善事业的深刻理解和行动力。

（3）专项捐赠

2017 年 5 月，美的集团创始人何享健及其家人协商一致，发起设立“中信·何享健慈善基金会 2017 顺德社区慈善信托”（下称“顺德社区慈善信托”），该慈善信托采用双受托人结构，由信托公司和广东省和的慈善基金会联袂担纲，信托计划的信托财产及收益将通过慈善项目执行人——广东省德胜社区慈善基金会管理，用于支持建设更具人文性和富有吸引力的顺德社区；而计划中的和的慈善信托，也势必需要美的家族办公室的参与。

（三）家族办公室服务慈善典型案例

1. 邵逸夫家族办公室（单一家族办公室案例）

中国香港的邵逸夫家族办公室运作体系可以说是必修的成功案例，其以慈善为主，由邵逸夫慈善信托基金、邵氏基金（香港）有限公司和邵逸夫奖基金会有限公司三部分组成，采用三位一体的运作模式。

众所周知，邵逸夫是著名的大慈善家，在出色的顶层设计下，邵逸夫先生创立了邵逸夫慈善信托基金、邵氏基金（香港）有限公司、邵逸夫奖基金会有限公司，形成了一个完善的体系（见图 10－5）。

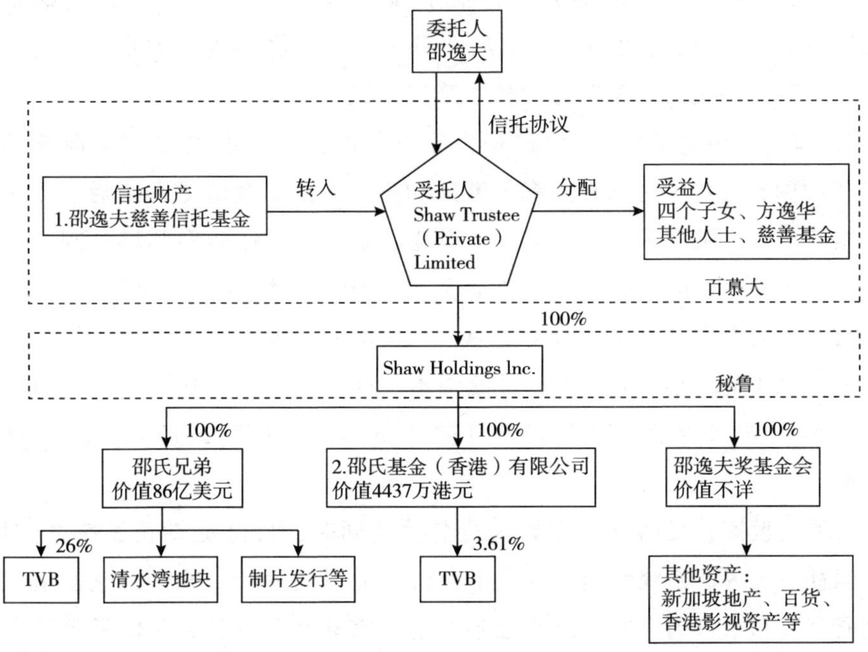

图 10－5 邵逸夫家族慈善体系

资料来源：建信信托“中国家族办公室”课题组《中国家族办公室研究报告》，社会科学文献出版社，2016，第 219 页。

30 多年来，通过邵氏基金，邵逸夫共向内地捐赠了近 50 亿港元，兴建了 6000 多个教育和医疗项目。以“逸夫”两字命名的教学楼、图书馆、科技馆及其他文化艺术、医疗设施遍布中国内地。2002 年，其捐资创立的“邵逸夫奖”，每年颁发高达 300 万美元奖金，表扬、资助全球造福人类的杰出科学家。

为嘉许他的贡献，1990 年，中国科学院将中国发现的 2899 号小行星命名为“邵逸夫星”，这是国内第一次以当代人物的名字给小行星命名。邵逸夫并非香港最有钱的人，却是屈指可数的大慈善家。矗立于中国各地的逸夫楼是对邵逸夫先生最好的纪念，是对其慈善精神的传承，也激励着更多的富豪投身于慈善。

2. **德裕世家家族办公室（联合家族办公室案例）**

德裕世家家族办公室成立于2015年，由中国第一批私人银行资深人士创立，为超高净值群体提供家族传承、资产保全、税务筹划、全球资产配置、综合投融资、慈善等服务；基于独创的“德裕世家12宫格财富矩阵”，德裕世家成为面向华人家族业务客户，提供家族“创富、守富、传富、用富”一揽子完整服务的独立第三方机构。

2021年10月28日，由德裕世家家族办公室主办的“向上向善的力量”中国家族传承论坛在上海外滩成功举办。论坛邀请了宗庆后、孔东梅等重磅嘉宾，融合了公益、学界、商业、金融、媒体等多领域的观点，围绕中国慈善力量的萌发、慈善在家族传承中的作用等议题展开深度探讨。此前，为助力家族有序、科学传承，德裕世家还推出了“善裕百年”传承计划，以实现家族产业资本、金融资本、社会资本、文化资本、人力资本的全面提升和传承，助力家族打破“富不过三代”的魔咒，跨越百年周期。

德裕世家在帮助其他家族践行慈善的同时，自己也设立了慈善信托，回馈社会。为了系统性地研究当下慈善事业发展现状，德裕世家邀请了胡润研究院和来自国内知名公益慈善机构、家族办公室、慈善信托等领域专家和学者以及资深从业人员，从不同视角进行分析，撰写了《2021年德裕胡润全球世纪慈善家报告》，通过对近百年以来最慷慨的家族实践案例以及中国家族慈善发展的现状进行深度剖析，展现中国家族慈善特色和趋势，以助力企业家更好地理解、善待、善用其财富，实现家族基业永续传承。

3. **黄红云家族慈善（金融机构家族办公室案例）**

2014年，民生银行私人银行事业部与黄红云家族签署战略合作协议。合作双方就共同设立产业投资基金，以及为黄红云家族深度定制家族办公室服务事项达成战略合作意向。民生团队通过产业投资基金实现家族传承的品牌价值、利润最大化，为黄氏家族健康传承保驾护航。

作为慈善事业的坚持者，黄红云掌舵的民生金科成立了红云慈善公益基金，黄红云和金科集团已经为社会公益事业捐赠累计近1.5亿元；而扶贫济困更成了金科公益事业的核心，金科为此专门成立的“金科红太阳工程”，针对贫困大学生、留守儿童、五老人群、特困家庭予以帮助；截至目前已有超过3.6万个家庭得到了金科的帮助。

4. 中金环球家族办公室“慈善50计划”

“慈善50计划”是中金的慈善创新典型案例，中金财富携手腾讯公益，借助其强大的数字化能力、强烈的赋能行业意愿，推出了“慈善50计划”，以“慈善50计划”一站式提供解决方案。从整个公益行业中寻找头部公益项目，推荐给慈善信托的委托人，并通过全方位的专业服务，协助委托人运用慈善资本进行透明、有效的社会投资，全面、长期、专注地助力社会问题的解决，创造多方共赢、持续增值的社会价值循环。

中金财富用自身的资产管理能力，联合腾讯公益的数字化服务能力，以及优秀公益组织的杰出运营管理能力，三方合力，一起帮助捐赠者找到可持续的公益模式、实现真正的社会理想。项目期待能找到50家优质的公益项目伙伴。但基于对行业的清醒认知，这一目标将分批次抵达；并且，通过动态的淘汰机制，严守项目品质。正因为集三方之力，本项目才能涵盖行业咨询、协助搭建慈善架构、项目推介、慈善活动参与、慈善资产管理、慈善效果评估等全流程。其间，发起方坚守的、维护的，始终是捐赠者视角。

“慈善50计划”定位在专门针对大额捐赠方的定制化、品牌化服务层面，也利用在筛选过程中积累的优质资源，逐步形成了公益平台小额捐资的“动态名单”和进行标准化直接捐赠的“白名单”。中金和腾讯公益一起，研究捐赠前而非捐赠后的配置服务。通过客户主动测评提供的数据积累、系统运算，让每一个人，无论是热衷于环保、教育还是希望支持善待宠物，无论是大爱无疆还是只想影响身边，无论是看重信息透明反馈、执行成本费用率还是某个特定明星代言，都能够从万千筹资项目中找到最符合自己内心标准的备选对象，然后依照真实的关注程度进行资助，真正实现“专业赋能的多元向善”。

三　家族办公室将继续助力家族慈善的未来

（一）家族慈善持续发展的必然性

中国传统文化中有大量关于慈善的阐述，先秦时期，儒家的“仁爱”、墨家的“兼爱”、道家的“积善”等观念中就有着慈善观念的萌芽。春秋末期的政治家、大商人范蠡，“十九年之中三致千金，再分散与贫交疏昆弟”，成为中国古代商人从事慈善事业的光辉典范。进入近代，由经元善、盛宣怀、郑观应等人为代表创设的上海协赈公所，形成了近代中国的第一个商业慈善组织。这些前代先贤都为今天中国慈善事业的发展留下了宝贵的历史财富。

慈善不仅有助于社会公益，还对家族企业自身的传承发展意义重大。改革开放40多年来，中国经济迅猛发展，持续的高增长也成就了庞大的民营企业，其中很多就是家族企业。这些家族企业在创富、守富、传富、用富的过程中，也逐渐意识到慈善的独特作用。比如在家庭成员的人格培养上，慈善能为家族后辈成员培养同理心、慈悲心；在家族成员的关系维系上，慈善能够凝聚家族成员，搭建一个共同的参与平台；在家族成员的能力训练上，慈善能对家族后代的领导力、社交能力、经营能力加以训练。

习近平总书记强调：“企业既有经济责任、法律责任，也有社会责任、道德责任”“只有真诚回报社会、切实履行社会责任的企业家，才能真正得到社会认可，才是符合时代要求的企业家”。在家族慈善方面，中国既有悠久的文化传统，更有社会现实的刚性要求。促进人的全面发展，逐步实现共同富裕既是中国共产党矢志不渝的奋斗目标，也正在成为许多成功企业家主动遵循的法则。古人云：“仁者以财发身，不仁者以身发财。”家族慈善在中国这个有着乐善好施的优良传统的国度必将迎来更好的发展。

（二）家族慈善发展趋势

1. 家族慈善激励政策与制度将更加完善

党的十八大以来，以习近平同志为核心的党中央高度重视发展慈善事业，尤其是党的十九届四中全会之后，党中央将慈善事业作为促进共同富裕的重要方面，发挥慈善等第三次分配作用成为改善收入和财富分配格局、让发展成果惠及全体人民的重要途径。在党和国家的鼓励下，高收入人群和企业家实施大规模捐赠的频次和力度逐步加大。大规模捐赠已经成为一种潮流，推动我国慈善文化更加普及，慈善力量不断壮大，慈善实践日益丰富，慈善功能持续发挥。广大慈善力量围绕中心、服务大局，在扶贫济困、扶老救孤、助残优抚、救助灾害、疫情防控、科教文卫、环境保护等多个领域发挥了重要作用。

2021 年 5 月，中共中央下发《关于支持浙江高质量发展建设共同富裕示范区的意见》，随后浙江省委、省政府发布了相应的实施方案，明确提出要全面打造“善行浙江”，提出建立健全回报社会的激励机制；大力发展慈善信托、推动慈善模式创新、引导慈善资源合理流动。2022 年 5 月，北京也印发了《关于推进北京全球财富管理中心建设的意见》，提出了提高慈善相关的财产投资管理能力，丰富慈善的形式和工具的相关内容。颁布慈善事业发展的制度性安排将进一步细化法律法规和配套政策，中国或将迎来家族慈善发展的黄金十年。

2. 家族慈善与重大议题的结合度将显著增强

前文数据显示，扶贫和教育是最为重要的捐赠领域。随着绝对贫困问题历史性地得到解决，中国经济社会发展已经迈入新阶段，乡村振兴、教育事业、医疗卫生、灾害救助、环境保护等领域为大额捐赠的主要流向；未来，碳中和与碳达峰、生态文明建设、基础学科研究、科技应用创新、医疗健康及国际发展等议题的重要性将日益凸显。这些领域都将成为家族慈善新的发力点。

3. 家族慈善方式的多元化

传统的慈善模式只注重公益，不考虑财务回报，随着慈善方式的精进，未来的家族慈善将建构多种实现善财同步的可能性。比如从事影响力投资、推动企业社会责任进化、孵化社会企业等。未来，永续发展的商业模式将在很大程度上形塑社会慈善的发展轨迹。家族慈善也将从单纯的以捐助为主转向“善资源”的综合撬动。在家族慈善的转型发展中，家族办公室无疑将起到重要的作用。

（三）家族办公室将在慈善中发挥更大作用

1. 家族办公室的优势

在家族开展财富管理、传承以及慈善事业时，家族办公室是一个具有多重复合作用的重要载体。作为非金融机构，独立家族办公室虽然不直接持有金融牌照，但却能在财富管理市场占据一席之地并不断发展壮大，其原因首先是因为其独立、客观，能真正从客户角度出发。其次，家族办公室不同于传统的金融机构，能为客户提供全市场、全资产的配置服务。最后，家族办公室能够为高净值客户提供家族信托、资产管理、法税筹划、慈善规划、国际身份安排、教育留学等全方位综合服务，领先的独立家族办公室往往汇聚了国内外优秀律师、税务师、财务顾问，具有独特的一站式问题解决能力。

2. 家族慈善的途径及痛点

当前，家族慈善活动可以采取捐赠、设立基金会和设立慈善信托三种方式开展，各种方式可以搭配组合使用。比如高净值家族设立慈善信托和基金会后，在开展慈善活动时，仍可以通过捐赠给其他慈善组织的方式开展，设立慈善信托亦可以支持家族基金会的永续。

尽管如此，但家族在开展慈善活动时，还是面临着许多具体问题：如何确定慈善目标、如何搭建慈善架构、如何筛选慈善组织、如何监督慈善组织实施等问题；即使成立基金会，聘请专人开展上述活动，仍然面临着基金会的注册登记、专业团队的组建、慈善财产的保值增值等问题。同时，还有如何让家人更好地参与慈善活动、更好地传承家族精神等问题。而解决这些问题，借助于家族办公室之力无疑是一个适当且高效的方式。

3. 家族办公室的解决方案

家族办公室需要与企业家和家族成员一起充分讨论，基于个人理想、家族凝聚力、家族文化塑造、家族传承等需求提供路径梳理、工具建议，确定家族慈善战略，并进行资源引荐，助力家族筛选有助于该战略实施的慈善路径。

对于拟采取简单捐赠方式的家族，家族办公室可以助力其确定捐赠目标和领域、慈善组织的筛选标准，协助其进行初步筛选，并对家族确定资助的慈善组织进行监督评估等。

对于拟成立基金会的家族，家族办公室能帮助家族基金会确定其战略核心，以确保其赠予的有效性和影响力。在我国的实践表明，家族办公室还可以帮助企业家确定基金会的业务领域、注册登记、筛选组建团队以及慈善财产的保值增值等。

对于拟设立慈善信托的家族，家族办公室可以从客户服务、信托运维和投资管理三个方面进行评估和判断。包括帮助其搭建慈善信托架构，确定委托人的结构、决策机构的搭建，使得其在获得税收优惠资格的基础上享有更强的控制权；确定受托人的结构，是单受托人还是双受托人结构，以及如何筛选确定受托人；同时，家族办公室可以作为慈善信托的保护人，对拟捐赠的慈善组织进行初步筛选以及对捐赠后的监督提供反馈，对慈善财产的保值增值提出建议等。

家族慈善是一个系统工程，需要综合考虑家族慈善的目标、确定实施路径以及灵活开展有助于家族精神传承的活动，而家族办公室正是其中的黏合剂、智囊团，筛选一家契合的家族办公室既有助于家族更好地平衡自利与利他，实现财富的社会价值，亦有助于超高净值家族破解“富不过三代”的魔咒，帮助家族企业在日新月异的商业文明新时代建立并保持自身的引领优势。

第十一章

寿险行业家族慈善服务

随着经济的发展和人民生活水平的提高，社会各界对人身保障的要求不断提升。人寿保险凭借代价较小、利益确定、保障性强等优势，成为中高收入人群对抗人身风险的重要手段。近年来，一些寿险公司开始结合自身业务为高净值人群提供慈善服务。

一　海外寿险行业家族慈善服务

私募人寿保险（Private Placement Life Insurance，简称 PPLI）在国外尤其在美国是高净值人群热衷使用的工具。私募人寿保险十多年前诞生于美国，是另类投资的一种形式，可以帮助客户进行对冲基金投资，并有效减免税收，适用于超高净值投资者（拥有 1000 万美元或以上流动净资产的个人）。根据实操经验，笔者整理了私募人寿保险模式示意图（见图 11－1）。例如，美国 Bernstein 私人财富管理公司在 2017 年设计了一个私募人寿保险模式中嵌入投资组合的项目，投资组合包括对冲基金、中间市场贷款、

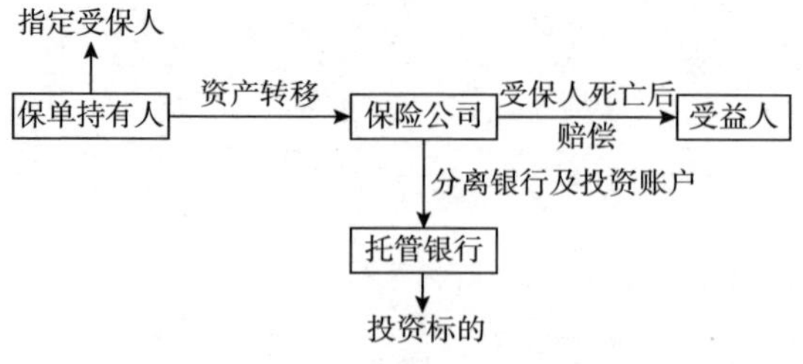

图 11－1　私募人寿保险模式

证券化抵押贷款基金、股票和债券等。如果这些投资被视为普通投资，并对投资征税，那么在美国高税收的州，边际税率接近50%。但由于包含在私募人寿保险模式中，这些投资就被免去了高额税金。

私募人寿保险现已在美国赢得买家、保险公司监管者、经纪人和资产管理界的信任，并获得足够的资金来支撑增长，具有在多管辖区内持有传承美元资产、递延税款、自由投资、保护隐私、隔离资产、强制继承和遗产规划、避免遗嘱检验等优点，适合所有持有海外资产的高净值人群。

根据中国银保监会的监管条例，离岸私募人寿保险属于境外保险，不能在中国境内销售，但那些拥有海外资产的国内超高净值人群仍可在境外购买私募人寿保险。如果离岸私募人寿保险的持有人是家族信托，就可能有效实现家族资产治理与传承，使资产按照控制人的意愿传承给后代并同步实现家族慈善目的。基于家族信托和离岸私募人寿保险的特点，控制人可以将家族慈善设定为资产传承的目的之一。相比于国内的慈善活动，私募人寿保险具有无须审批备案、高度灵活、服务机构较完善、易于落地和免税的优势。

二　我国寿险行业家族慈善服务探索

在推动家族慈善方面，寿险行业具有优势。其在长期的业务发展过程中，聚合了资金、技术、人才、社会信誉等资源，有助于慈善事业降低募捐成本，提高慈善资金使用效率。在定向募捐、风险识别等方面，保险机构慈善服务也有其特点。

（一）慈善服务模式

实践中，寿险行业在促进慈善事业方面主要体现为以下四种模式。

一是“保险慈善”，是指通过以其自有资金直接运作慈善项目的形式从事慈善活动。华泰保险集团的“小小铅笔”、新华保险的“关爱人生每一天”等都属于这种模式。

二是“保险+慈善”，是指通过设立独立的非公募基金会的形式将定向募集资金（主要来自保险机构内部自有资金）直接或委托社会慈善组织从事慈善活动。各家保险公司的慈善基金会就属于这种模式。

三是“慈善保险”，是指通过设计特定的慈善保险产品（如大病险、健康险、意外险等）的形式从事慈善活动，也即将慈善理念植入保险机制，用保险手段运作慈善。这种模式可以将单纯的“输血式”救助变为“造血式”救助，通过保险纽带有效联结社会慈善资源与保险产品，提升救助效率，加大救助力度。海盐县慈善总会的慈善保险就属于这种模式。

四是“保险金慈善”，是指将保单受益人直接指定为慈善机构或信托机构，由慈善机构或信托机构利用保险受益金提供慈善服务。现在中国香港的保单捐助和国内的保险金信托指定用于慈善事业的案例有很多。

课题组认为，家族慈善事业合理应用第三种或第四种模式，更有利于慈善事业的开展及发扬光大，并使其得到可持续性发展。

（二）慈善服务案例

利用保险金信托指定用于慈善事业属于“保险金慈善”的一种形式，是指将保单受益人直接指定为信托机构，由信托机构根据信托合同利用保险受益金提供慈善服务。相较于单一的保险或信托工具，保险金信托结合了保险和信托两种传承工具的优点，利用资金杠杆效益，能达到“1+1>2”的效果。根据实操经验，笔者整理了保险金信托1.0模式的架构（见图11－2）。

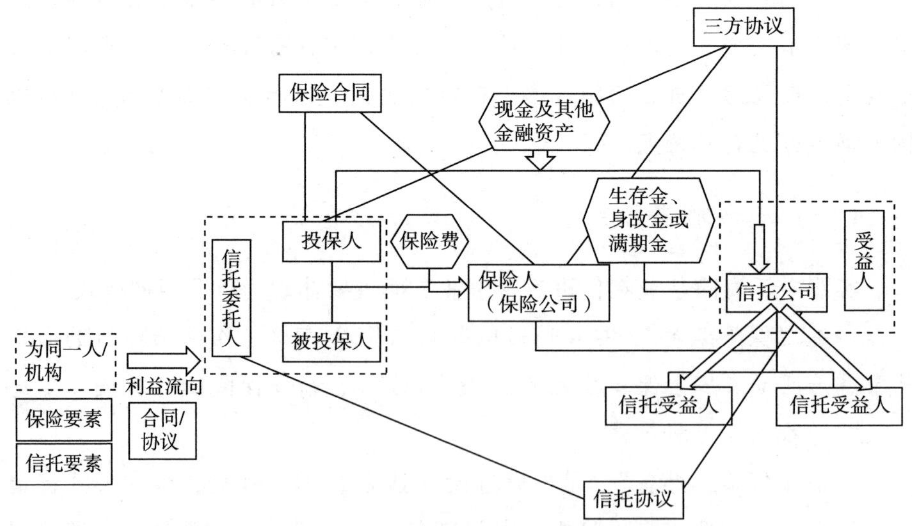

图11－2 保险金信托1.0模式的架构

保险和信托都是家族财富传承的工具。保险具有保障和金融杠杆功能，而家族信托具有私密和定向分配的特质，二者的结合——保险金信托可以兼具二者的优越性。故而，相比于保单捐赠，保险金信托应用更加广泛，投保人对保险受益金的利用方式可以提出更复杂的要求，降低了家族信托的资金门槛。

所谓保险金信托 1.0 模式，是指投保人与保险公司签订保险合同，而后保险公司作为委托人与信托机构签订信托合同，当理赔条件发生时，保险公司将保险金（保险赔款、满期保险金等）交付信托机构，由信托机构依据信托合同管理、运用信托财产并按照信托合同及其他信托文件的约定将信托资产及运作收益交付信托受益人。保险金信托既可以实现生前财富管理，又可以实现对身后财产的安排，确保接受捐助的受益人可以按需拿到捐助。保险金信托作为一种新的财富管理工具优势明显。

保险金信托的设立门槛远低于家族信托。目前，国内的保险公司在总保费或保额达到一定门槛时就可选追加成立保险金信托。尤其是链接终身寿险的保险金信托，能充分利用保单的杠杆倍数，在保单触发赔付后配合信托架构，实现二次财富增值。信托财产所有权与受益权严格区分，且与委托人、受托人、受益人的财产分离，保险生存受益金和身故受益金均可进入信托计划，这样可以降低企业经营风险、婚变风险、道德风险对家族财富的影响。保险金信托可以根据实际需要灵活约定受益人的人数及范围。不同于保单受益人，信托受益人既可以是确定的人，也可以是确定的范围。未出生的受益人同样享有受益权。受益金的期限、分配条件和分配方式等，还可以进行个性定制。因此，巧用保险金信托，可以让我们的财富传承更加个性化。

保险金信托 1.0 模式可以将受益人变更为信托公司，目前这种模式在国内一些保险公司中陆续落地。国际市场上另一种保险金信托 2.0 模式则可以将投保人变更为信托公司，但由于中国内地寿险公司要求投保人和被保险人具有可保利益，被保险人和受益人必须是已经具有法律身份的人，被保险人不得在合同生效后更换等约束，保单直接发挥的慈善作用有限。因而，保险金信托 1.0 模式应该是短期内会得到广泛应用的一种模式。保险金信托 1.0 模式作为新兴的业务类型，还面临机构磨合、客户教育与制度建设等多方面的挑战，但是相信在共同富裕的大潮之中，寿险公司会通过向有较丰富保险金信托经验的国家学习和借鉴，不断提升管理水平和内部风控能力逐步加深与信托公司的合作等方式，来解决这些问题和困难。

中宏人寿保险有限公司是国内首家中外合资人寿保险公司。其于 2017 年启动了高净值客户专属平台“宏运世家”家族办公室，同年推出保险金信托，该项目在慈善领域有了新的进展。

客户 A 的孩子是自闭症患者，从“既以与人，己愈多”的角度出发，客户 A 希望做一些有意义的事帮助更多和自己孩子一样的自闭症儿童。与中宏人寿保险有限公司沟通后，客户 A 决定用保险金信托完成他的慈善计划。

客户 A 为自己购买了一张保额为 200 万元的“恒爱星”人寿保单，并设立保险金信托计划（见图 11－3）。

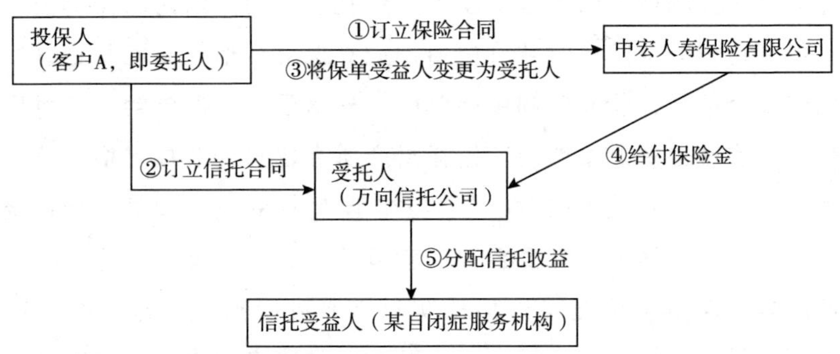

图 11－3　中宏保险金自闭症儿童慈善信托模式

①客户 A，即委托人，在中宏人寿保险有限公司订立保险合同，购买了一张保额为 200 万元的“恒爱星”人寿保单。

②客户 A 与万向信托公司签订信托合同。

③客户 A 在中宏人寿保险有限公司将该保单的身故受益人变更为万向信托公司。

④在客户 A 身故后，万向信托公司可以获赔身故受益金 200 万元，由中宏人寿保险有限公司支付。

⑤万向信托公司按照信托合同约定，设立投资委员会进行投资运作，设立慈善委员会开展相关慈善工作，并按时按需照顾委托人子女的生活。投资

委员会负责在身故保险金进入信托账户后开始投资运作，计划年收益 6% 左右，超额收益的 40% 由投资委员会成员分享。慈善委员会负责将每年信托财产投资收益的 70% 用于慈善工作，主要方向为某自闭症服务机构的自闭症儿童的康复、教育等。子女的生活金由受托人——万向信托将每年信托财产投资收益的 20% 给到子女作为生活金，其他特殊（如疾病）开支按需支配。

三　寿险行业推动家族慈善前景展望

2022 年全国两会召开前夕，全国政协委员、原中国保监会副主席周延礼建议加强顶层设计，将保险制度纳入第三次分配的整体发展格局和框架体系中，发挥保险分配机制和保障机制，促进共同富裕。周延礼认为，商业保险在防范化解因灾因病致贫返贫方面发挥了重要作用，能够在时间和空间上减少由风险带来的损失，应该成为实现第三次分配和促进全体人民共同富裕道路上的重要分配机制和保障机制。[①]

商业保险参与第三次分配后，匹配的目标人群更为准确，更具有针对性和公平性，有助于在全社会进一步建立健全保障机制。中国寿险业在推动家族慈善事业发展中未来可期，但有一些问题需要进一步探讨及解决。

（一）推动保单捐赠

《保险法》第十八条规定，“受益人是指人身保险合同中由被保险人或者投保人指定的享有保险金请求权的人。投保人、被保险人可以为受益人”。虽然受益人可以指定为自然人，也可以指定为法人，但是直到最近几年，中国内地个别寿险公司指定受益人才放宽到被保险人的非直系亲属，大部分寿险公司的受益人依然只能指定为直系亲属。受益人是否可以指定为慈善机构、直接用于慈善是值得探讨的方向。

保单捐赠在西欧国家已有多年历史，其可以为慈善团体带来定期的捐款收益，有效减轻政府在资助服务方面的负担。其具有杠杆效应，可以回

① 《全国政协委员、原中国保监会副主席周延礼：建议加强顶层设计 将保险制度纳入三次分配框架体系》，http://finance.china.com.cn/money/insurance/20220228/5753473.shtml，2022 年 2 月 28 日。

馈社会，同时不影响投保人的生活质量，而且可接受慈善家遗留的可观捐赠，概念简单，手续简易。

在中国香港，香港人寿保险从业员协会（保协）及其旗下的“保协慈善基金”于2005年9月发起保单传爱计划——保单捐赠（见图11－4），鼓励投保人考虑在现有保单中，捐赠部分投保额给予指定慈善机构（如99%家属，1%慈善机构），帮助有需要的人士，把爱延展，同时减轻政府在提供福利服务上的负担。当年此计划从9月中旬开始，短短一个多月，就获得社会各界及广大市民的认同，社会福利署、香港社会服务联会、香港医学会器官捐赠名册基金、各大保险公司、演艺界及各大慈善机构均全力支持，并于10月前收取了127份保单捐赠通知书。

保单捐赠（保单传爱计划）通过受益人变更直接对接慈善，应用简便、数额灵活，确实是保险金慈善的一个创新案例，不失为内地寿险行业的一个发展方向。①

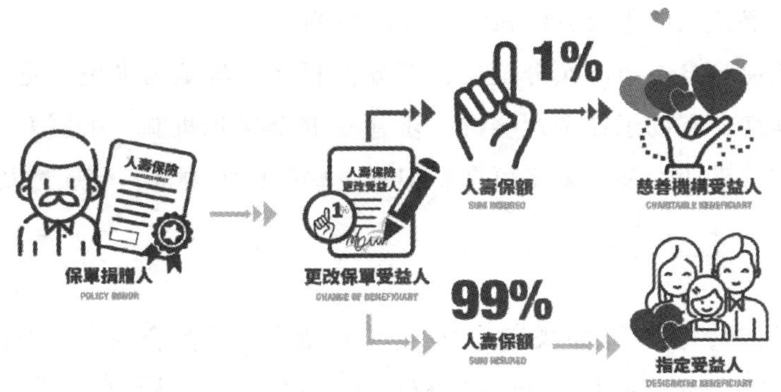

图11－4　保单捐赠模式

资料来源：《什么是保单捐赠?》，保单捐赠，https：//www. policydonation. org. hk/be－our－donor. html。

（二）探索慈善保险

慈善保险是指通过设计特定的慈善保险产品（如大病险、健康险、意外险等）的形式从事慈善活动，也即将慈善理念植入保险机制，用保险手

① 生命传爱行动：《崭新“保单传爱”捐献，文化爱心散布世界角落》，《香港经济日报》，https：//www. docin. com/p－178476179. html。

段运作慈善。这种模式可以将单纯的“输血式”救助变为“造血式”救助，通过保险纽带有效联结社会慈善资源与保险产品，提升救助效率，加大救助力度。

目前，慈善保险还处于将慈善与保险表面结合的阶段，即将现有的险种产品更好地运用在慈善事业中，如特殊人群补充医疗保险、特殊人群的意外保险、重疾保险等，真正作为一款保险产品的慈善保险还很少。寿险公司大多停留在标准客户和标准产品上，这已经不能满足人们对美好生活向往的需要，如何结合高收入群体的慈善意愿设计特殊群体的定制慈善保险产品，如何完善特殊群体的投保方式、受益方式等，对寿险公司提出了更高的精算及风险管控要求。

平安人寿董事长兼 CEO 丁当说过，“企业最根本的善事，是做出的产品让大众受益，为社会贡献价值”。[①] 美国第 30 任总统柯立芝有句名言：“慈善及慈善事业可以给予的最好帮助，是引导每个人自助。”[②] 克鲁泡特金在他的《互助论》一书中也认为，“互助”既是人类讲道德的一种表现形式，也是推动人类社会不断向前发展的一个重要原因。从这一点来看，保险慈善最能彰显“自助”和“互助”的慈善性质，因为其原理就是“互助共济”，即通过个人的自助行为达到共同体内的“互助共济”，让每个参与者不经意间都体验了一次公益慈善的完美“旅程”。因而，慈善保险未来会是寿险公司不可或缺的模块，也将成为家族慈善事业关注的部分。

家族慈善需要通过将其支持方向的项目人群细化，来为其提供更为精准周全的规划服务。例如，家族慈善支持某项科研工作，可以为相应的科研工作者提供全面的寿险保障，保障其健康、防范人身风险，以确保其没有后顾之忧。再如，家族慈善资助孤儿，可以为其做好健康保障和教育金规划，让善款更有效率地得以运用。而慈善保险也可以与保险金信托 1.0 模式相结合，更好地为家族慈善事业添砖加瓦，让家族慈善事业得以良性发展，更好地造福民众、造福社会。

---

① 《丁当：保险是一种商业慈善 提升社会福祉是企业最大的善》，https：//www. sohu. com/a/74353522_362018，2022 年 2 月 28 日。

② 《你不能靠拉下强者来扶起弱者 ｜ 柯立芝：一位理解原则的总统》，http：//www. 360doc6. net/wxarticlenew/736566438. html，2018 年 3 月 13 日。

第三部分

基础研究

第十二章

家族慈善文化根基

2022 年 6 月 8 日，习近平总书记考察了四川省眉山市的三苏祠。作为中国历史上的优秀父子组合，北宋著名文学家苏洵、苏轼、苏辙父子三人可谓声名远播。据苏家的《族谱后录》记载，苏轼的曾祖苏杲“薄于为己而厚于为人”，祖父苏序“凶年尝鬻其田以济饥者”。了解到苏氏“以善传家”的家风后，习近平总书记指出，中华民族有着五千多年的文明史，我们要坚定文化自信，善于从中华优秀传统文化中汲取治国理政的理念和思维。家风家教是一个家庭最宝贵的财富，是留给子孙后代最好的遗产，要推动全社会注重家庭家教家风建设。①

的确，中国人自古重视“家族”，也心系“慈善”。中国人的家族慈善，源于农耕文明宗法制家族结构上的互助行为，也与普遍倡导善心善行的儒释道文化浸润直接相关。古代社会自皇权安排的官方劝善教化制度，到文人士绅等地方精英对慈善观念的传播，都直接影响了民间家族慈善的发展。时至近代，马克思主义慈善观与家庭观和教育观对普遍结构性转型的家族和家庭带来了巨大影响，宗教慈善、实业慈善等也给家族慈善带来了不同的影响。新中国成立后，家族慈善进一步式微。直至改革开放与经济转型，人们的思想观念受到新的冲击，慈善路径才不断拓展。习近平新时代中国特色社会主义思想确立后，中国家族慈善才正式开启新的里程。

---

① 《让东坡文化走向世界代代相传 沿着总书记的足迹重访眉山市三苏祠》，https：//baijiahao. baidu. com/s？ id = 1736344772075671876&wfr = spider&for = pc。

一 “家族”渊源与“慈善”基因

家族慈善的两个关键词是“家族”与“慈善”。中国古人的家族聚居是家族文化的形成基础。而家族慈善是家族文化的一部分。家族慈善，首先源于个体生命中“善”的种子和召唤，进一步来看，从家族层面进行的慈善安排，既与家族的功能有关，也与家族自身延续的内在需要有关。当然，由于中国古代“家国同构”的理念和模式，家族慈善也受到社会、皇权层面的诸多影响。社会层面对家族慈善的影响，来源于儒释道不同的文化源流形成的社会观念和民俗、宗教。无论是皇权统治下为稳定社会秩序而进行的教化和制度安排，还是义庄形式的家族慈善范例，都是当代中国慈善重要的源流和基因组成。

（一）中国人的“家族”与家族文化渊源

“家族”在中国古代语境中也叫宗族，是中国传统社会中依照父系血缘关系来界定的一种基本单位。“家族”既是一种具有血源性的民间团体，又是一种具有公共性的基层组织，“族者何也？族者凑也，聚也，谓恩爱相流凑也。上奏高祖，下至玄孙，一家有吉，百家聚之，合而为亲，生相亲爱死相哀痛，有会聚之道，故谓之族”。[①] 家族文化可以说是由中国古代农耕文明家族聚居发展而形成的一种特质。纵观中国几千年的历史，家族对中国传统文化产生了复杂而深远的影响。

作为一种社会组织，家族始自商周时代宗族制与分封制的结合。秦汉至隋唐时期，世家大族一直具有显赫地位。随着经济发展和科举制的实行，宋代以降，庶族的地位得到提升。到了明清时期，民间绅士和平民成为家族的主体。家族组织遵守儒家伦常，通过制定祖训、族规、族约，达到孝亲、忠君、睦族的目的。

从文字学来讲，“族”是一个假借字，原指盛箭矢的袋子，把许多支箭矢装在一起叫族（后写作“簇”）。由此，族是凑、聚的意思。家庭和家

---

① 古小彬：《惠州古氏族谱序》，https：//www. sohu. com/a/422314449_120648436。

族的关系，主要是个体和群体的关系。在以血缘关系为纽带结合而成的社会组织中，家庭是个体、是基础，而家族则是群体，是家庭的上一级组织形式。

家庭和家族的主要区别在于是否同居、共财、合炊。家庭是同居、共财、合炊的单位，而家族则一般表现为别籍、异财、各炊的许多个体家庭的集合。在社会属性上，家庭和家族的区别不大，但在经济属性上，家庭是一个产权单位，且是单一产权单位，而家族则是家庭的扩大。

家族文化是文化的一个子集，家族制度是家族文化的重要内容。在社会文化环境和社会风俗习惯的影响下，家族文化对家族成员的生活方式、思想观念等都会产生重要影响，从而整个家族成员之间形成的价值观和行为模式具有高度的一致性。如果说家庭是社会最基本的组成单位，则家族是凝结着共同文化成分的众多社会基本单位的有机整体，是一个有共同文化成分的群体结构。

以文化立家是所有世家大族绵延不绝的根基。在中国家族中，无论家族中哪一个成员，都希望自己的家族能出优秀人才，都希望光宗耀祖，代代延续。各个家族的文化既有趋同性，也有自身独特性。中国历史上，家族文化的趋同性体现在大部分家族都有以忠孝和积善立家的家族伦理，在这种伦理的推动下，家族成员互助互爱，繁衍不息。

家族可以凝聚小家庭的合力和共识，有些家族行为有助于家族间家族成员的联合一致，但也会导致家族自身的狭隘自私、保守古板、排斥异姓。为了各自的利益和相应权力，异姓家族间的争斗时有发生。在很大程度上，慈善行为和慈善传承可以平衡和制约家族文化的狭隘性。

（二）儒道释文化中的“慈善”意蕴

归根到底，人的所有行为都是由观念决定的，慈善意识直接决定了个人慈善行为的意愿和动力。这种意识既受社会文化的影响，也与个人素养、道德层次、人生观、价值观等有关。中国古人的慈善观念，整体上来源于儒释道三家哲学的互相渗透和融合。

中华慈善总会会长宫蒲光在《关于走中国特色慈善之路的思考》一文中指出：“在中华民族悠久的文明史中，慈善始终闪烁着耀眼的光芒，在儒、道、墨、佛等主要文化血脉中，包括了丰富的慈善思想和理念。”[①] 儒释道哲学所聚焦的根本命题虽有不同，但皆含有舍己为人、救人济世、造福民众等价值观念。因此，仁爱思想、民本思想、善恶报应观和慈悲观等共同构成了古代家族慈善兴起、发展的思想渊源和理论基础。在这条主线的贯穿下，我国古代慈善思想表现出相当的稳定性。

1. 儒家文化中的“慈善”

儒家的慈善观念，源于对人性的基本判断。孟子认为“人皆有不忍人之心”，看到别人受苦或者处于危险境地时会自然而然地“感通”和共情，内心无法平静，所以“恻隐之心，仁之端也”。他认为每个人天生都有恻隐之心，就像健全人都有四体（四肢）。由此，利他和助他就是每个人与生俱来的良知召唤的结果了。

儒家圣贤的最高社会理想，是“天下为公”的大同社会，其重要标志就是《礼记》中所言“故人不独亲其亲，不独子其子，使老有所终，壮有所用，幼有所长，鳏寡孤独废疾者皆有所养”。要达到这样的理想社会，需要“有力者疾以助人，有财者勉以分人，有道者劝以教人”。若此，则“饥者得食，寒者得衣，乱者得治”。儒家文化突出扶弱济困，指向社会弱势和特殊困难群体。

愿意去“助人”“分人”“教人”，行为基础在于儒家的“仁爱”思想，简单说就是“如心为恕”、能换位思考的“恕”道。孔子云“仁者爱人”，此种爱以己身为原点，推己及人，是利他之心和助人为善的精神，即为人之本性与责任，将他人作为像自己一样的人来看待，即“同情”“同理”。

当然，儒家的仁爱是一种“差等之爱”。费孝通将中国人强调的“爱有亲疏远近之分”的观念命名为“差序格局”，由亲缘、地缘、经济、政治、知识文化等因素形成的“推己及人、亲亲而仁民、由近及远”的观念也反映在家族慈善中。也就是说，传统中国的公共性观念与源自西方的公共性观念并不相同。荀子认为，仁爱以自爱为起点，必先自爱，才能爱

① 宫蒲光：《关于走中国特色慈善之路的思考》，《社会保障评论》2022 年第 1 期，第 117 ~ 132 页。

人；孟子同样认为“老吾老，以及人之老；幼吾幼，以及人之幼”，都是先从自身及血缘由近及远进行拓展的。

儒家相信一个具有意志的主宰“天道”或者说“道德之天”的存在，《周易》又说“夫大人者，与天地合其德”，认为人应该秉持德行和良知，学习和践行天道的无私和公正，“天命有德”“惟德是辅”。相反，如果不能与天合德，无德之人的行为结果就会导向“恶”和“凶”。经典中有大量与此相关的内容。《明心宝鉴》云：“凡人为善者，天报之以福；为不善者，天报之以祸。”陆贾《新语》言：“怀德者应以福，挟恶者报以凶。德薄者位危，去道者身亡。”《周易》有云：“积善之家，必有余庆；积不善之家，必有余殃。”《孟子》中有“苟为善，后世子孙必有王者矣”的说法。《尚书》云：“惟天阴骘下民。”“阴骘”逐渐衍化出民间“阴德”观念，倡导人默默行善，并明确了这种“善”与家族子孙的祸福相连。《淮南子·人间训》有云：“夫有阴德者必有阳报，有阴行者必有昭名。”《汉书》言：“有阴德者，必享其乐，以及子孙。”由此可见，人性所固有的趋福避祸观念不仅反映在个体身上，而且总是与家族盛衰和承继联系在一起，因此便很自然地成为家族慈善的一种心理动因。这种“福－善”“祸－恶”分别对应的观念流传广泛而久远。

儒家圣贤体悟到“仁者以天地万物为一体”①，明代阳明心学更是倡导以救助天下之人为己任。“视天下之人，无内外远近，凡有血气，皆其昆弟赤子之亲，莫不欲安全而教养之，以遂其万物一体之念。”这些观念，随着儒家思想的主流化和普及化，深刻影响了上至天子、下至庶民的生命选择和慈善行为。

2. 道家与道教中的“慈善”

道家思想的创始人老子在《道德经》第六十七章讲到“我有三宝，持而保之。一曰慈，二曰俭，三曰不敢为天下先”。可以看到，老子所说的第一宝就是“慈”。在第七十九章中，老子讲“天道无亲，常与善人”，意为上天不偏向任何人，只是经常降福和保佑遵循天道的人。在第八十一章中，老子提出“圣人不积，既以为人己愈有，既以与人己愈多”，意为品

① 陈来：《仁学本体论》，生活·读书·新知三联书店，2014，第173页。

德高尚的人，对金钱不存占有之心，不会刻意积累财富。他们越帮助和关照他人，给予别人的越多，自己拥有的就越多。可以看出，道家哲学从一开始就非常注重慈爱、奉献、利他等精神价值。

与儒家的劝善思想相比，道家思想在东汉时期衍生出道教，更加具体地建构出一套监察人类行为善恶、司功过的神祇系统，包括三尸、城隍、灶神、三官等。魏晋南北朝时期出现大量道经。葛洪的《抱朴子》对道教伦理做了系统的阐发，以善恶的量化计算方法及善行积累的观念为主旨。汉代的民间道教经典《太平经》则继承了《周易》的“余殃”说，创造了“承负”论，强调善恶赏罚在家族命运中的延续。道教的修行法门还强调了积善的作用，慢慢转化为道教体系中的“功德观”，认为人可以借由积累功德达到长寿、治病、除灾、解厄、庇荫子孙的目标，甚至最终得道成仙。

宋代李昌龄所作《太上感应篇》是流传甚广的道教经典。其讲到人生祸福的根本原理是“祸福无门，唯人自召；善恶之报，如影随形”，强调“宜悯人之凶，乐人之善，济人之急，救人之危”。这些内容对世人的价值引导起到了十分重要的作用，也使很多善行善举具有深刻的逻辑起点。

3. 佛教文化中的“慈善”

行善，本质上是帮助贫者、弱者和苦者。梁漱溟先生在《中国文化要义》中讲到“鳏、寡、孤、独，自古看作人生之最苦，谓曰‘无告’。此无告二字，颇可玩味。‘无告’，是无所告诉，何以无所告诉，便为最苦？固然有得不到援助之意，而要紧尚不在援助之有无，要在有与我情亲如一体的人，形骸上日夕相依，神魂间尤相依以为安慰”。[①] 佛教中讲“慈悲”，是为无缘大慈，同体大悲，倡导对众生的苦难能感同身受，不论亲疏。

王文涛教授对“慈善”一词进行了词源考证，指出“慈善”合起来使用的最早记录出自约 3 世纪翻译的《大方便佛报恩经》。佛家思想的核心在于“轮回”“业力”“缘起”之说，认为世间一切事物和现象都互为因果、互为条件，没有任何事物可以独立存在。所有事物都处在生灭变化之中，人生是一种互为因果的循环过程。众生按照自己的业因善恶得到相应

① 梁漱溟：《中国文化要义》，上海人民出版社，2011，第 158 页。

的果报，称为“业果”或“业报”。这种因缘果报是一种必然性的关联。

《涅槃经》有言：“知从善因生于善果，知从恶因生于恶果。观果报已，远离恶因。”“善恶之报，如影随形，三世因果循环不失。”[①] 除此之外，佛教在中国化的过程中深受中国本土伦理思想特别是儒家思想的影响，强调以大慈大悲之心予众生之幸福，以同情同心之情度凡世之痛苦，极力倡导布施、爱语、利行、同事等善举。可以说，因果不爽的业报思想对社会人心的规范，远远超越法律条文有形的束缚，也让人们有更加坚定的信念去利他行善、以善传家。

总之，儒释道三教在“感应”与“报应”的观念上有许多相通之处，一方面，中国原有之报应观念，在不同观念信仰的作用下不断被扩充强化，用来解决人生的诸多困境，以达到各种人生所求之境。“善恶有报”的观念逐步内化为中国人心中一种无所不在的道德仲裁力量，时刻监察人们的行为甚至心灵，使人将行为观念的善恶与吉凶祸福对应起来，兼具道德与宗教色彩，不仅提升了善行的实践性，也成为普罗大众通过修行以行善举的内在道德激励。

（三）古代慈善教化系统

1. 社会教化与劝善

原则上，宗族慈善等民间慈善为自觉自愿的社会行为，并不在法律规范和国家制度的约束下。然而，由于慈善观念及行为对社会的和谐稳定具有重要的辅助作用，历朝历代的皇权始终积极推动民间慈善。一方面，朝廷有意识地利用土地神等民间信仰对民众进行教化，以传统的自然村落及其社会的构成关系为基础来推进乡村社会治理。乡绅、耆老、士人等成为城乡社会的支配阶层和推进力量，他们为缓和基层社会与朝廷之间的矛盾积极奔走，宣讲各类敕撰训诫书，促进家训族规和乡约的一体化。如明太祖朱元璋曾颁布《教民榜文》，规定老人肩负劝善的责任：“老人里甲，不但与民果决是非，务要劝民为善。”若本乡出现了孝子贤孙、义夫节妇，或者可以称道的善事，乡里老人有责任“以其所善实迹，一闻朝廷，一申上司转闻于朝”。

---

① 《涅槃经》，宗文点校，宗教文化出版社，2011，第658页。

除了官方的劝善教化制度、文本，文人士绅等地方精英群体在教化民众善财传承中发挥的作用，善书宝卷的民间传播也对慈善观念的强化产生了深远影响。

善书作为一类特定文献出现于宋代，由民众自发流传。其内容主要是为劝善惩恶而记录的民众道德事例。宝卷是一种在宗教（主要是佛教和明清各民间教派）和民间信仰活动中，按照一定的仪轨演唱的说唱文本[①]，主要以演唱故事的方式宣扬因果、劝导向善。

善书宝卷既是信仰活动的宣传品，也是民间娱乐说唱文学体裁。其对家庭、社会、政治、宗教伦理的传播具有重要作用，有强烈的教化功能，是平民实现自我教化的有效途径。《太上感应篇》《文昌帝君阴骘文》《关圣帝君觉世真经》被称为近代“善书三圣经”，旨在强调命运可以通过行善积德来改变。

善书宝卷作为规劝人们“诸恶莫作，众善奉行”的通俗读物广为流传，在明清时期达到鼎盛，清末民初又大举流传于坊间乡里，使善的观念更深入人心。清代还出现了由乡绅、士人及工商富裕阶层组成的民间宣讲共同体，进一步促进了慈善教化的民间化。

民间行善积德思想在自上而下的劝善教化以及民间自发形成的善书宝卷等文本载体的播布下，形成了内化于中国老百姓心中的伦理底色，激发了民间的善行和善信。

2. 伦理视角下的家训与家教

中国古代的社会治理结构建立在伦理本位基础之上，魏晋之前的家庭教育是对学校和社会教育的补充，主要以儒家提倡的伦理纲常、礼乐教化为主，伦理教育占据主要地位。“三纲五常”等观念将家族内部的血缘关系转化为等级关系，家长具有较高的权威。“明伦”是指每个人都要明确自己在君臣、家族和家庭中的位置、责任及行为规范。一个家族要想代代相传，除了靠血缘关系得以延续，还需要文化纽带和观念共识的凝聚。

作为重要的社会组织单位，古代的家族还承担着经济功能。无论规模

① 王湘平：《论范仲淹的宗法思想与义庄的慈善信托机制》，《原道》2019 年第 2 期，第 149 页。

大小，家族通常都会专门留出面积不等的公田，用于家族内的祭祀、助学、救济等公共事务。有的家族还可以将经济盈余溢出，用于修桥铺路、扶危济困、兴办教育、修祠建庙等社会公益事业，这就大大延展了家族善财的范围。对于慈善观念的传承和践行来说，家族是最重要的载体和场域。若想让家族的善财得以传承，则要靠良好的家风对家族慈善意识和文化进行维护延续。

中国人以家为本位。文献记载，我国古代家教的历史可以上溯到西周初期。据《尚书》记载，周公还政于侄子周成王之后，担心成王贪图享乐，荒废政事，便告诫成王不要耽于享乐，要“先知稼穑之艰难”“知小人之依”，强调了体恤百姓的同理心和善政的原则。

古代家庭教育以道德教育为本，正所谓“道德传家，十代以上，耕读传家次之，诗书传家又次之，富贵传家，不过三代”。《论语》也讲到“弟子入则孝，出则弟，谨而信，泛爱众，而亲仁，行有余力，则以学文”。“教育”一词的本义，正是践行善和传承善。按《说文解字》的解释，“教，上所施，下所效也”“育，养子使作善也”。教育就是上行下效，首先父母长辈要树立一种良好榜样，子孙自然就会跟着学习，养成良好的品质。

家族教育和客家文化的重要载体之一便是家族规范，在我国已有3000多年的历史。正所谓“人必有家，家必有训”，作为家庭或家族内部父祖辈对子孙后代的垂诫、训示，尤其是儒家知识分子教育后辈的家庭教育读物，有家训、家范、家戒、家教、家规、家法等多种形式。每个家族的家训就是其家族伦理的核心，代表着一个家族的家族文化最为规范、最为基本的约定文本，会世世代代长期奉行。

三国时期，诸葛亮临终时在《诫子书》中教诲八岁的儿子诸葛瞻“夫君子之行，静以修身，俭以养德”，以君子标准引导幼子，为后世的家规家训树立了典范。到了南北朝时期，家规家训文化开始盛行。北齐颜之推所作的《颜氏家训》被誉为“家训之祖”，其中有“如能施而不奢，俭而不吝，可矣”的内容，告诫子孙不要贪图自己的物质享乐，应当多多行善帮助别人。明代袁了凡（袁黄）在《了凡四训》中通过自己的亲身经历教诫儿子要明辨善恶，直接表达了“积善改命”的思想。

清代朱柏庐所作且享有盛名的《朱子家训》中亦有“见贫苦亲邻，须加温恤。善欲人见，不是真善”的金句。在著名的《曾国藩家书》中，曾国藩告诫九弟曾国荃，即便戎马倥偬，也要常存悲天悯人的恻隐之心、至诚无伪的爱民之心，不要忘记济危扶困、行善积德。不难看出，历史上几乎所有著名的家训中都包含了行善利他、积德积福的内容，皆可称为以善传家。

3. **家族慈善的义庄模式**

公元1049年，范仲淹出知杭州，考虑到范氏宗族中尚有不少饥寒的族众，于是“置上田十顷于里中，以岁给宗族”，使“虽至贫者，不复有寒馁之忧”。[①] 他在平江府长洲、吴县置良田十余顷，将每年“所得租米，自远祖而下，诸房宗族，计其口数，供给衣食及婚嫁丧葬之用”。[②] 除此之外，范仲淹还设立了专门机构管理“义田”，被称为“范氏义庄”。

在运行模式上，义庄以地租收入赡养宗族，并制定《义庄规矩》，详细规定了口粮、衣服、婚嫁、丧葬、科举、房屋、借贷等各方面的发放对象、数量、方式、监督等事项。如口粮方面，“逐房计口给米，每口一升，并支白米”。再如，衣服方面，“冬衣每口一匹，十岁以下、五岁以上各半匹”。同时，义庄的慈善并不仅局限于宗族之内，乡里、外姻亲戚如果遇到急难或灾荒，“即于义田米内量行救济”。[③]

与之前的家族慈善行为相比，范仲淹开创的是一套系统的家族慈善制度。义庄为宗族成员提供物质生活各方面的保障，使族之人“日有食，岁有衣，嫁娶凶葬皆有赡”[④]，与之相配套的还有建义宅、设义学、续修家谱、制定义庄规矩等，形成了一个较为完善的家族慈善制度体系，为族人和乡邻的教育、入仕等提供了重要保障。

为了保障《义庄规矩》的有效性，维持义庄的长期经营，在范仲淹的请求下，朝廷颁布命令，如诸房子弟有违反规矩之人，“许令官司受理”，由政府直接背书《义庄规矩》的合法性。在此后的800多年间，范氏义庄

① 范仲淹：《范文正公集》卷十三，康熙岁寒堂家刻本。

② 王湘平：《论范仲淹的宗法思想与义庄的慈善信托机制》，《原道》2019年第2期，第144页。

③ 王湘平：《论范仲淹的宗法思想与义庄的慈善信托机制》，《原道》2019年第2期，第144页。

④ 王湘平：《论范仲淹的宗法思想与义庄的慈善信托机制》，《原道》2019年第2期，第144页。

虽然历经曲折，但通过完善《义庄规矩》、增买义田、扩大义庄规模等方式不断发展。至清末宣统年间，义田已经扩大到5000余亩。

范氏义庄的成功极大地影响了中国宗族慈善事业的发展，各地世家大族纷纷仿效，购置族田，创设义庄，兴办义学。据李文治、江太新先生的粗略统计，明代276年间，各地义庄族田资料有200宗左右[①]。至清代末年，仅苏州府的义庄数即达200余个[②]。这些家族依托义田等家族公共财产，出资建立了很多渡口、桥梁、公路、善堂、医院、收容安置所等，惠及社区和社会。

义庄族田的家族慈善模式得到了历代皇权的赞赏和鼓励，清代颁行《圣谕十六条》《圣谕广训》，强调“笃宗族以昭雍睦”，希望“置义田以赡贫乏”，命令各地官民要勤加学习。此外，官府还专门为保护义庄族田进行立法。

范氏义庄开了中国非宗教、非政府的宗族慈善事业的先河，也为现代家族慈善提供了诸多启迪。

二　马克思主义思想与近代家族慈善

鸦片战争后的近代中国，面临着“三千年未有之大变局”，天灾人祸不断，致使众多平民因频遭侵袭而荡析离居，饿殍载道。近代的家族慈善变迁，首先基于这样宏大的历史背景。“外部的力量”的进入使稳定的帝国受到了巨大的冲击，中国进入半封建半殖民地社会。

家族慈善一方面与家族变迁和家族文化、家庭教育息息相关，另一方面与社会慈善观念的变迁密不可分。西方的宗教思想、商业文明及马克思主义传入中国，对近代中国的思想流变和社会观念塑造产生了极大影响，救亡图存中中国慈善进行了转型。原有的家族聚居形态逐渐解体，新中国成立后慈善事业成为社会层面的公共安排，士绅群体的消失解构了原有的家族慈善模式。家庭的形态转为小型化，三代同堂和四代同堂逐渐式微。

---

① 李文治、江太新：《中国宗法宗族制和族田义庄》，社会科学文献出版社，2000，第74页。

② 范金民：《清代苏州宗族义田的发展》，《中国史研究》1995年第3期，第56~68页。

随着时间的推移，马克思主义在传入中国的100年里，借助中国共产党的政治和组织基础，逐步成为中国主流文化的核心思想。

（一）马克思主义慈善观与家庭教育观

1. 马克思、恩格斯的慈善观

在中国文化语境下，慈善与公益的含义相近但又有差异。慈善更多强调社会里的个人或家族通过钱物等方式对他人进行帮助，是一种直接的助人行为；而公益则是舶来词，源自英文中的“public welfare”（公共利益）的翻译，强调以某种价值观为导向，服务于公共利益的志愿精神和志愿行为。

马克思主义与传统儒家思想在实践的最终目标上是一致的。马克思主义者或共产党人所追求的终极理想是实现共产主义社会，其主要标志是物质财富极大丰富，能够实现按需分配，生产资料归社会公有，社会成为自由人的联合体，其中所有成员利益根本一致。此外，全社会人际关系和谐，人人大公无私，人的个性得到自由全面发展。

在中华文化的视野内，儒家“大同”理想与马克思主义者的共产主义理想几无分别。《礼记・礼运》有一段对“大同世界”的描述：“大道之行也，天下为公。选贤与能，讲信修睦。故人不独亲其亲，不独子其子……是谓大同。”“大同”代表古人对理想社会的最高憧憬，表达了一种对人与人、人与社会、人与万物和谐共生的追求。

一方面，在马克思、恩格斯的构想中，社会主义社会形态下，公益既是一种实践，也是一种信仰与精神，更是促进人与人之间团结友爱的黏合剂，在促进个体利益与整体利益最大化的同时，有利于增强人们的价值认同感与凝聚力。相对而言，直接反映马克思主义慈善观的内容并不多，《马克思恩格斯全集》直接提到“慈善”的仅有20多处。正如意大利历史学家、哲学家克罗齐所说，“马克思和恩格斯从来都不是道德哲学家，而他们的伟大智力花费在这一问题上的也不多”。[①]

---

① 杨超：《论马克思恩格斯的公益观》，https：//baijiahao. baidu. com/s?id = 1601135204970757820&wfr = spider&for = pc，2018 年 5 月 22 日。

马克思、恩格斯从“社会分工—利益分化—贫富悬殊—公益发生”的逻辑出发，指出“随着分工的发展也产生了单个人的利益或单个家庭的利益与所有互相交往的个人的共同利益之间的矛盾；而且这种共同利益不是仅仅作为一种‘普遍的东西’存在于观念之中，而首先是作为彼此有了分工的个人之间的相互依存关系存在于现实之中”。[①] 人类的共同体利益逐渐分化为社会利益与个人利益，由此出现资源的分配不均和贫富悬殊。由此，马克思主义认为慈善的基本定位是“资产阶级伪善”。

另一方面，马克思和恩格斯认为公益是在“真正的共同体”中即劳动者之间最原始、最纯粹的互助与友善，以维护人的尊严、权利和价值，实现人的幸福、自由发展。《英国工人阶级状况》提及“淳朴的无产者深知饥饿的苦楚，所以他们虽然自己也不够吃，还是乐意舍己救人”。劳动者普遍处于贫苦的困境，所以能够以同理心平等看待，帮助每一个同呼吸、共命运的人。实现人的自由全面发展是马克思、恩格斯思想的价值旨趣，而公益可作为一种重要途径和手段。

马克思主义与中国传统慈善的结合过程，正是西方文化与中国传统文化相互影响、相互交融、同生再造的过程。在思想与实践进入近代化的过程中，民间的慈善行为和理念逐渐向近现代公益转变，人人平等、授之以渔、人道主义等近代慈善观念逐渐普及并传播开来。

2. 马克思主义家庭观

家庭是一个历史范畴，本身经历了从无到有、由低到高的发展过程。马克思、恩格斯从唯物史观出发，系统地研究了家庭的起源和发展、家庭和社会的关系。在马克思、恩格斯看来，传承教育是家庭伦理的内驱动力。孩子对于父母而言，不仅应该是抚养的对象，也应该是教育的对象。马克思父母的家庭道德教育深深地影响了马克思道德品质的形成，也间接地影响了马克思对其子女的启蒙教育。虽然马克思有时候会表现得很狂野，但在家庭关系的处理中，他极其温和，同子女们建立了和谐的亲子关系。

---

① 杨超：《论马克思恩格斯的公益观》，https：//baijiahao. baidu. com/s?id = 1601135204970757820&wfr = spider&for = pc，2018 年 5 月 22 日。

恩格斯根据马克思遗愿写就的《家庭、私有制和国家的起源》一书，对人类社会从蒙昧时代到野蛮时代再到文明时代的历史发展过程进行了规律性阐释，进而得出马克思主义关于家庭、私有制和国家起源问题的基本观点。

在《德意志意识形态（节选本）》中，马克思详细讨论了家庭的起源、家庭与劳动分工的关系以及资产阶级家庭的本质和虚伪性。在马克思看来，“每日都在重新生产自己生命的人们开始生产另外一些人，即增殖。这就是夫妻之间的关系，父母和子女之间的关系，也就是家庭”①。

马克思、恩格斯认为，家庭并不是一般意义上的社会团体，“婚姻的缔结意味着一种契约关系的建立，这一契约关系不仅是法律意义上的，还是道德意义上的”②。孩子的发展潜力根源于父母的发展。早年在父母家庭获得的生活养育的体验和精神上的引导，会成为子女完成学业、搞好工作和待人接物的养分基础。及至个体自身结婚成家和生子，在父母家庭中习得的认知体验又会在自己的小家庭中传递，绵延不绝。

马克思、恩格斯认为，家庭教育本质上是一种以人类物质生产活动为基础的交往实践，是人与人之间特殊的社会关系的体现，实践性是其根本出发点。因此，可以把家庭教育看作培育人的社会实践活动。家庭教育的目的是引导子女从“自然的人”向“社会的人”转变。在实践层面，为了把孩子培养成具有高尚道德情操和远大理想的人，马克思自己除了创造良好的家庭环境、对子女进行基本道德行为规范的教导外，还通过讲故事、设计家庭活动的方式让孩子接受熏陶和锻炼。

（二）推动近代中国慈善转型的几种力量

慈善观念的教化、运行和外化为善举是一个不可分割的整体，这一系统直至近代以前一直保持相对稳定。马克思主义对传统家族慈善的影响，是伴随着中国近代的慈善转型发生的。具体而言，这种转型是从传统家庭的差序格局框架转到具有一定公共性的慈善的，即公益。推动近代中国慈

---

① 《马克思恩格斯文集》（第一卷），中共中央马克思恩格斯列宁斯大林著作编译局编译，人民出版社，2009，第532页。

② 萨日娜：《家庭美德》，四川人民出版社，2002，第108页。

善转型的力量主要在于19世纪末20世纪初西方宗教慈善的影响，西学东渐下传统文化的转型以及由近代实业和资本主义发展带来的实业慈善。马克思主义的慈善观和家庭教育规则直接影响了近代以及新中国成立后的中国慈善格局。

1. 马克思主义进入中国

近代中国历经百年动荡，内外交困、苦难深重。由西方冲击、自身破败导致的社会彻底性解体和文明整体性崩溃，迫使国人去寻求“救亡图存”之道，“救亡”与“革命”成为时代主题。十月革命一声炮响，给中国送来了马克思列宁主义。以李大钊、陈独秀等为代表的中国先进知识分子通过发表介绍马克思主义的文章、翻译马克思主义著作、组织马克思主义的宣传与研究团体，并使马克思主义与中国工人运动相结合，极大地促进了马克思主义在中国的传播。

马克思主义对传统家族文化产生了极大的影响，红色家风正是马克思主义与优秀传统文化的结合。以毛泽东家族为例，祖传的《毛氏族谱》有家劝十则，其中有“培植心田，品行端正，和睦乡邻，教训子孙，矜怜孤寡”的表述，这正是传统家族慈善的典型内容。受到马克思主义影响和感召的青年毛泽东，对自家的家风进行了改造性传承。据《毛泽东年谱》记载，1921年2月，毛泽东回韶山召开家庭会议，动员兄弟姐妹们舍弃自己的小家为大家，加入革命的大潮。当弟弟毛泽民对家里的财产犹豫时，毛泽东明确提出：“自家房子留给别人住，自家田地送给别人种，自家欠别人的钱全部还清，别人欠自己的就不要了。”[①] 这种宽厚和善良，一方面源于代际传承的传统家风，另一方面源于带领全家奔赴革命道路的决绝。

马克思主义的进入，带来了世界文明维度下看待中国家族慈善的不同视角。马克思主义人性理论概括而言就是“人性是一个历史的范畴，它以一定历史时期的生产力和生产关系的总和为现实的基础”。由此可知，家族慈善作为一种人性善意展现，与人们所处的历史时期息息相关。

马克思主义进入中国之前，中国长久处于以传统乡土式为主体的社会结构之中。费孝通先生曾指出，乡土社会的特质在于，乡民在一个相对封

① 邹华享：《解读〈韶山毛氏族谱〉》，《图书馆》2003年第6期，第30页。

闭的熟人社会中依靠礼俗传统、习俗惯制、乡规民约等实现自我约束和管理，并在生产生活中自发形成互助机制，如婚丧仪式和建房乔迁中的互助以及共同应对灾难等。①

继承传统人文精神气质的优秀知识分子，以“天下兴亡，匹夫有责”的经世济民理想为动力，在对时代的失望和痛苦中奋进前行，最终变为“职业革命家”。马克思主义的洞见令他们信任和折服，马克思主义在革命理想、革命方式、革命动力、革命机制等方面的原则和观念契合了中国的革命形势与社会状况的具体实际，成为时代的选择②。马克思主义与中国传统文化并不是具体思想的一致，而是文明的传承与创新、融合。由此，马克思主义的基本原理应同中国具体实际有机结合。

2. 西方宗教慈善的渗透

明清以后，随着中西文化交流，基督教、天主教对中国的渗透，其在慈善方面的推动作用日渐显现，晚清时期组织化的慈善机构和运营模式开始传入国内，客观上成为近代中国慈善的组成部分。一些教会、传教士把中国慈善传统融入教会慈善中。如清末灾荒期间，教会与官绅合作开展的联合义赈，初具现代慈善公益的雏形。

最先接受基督教的政治家、知识分子、商人在改变传统生活方式的同时，在文化教育、医疗救济、社会革新、民族工商业等方面发挥了极大作用，并通过个人与群体的号召力、影响力，渗透到社会生活的各个层面。

结合对西方慈善的分析，明末清初的思想家、慈善家郑观应首先提出“发展中国慈善事业必须要中西结合，从文化根源上，是恢复‘中国古人之遗意’，继承《周礼》之传统，而在具体实施中，则要在诸多方面向西方学习”。

近代基督教在华的慈善活动，客观上冲击了中国的传统慈善观念，进而深层次地影响到中国的思想界。当“宗教力”发挥了“道德的力量”③，

① 费孝通：《乡土中国》，人民出版社，2008。

② 王若磊：《近代中国为何选择马克思主义——基于革命实际与文明传统的再思考》，《西南政法大学学报》2022 年第 1 期。

③ 赵锋：《涂尔干的两个道德理论及其社会学问题》，《社会科学研究》2021 年第 3 期，第 121 页。

人们以宗教教义、教法为理论依据，就会努力遵循更为高尚的道德标准和行为规范，淡化功利目的与现世回报，更纯粹地为终极理想或造物主的喜悦而行善。晚清思想家、慈善家郑观应对基督教主导的慈善活动多有褒奖之辞，认为“其设义塾，施医药，育婴孩，著论说，无分畛域，一视同仁，救人之心不可谓不切”。①

通过宗教慈善实践，近代基督教也积极与当时的社会相适应，实现自身的本土化改造。到民国时期，各大宗教的慈善公益活动更具规模，战乱与动荡中合力救国的宗教界，也加强了交往，对话活动很频繁。以宗教慈善促进宗教对话与文化交融，正是近代中国社会积累的宝贵经验。

3. 近代实业家族慈善

中国的商业慈善传统由来已久。在以儒家伦理为主导的中国传统社会，家国情怀、重义轻利、贵和观念等浸润到商业领域。孔子云：“不义而富且贵，于我如浮云。”这无形中为商人提出了一个经商的道德伦理和社会伦理，其秉承的不是单纯追逐经济利益，而是达到经济和社会利益的双赢。所以，儒商后来成为商业领域所珍视的一种称号，商界也好将仗义疏财、救世济民的范蠡奉为商圣，历代均涌现出大量重义轻利的儒商。

民国年间，社会经济发展水平较之前有了明显提升。据著名的经济史学者吴承明估算，1913～1920 年，中国民营工业资本增长率高达 11.9%；1920～1936 年，民营工业资本增长率维持在 9.37% 的高位。② 在李鸿章高举的洋务运动的大旗之下，借助洋务企业积累的财富，近代中国出现了一批实业家。其中，张謇、盛宣怀、郑观应、经元善、徐润等人，成为中国慈善由传统步入现代的重要推手。他们的慈善思想同时吸收了中国和西方的思想文化精髓，符合近代社会“慈善”的概念，是一系列实业救国运动中的重要实践。

近代慈善组织在继续重视济贫助困、赈灾救荒等传统善举的同时，逐渐开办习艺所、贫儿院、慈幼院等慈善教育机构，注重教养兼施，慈善教育事业取得很大进展。众多近代实业家的慈善实践，都是传统意义上的慈

① 肖飞、胡剑冥：《郑观应慈善思想的基本特征》，《学理论》2010 年第 28 期，第 152 页。

② 史全生主编《中华民国经济史》，江苏人民出版社，1989，第 116～118 页。

善事业向近代意义上的公益领域的有效拓展。他们创立育婴堂、医院和养老院，对教育进行大量投入，还通过博物馆、公共图书馆进行公共科普，主张以工代赈，积极建设桥梁、涵闸、路灯等设施，在公共安全领域推动警察传习所、模范监狱等的建立，在通信事业方面推广电话、电报，并积极推动建设公园、剧场等文化娱乐场所。

这些努力是近代慈善家深受西方慈善思想影响的结果，他们意识到慈善与实业、教育都是改造社会、实现民主共和、富国强民的途径。因此，创办慈善事业，不是单纯进行慈善活动，而是将慈善事业纳入整个改良社会的系统工程中。张謇曾说："国家之强，本于自治，自治之本，在实业教育，而弥缝其不及者，惟赖慈善。"①

商业文明和贸易往来同时推动了近代的慈善组织建设以及华侨慈善。近代慈善家群体的形成，将原来分散的善人善士联络起来，形成了更大能量的社会组织网络。众多慈善机构的涌现，显示出近代慈善事业的发达与兴盛，表明慈善机构的组织形式、功能不再单一，呈现多元化的色彩。随着近代新闻出版事业的兴起，各类报纸、杂志对慈善事业给予了很大关注，使近代慈善理念得到更加广泛的传播，同时提升了慈善行为的透明度，树立了慈善主体的公信力。

20 世纪上半叶，华侨群体成为推动国内教育和慈善发展的重要力量，家国情怀是华侨慈善重要的精神驱动力。万金油大王胡文虎、橡胶大王陈嘉庚等华侨领袖积极在海外建立华人社团组织，在民族危难、救亡图存之时广泛号召海外华人聚沙成塔、回馈祖国，为抗战胜利和新中国的早期建设做出了巨大贡献。陈嘉庚一生捐助教育的资金高达 1 亿美元以上。经济萧条之时，为筹集厦门大学所需的大额办学经费，他不惜变卖三座大厦。华侨的慈善活动，广泛传播了民族观念，促进了民族团结，不仅给当时的社会带来了深远的影响，而且给战乱不断、民不聊生的乱世带来了一缕人文关怀的光明。

值得一提的是，近代实业家们的慈善行为，仍深受传统家风传承的影响和塑造，在家族体系内代代传承。作为乡绅，张謇的家国情怀、人格和

① 曹从坡、杨桐主编《张謇全集》（第 4 卷），江苏古籍出版社，1994，第 406 页。

慈善追求，深受家风的熏陶。张謇的母亲在遗言中特别留下了“穷苦人须周济，不必待有余”的叮嘱，对他产生了深远影响。对于这种以善传家的观念，张謇也继续传递给自己的下一代。张謇曾说：“慈善虽与实业、教育有别，然人道之存在此，人格之成在此。”①

著名慈善家经元善、郑观应都是受自己父亲的熏染，最终毕生致力于慈善救济事业。虞和平所作《经元善集》介绍：经元善早年在上海经商时就主持同仁辅元堂，后又“时怀家国思想……复爱怜平民”，矢志于慈善事业“以全父志”。夏东元所作《郑观应传》也介绍了郑观应从父亲郑文瑞身上所受到的影响和感召。郑文瑞早年就开始“筹置义田，兴立善堂”，在地方公益方面也始终热心参与，“若水利，若桥梁，若义仓，或创或因，无不尽力乐输，殚心规划”。这些行为，对于郑观应而言堪称典范，并在他内心埋下了热心公益的种子。

陈嘉庚倾财兴学，功垂竹帛，受其影响的人不仅有其胞弟陈敬贤、女婿李光前，还有族亲陈文确、陈六使兄弟等，薪火相传、生生不息。更难能可贵的是，陈嘉庚的外孙，也就是李光前家族二代、三代，至今仍为兴学及公益事业奔波。这种家族慈善之风的言传身教对子孙影响极深，使众多近代民族实业家、慈善家在投入慈善时都将无私奉献的高尚道德奉为圭臬，不图虚名、不希利禄。胡文虎、陈嘉庚等慈善家的后代也都建立了家族慈善基金会。

（三）新中国成立后马克思主义慈善观的影响

在我国漫长的封建制度下，父系家长制大家族始终占据主体地位。1956 年，社会主义制度的确立，从经济基础方面消灭了私有制，由私有制所支撑的父系大家族中的小家族或个体家庭从封建家长制下解放出来，形成了若干由较为单纯的血缘关系结合而成的家族。土地改革后，家族族产为国家和集体所有，家族失去了共同的经济基础，家族慈善在经济层面也随之走向瓦解。

整体而言，新中国成立后，慈善事业被视为资产阶级的伪善工具，慈

---

① 曹从坡、杨桐主编《张謇全集》（第 4 卷），江苏古籍出版社，1994，第 650 页。

善组织和慈善活动受到严格的管控和长期压制。植根于以儒家伦理为中心的价值体系被肢解，西方宗教慈善也遭到一定程度的污名化。“文化大革命”期间，慈善被视为洪水猛兽、资产阶级的“糖衣炮弹”、腐蚀和瓦解人民群众革命斗志的毒药和砒霜，被“狠批猛斗”，使人们避之唯恐不及，谈慈善色变。

20 世纪 80 年代，随着生产队的解体以及家庭联产承包责任制的实行，村集体和家庭之外的家族传统也逐渐复兴。在公共服务并不完善的乡村，基于血缘关系的家族之间的互动再次增强，家族内的互助传统和慈善传统也得以恢复。改革开放后，特别是确立中国特色社会主义发展道路后，我国慈善事业的发展逐渐摆脱教条主义的束缚，开始恢复和发展，并仍处于继续探索和优化中。慈善作为“先富带动后富，促进共同富裕”的一种形式，重新回到民众视野。社会主义的慈善观与慈善事业获得新的发展。

三　新时代家族慈善的返本开新

改革开放以来，随着民营经济的发展，拥有财富的家族企业越来越多，家族慈善也呈现新的面貌。自党的十八大以来，中华传统文化的复兴使国人对家文化进行反思。家族善财传承的必要性、重要性以及如何有效地促进善财传承，成为高净值人群关注的重点议题，家族慈善也逐步延伸到企业管理层面。随着信息技术的飞速发展，践行慈善的方式有了更多选择和可能。新时代的家族慈善，真正走向了返本开新的关键节点。

（一）新时代的家族变迁和家风指引

1. 新时代家庭结构的变化

从严格意义上讲，历史上的家族是指一个大家庭衍化发展到几十人、几百人甚至上千人，聚居于一个村落而且没有分家。进入现代社会以来，过去的家族组织和家族制度已经消失。以婚姻形态为纽带结合起来、由一夫一妻的夫妻关系与亲子女关系构成的家庭成为社会的最小单位和组织形式，也是人们最基础的经济和社会生活单位。

由于我国正处于从传统社会向现代社会的转型期，工业化、城镇化、信息化都在快速推进，人口的迁移流动长期活跃，城乡家庭的结构和生活方式发生了新的变化。与之相伴的是三代同堂家庭急剧减少，生育水平整体走低，人口老龄化速度明显加快。这些直接影响了民众的生活方式，并表现在家庭结构、家庭关系和家庭功能等方面。

中国传统家庭文化的宗族文化本源和近代以来中国家庭建设的民主化、科学化变迁，以及新中国成立和改革开放之后的财富积累、家庭建设中“家庭、家教、家风”三位一体的新形态，使家族慈善发生了诸多新的变化。

2. 注重家庭家教家风

习近平总书记多次强调：“不论时代发生多大变化，不论生活格局发生多大变化，我们都要重视家庭建设，注重家庭、注重家教、注重家风。”[①] 一个人的价值观，在很大程度上受到家庭的影响。家庭教育是培育时代新人、滋养和谐社会的中心环节。即便如孟子所说的“人皆有怵惕恻隐之心”，也需要在后天培养中不断确认和巩固这种“善”，即“扩而充之”。习近平总书记的家教、家庭、家风思想正是对马克思、恩格斯家庭观的继承和弘扬，关于家庭教育的重要论述蕴含了马克思、恩格斯家庭思想的“基因”。他重视子女的教养，认为父母的言行举止都会影响子女的处事方式，而社会和谐氛围的形成离不开良好家风的建设。他不仅指出家教、家风的重要性，将建设家庭作为建设国家的基点，而且十分重视家风对党风和政风的重要影响，倡导在全社会形成崇德向善的良好风尚。

党的十九大报告多次肯定了家庭美德的价值导向和文化传承功能，习近平总书记在会见第一届全国文明家庭代表时说道：“家庭不只是人们身体的住处，更是人们心灵的归宿。家风好，就能家道兴盛、和顺美满；家风差，难免殃及子孙、贻害社会，正所谓‘积善之家，必有余庆；积不善之家，必有余殃’。”[②] 家庭是培育下一代正确价值观的重要纽带。家庭教育涉及很多方面，其中最重要的是品德教育，是如何做人的教育，也就是古人所说的“爱子，教之以义方”。

---

① 《习近平在2015年春节团拜会上的讲话》，《人民日报》2015年2月18日，第2版。

② 习近平：《在会见第一届全国文明家庭代表时的讲话》，《人民日报》2016年12月16日，第2版。

这些思想和表述为新时代的家庭教育指明了方向，品德教育和善的教育必然会对家族慈善的延续和发展产生积极且深远的影响。

（二）新时代家族善财传承

改革开放后，随着经济社会发展的转型，我国慈善事业得到恢复和初步发展。中国的慈善呈现比西方更加多元化的、具有创造力的新模式。“中国特色慈善事业产生于中国的社会结构和历史文化之上，在借鉴吸收西方慈善优秀成果的基础上，形成了具有自身特点的独特发展模式。”①

1. 丰厚的民间财富积累是新时代家族慈善的基础条件

改革开放后，在社会主义市场经济框架下，民营经济获得飞速发展。截至 2017 年底，全国民营企业数量超过 2700 万家，产值占 GDP 比重超过 60%，对税收和就业的贡献率分别超过 50% 和 80%。② 伴随着快速发展而来的是企业的代际传承。根据中国民营经济研究会 2015 年的一项调查，超过 80% 的中国私营企业为家族所有。

以家族为单位来看，古代和近代中国的家族财产或族产只限于义学、义田、宗祠等，非常有限，只占私有财产的很小一部分。这些族产不是用于经营活动，而是用于家族的公益活动。

在当代，所谓家族慈善，是指家族将其合法私有资源捐赠用于公共目的，以家族、家族成员或家族企业字号命名慈善机构或慈善项目，且家族成员深度参与慈善事务的行为。目前来看，家族慈善的形式主要有家族大额捐赠、家族慈善基金会、家族慈善信托、家族慈善专项基金、家族捐赠者建议基金等，其中家族慈善基金会和家族慈善信托是开展家族慈善比较正式的形式。而在很多乡村地区，家族慈善与现代公益精神相结合成为地域性的慈善活动。

2. 善财传承有利于促进社会公平

目前，我国经济社会发展面临的国内外环境正在发生深刻而复杂的变化，我国社会主要矛盾已经发生了历史性转变。党和国家对慈善事业的重

① 宫蒲光：《关于走中国特色慈善之路的思考》，《社会保障评论》2022 年第 1 期，第 126 页。

② 大成企业研究院编著《2017 年民间投资与民营经济发展重要数据分析报告》，社会科学文献出版社，2018，第 5 页。

视程度前所未有，为慈善事业发展开辟了广阔前景，我国慈善事业发展正面临着难得的历史机遇。随着建立健全第三次分配以及相关配套制度被提上国家日程，慈善事业也需要更加站位靠前，再上台阶，成为深度参与社会治理、助力推进共同富裕的重要角色。[①]

第三次分配主要是指个人在初次分配与再分配中获得合法财富后，再通过自愿向公益慈善组织或有需要的困难群体捐献款物或购买公益彩票等方式回报社会，是由道德力量或公益精神主导的社会成员之间互助友爱的集中表现形式。早在 1999 年，经济学家厉以宁就讨论了道德力量在经济中的作用。[②] 2015 年，他发表了《当前中国经济发展需要注意的几个问题》一文，再次提出“重视‘第三种调节’——文化调节”[③]。

2021 年 8 月，中央财经委员会第十次会议提出，“要坚持以人民为中心的发展思想，在高质量发展中促进共同富裕，正确处理效率和公平的关系，构建初次分配、再分配、三次分配协调配套的基础性制度安排”。从严格意义上讲，第三次分配应集中体现出社会成员的互助友爱，是个人主体获得合法收入后回报社会的基本途径。传承家庭善财，在新时代中开创家族慈善的新局面，无疑是文化调节最重要的方式之一。它不仅有助于推动实现乡村振兴、助力共同富裕，而且有助于促进社会公平和谐，增强社会凝聚力和向心力。

3. 善财传承有利于推动完善公共服务体系，培育社会主义核心价值观

当下中国，面对基层社会治理困境和问题，我们需要深入挖掘和传承中国传统慈善文化，汲取劝善教化传统体系的智慧，诸如建立和完善官方 - 民间联结机制，将政府的教化观念准确下达到基层，并与基层自发传承的行善积德观念相衔接，激发乡村自发实现互助、救济的内生动力。

普遍存在于普通百姓中的行善积德传统和自发的互助传统背后是浸润着以儒家伦理为主导的三教合一的民众朴素的行善观。浦江郑氏的同心堂

① 宫蒲光：《社会治理现代化大格局下推进慈善事业高质量发展》，《中国行政管理》2021 年第 2 期。

② 厉以宁：《超越市场与超越政府——论道德力量在经济中的作用》，经济科学出版社，1999。

③ 厉以宁：《当前中国经济发展需要注意的几个问题》，《中国流通经济》2015 年第 9 期。

养老和诸暨的关爱基金、爱心食堂的探索，符合当前国家推进乡村振兴和共同富裕的总体战略，得到政府的引导和支持，有效补齐了城乡公共服务的短板，满足了人民群众尤其是基层弱势群体的基本需求。

中国传统慈善事业在中国社会正逐渐被公众认可和接受；救助社会弱势群体是全社会共同的责任已基本达成共识；社会成员参与慈善捐助成为他们表达爱心的积极实践；社会公众更多地参与单位和工会组织的捐赠活动，已成为中国慈善公益事业的一大特色①。

善财传承既是家族慈善思想的外化实践，也是慈善文化的重要组成部分。家族慈善与社会主义核心价值观有一致的内在逻辑。慈善旨在扶危济困，核心价值观中的“诚信”“友善”正是慈善行为的保障和出发点。习近平总书记指出：“树立慈善意识、参与慈善活动、发展慈善事业，是一种具有广泛群众性的道德实践。”② 慈善改善了民生，提高了人们的思想道德修养，与社会主义核心价值观保持高度一致。慈善思想的建设和慈善事业的发展有利于弘扬和培育社会主义核心价值观。

（三）新时代家族慈善的新特征

1. 将家族慈善延伸到企业管理

伴随着改革开放以来中国经济的高速发展，20 世纪 80 年代之后，因社会、经济发展的大环境的推动，家族制企业猛然涌现，家族制企业文化也应运而生，企业家慈善逐渐成为整个社会慈善事业的重要组成部分。传统的中国社会是一个建立在家族基础上的社会，家族文化已深深积淀于整个社会关系之中，成为影响和形成中国人价值观的要素，企业经营自然也深受家族文化的影响。1980～2000 年，中国的家族制企业文化取向大致是崇尚超前、崇尚拼搏、崇尚求利，整个企业的管理团队以家族成员为主，以家族成员的血缘、亲缘为主线。

2000 年之后，家族制企业得到很大发展，企业规模排行靠前的大多为家族制企业，而家族文化也得到了极大的丰富和拓展。传统家族文化成为

① 许琳、张晖：《关于中国公民慈善意识的调查》，《南京社会科学》2004 年第 5 期。

② 中共中央党史和文献研究院编《十八大以来重要文献选编》（下），中央文献出版社，2018，第 51 页。

企业管理文化的根基，企业大都同时吸收西方先进的管理文化，构建适应社会经济发展竞争需要的企业经营文化。这一时期的家族制企业文化已经不单纯追求企业的经济利益，而是全面推行企业的社会责任①。

大批家族企业将孝善文化作为企业文化的核心，重视传统经典学习，将《孝经》《弟子规》《论语》《道德经》《大学》等作为全员学习内容，而且企业管理者带头尊亲孝老、关爱员工。

2. 传统家族慈善的创新发展

基于西方文化和商业文明的现代慈善，是工业化、城市化和全球化的产物。纵观全球慈善事业的发展，西方现代慈善事业的主要特点是专业化、组织化和中介化，其发展逻辑主要是将公益慈善组织定位为区别于政府和企业的第三部门。

中国慈善文化与西方文化的慈善理念存在本质的不同。我国民间普遍存在的社会慈善行为，如基于血缘关系的亲戚互助，基于地缘关系的乡邻互帮，基于业缘关系的同事互扶等，以及数千年来从未断绝的基于佛教、道教信仰或民间信仰所做的公德捐助，都是将慈善作为积德培福的道德实践，具有广泛的社会基础。

民间家族慈善与现代意义上的家族慈善有所不同，其并非某一个家族出力捐献，而是将家族慈善与村落互助结合起来。其善财也非仅限于财产，而是“有钱出钱、有力出力、有物出物”的朴素的互助传统，“财”还包括了物质、公益时间和公益心等。这种在民间仍然相对稳定存在的善财传统体现出其与现代社会实现衔接的价值意义以及实现创新性转化的可能性。

郑氏家族居于浙江浦江县郑宅镇。距今900多年前的北宋元符二年(1099)，祖居河南荥阳的郑淮与两兄弟来到金华（古称婺州）香岩溪畔定居，后世代繁衍。南宋建炎年间，郑淮之孙郑绮始倡同居共食，此后家族内不断出现的有识之士，对家族文化的构建产生了深远影响。与家族交往密切的众多文人贤士也合力推动家族文化的发展，造就了以九世同居著称

---

① 陈煜斓：《传承家族文化与践行社会主义核心价值观》，《湖北工程学院学报》2020年第3期，第23～30页。

于世的“郑义门”。

九世同居的郑氏家族通过口头叙事、古籍记载和文物古迹等将“孝义”作为凝聚家族精神的核心，这种精神传统也体现在家族设义冢、义学和药市的日常生活实践中。至今，这里的富裕户仍有主动资助贫困户的义举。“江南第一家”文史研究会在家族慈善传统的现代传承转化中发挥了核心作用。

3. 新时代家族慈善的特征

慈善事业的高质量发展，仅凭个人的道德实践远远不够，必须在鼓励私德善行的基础上，推动传统慈善向现代慈善转型，从家族内延伸到家族外，从传统的“差等之爱”扩展到陌生人的公共领域，成为真正的现代慈善。

以捐赠为例，古代家族慈善中的捐赠更多直接指向具体的受捐赠对象，而且常常是具有一定血缘和亲缘关系的人，或者本土同乡。如今，专业的慈善组织将捐赠者和受捐者联系起来，将捐赠者的资源用于公共目的，同时要求非营利组织的运作遵循理性化和专业化原则，并将社会团体、社会组织、公益慈善等视为实现公民权利、按照“自治”逻辑运行的公共空间。

除了捐赠，家族慈善还有很多由近及远的其他方式。仍以郑氏家族为例，在家族内，每年农历二月初八同居世祖诞辰之日，其会组织族人在郑氏宗祠举行隆重的祭祖仪式，教育子孙恪守祖训，传承孝义。在家族外，其联合郑宅镇团委组织中小学生开展孝义传递活动，组织中小学生为老年人洗头、洗脚、做家务，重阳节为老年人举行节日庆典，引导学生践行尊老敬老的文化传统，并积极重修宋濂墓，组织学生清明节扫墓。

2016 年，郑氏家族做起了社区爱心食堂，凡是附近的老人、清洁工、打工者均可免费就餐，参与服务的基本都是本地义工。村级关爱基金的资金建设、管理和使用以村落为单位，依托村内的乡风文明理事会运行。在基金建设方面，实行多元化建设，即采取党员干部带头捐、乡贤企业爱心捐、村民群众互助捐、移风易俗公益捐的方式，提高社会筹资的积极性和可持续性，确保“源头有活水”，不断做大基金“蓄水池”。

网络时代，普通公众的慈善行为也有了新的选择。众所周知，互联网个人求助行为的资金体量十分惊人。据统计，2016～2019 年，由民政部指定的全国互联网公开募捐信息平台募款总计不到百亿元，而水滴筹、轻松筹、无忧筹、爱心筹 4 家个人大病求助服务平台，三年为个人大病求助募捐超过 500 亿元。[①] 这些大部分都是针对“陌生人”的捐赠。

（四）新时代中国家族慈善的根本遵循

推进我国新时代慈善事业高质量发展，应当以习近平新时代中国特色社会主义思想为根本遵循，在马克思主义经典理论与中国国情相结合的基础上，植根中国文化传统和实践路径，确立慈善事业在新时代经济社会发展中的地位。

1. 坚持理论创新，把握新发展阶段的新要求

“一个民族要走在时代前列，就一刻不能没有理论思维，一刻不能没有正确思想指引。”[②] 习近平总书记曾多次对慈善事业作出重要指示，主要包括：慈善是社会文明和谐的重要标志，是具有广泛群众性的道德实践；研究制定和完善促进家族慈善发展的政策措施；只有富有爱心的财富才是真正有意义的财富，民营企业家要增强家国情怀、担当社会责任，积极参与和兴办社会公益事业；要依法规范捐赠、受赠等慈善行为；要普及慈善文化、弘扬慈善精神、宣传慈善典型等。

2. 坚定文化自信，以中华传统慈善文化为根基

习近平总书记曾多次强调，“文化自信是更基础、更广泛、更深厚的自信，是一个国家、一个民族发展中最基本、最深沉、最持久的力量”。[③] 中华优秀传统文化是中华民族的文化根脉，中华民族历史悠久的慈善实践和丰富深厚的慈善思想，为慈善事业发展提供了智慧宝库。习近平总书记曾引用《孟子·告子上》中的古语“仁义忠信，乐善不倦”，指出“中国人民历来重友谊、负责任、讲信义，中华文化历来具有扶贫济困、乐善好

① 牛珂鑫：《我国互联网慈善捐赠的发展困境及对策研究》，《西部财会》2022 年第 7 期，第 78 页。

② 习近平：《携手消除贫困 促进共同发展：在 2015 减贫与发展高层论坛的主旨演讲》，《老区建设》2015 年第 19 期，第 8～11 页。

③ 习近平：《携手消除贫困 促进共同发展：在 2015 减贫与发展高层论坛的主旨演讲》，《老区建设》2015 年第 19 期，第 8～11 页。

施、助人为乐的优良传统”。[1] 习近平新时代中国特色家族慈善的发展，应根植中华优秀传统，通过系统梳理和深入挖掘传统慈善文化思想精华，筑牢慈善文化自信，同时传承和提升传统慈善文化内涵，以创新实践彰显中华慈善文化的时代价值。

3. 坚持为我所用，以海外优秀慈善模式为参照

习近平总书记曾经指出，“我们从来不排斥任何有利于中国发展进步的他国国家治理经验，而是坚持以我为主、为我所用，去其糟粕、取其精华”。[2] 慈善领域同样如此。

在关于慈善事业工作任务的重要论述中，习近平总书记强调，要研究借鉴其他国家的成功做法，创新我国慈善事业制度，动员全社会力量广泛参与。一些发达国家的公益慈善事业起步早，在慈善准入制度、激励政策、运行模式、监督机制等方面积累了不少经验，近年来国际范围内公益创新发展迅速，公益创投、社会企业、影响力投资等新的慈善模式层出不穷。

传统慈善与现代慈善的融合，将继续丰富人类文明新形态的内容和意蕴。中国坚持和发展中国特色社会主义，推动物质文明、政治文明、精神文明、社会文明、生态文明协调发展，创造了中国式现代化新道路，创造了贯穿古今、并收中外的文化融合体和人类文明新形态，中华善财传承、慈善文化的返本开新正是其中重要的组成部分。总之，我们应当在坚守“主体性”的基础上秉持开放包容精神，认真鉴别、合理吸收海外优秀慈善模式，结合我国新发展阶段的时代要求，勇于创新，推动建设与社会财富量级相匹配的现代家族慈善。

---

① 习近平：《消除贫困是人类的共同使命》，国务院新闻办公室，http：//www. scio. gov. cn/ztk/dtzt/2015/33598/33600/Document/1453039/1453039. htm。

② 习近平：《携手消除贫困 促进共同发展：在 2015 减贫与发展高层论坛的主旨演讲》，《老区建设》2015 年第 19 期，第 8～11 页。

第十三章

家族慈善功能定位

一　慈善事业的发展定位

新中国成立以来，我国慈善事业经历了“改造—停滞—重启—勃兴”波折式前进的发展过程。新中国成立初期，我国对旧有慈善机构和慈善团体进行改造，慈善事业几乎全部被纳入政府事务范畴。“文化大革命”时期，我国对慈善事业进行批判和全盘否定，慈善事业发展进入停滞阶段。

改革开放后，随着经济体制改革、政治体制改革等全面改革的深入，以 1981 年中国儿童少年基金会成立为开端，我国慈善事业开始复苏。1994 年，《人民日报》刊发《为慈善正名》一文及中华慈善总会的成立，标志着中国慈善事业进入常态发展时期。2008 年的汶川地震，为慈善事业的蓬勃发展提供了契机。2016 年 9 月，《慈善法》正式颁行，我国慈善事业发展进入法治化轨道。近年来，在助力脱贫攻坚、防控新冠肺炎疫情、促进乡村振兴等重大公共事务中，慈善事业进一步展现了其不可或缺的社会功能。

（一）关于慈善事业定位的认识

回顾新中国的慈善事业发展史，大体存在三种不同的认识影响着慈善事业的发展方向，其思想遵循分别是基于特定历史时期的“资产阶级伪善”定位，囿于西方现代慈善思想的第三部门定位，以及回归中华传统慈善文化的道德实践定位。这些特定指导思想或具有时间局限性，或未能很好地与中国实际相结合，对慈善事业的认识存在偏颇，从而影响了我国慈善事业的健康发展。

1. 基于特定历史时期的“资产阶级伪善”定位

马克思主义慈善思想形成于特定的历史背景下，从阶级斗争的角度批判资产阶级伪慈善，即资产阶级的假同情真压迫、假安抚真剥削、假慈善真买卖，认为这种慈善本质上是为了维护资本主义制度、巩固资产阶级政权，是包藏祸心的伪善。

毛泽东延续了马克思、恩格斯、列宁等马克思主义经典作家对慈善事业的观点，在《湖南农民运动考察报告》中，他就提到所谓的慈善事业只是一些“肯积阴功”的地主们的行为，既不经常，效果也不好①。新中国成立伊始，受当时的政治经济状况以及国际环境等因素的影响，慈善事业被视为资产阶级的伪善工具，慈善组织和慈善活动受到严格的管控和长期压制。

同时，马克思、恩格斯肯定无产阶级慈善，关注无产阶级的现实境遇以及全人类的自由和解放，并肯定慈善事业在共产主义社会存在和发展的必要性。在这种思想的指导下，很长一段时间内，我国政府承担了慈善事业在社会救助、社会保障等方面的职能，并发展出以“学雷锋、做好事”为标志的社会主义慈善模式，强调人与人之间的互帮互助以及集体主义价值取向。改革开放后，特别是确立中国特色社会主义发展道路后，我国慈善事业的发展逐渐摆脱教条主义的束缚，开始恢复和发展，并仍处于继续探索和优化中。

2. 囿于西方现代慈善思想的第三部门定位

基于西方文化和商业文明的现代慈善，是工业化、城市化和全球化的产物。纵观全球慈善事业的发展，西方现代慈善事业已有百余年历史，其突出特点是专业化、组织化和中介化，发展逻辑主要是非营利组织理论和“第三部门”理论，即将公益慈善组织定位为区别于政府和企业的第三部门。

改革开放后，随着经济社会发展的转型，我国慈善事业得到恢复和初步发展。与之相伴随的，主要是基于西方慈善思想的第三部门理论，鼓励

---

① 《毛泽东选集》（第一卷），人民出版社，1991，第141页。

建立专业的慈善组织，将捐赠者和受捐者联结起来，将捐赠者的资源用于公共目的，同时要求非营利组织的运作遵循理性化和专业化原则，并将社会团体、社会组织、公益慈善视为实现公民权利、按照“自治”逻辑运行的公共空间。

客观地说，非营利组织理论和第三部门理论推动了我国传统慈善向现代慈善的转型。但是“第三部门”概念是与西方“公民社会”理论紧密相连的，与之相关的是“抗衡政府”“民间主导”等理念，这也导致我国目前一些地方和职能部门对慈善事业的发展心存疑虑，反映在具体工作中就是对慈善事业过度管控、限制发展。西方文化的慈善理念与我国慈善文化存在本质的不同，照搬照抄必然导致“水土不服”，制约我国慈善事业的健康发展。

3. 回归中华传统慈善文化的道德实践定位

中华民族五千多年的文明史蕴含着丰富的慈善思想，中国的慈善历史源远流长。据考证，从周朝开始，历朝都有向贫民、鳏寡孤独等弱势群体实施救济扶助的诏书，历代都有宗教慈善、士绅慈善的文献记载。

以孔孟为代表的儒家文化是中国人的根和魂，在塑造国民心性和社会规范方面发挥着重要作用。“仁者爱人”“恻隐之心”“人之初，性本善”“天下为公”“义利并举”“仁者以财发身，不仁者以身发财”等思想，是我国慈善的文化底色和底层逻辑。儒家文化“仁者爱人”的利他精神、人性本善的慈悲观念、由仁趋善的道德追求，为我国慈善事业的发展提供了思想源泉。

我国民间普遍存在的社会慈善行为，如基于血缘关系的亲戚互助，基于地缘关系的乡邻互帮，基于业缘关系的同事互扶等，以及数千年来从未断绝的基于佛教、道教信仰或民间信仰所做的公德捐助，都将慈善作为积德培福的道德实践，具有广泛的社会基础。然而，慈善事业的高质量发展，必须在鼓励私德善行的基础上，推动传统慈善向现代慈善转型。

（二）新时代慈善事业的基本定位

理论创新引领慈善事业发展。推进我国新时代慈善事业高质量发展，应当以习近平新时代中国特色社会主义思想为根本遵循，在马克思主义经典理论与中国国情相结合的基础上，植根中国文化传统和实践路径，真正确立慈善事业在新时代经济社会发展中的地位。

在福建、浙江、上海工作时以及党的十八大以来，习近平总书记曾多次对慈善事业作出重要指示，强调慈善事业是社会文明的重要标志，是一种具有广泛群众性的道德实践；在构建社会主义和谐社会中，必须把发展慈善事业作为一件大事来抓，真正确立慈善事业在经济社会发展中的地位；慈善不仅有助于提高个人和组织的社会责任感及公众形象，而且有助于促进整个社会的公平、福利与和谐，有利于增强社会凝聚力和向心力，使社会主义荣辱观在全社会得到更好的弘扬，切实提高全社会的道德水平和文明程度；要研究借鉴其他国家的成功做法，创新我国慈善事业制度，动员全社会力量广泛参与。2021 年 8 月，习近平总书记在中央财经委员会第十次会议上重点提到促进共同富裕、第三次分配应协调配套、做好基础性制度安排等重要思想。而慈善事业作为第三次分配主要的实现方式，充分发挥慈善力量参与第三次分配，迎来了机遇期。

习近平总书记在就企业家社会责任、家庭家教家风建设等主题发表重要讲话时，也多次论及慈善工作，希望广大民营企业积极投身光彩事业和公益慈善事业，致富思源，义利兼顾，自觉履行社会责任。而在家庭教育方面，家事关乎国家大事，随着《家庭教育促进法》自 2022 年 1 月 1 日起施行，全社会将更加注重家庭、家教和家风建设。习近平总书记曾明确指出："家庭不只是人们身体的住处，更是人们心灵的归宿。家风好，就能家道兴盛、和顺美满；家风差，难免殃及子孙、贻害社会，正所谓'积善之家，必有余庆；积不善之家，必有余殃'。"[①] 民营企业家要增强家国情怀、担当社会责任，积极参与和兴办社会公益事业。

谋划新时代慈善事业高质量发展，必须以习近平总书记关于慈善事业的重要指示为遵循，切实提高站位，明确新时代慈善事业的基本定位和发展方向。慈善事业是社会力量在党和政府引领下参与社会建设和社会治理的伟大事业，是党政机关、企业机构、社会组织、家庭、个人等多元主体

① 习近平：《在会见第一届全国文明家庭代表时的讲话》，《人民日报》2016 年 12 月 16 日，第 2 版。

共建的重要载体、共治的重要方式和共享的重要途径。

1. **多元主体共建的重要载体**

坚持党的领导、人民当家作主、依法治国三者有机统一，是社会主义民主政治的首要任务。中国慈善事业在党的领导下，为实现人民当家作主提供重要渠道，是人民共同建设社会主义国家的重要载体。公民基于自愿依法将私有资源用于公共目的，通过捐赠善款、成立社会组织、开展志愿服务等参与社会建设和社会治理，体现的是中国特色的公民结社权利和公民责任担当。

当前我国慈善参与者已逐步从企业家拓展到广大社会群体。高收入人群慈善方兴未艾，大众慈善也在蓬勃发展。信息技术的飞速发展，使慈善活动的成本不断降低，这不仅方便了大众的参与，也让更大规模的群众从中获益。无论是互联网慈善还是企业家慈善，都彰显出慈善事业是中国公民实现政治、文化、社会权利的重要渠道和人民参与建设社会主义现代化国家的重要途径。

2. **多元主体共治的重要方式**

党的十八大以来，我国逐步构建了以党委领导、政府负责、社会协同为主要特征的社会治理新格局，目的是团结多元主体的力量，让各方积极因素充分涌流，共同参与社会治理，建设充满活力的社会。慈善事业的资源不仅来自社会力量基于道德的志愿奉献，也包含税收减免、政府支持等公共资金，其本质是政府和社会力量对公共议题的合作治理。

慈善事业作为具有广泛群众基础的社会事业，是构建政府和社会新型关系的重要通道。在新型政社关系中，在党委领导、政府负责的前提下，各类社会组织协同参与社会治理，能够最大限度地发挥社会调节和居民自治的优势，激发社会活力，推进社会和谐有序。党政主导是新型政府与社会关系的前提特征，以人民为中心是新型政府与社会关系的本质核心，体现在慈善领域，政府和社会组织作为推进社会公共事务的重要主体，既是监督和管理的关系，又是协调和配合的关系。政府作为公权力的代表，对社会组织的发展具有决定性影响。政府主导不仅要对慈善组织进行监督和管理，还要通过政策工具赋能和服务慈善组织，使社会力量具备资源和能力参与解决紧迫的社会问题，有效协同社会治理。

3. 多元主体共享的重要途径

改革开放以来，一部分人和地区在法律和政策许可下先富起来，并且通过先富带动后富，极大地促进了生产力发展和人民群众生活质量的提高。在现代化国家建设的新征程上，“全体人民共同富裕取得更为明显的实质性进展”被放在更加重要的位置。促进共享发展、推进共同富裕，需要更好发挥第三次分配的重要作用。慈善事业是第三次分配的主要实现方式，推进慈善事业高质量发展，有助于充分发挥第三次分配作用，提升各阶层群众的安全感、获得感、幸福感。

慈善事业为共享发展提供了一种长久稳定机制。① 越来越多的先富人群将行善列为家族财富分配的重要实现方式，将公益慈善作为实现利他和自利平衡的必选项，家族财富惠及后富人群。② 无论是高收入群体、中产阶层，还是普通大众，以慈善捐款或提供慈善服务等方式，在帮助困难群体的过程中，既增进了不同群体之间的彼此了解和相互信任，又实现了社会财富向未富群体的转移，助力未富群体共享发展成果，促进实现共同富裕。习近平新时代中国特色慈善事业要契合社会主义本质要求，从救助型慈善过渡到发展型慈善，从帮助全体人民实现生活富足发展到广泛推进医疗卫生、生态环保、公共服务、社会事务等领域，同时要契合共同富裕的内涵要求，从辅助提供救灾、救济、救急等向协同满足人民群众对美好生活的向往发展，促进实现共享繁荣。

二　家族慈善的社会功能

探析家族慈善的社会功能之前，首先要明确慈善的含义以及家族慈善的界定。在古代汉语里，“慈”和“善”分别以单字结构形式出现，并且各有不同的含义。“慈”的意思原本是指父母的爱，如《管子·形势解》中的“慈者，父母之言行也”。后来，“慈”又引申出怜爱、仁慈等寓意，如《新术·道术》对“慈”的阐释“恻隐怜人”。“善”与“恶”相对，

---

① 郑功成：《让慈善成为共享发展的长久稳定机制》，《中国社会报》2021 年 2 月 26 日，第 4 版。

② 傅昌波：《先富带动后富，如何正确打开》，《人民日报》2018 年 4 月 19 日，第 5 版。

本义为“吉”，许慎在《说文解字》中对“善”解释为“吉也”。后来，“善”被引申为友好亲善、品行道德高尚等寓意，如《管子·心术下》提及“善气迎人，亲如弟兄”。中华慈善总会创始人崔乃夫认为，父母对子女的爱为慈，讲的是纵向关系；人与人之间的关爱为善，讲的是横向关系；慈善是有同情心的人们之间的互助行为。

从国内慈善概念的渊源可以看出，慈善的本源是“爱”，是人性深处的“不忍之心”，其主要表现是强者对弱者的同情和救济。大工业革命之前，西方慈善的主要组织机构为教会，富人主要通过捐赠教会体现慈爱和救济。现代意义的家族慈善起点是20世纪初的美国，卡耐基、洛克菲勒等一批超级富豪开始思考如何有组织地运用家族财富开展慈善事业，其标志是由卡耐基发表的两篇文章汇编的《财富的福音》一书的出版，还有洛克菲勒基金会成立。中国的家族慈善可以从南宋算起，以宰相范仲淹购置义田、设立范氏义庄为标志。

总体而言，家族慈善是指将家族拥有的私人财富或资源捐献用于公共利益。相对于企业慈善、教会慈善和公募慈善，家族慈善的财富来源单一、决策灵活，同时慈善事业与家族名誉高度相关，利他动机更加纯粹，决策效率也相对较高。因此，在现代慈善事业的版图中，家族慈善是最为重要的力量。

尽管部分家族成员也参与慈善组织的运营和慈善项目的执行，但总的来说，慈善家族是慈善事业的资源供给方，是以合法获得的私人财富投入社会事业的资助人。大力发展家族慈善，可助力中国慈善事业高质量发展，促进实现共同富裕。家族慈善在补充社会保障、调节收入分配、协同社会治理、扩大民间外交、塑造核心价值、保持社会创新、推动商业进化、实现自我价值等方面具有不可替代的作用，能够促进慈善事业在国家、社会和个体层面实现多重功能。

（一）补充社会保障

在我国中央和地方的财政支出中，教育、医疗卫生、社会保障和就业等民生问题通常占据公共预算支出占比的前几位。目前，我国社会保障和公共福利在很大程度上依然要依赖政府的财政资源。然而，政府的财政资源是有限的，在支出分配上有政策层面的考虑，资金划拨周期较长、精准度欠佳，而且我国政府在财政赤字的约束下，具有增加经济性支出、减少公共服务性支出的偏好①。

用商业手段解决公共问题可以发挥市场效率优势，用最有效率的方式找到解决方案的提供方、实施方。但传统商业具有逐利本质，纯粹的商业模式不能使社会保障和公共福利惠及最需要的群体。公益慈善事业是利国利民的伟大事业，是我国社会多层次社会保障体系的重要组成部分，是社会救助制度和兜底保障制度的有益补充。2016 年颁布施行的《慈善法》，明确了 6 大类 19 项自愿开展的公益活动，将科学、体育、保护和改善生态环境等划为符合规定的慈善活动。慈善范围的划定让公益捐赠有法可依。当然，捐赠人在规划慈善事业时也会考虑关注的领域和地区范围。

《慈善法》中列出的扶贫济困、弱势群体帮扶、应急救助、公共事业发展、生态保护等领域，都与我国社会保障制度特别是社会救助、社会优抚和社会福利等有机统一。慈善事业通过自愿性的社会机制，补充社会保障和公共福利。而家族慈善尝试通过新商业的方式解决社会问题，这需要政府、市场和社会合作，发挥各自的优势，通过社会创新形成商业向善或高效慈善，更有针对性地解决社会问题，共同构筑社会生活的底线。这是慈善公益事业基本的、直接的，也是最传统的社会功能。

（二）调节收入分配

党的十九届四中全会通过的《中共中央关于坚持和完善中国特色社会主义制度、推进国家治理体系和治理能力现代化若干重大问题的决定》指出，“重视发挥第三次分配作用，发展慈善等社会公益事业”。党中央首次明确第三次分配为收入分配制度体系的重要组成部分，确立慈善等公益事业在我国经济社会发展中的重要地位。国家发展改革委、财政部等出台《关于深化收入分配制度改革的若干意见》，明确要求慈善事业在健全分配调节机制方面发挥应有作用。慈善事业是实现社会第三次分配的关键要

① 娄峥嵘：《我国公共服务财政支出效率研究》，博士学位论文，中国矿业大学管理学院，2008，第 1 页。

素，在促进生产、完善劳动和分配制度方面具有特殊的作用。

据中国慈善联合会统计，2020 年我国共接受境内外慈善捐赠 2253. 13 亿元人民币。其中，境内接受款物捐赠共计 2086. 13 亿元，首次超过 2000 亿元，比 2019 年增长 38. 21%，占全国 GDP 总量的 0. 21%。[①]《慈善蓝皮书：中国慈善发展报告（2021）》表示，2020 年以社会捐赠总量、全国志愿服务价值和彩票公益金三者之和核算形成的全国社会公益资源总量预测为 4100 亿元，志愿者总量 2. 31 亿人。截至 2020 年底，全国登记认定慈善组织 9480 个，净资产规模近 2000 亿元。

尽管我国捐赠总额占 GDP 总量的比例不及世界发达国家，但第三部门仍然吸纳了一定数量的就业人口。在我国，2005 ~ 2020 年，公共管理、社会保障和社会组织每年吸纳超过 1000 万就业人员，且人员规模总体上呈现逐年上升趋势，基本维持在全国就业人口的 10% 左右（见图 13 - 1）。

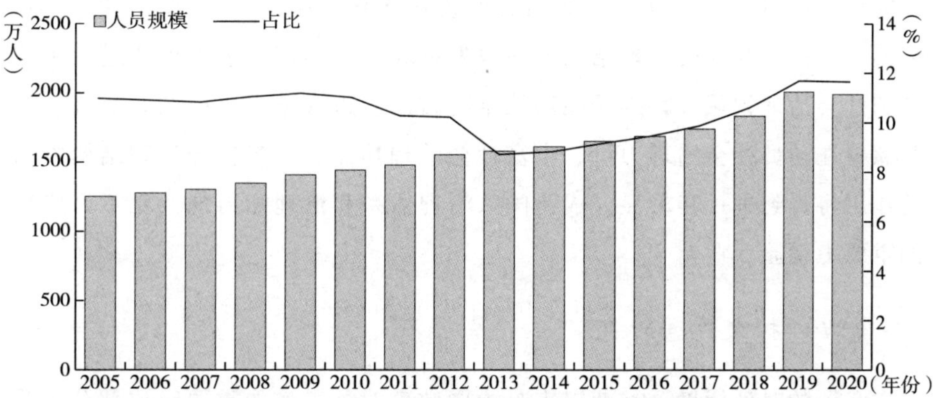

图 13 - 1　中国公共管理、社会保障和社会组织就业人员规模及占总就业人员比例

资料来源：国家统计局编《中国统计年鉴（2021）》，http：//www. stats. gov. cn/tjsj/ndsj/2021/indexch. htm。

（三）协同社会治理

党的十九届五中全会通过的《中共中央关于制定国民经济和社会发展第十四个五年规划和二〇三五年远景目标的建议》特别提到群团组织和社

① 《2020 年度我国共接受境内外慈善捐赠超 2253 亿元》，https：//baijiahao. baidu. com/s?id = 1717463726398978483&wfr = spider&for = pc，2021 年 11 月 26 日。

会组织，指出要发挥它们在社会治理中的作用，明确提出参与社会治理的主体，如市场主体、新的社会阶层、社会工作者、志愿者，并且对畅通和规范参与社会治理的途径做出明确要求。这些社会主体力量通过慈善的纽带，协同党和政府打造人人参与、人人负责、人人享有的社会治理共同体，对提升社会治理能力和水平至关重要。慈善依靠独特的社会机制，激发社会活力，通过人与人之间、群体与群体之间的互动和公益联结，提高社会成员参与社会治理的程度和水平。

社会治理不只是党和政府的责任。慈善事业是我国社会治理体系的重要组成部分，公益慈善为社会力量参与社会治理、构建社会治理共同体提供了重要桥梁和实现通道，要依靠社会多元主体的力量。各主体按照自己的角色定位履行各自的职责，实现社会治理的共建、共治和共享。

在脱贫攻坚和新冠肺炎疫情防控中，慈善事业做出了重大贡献，在传统的扶贫济困、突发事件救助领域继续发挥突出作用。此外，实践证明，慈善事业在完善社会治理结构方面也发挥着重要作用。慈善事业进一步延伸到社会治理领域，特别是在消除绝对贫困、迈入全面小康的新时代，公益慈善在动员社会治理力量、丰富社会治理功能、完善社会治理结构方面的作用将得到进一步彰显，成为国家治理体系和治理能力现代化不可或缺的重要力量。

（四）扩大民间外交

我国的对外援助，长期以来是中国政府对外工作的重要组成部分，其促进了中国与世界各国的友好合作和互助共赢，同时提高了我国的国际地位和影响力。但是在纷繁复杂的国际政治环境中，政府的官方援助总是难以避免被打上意识形态烙印。政府及其部门在国际援助中的局限性，使以慈善组织为代表的民间救援的特殊价值得以凸显。① 在解决灾害救助和疾病治疗等方面，慈善合作与政府间的合作相比更加灵活。特别是当一些国家之间政府间正规交往不顺畅的时候，民间慈善可以作为缓冲剂。

---

① 金锦萍：《疫情应对中，民间救援当为国际救援主要方式》，https：//www. sohu. com/a/381604903_818314，2020 年 3 月 20 日。

慈善事业既是跨宗教、跨种族、跨文化的共通事业，又是非政府、非营利、超意识形态的交流活动。超越国界、以天下为怀、增进全人类福祉的慈善事业，对塑造和展示国家软实力、扩大国际影响力具有重要意义。国外慈善家（家族）有很多着眼于世界面临的重大问题，在全球范围内开展各领域公益慈善项目的典范，如比尔·盖茨及其前妻梅琳达、洛克菲勒家族等。近年来，随着经济的快速发展和社会财富的日益增加，尤其是中国的企业和创业者更快更深地介入全球化进程，国内慈善组织逐步启动对外资助。

在全球新冠肺炎疫情防控应对中，中国慈善组织的角色和功能得到快速积极呈现。深圳国际公益学院的统计数据显示，截至 2020 年 3 月 31 日，全球 6 大洲 109 个国家（中国未包含在内）得到或正要得到中国社会组织提供的全球抗疫行动支持，这个数量在已出现疫情的国家中占比高达 54%。[①] 除此之外，中国发展研究基金会联合国际公益学院等开展“支援意大利抗疫联合行动”；内蒙古老牛慈善基金会、北京老牛兄妹公益基金会、荣程集团及荣程普济基金会等家族企业和家族基金会捐赠了大量医用物资及现金；马云公益基金会与阿里巴巴公益基金会向 140 多个国家和地区捐献近亿件防疫物资，并开发上线全球新冠肺炎实战共享平台。在积极应对疫情的过程中，民间自发形成了全方位的对外支援，具有创新意义。社会组织参与海外抗疫合作方式的灵活多样，是此次包括家族慈善基金会在内的各类慈善组织参与全球抗疫中值得关注的特点。[②] 中国秉持人类命运共同体的理念，与国际社会同舟共济，用实实在在的行动，体现了负责任的大国担当。

（五）塑造核心价值

早在 2006 年时任中共浙江省委书记的习近平同志就在浙江慈善大会上强调了慈善事业对社会文明和谐及树立社会主义荣辱观的重要意义。慈善本身就带有明确的价值取向，价值观是慈善事业发展的价值支撑。中国特

---

① 《中国社会组织参与全球抗疫十大行动案例发布》，http：//www. gongyishibao. com/html/shehuizuzhi/2020/08/15254. html，2020 年 8 月 4 日。

② 《中国社会组织的海外抗疫：跨界抱团，覆盖六大洲上百个国家》，https：//mp. weixin. qq. com/s/7pr – m – 87b – _F21YI – w_DTA。

色社会主义公益慈善是社会主义先进文化的重要组成部分，是培育和践行中国特色社会主义核心价值观的重要载体。社会主义核心价值观是当代中国精神的体现，是全体人民共同价值观的体现，决定了中国特色社会主义慈善事业坚持什么样的价值立场以及按照什么样的价值取向发展。

2011 年发布的《中国慈善事业发展指导纲要（2011—2015 年）》明确了我国慈善事业的宗旨，在社会主义核心价值体系的引领下，全面普及慈善文化，广泛传播慈善理念，使慈善逐渐成为一种社会风尚和人民生活方式。[①] 2018 年民政部印发《关于在社会组织章程增加党的建设和社会主义核心价值观有关内容的通知》，明确要求各地民政部门在社会组织登记管理工作中应及时要求在其章程中增加社会主义核心价值观有关内容，以社会主义核心价值观来引导慈善事业的健康发展。慈善事业与社会主义核心价值观的文明、和谐、平等、公正、诚信、友善等要素紧密关联，对塑造社会风气、促进社会和谐、提升社会文明程度发挥着重要作用。

而家族慈善的发展必定要契合社会主义核心价值观的要求。作为一项重要的家族传统，家族慈善通过利他的慈善，即家族慈善事业，来塑造和增强家族核心价值观，并将家族核心价值观、家族使命愿景、家族核心制度与规范等逐代内化与传递，这种价值观的传递使家族传承久远。如洛克菲勒家族以“促进人类的一切福祉”为使命，始终以核心价值观为导向，包括关爱地球环境、支持并传播艺术之美，以及促进美国乃至全世界的公正、和平进程的发展，最终开拓出广泛而卓越的慈善事业。

（六）保持社会创新

对于创新性强但失败风险较高的公共议题解决方案，受到严格约束的公共财政和以商业回报为导向的企业资金都很难介入，特别是一些探索创新，企业和政府不能看到稳定的资金和社会回报，因此不会用纳税人和股东的钱冒险投资。这个时候，慈善资金特别是家族慈善资金通常可以作为承担创新风险的投资人，资助短期很难看到商业价值的基础性研究、无用

---

① 《〈中国慈善事业发展指导纲要（2011—2015 年）〉发布》，中央政府门户网站，http://www.gov.cn/gzdt/2011-07/15/content_1907330.htm。

之用的研究，以及文学、艺术等领域的先锋探索。家族慈善可以成为繁荣科学、文化、艺术、医疗、教育、环保等事业，保持国家和社会创新能力的重要载体，具有政府和市场不可替代的独特功能。

从百年前的西方到现在的中国，都涌现出一批勇于试错、敢于探索的慈善家。美国洛克菲勒家族在文化艺术领域的捐助可以被看成是慈善领域的“造鱼塘”，其不仅捐助芝加哥大学，资助大量古典艺术研究，鼓励艺术创新和杰出人才培养，还主持修建现代艺术博物馆，并进一步鼓舞家族第三代成员投身艺术领域的公益活动，包括建立各自的艺术机构，捐赠林肯艺术表演中心，建立原始艺术学部和原始艺术博物馆，帮助阿肯色艺术中心成功转型为现代艺术中心，促进了艺术在美国乡村的普及，在全美以座谈小组方式调研如何将艺术融于教育。①

中国的现代慈善起源晚于西方社会，但随着改革开放成长起来的第一批企业家逐步承担起社会创新的责任。盛大集团创始人陈天桥和妻子雒芊芊于 2016 年以个人名义斥资 10 亿美元创建陈天桥雒芊芊研究院，主要聚焦大脑探知、大脑相关疾病治疗和大脑功能开发三大研究领域，与领先的大学和研究机构合作，力求揭开人类大脑之谜，以及从信息向行为的转换过程。同年 12 月，陈天桥雒芊芊研究院向加州理工学院捐赠 1.15 亿美元设立了 Caltech 陈天桥雒芊芊脑科学研究院，并为加州理工学院脑科学研究提供持续支持。2020 年 10 月，研究院首个脑科学前沿实验室在上海落成，包括脑机接口、数字医学、认知评估等多项内容，重点是促进全球脑科学研究。② 一次被问到“为什么要用慈善的方式，而不是投资”时，陈天桥答道：“对于大脑和思想，我认为必须用一种非营利的方式，因为人类目前缺乏对大脑某些基本方面的理解。所有这些研究，仍在大学或研究所。”③ 可见，慈善资产在支持技术进步、促进社会发展方面发挥了积极作用，一些拥有前瞻性和使命感的慈善家扮演了“天使投资人”

① 中国公益研究院：《世界第一慈善家族：洛克菲勒家族慈善百年》，http：//www.bnu1.org/show_949.html。

② 《陈天桥雒芊芊研究院首个脑科学前沿实验室在上海落成！》，https：//new.qq.com/omn/20201024/20201024A02BXF00.html。

③ 《从宗教到科学，企业家为何爱上研究大脑》，https：//baijiahao.baidu.com/s?id = 1650588405044718717&wfr = spider&for = pc，2019 年 11 月 19 日。

的角色。

（七）推动商业进化

进入21世纪，反思大工业革命以来的碳基文明发展模式和以华尔街为代表的原教旨市场经济及其金融游戏规则，已经成为全球性的思潮。随着包容性资本主义、公益资本主义、美好企业、觉醒商业、社会价值投资、影响力投资等概念和模式的出现，商业向善成为一种全球趋势，慈善与商业的界限正在日渐模糊，摒弃股东利益至上，越来越成为企业发展的必选项。[①] 商业要对全部利益相关方负责，要承担更多的社会责任，而慈善也在尝试运用商业的思维和工具来优化资源配置、评估慈善效能。正如中央强调的，社会是企业家施展才华的舞台。只有真诚回报社会、切实履行社会责任的企业家，才能真正得到社会认可，才是符合时代要求的企业家。在推动商业向善、促进商业进化方面，慈善正在展示其独特的影响力和可能性。

近年来，国际范围内公益创新发展迅速，公益创投、社会企业、影响力投资等新的慈善模式层出不穷，国内慈善事业发展也在借鉴吸收海外优秀慈善模式。如社会企业蓬勃发展，运用商业的力量建设美好社会正在成为共识。社会企业是慈善组织的创新形式，它是指慈善组织通过创新的项目开发和专业设计，从社会问题中找到以商业模式为主的可持续性模式。形成慈善组织不仅可以完成慈善目标，而且可以完成自身增值和发展。中国目前的社会企业发展进入了蓬勃发展的战略阶段。一份公开的中国社会企业相关调研报告提出，关于中国社会企业的数量，一种简单、保守的估算办法就是直接采用社企认证的数量。到2018年为止，中国慈展会共认证了234家社会企业。考虑到很多社会企业并不了解或者不认同中国慈展会的社企认证，这一数据大大低估了中国社会企业的数量。社会企业作为慈善创新的一个探索方向，为不断丰富慈善资源的创新运作能力提供了更多可能。

（八）实现自我价值

马斯洛需求层次理论对人的需求进行了从低到高的分层，从生理需求

① 傅昌波：《商业向善是全球趋势》，https：//topics. gmw. cn/2020 －01/21/content_33500818. htm。

到自我成就需求共五种，人的最高需求为自我成就需求。自我成就需求的实现要落地，必须基于道德层面的高度自我认同。

自古以来，中华民族就有与人为善、助人为乐的优良传统，参与慈善事业是最容易实现自我价值认同的优选途径。习近平总书记指出，“止于至善，是中华民族始终不变的人格追求。我们要建设的社会主义现代化强国，不仅要在物质上强，更要在精神上强。精神上强，才是更持久、更深沉、更有力量的”。[①] 人的自我认同包括感性认同、理性认同、审美认同、价值认同等，其中价值认同是最高层次的自我认同形式。助人为乐最符合中国人的传统道德价值。慈善事业在为个体带来高度的自我道德认同的同时，可以全面提升人的精神层次，带来更高层级的“纯粹的快乐”，从而满足更高的自我成就需求，实现自我价值。

慈善事业作为非政府、非营利的事业，不仅能够为以民营企业家为主体的高收入人群提供提升财富价值、升华人生境界的多样化平台，也可为普通公众服务公共利益、实现人生梦想提供更多机会，助力个体实现自我价值，实现人的全面发展。

在企业家层面，越来越多的企业家意识到慈善事业是家族财富传承的重要途径，在参与公益慈善事业方面有较强的自觉自主意识，并且很多年轻企业家都接受过慈善理念的熏陶，参与公益慈善事业的意愿较强。一些具有社会责任感的企业家积极履行社会责任，投身公益慈善事业。比如，燕宝慈善基金会是由宝丰集团董事长党彦宝和夫人边海燕成立的，每年企业利润中的一成都会被拿出来用于慈善事业。在创业者党彦宝看来，其与普通商人最大的区别在于承担社会责任、追求社会价值。企业家创造经济价值无可厚非，但在新时代更应自发追求社会价值。[②] 卓尔控股有限公司董事长阎志，同时是卓尔公益基金会创始人，他提到“投身公益慈善是企业家内心的需要，满足内心的平衡”[③]。

① 《习近平在纪念五四运动100周年大会上的讲话》，《人民日报》2019年5月1日，第2版。

② 《2020中国公益年会党彦宝：弘扬企业家精神践行新时代使命》，https：//m. thepaper. cn/baijiahao_10584577。

③ 《阎志：崇尚公益价值是企业家精神的重要表达》，https：//gongyi. ifcng. com/c/7yY7PVnmHQ0。

在社会层面，普通大众平时受到各类慈善宣传的影响，慈善价值、公益理念也慢慢深入人心，尤其是当前以腾讯公益为代表的各类互联网平台的产生，为公众对慈善事业和理念加深认同提供了相当便利的条件。无论是家族慈善，还是人人慈善，都反向强化了社会对慈善事业的价值认同，更容易形成通过参与公益慈善事业成就自我、实现价值的浓厚氛围。

三　家族慈善的传承功能

在具备祖先崇拜文化、慎终追远传统的中国，家族慈善对培育优秀子女、建设责任家族、提升家庭文明、建设共享繁荣的新社会不可或缺。家族慈善是私人资源用于公共目的的重要方式，是安顿家族财富的重要途径，是传承家族精神的主要载体。发展利他与自利相平衡的家族慈善，有助于探索建设长期共享繁荣的新社会。每个家庭，无论财力大小，都可以通过力所能及的志愿服务、慈善捐赠或慈善服务，塑造良好家风，传承正向价值观。

（一）提升家庭文明

穿越历史长河，我们可以清晰地看到，慈善是高收入人群的必选项，而非可选项。慈善是家族后代建立正向价值观和不依附于财富的独立人格，培育同理心和同情心的重要途径。通过发起和参与家族慈善，家族后代可在公共关系、合作精神、财务能力、领导力等多个方面得到训练。对于期望建立百年基业的超高净值家庭来说，家族慈善是家族传承的必由之路。家族慈善在家庭文明建设方面具有独特功能，对建设基业长青家族至关重要。

1. 培育良好家风

家庭作为基本细胞，联结国家、民族和社会；家庭文明是国家和民族发展进步、社会和谐安定的重要保障；家风是家庭文明的精神内核，同时映射着社会价值。注重家风建设、提升家庭文明，具有重大的社会意义。慈善事业特别是家族慈善事业有利于促进建设良好家风。如果一个家庭或整个家族将慈善事业作为传承的载体，就能够在家庭或家族内部形成乐善好施，以善为美、以善为荣的良好家风。

公益慈善是人与人之间情感投入和沟通的纽带，有利于家族成员之间形成独立于财富之外的情感和道德认知，有助于代与代成员之间更加和谐地相处，进而有助于改进家族治理、提升家庭文明、实现良性传承。慈善事业是奉献私人资源服务公共目的的事业，开展家庭慈善、家族慈善，不仅可以防止社会财富被挥霍浪费，而且有利于培育家族后人对财富责任的正确认知，协助建立新的财富观，透彻理解财富本质以及财富对家族的意义，促进家族成员和谐相处。此外，慈善还可以为不善于或不愿意从事商业经营的家族成员提供事业平台，实现家族善财传承。①

拥有大量财富的家族让后代坐享其成，实际上是在“残杀并毁灭”后代。家族的核心价值观必须通过“利他”的慈善来建立、呈现、塑造和增强。洛克菲勒家族第二代小约翰·D. 洛克菲勒有一份手稿，记录着其的真知灼见：“善在社会关系方面会减少严厉批评、恶意传谣、嫉妒和自私；在家庭关系方面会减少对丈夫或妻子的刻薄、对儿女的激烈指责以及儿女的不敬和无理；善会让人尊重权威、克己自制。”②

2. 建设责任家族

国无德不兴，人无德不立。慈善事业助推思想道德建设，能够激发人们形成善良的道德意愿、道德情感，培育正确的道德判断和道德责任，提高道德实践能力，引导人们向往和追求讲道德、尊道德、守道德的生活，形成向上向善的力量。中华文化素来强调“天行健，君子以自强不息”“大道之行也，天下为公”“天下兴亡，匹夫有责”，公民作为社会共同体成员，参与公共生活，就有应尽的义务与责任。爱心、责任和担当是慈善的基础。大力发展慈善事业，特别是家族慈善，有助于持续提升公民和家族成员的文明素养，唤醒家族成员作为公民的公共责任意识，提升公民履行社会公共责任的意愿和能力，提高公民义务与奉献的境界。家族成员参与慈善活动或志愿服务，能够更好地实现自利与利他的平衡，建设责任家族。

洛克菲勒兄弟基金会（Rockefeller Brothers Fund，RBF）的 CEO 斯蒂

---

① 傅昌波：《引领财富向善新时代》，https：//mp. weixin. qq. com/s/ctzim2_I4xp7E2jVmqwNlA。

② 约翰·D. 洛克菲勒（二世）：《慈善可以带来什么?》，魏璞祯编译，洛克菲勒档案中心，1921。

芬·汉兹曾说“慈善是一个家族的黏合剂和桥梁。能够让多代人正式地讨论、针对一个问题团结一心，只能是利他的事情，也就是公益慈善”。只有包含利他的财富安排，才能搭建基业长青的传承构架。家族慈善是培育责任公民、建设责任家族的重要工具。从另一个角度来看，如果过早给予家族后代大量的财富，他们将因此错失普通人的感知能力、奋斗精神和创新想象。换句话说，财富会毁掉他们成为能人的机会。

（二）促进家族持续发展

开展家族慈善，遵循“传家为体、传富为基、传业为用、传社为本、传文为要”五项原则，即达成家族和谐兴旺、人才辈出，财富持续增值、安全可控，事业绵延不断、品牌卓著，声誉广泛良好、人群楷模，文化使命清晰、创新永续。慈善在促进善财传承、推进家族持续的过程中发挥了特殊的作用，可概括为人、富、业、社、文五个方面的传承。

1. 传人：树立正确三观

在人的传承上，体现为培育家族价值观传承人。做慈善的过程是帮助家族成员培养正确价值观的过程，集中体现在树立新“财富观”“成功观”“传承观”。

新“财富观”让家族成员明白财富的真正意义，并拥有正确的对待金钱的态度：金钱并不是个人的象征，而是实现社会价值的一种工具；拥有财富的人并不是财富的所有者，而是财富的管家。新“成功观”让家族成员把握成功的真谛，把实现公共利益作为人生的最终目标；树立正确的自利与利他价值观，成功是自利与利他的平衡。新“传承观”让家族成员不要把将财富和事业传承给下一代视为理所当然的事；继承人和被继承人应将财富视为传承家族使命、增强家族凝聚力、壮大家族力量以及强化家族价值观的工具和杠杆。

以洛克菲勒家族为例，其家族成员之间经常性的沟通机制是洛克菲勒家族治理的重要方式，其每年有两次家族大会，以及代际对话机制，即让家族中的两代或数代人能够互相分享自己的故事。家族的第四代成员戴维·洛克菲勒的女儿艾琳在其回忆录中谈到了家族大会在家族传承中起到的作用：一方面为长辈们在推动社会公益事业发展上取得的成就而骄傲，另一方面后辈选择更低调的方式，通过帮助一小部分人来感受与帮助一个国家同样的价值，实际是价值观的代际传承。而每次代际对话后，家庭成员对家人有了更深层的了解，对家人的感情更加深厚。

2. 传富：提升财富价值

慈善安排是最保险的避免财富被挥霍的方式，是财富浪费的避险器。《大学》有云："仁者以财发身，不仁者以身发财。"仁者利用财富实现人生的价值，视财富为工具和媒介，财富是人的从属；不仁者则把积累巨量财富作为人生的目标，人变成了利益的奴仆。以身发财是不可持续的，最终会"人为财死，鸟为食亡"；以财发身才是正道，财或事业作为工具，最终建立家族基业和家族名声。

慈善能实现家族财富最大限度的存留，慈善资金是相对稳定的财富存在，同时具有合理避税的功能。一些国家由于有遗产税的存在，财富遗赠会受到很大限制。据统计，世界上已有 100 多个国家和地区开征了遗产税。[①]《美国国内收入法典》规定，如果以遗产进行捐赠，则捐赠额可全部免征遗产税。

进入 21 世纪以来，越来越多的企业家开始反思原教旨资本主义的弊端，并探索如何实现善财并行。从企业来说，无论是美国推出的 B－Corp 认证倡导"将商业作为一种向善的力量"，还是 COSCO 实践的"美好企业"，都在探索如何修正创造财富的方式；从投资实践来看，强调环境、社会和治理并重的 ESG 投资已经成为众多上市公司的原则遵循，绿色金融、混合金融、可持续金融等投资向善的品类不断增多，社会影响力投资已经成为席卷全球的资本向善运动。所有这些，都为新时代探索家族慈善新路、提升家族财富社会价值提供了新的选择。

3. 传业：训练经营能力

家族慈善事业可以为不愿参与或不擅长经营的家族成员提供一个为家族目标一起努力的平台，增强家族凝聚力。同时，家族慈善也可以为下一代提供一个展示技能、兴趣及能力甚至是筛选家族事业接班人的平台。慈

① 尹丽梅：《我国大陆遗产税开征条件及税制模式研究》，博士学位论文，中国地质大学法学院，2017，第 14 页。

善作为家族的新社交途径，可以训练家族事业接班人的领导力、社交力、责任感和财务素养等。

家族慈善更为理想的传承模式是，传承人通过合理的传承规划设计，既考虑到家族事业的发扬光大，又考虑到每个子女的个人兴趣和能力。这不仅能够保持家族的持续凝聚和团结以及每位家族成员的个性化发展，还能够实现家族精神与家族文化的传承。这是一种孵化器式传承，并不把财富全部分给子女，而是保留一部分家族公共资产，通过家族信托成立一个家族基金，并通过第三方信用机构进行理财投资增值。

罗伊·威廉姆斯和维克·普瑞瑟在《慈善、继承者和价值观》一书中，通过对3000多个继承家族和将近100个家族基金的研究，认为应“让下一代有计划地参与家族慈善，增加家族企业传承成功概率”。在许多情况下，慈善事业作为家庭领导人的一种教学工具，决定了家庭是否在其传承过渡时期保持统一和财务上的成功。慈善事业是提高家庭过渡时成功概率的工具，为家庭基金会和家庭捐赠计划提供新的好处。家族成员可以在参与慈善事业的过程中提升生活中所需的有益技能、增进代与代之间的交流、激发所有家族成员的创造性和新思维，相互学习共同进步。

4. 传社：建立家族品牌

财富的本质是社会关系，家族慈善有助于培育家族深厚的社会资本，建立家族品牌和良好口碑。当慈善成为高净值人群共同的话语体系和新的社交媒介，高净值人群在初次见面或社交场合不谈钱和利益，而是谈对社会的回馈和对世界的贡献时，反而能扩大自己家族或所在机构的社会影响力，积累更多社会资本。

在财富积累过程中，经济发展初期的粗放型生产方式，造成了社会财富观念的扭曲，而财富产生过程本身也存在灰色地带，可能导致食品、空气、水等污染问题。公益慈善可以淡化财富原罪，慈善捐赠可以部分转移外界对其带来问题的关注，以及应对企业工会组织的可能压力。企业通过慈善提升自身社会形象，可以起到良好的广告效应，带来财富增加、名誉提升等益处。家族事业表现出对社会更强的责任感和使命感，会提升家族形象和声誉。

在老洛克菲勒以化石燃料积累财富的时代，全社会都充斥着对这个家族的负面印象。在那个反垄断法还没出台的时代，洛克菲勒财团操纵着巨额的财富，影响了全世界。但随着洛克菲勒第二代小洛克菲勒及目前传承到第六代的家族成员持续且范围越来越广的公益慈善项目，洛克菲勒家族成为用公益慈善传承家族精神、拓展社会关系的典范。洛克菲勒家族资助的领域从宗教到教育、医疗、环保、人文再到经济发展和国际关系改善，与此同时，这个家族也积累了大量的政治、商业、文化、军事、科技、教育等社会资本。

5. 传文：塑造家族精神

北宋初年，政治家、文学家范仲淹捐义田、创义庄，建立了最早的宗族慈善组织。尽管范氏义庄建立后不久，范仲淹即因病去世，但他的子孙秉持他的理念和训导，不断拓展范氏义田的规模，传播和弘扬范氏义庄的文化，使范氏义庄历经元、明、清乃至中华民国的八百余年风雨而绵延不绝。范仲淹第 28 世孙范章曾讲述范家“善”文化传承的故事。从范章先生四五岁记事儿的时候起，每年在祠堂祭祀时，族长都会向本族子弟训话：作为范先生的子孙，只能做好人，不能做坏人。做了坏事，就不能参加宗族祭祀，分祭品也没他的份儿。①

一个家族之所以能够延续千百年，不是财富的作用，而是这个家族的精神、家族的文化、家族的理念的作用。家族成员对家族事业的认同首先来自家族精神的影响，特别是家族信念和价值观。家族事业的信念和利他的价值观始于创始人，反映家族创始人的行为准则，家族慈善可以让这些准则从一代人传递到下一代人，让家族精神每一次的传递内化都焕发新的光彩。

① 丁亚菲：《古代慈善楷模：范氏义庄》，《中国社会组织》2014 年第 9 期，第 53 页。

第十四章

家族慈善制度环境

法律制度是慈善事业规范健康发展的重要保障，对于家族慈善而言亦是如此。在我国社会主要矛盾已经转化为人民日益增长的美好生活需要和不平衡不充分的发展之间的矛盾的社会背景下，慈善组织在解决市场失灵（提供难以由私人支付对价的公共服务）和政府失灵（在有限财政预算内难以完全满足公众个性化的社会服务需求）问题、填补公共服务空白方面的独特价值日益突出。

正因为慈善事业致力于实现社会公共价值，各国的慈善法律制度都赋予慈善组织和捐赠人一定的免税、税前扣除等优惠性待遇，也对慈善组织是否真正履行其公益职能，遵守不分配利润限定进行审查。从法律制度的功能而言，一方面，法律法规对慈善事业的发展起到规范和制约作用，以避免假借慈善之名谋取利益，损害慈善部门公信力的情况出现；另一方面，法律法规可以发挥鼓励促进慈善事业发展的作用，包括通过登记认证制度对慈善组织的公益性予以认可，以及赋予税收优惠、优先承接政府购买服务等待遇对慈善行为进行激励。

随着 2016 年我国首部慈善法的颁布，后续一系列相关配套措施的出台，以及 2020 年颁布的《民法典》中“总则”部分对非营利法人制度的确认，我国的慈善法律制度日渐完善，这意味着家族慈善所处的法律制度环境体系逐步健全。

从系统性的视角来看，家族慈善并不是一个独立的法律概念，因而家族慈善的制度体系是由一系列相互补充的组织法（如规制基金会、社会团体和社会服务机构的三大条例）和行为法（如《慈善法》对慈善募捐活动和公开募捐资格管理的规定以及相关税法对非营利组织免税和公益性捐赠税前扣除的规定）所组成的综合性法律制度系统。在我国近似于大陆法系（成文法系）的法律体系下，家族慈善活动如果采用一定的组织机构类型，则适用规定相应的法人或非法人组织的设立与登记、日常监管和退出机制的组织法来进行管理；如果采取的是相对临时性的、非依托常设组织的方式进行，则适用规范相应行为的法律法规，如《慈善法》和《公益事业捐赠法》等，来开展相关活动。无论是采取常设的组织机构来实现还是通过临时性的捐赠来开展家族慈善事业，家族慈善的践行者对家族慈善活动进行日常管理、与利益相关人发生一定民商事关系的过程中，同样受《合同法》、《劳动法》和《商标法》等相关法律的调整。这种非采用专项规定的法律制度模式与外国家族慈善活动所处的法律政策环境一致。换言之，鲜有法律会规定一部专门的家族慈善法来规制家族慈善行为，而是由家族慈善的实践者从现有慈善法律体系中选择一定的慈善目标实现方式或组织模式，依照所适用的不同方面的具体法律来设立和运营管理所选择的家族慈善载体。这样的制度模式为家族慈善的实践者选择满足自身需求的慈善事业实现方式提供了灵活的空间，在现有的法律制度环境下通过构建适切的组织架构和治理机制来保证家族慈善事业的健康持续发展。

本章将结合我国现行慈善法律制度的政策框架与家族慈善运营管理的特点，借鉴国际家族慈善实践与制度发展的最新趋势与做法，从家族慈善的实现方式、治理机制、行为监管和激励机制等方面，探讨现行我国家族慈善相关的法律政策对家族慈善管理的启示、存在的薄弱环节和未来完善方向。

一　家族慈善的实现方式及相关法律政策

家族慈善的专业化发展，不仅需要充足的资金保障和明确的公益慈善目标，也需要通过一定的形式载体来开展慈善项目，以实现家族慈善发起人所设定的愿景和价值。以是否成立常设性的组织机构为标准来进行划分，家族慈善的实现方式可以分为非独立主体的资源转移（包括直接捐赠、设立专项基金或捐赠者建议基金）和设置基金会、慈善信托或其他法人类型等以独立载体的方式来实现家族慈善两大类。鉴于现有法律法规对相关家族慈善实现方式的规定，本节从灵活性、自主性和合规治理成本三个方面，对以下家族慈善实现方式及其所涉及的法律法规基本制度进行比较分析。

（一）非独立主体的资源转移

1. 直接捐赠

直接捐赠是一种最基本的实现家族慈善目标的方式，是由捐赠人根据自己的捐赠意愿，从既有的慈善组织中选择捐赠对象，直接支持其在捐赠人所关注的领域开展慈善活动的家族慈善实现方式。《慈善法》第三十四条规定："本法所称慈善捐赠，是指自然人、法人和其他组织基于慈善目的，自愿、无偿赠与财产的活动。"其中，基于慈善目的、自愿和无偿赠与是家族成员所从事的家族慈善事业符合法定的慈善性、公益性所需要满足的前提条件。关于如何更深入地理解家族慈善的捐赠人在行使捐赠人的权利的同时，在不超出基于慈善目的、自愿和无偿赠与进行慈善捐赠的原则下，策略性地选择限定性捐赠条件还是直接进行非限定性捐赠的问题，我们将在下文"不同家族慈善形式的有效治理"一节进行展开。而有关慈善财产的形式，《慈善法》第三十六条第一款进一步明确："捐赠人捐赠的财产应当是其有权处分的合法财产。捐赠财产包括货币、实物、房屋、有价证券、股权、知识产权等有形和无形财产。"

房屋等不动产和股权等非货币捐赠与家族慈善具有较强的相关性。例如，在一些高净值家族的财产构成中，家族成员可用于捐赠的财产可能以其所持有家族企业股权为主要形式之一。因此，非现金捐赠是很多家族成员的更优选择。从法律制度的角度来看，目前我国非现金捐赠相关的法规政策还比较滞后，主要体现在物资捐赠财产的价值评估以及捐赠人依法享受公益性捐赠税前扣除待遇两个方面。

《民间非营利组织会计制度》第十六条规定："对于民间非营利组织接受捐赠的非现金资产，如接受捐赠的短期投资、存货、长期投资、固定资产和无形资产等，应当按照以下方法确定其入账价值：（一）如果捐赠方提供了有关凭据（如发票、报关单、有关协议等）的，应当按照凭据上标明的金额，作为入账价值。如果凭据上标明的金额与受赠资产公允价值相差较大的，受赠资产应当以其公允价值作为其实际成本。（二）如果捐赠方没有提供有关凭据的，受赠资产应当以其公允价值作为入账价值。”可见，对非现金捐赠价值确认的核心在于其公允价值。对于家族成员捐赠上市公司股权的，其捐赠时的股票价格可以作为确认其公允价值的依据。但是对于在捐赠非上市公司的股权时，如何对所捐股权的公允价值进行评估，现行法律法规还没有更为细化的规定。而公允价值的确认之所以重要，是因为它决定了家族慈善捐赠人的捐赠金额，这不仅是捐赠人享受相应税收优惠待遇的基准，也是慈善事业登记管理部门（慈善部门）对受赠慈善组织慈善财产管理活动进行监管的依据。

此外，对于捐赠非现金财产的捐赠人如何享受税前扣除待遇的问题，相关法律条文仍有需要改进之处。原则上捐赠现金还是非现金财产并不影响慈善捐赠公益性、无偿性的本质属性，理应享受相同的待遇。但我国现有税法制度下，如果家族慈善的捐赠是通过所掌管的家族企业进行的，则会涉及企业进行非现金捐赠需要视同销售而进行纳税相关规定。具体而言，我国《增值税暂行条例实施细则》第四条规定，单位“将自产、委托加工或者购进的货物无偿赠送其他单位或者个人”，视同销售货物。而在我国现行税务监管实操中，该条规定所指称的“无偿赠送”行为是包括慈善捐赠的。[①] 这就给家族慈善捐赠人通过家族企业进行非现金财产的捐赠带来较大障碍。此外，由于相关配套政策不健全，各级慈善事业管理部门在适用一般性的慈善法律法规对非物资捐赠进行管理时，也会存在对政策解读和行使自由裁量权标准不统一的问题，包括在对待不同慈善组织对接受非现金捐赠进行账外管理、账外交现（购买捐赠物资的人以现金捐赠人方式出现在账目管理中），或按照低于公允价值（甚至可以是 1 元）入账等实操方法的态度上，都存在一定的差异。这为家族慈善捐赠人和受赠组

① 朱大旗：《完善股权与不动产公益性捐赠税收优惠制度》，《中国民政》2016 年第 4 期，第 32 ~ 34 页。

织的合规管理带来一定的挑战[①]。不过，在实践中，我国家族慈善的探索者也通过家族慈善捐赠的实践来不断推动相关法律政策的进步。其中，以曹德旺进行股权捐赠推动相关股权捐赠税收政策的改进的案例最为突出。关于家族慈善相关的税收激励措施，将在下文进行更详细的介绍。

与家族慈善具有高相关性的另一个直接捐赠法律问题是慈善捐赠的冠名。由于家族慈善捐赠的额度有很高比例是属于大额捐赠的范畴，而传统上家族慈善家更青睐扶贫、济困和教育等小慈善领域的范畴，以家族冠名捐赠校舍、体育设施的案例并不鲜见。对于冠名捐赠，现行法律并没有太多的限制，一般由捐赠人和受赠慈善组织经过友好协商，尽量详细地约定捐赠额度、使用范畴、冠名的方式和期限等双方的权利和义务。《慈善法》第九十条规定："经受益人同意，捐赠人对其捐赠的慈善项目可以冠名纪念，法律法规规定需要批准的，从其规定。"而从司法实践来看，出现过捐赠人进行冠名捐赠后，原定实施的项目工程因监管政策改变而未能按计划落实，捐赠人要求慈善组织返还善款的案例。根据慈善捐赠的原则，捐赠人是无权单方就所捐赠的善款要求慈善组织进行返还的。《民法典》第六百五十八条第一款规定："赠与人在赠与财产的权利转移之前可以撤销赠与"，但是该条第二款同时明确："经过公证的赠与合同或者依法不得撤销的具有救灾、扶贫、助残等公益、道德义务性质的赠与合同，不适用前款规定。"因此，从家族慈善捐赠人的角度来看，在与慈善组织签订冠名慈善捐赠协议时，应与受赠慈善组织约定冠名的慈善项目因不可抗力而无法落实，如何采取补救措施。慈善财产进行捐赠发生所有权转移后，其属性就由捐赠人的私有财产变成由慈善组织进行管理的具有社会属性的财产，且捐赠人在进行捐赠后也应当已经享受到税收优惠和社会声誉等与捐赠行为关联的利益。[②] 相较于采用与《民法典》相悖的撤回捐赠的救济方

---

① 慈善组织对受赠的非现金物资采取不同的入账方法可能与《民间非营利组织会计制度》所确立的以公允价值确定捐赠额度的原则存在一定冲突。但这样的选择是基于慈善组织进行合规管理的，包括考虑相关法律法规对慈善活动支出的比例要求和慈善财产保值增值的规定。

② 这里的"利益"并不是指具有财产性的对价含义，而是作为捐赠人可以享受到的有形的、无形的益处。更为详细的解释可参见美国学者 Dennis Young 的利益理论（benefits theory）。参见 Dennis R. Young ed.，*Financing Nonprofits*：*Putting Theory into Practice*（Rowman Altamira，2007）.

案，更适切的方案是将冠名项目经双方协商后，根据近似原则，用于该慈善组织与原约定项目最为相近的项目来进行冠名。

与其他家族慈善实现方式相比，直接捐赠的灵活性较高。这种灵活性具体体现在捐赠人可以从既有的慈善组织中选择捐赠对象，无须经过登记设立慈善组织、组建团队、制定内部治理结构和与利益相关方建立联系的过程。由于分笔进行直接捐赠是临时性而非常设性的，其灵活性还体现在每次进行慈善捐赠都可以选择不同的支持领域，而非限定在常设性慈善机构的业务范围内。从项目活动的期限来看，家族慈善通过直接捐赠的方式来实现的期限也较为灵活。家族成员捐赠人可以和受赠组织约定设置一个5年期限的奖学金，也可以冠名捐赠一个无固定期限的建筑。相较而言，出于设立和解散一个常设性的慈善组织所需要的成本考虑，很少有存续期限较短的家族慈善组织。因此，以实体组织实现的家族慈善事业往往期限比临时性的直接捐赠更长。

从自主性的维度考虑，通过直接捐赠来开展家族慈善活动的自主性较低。所谓自主性，就是具体落地的家族慈善项目在多大程度上能够体现家族慈善捐赠人的意愿，包括使命、愿景、受益的人群范围以及实现慈善目标的具体方式等。虽然作为捐赠人，家族成员在对既有慈善组织进行捐赠时，其意愿也受法律的保护，在实操中受赠组织出于维护捐赠人关系的角度考量，也会尽量满足捐赠人尤其是大额捐赠人的意愿，但这种意愿的实现受到受赠组织业务范围和捐赠人权利限制等方面的制约。因此，在进行直接慈善捐赠时，家族慈善自主性的实现取决于慈善组织所做的工作是否与捐赠人的公益愿景相匹配。因此，家族成员对直接捐赠慈善项目的自主掌控度低于对亲自设立的慈善组织。

从合规治理成本的角度来看，通过直接捐赠来开展家族慈善活动的合规治理成本最小，因为开展慈善活动所需要的慈善组织载体设立登记、团队组建、慈善品牌管理、慈善资格获取等合规程序已经由受捐的慈善组织前置完成。作为家族慈善的捐赠人，只需要考量如何在捐赠法律框架下与现有慈善组织形成合力，共同实现家族捐赠人的慈善目标。

2. 设立专项基金或捐赠者建议基金

在基金会或公益性社团（如慈善会）下设立专项基金或设立捐赠者建

议基金（Donor - Advised Fund，简称 DAF），是实现家族慈善目标的另一种重要方式。专项基金与捐赠者建议基金的发展背景、含义特征和具体适用的法律制度虽然存在一定差异，但也存在较大共性。因此，本节同时就这两种家族慈善实现方式的异同以及它们与其他家族慈善实现方式相比具有的优劣势进行分析。

专项基金是我国社会组织（非营利组织）① 实践与管理制度中的一个专门概念，是附属于非营利组织的一个准机构性载体。具体而言，专项基金并不具有独立的法人属性，而是在既有社会组织中建立一个聚焦特定公益议题的子账户，专款专用。专项基金账户的捐赠人一般不具有广泛、分散的公众属性，而是集中地由少数个人或商业企业等法人组织设立。托管专项基金的社会组织通常是具有公益性捐赠税前扣除资格和公开募捐资格的慈善组织，包括公募基金会和以各级慈善会为代表的公益性社会团体。在《慈善法》和规范三类社会组织的国务院三大条例中，并没有直接针对专项基金的管理规定。相应的规章政策主要为民政部出台的规范性文件。2015 年 12 月，民政部发布《关于进一步加强基金会专项基金管理工作的通知》，对基金会与其下设专项基金关系的厘清，以及专项基金的名称使用、日常监管和公益财产支出比例等方面做出了要求，进一步规范了此前基本处于法律监管盲区的专项基金的运营管理。实操中，基金会的内部治理章程对专项基金设立的条件也通常会做出规定，包括设立资金门槛、年度收入要求等。可见，从家族慈善的角度讲，很多基金会对专项基金是按照一个准基金会的标准来要求其资金规模的，这意味着设立此类门槛的基金会的专项基金账户主要面向高净值人群的家族慈善事业实践。

随着 2021 年《民政部办公厅关于加强民政部业务主管基金会专项基金管理工作的通知》发布，现行法规政策对专项基金的管理呈现收紧的趋势。该文件在强调对民政部主管的基金会强化监督管理的若干规定的同时，明确提出了基金会工作人员每人负责管理的专项基金原则上不得超过 5 个的限定。这从侧面反映了，短期内专项基金还是以面向高净值家族慈

① 社会组织的含义与国际通用的非营利组织基本一致。在本部分讨论的语境下，社会组织与非营利组织可互换使用。

善人群为主。

捐赠者建议基金是起源于美国的慈善捐赠工具。大约一个世纪以前，美国的社区基金会就已经开始推出这种充分体现捐赠人意愿的慈善捐赠途径。与我国的专项基金制度类似，捐赠者建议基金是在既有慈善组织的机构设置和工作范畴内下设的准法人属性的专门账户。而捐赠人对捐入该基金的善款的使用有充分的建议权，即可以指示慈善组织在何时、何种范围内使用善款，使用的方式主要是资助具体执行机构。与专项基金制度相同，捐赠者建议基金的捐赠人权利的行使，也需要受到慈善捐赠法律原则与所依托的慈善组织章程和内部管理制度的制约。

家族捐赠人是捐赠者建议基金最重要的善款来源之一，不过随着此种新型捐赠路径的热度日益提升，员工捐赠计划、网络募捐平台等新型捐赠模式也越来越多地通过捐赠者建议基金的路径来实现其捐赠目标。捐赠者建议基金受捐赠人青睐的主要制度优势在于捐赠人的建议权、依托于公共慈善机构和前置享受税收优惠待遇。首先，对于捐赠人的建议权，虽然从政策上而言捐赠人的建议权不等同于决定权，托管基金的慈善组织可以在有合理理由的情况下（如指定与捐赠人有关联关系的具体个人作为受益人）拒绝采纳捐赠人的建议，但实操中托管基金的慈善组织的业务范围比较宽泛，只要善款使用的大方向与慈善机构的宗旨一致，且符合慈善法律规范的原则，对于如何具体涉及资助的策略和项目模式，托管机构一般会遵从捐赠人的意见。其次，由于捐赠者建议基金所依托的慈善组织为公共慈善组织①，其所受到的监管制约较私立基金少。更为重要的是，捐赠者建议基金的捐赠人在将其财产转入基金账户时，就可以享受税前扣除，至于相应的善款在多长时间内需要支出，则没有硬性限定。最后，设立美国捐赠者建议基金的门槛也相对较低。例如，富达慈善捐赠基金会对捐赠者建议基金的最低要求为2.5万美元。因此，相较而言，美国捐赠者建议基金的资金门槛和政策限制比我国专项基金的要求更为宽松。

据美国全国慈善信托（National Philanthropic Trust）《2021年捐赠者建

---

① 美国的慈善组织分为公共慈善组织和私立基金会两类，慈善组织需要证明其资金来源多元且广泛才会被认定具有公共慈善组织资格。

议基金报告》统计，截至2020年底，捐赠者建议基金的数量已达到100万个，慈善财产总规模达到1598亿美元。由于2020年新冠肺炎疫情等各方面社会需求激增的影响，捐赠者建议基金的公益支出总额（总资助额）达到347亿美元，较上一年增长27%。与同样是家族慈善重要实现方式的私立基金会相比，捐赠者建议基金的数量更多，资产规模总量较少，慈善财产规模增速与私立基金会持平，约为10%的增长率，但总资助额在2020年的增长率更高（见表14－1）。

表14－1　2019～2020年私立基金会与捐赠者建议基金增长对比

	私立基金会			捐赠者建议基金		
	2019年	2020年	增长率（%）	2019年	2020年	增长率（%）
慈善财产规模（10亿美元）	1000.00	1100.00	10.00	145.49	159.83	9.90
总资助额（10亿美元）	54.35	63.60	17.00	27.29	34.67	27.00
数量（个）	90000		—	864187	1005099	16.31

资料来源：美国全国慈善信托《2021年捐赠者建议基金报告》，https：//www.nptrust.org/reports/daf－report/。

近年来，美国捐赠者建议基金的经验开始受到国内慈善部门的关注，这种准机构性的制度路径也被视为与家族慈善有很好的匹配性。更有先行者已经开展了设立捐赠者建议基金的实践，包括2017年深圳市慈善会下设了首个捐赠者建议基金——心睿公益基金。2018年，上海市慈善基金会账户下也成立了大爱福（DAF）专项基金。发端于美国的捐赠者建议基金如何与我国的慈善法律制度体系和本土的专项基金管理之间更好地进行融合还有待进一步探索。

与其他家族慈善实现方式相比，设立专项基金或捐赠者建议基金这类准机构性载体的灵活性介于直接捐赠和设立常设性机构之间。家族成员通过设立专项基金或捐赠者建议基金同样避免了设立一家新的慈善机构的烦琐程序和管理成本，但和直接捐赠相比，设立专项基金仍然需要与托管的慈善组织约定专项基金的具体慈善目标、善款筹集和使用规则，以及如何配合慈善组织整体的管理制度，同时须建立专项基金管理委员会。因此，专项基金的合规管理成本会比临时性的直接捐赠更高。从自主性的角度来看，由于专项基金属于所依托的慈善组织的附属性准机构，其自主性受到所依托的慈善组织对专项基金管理的限制。在实操中，由于专项基金所依托的慈善组织的相关管理制度的差异，以及自身与所依托的慈善组织协商过程中各方所处的权力动能不同，不同专项基金实际享有的自主性会存在一定的差异。

（二）设置基金会、慈善信托或其他法人类型

1. 基金会

基金会是我国三类社会组织法律形式之一。2004 年国务院出台的《基金会管理条例》第二条对基金会的概念做出界定：“本条例所称基金会，是指利用自然人、法人或者其他组织捐赠的财产，以从事公益事业为目的，按照本条例的规定成立的非营利性法人。”与其他两类社会组织（社会团体、民办非企业单位）相比，基金会是唯一在法律概念中就涵盖了“公益目的”的非营利法人，因此其相应的监管制度更为严谨。此外，基金会的资合性属性明显，以基金会为法律形式载体的社会组织着眼于筹集、保管和使用基金会慈善财产来实现公益目的。相应地，设立基金会的原始基金门槛也更高。基金会的公益属性、监管严密和实力优势使其基本被认定为慈善组织，也有更高比例的组织享受公益性捐赠税前扣除资格、公开募捐资格。从资助社会组织开展公益项目还是自身运作公益项目来看，可分为资助型基金会和运作型基金会。一般而言，家族基金会以资助执行机构开展公益项目的情况居多。

基金会是非营利法人中监管制度最为严密的，其所适用的法律法规体系也比较健全。除同时适用三类社会组织的通用性规定（如《社会组织信用信息管理办法》《社会组织评估管理办法》）外，专门规范基金会登记管理的法规规章还包括《基金会管理条例》《基金会信息公布办法》《基金会年度检查办法》《基金会名称管理规定》等。此外，由于《慈善法》实施后基金会基本全部认定或登记为慈善组织，基金会也受《慈善法》及其配套措施（如《慈善组织认定办法》《慈善组织公开募捐管理办法》《慈善组织信息公开办法》《慈善组织保值增值投资活动管理暂行办法》）的

规范。

根据现行《基金会管理条例》的规定，基金会的登记设立条件包括：成立非公募基金会的原始基金不低于 200 万元人民币，成立地方性公募基金会的原始基金不低于 400 万元人民币，成立全国性公募基金会的原始基金不低于 800 万元人民币。此外，申请机构还须具备符合法律规定的特定公益目的、名称、章程、组织机构、工作人员以及固定的住所等。《慈善法》出台后，公募与非公募基金会的原有固定划分被打破，原本不具有公募资格的非公募基金会可以根据《慈善组织公开募捐管理办法》规定的相应条件申请活动公开募捐资格。对于满足设立条件的基金会而言，其设立登记程序需要经过登记管理部门和业务主管单位的审批，即我国三类社会组织的“双重管理体制”。经过 2009 年以来的地方社会组织登记管理的直接登记制度政策试点的经验探索后，2016 年 8 月中共中央办公厅、国务院办公厅印发《关于改革社会组织管理制度促进社会组织健康有序发展的意见》，正式在全国范围内向行业协会商会类、科技类、公益慈善类和城乡社区服务类四类社会组织开放直接登记制度。对于基金会成功进行登记设立后，其内部治理以及募捐行为、财产管理和项目活动的开展等行为规范，本章将在后面的相应小节具体展开。

与其他家族慈善实现方式相比，设立基金会是国内外家族慈善实践采用的主流工具。其突出的优势在于自主性最强，即可以通过运作一家常设性的非营利法人组织来建立一个家族慈善品牌，同时可以通过发挥资金充足、管理团队齐备等优势来持续开发不同的公益项目和资助多元的执行机构，持续地支持慈善事业的发展和实现家族所关注的公益目标。相应地，运营一家正式的基金会的灵活性较低，而合规管理成本也更高。登记设立基金会除了需要满足上述资金、内部制度条件，还需要组建一个全新的团队、获得有关监管部门的批准，这需要投入大量的人力和精力。重要的是，设立基金会之初要确立一个既符合家族慈善的公益目标也可以助力家族基金会持续长远地发展的战略规划。如果要产生更大的社会效应，则在战略规划的过程中需要对慈善家族所关注的社会问题进行深入调研，找到产生社会需求的系统性原因以及恰当的着力点来设计基金会的发展战略、资助策略以及内部管理制度。因为建立一家正式慈善机构的系统性投入，设立家族基金会的沉没成本更高，终止家族慈善实践或转换为其他家族慈善实现方式的难度更大，即采用基金会的形式来实现家族慈善的灵活性更低。

2. **慈善信托**

慈善信托法律关系的实质在于，将受托人受委托人的委托为受益人的利益管理和运用信托财产的法律关系制度用于实现不特定受益人利益的公益目的。信托法律制度发源于普通法系的衡平法制度，其逻辑内核与慈善管理人受捐赠人之托来实现公益目标的模式有高度的契合性，因此传统的成文法国家纷纷引入了慈善信托制度。我国 2016 年出台的首部《慈善法》通过专章构建了慈善信托的基本法律框架，解决了 2001 年《信托法》有关公益信托的规定缺乏可执行性的配套措施规定的问题，使慈善信托在我国实现了真正意义上的落地。

家族慈善与慈善信托的密切相关性主要基于以下几点。①在慈善信托制度确立以前，信托制度已成为家族办公室管理家族财产的重要工具。②在信托制度中受托人以自己的名义持有信托财产，并通过自己的专业技能来管理和使用信托财产实现信托目的。因此，慈善信托无须慈善家族的成员具有很强的专业性，而是可以交与专业受托人打理家族慈善事业。③目前的慈善信托制度下，信托财产主要集中来源于少数捐赠人，这与家族慈善的捐赠人的组成结构相匹配。

目前，我国慈善信托活动受《慈善法》和《慈善信托管理办法》的规制。根据这些法律规章，我国慈善信托被界定为“委托人基于慈善目的，依法将其财产委托给受托人，由受托人按照委托人意愿以受托人名义进行管理和处分，开展慈善活动的行为”，即慈善信托是一种慈善活动而不是慈善组织的一种法律类型。这样的规定模式是我国慈善信托制度与国际通行的立法方式不同的一个特色，也决定了慈善信托的设立和监管制度与三类社会组织大不相同。简要而言，慈善信托依信托文件设立，无须经过成立登记和审批，但需要向民政部门进行备案以具有合法性。对于慈善信托的受托人，法律限定只能为慈善组织或信托公司这两类组织，个人和其他组织不得担任慈善信托的受托人。慈善信托设立的财产金额并不像基金会那样有特定的门槛，因此，家族慈善信托比家族基金会更容易设立。而现有的慈善信托日常监管制度也更为粗线条，并不像对基金会法律政策所规定的那样详尽。相应地，目前慈善信托享受税收优惠尚存在一定的政策障碍。

与其他家族慈善实现方式相比，设立慈善信托的灵活性、自主性和对合规管理的要求与成立专项基金、捐赠者建议基金相似，介于临时性的直接捐赠和设立正式的基金会之间。具体而言，慈善信托的灵活性体现在其设立和管理围绕信托文件和信托目的，不需要有基金会那样的完整团队，而是依托于既有的慈善组织或信托公司。就自主性而言，设立慈善信托的自主性非常高，因为信托目的完全取决于委托人的意愿，在不超出法律法规所规定的合法框架的前提下，整个慈善信托制度都是围绕保护信托财产的独立性和信托目的的实现来设计的。委托人在符合法定和特定信托文件规定的情况下也有权变更受托人。就合规管理的角度而言，设立慈善信托需要经过类似于设立慈善组织的法定程序，包括确定慈善目的、选定受托人、拟定信托文件并依法进行慈善信托的备案等，因此比直接捐赠和设立专项基金或捐赠者建议基金的合规管理要求要高。不过，如上所述，慈善信托的设立门槛和日常监管要求比基金会更低，因此合规管理成本也比运营管理一家基金会要低。

3. **其他法人类型**

以上四类家族慈善的实现方式是我国现行法律制度下开展家族慈善活动的主要路径。理论上社会服务机构、社会团体也是设立家族慈善组织可以选择的形式，但由于其组织特点与家族慈善活动的匹配度较低，实践中采用这两类社会组织的案例极少。如果从广义上理解家族慈善，而不是根据法定的慈善组织概念来进行界定，那么社会创新领域的影响力投资、ESG 投资和社会企业等同样是慈善家族寻求实现社会价值的重要形式。

另外，派生于四类基本家族慈善实现方式的新型模式是采取复杂法人结构，即家族慈善的实现路径涉及多个独立的法人机构，包括由家族企业设立企业基金会，而不是直接由家族成员个人成立，以及通过在基金会下设立社会企业来拓宽社会影响力或设立投资公司来管理基金会资产的保值增值。总体而言，目前我国对基金会下设子公司的法律规定还很不健全，基金会都是通过与自身登记管理部门的充分沟通协商来确定相关活动的合法边界。换言之，基金会下设子公司的合规管理的依据更多地取决于执法部门的自由裁量权。

复杂法人结构的繁复程度决定了采取这种方式实现家族慈善目标的合规管理成本是最高的，因为其不仅要满足每个独立法人组织的运营管理合规要求，也要协调不同机构的法人宗旨和承担上述因法律政策滞后而带来的与监管部门沟通成本的增加。就灵活性而言，多个法人机构的设立与管理同样意味着需要按照正式法人机构的监管要求来设置内部章程规定和治理机构。就自主性而言，采取复杂法人结构的慈善家族，更多是基于自身财富构成情况和家族慈善目标等因素所做出的综合考量，从整体上来看复杂法人结构的自主性较高。但就复杂结构每个个体机构而言，日常运作管理过程中需要考虑的因素更为复杂，受到的制约也较多，因此反而自主性可能会有所降低。

（三）完善现有制度的思路

1. 主要薄弱环节

仅从家族慈善的实现形式和相应的设立条件和准入门槛来看，我国现行的家族慈善法律制度总体不足在于立法的定位偏于保守，现行的慈善法律制度滞后于慈善家族的实践探索前沿。具体体现在目前的立法趋势是对慈善组织中设立专项基金逐步收紧，现行立法也尚未有将捐赠者建议基金与我国专项基金制度进行融合和发展的探索。

虽然《慈善组织保值增值投资活动管理暂行办法》对慈善组织通过二级市场购买股票的金融投资行为进行了规范，但对于慈善组织如何合法地进行直接投资，如何对下设社会企业和投资管理公司的行为进行规范，目前的法律政策还处于空白阶段。不同等级的民政部门仅能根据抽象的慈善法原则和自身的主观理解行使自由裁量权，对法律规范的可预见性和稳定性带来挑战，也让较为保守的家族慈善管理者望而却步，尽量避免探索较为前沿的家族慈善实践方式，在一定程度上可能会制约家族慈善发展的空间和活力。

另外，虽然我国慈善信托制度已经确立了基本法律框架，慈善信托也受到许多慈善家族的欢迎，但相关的配套措施尚不健全，慈善信托设立和日常监管体系尚显粗略薄弱，要赋予慈善信托与慈善组织同等的税收优惠待遇存在一定障碍。即使从本质上来说，委托人将自有财产转移到慈善信托的行为与慈善捐赠也并无不同。

2. **海外制度借鉴**

由于规范家族慈善的法律制度嵌入在不同的法律体系中，受特定国家和地区的社会制度、历史、政治、文化、法系传统等多方面因素的影响，本节国际立法经验的借鉴将聚焦与家族慈善相关立法的总体定位，而不对任何具体的法人或非法人类型的家族慈善工具进行比较。

总体而言，慈善法律体系较为发达的英国与美国，对包括家族慈善在内的慈善活动的立法较为宽松和灵活。在符合基本法律原则（如不分配利润原则、不得私人获利原则）的前提下，创新性家族慈善的实现方式多采纳"法无禁止即可为"。如上所述，捐赠者建议基金已在美国积累了百余年的实践经验，随着捐赠者建议基金数量的持续增长，政策制定者、学者和慈善实践者也在探讨对捐赠人先获得全部税收减免，再在之后若干年内不受限制地慢慢支出慈善基金的"优待"是否需要调整。但只要这样的探讨没有固定为正式的法律依据，美国有关捐赠者建议基金的实践就不会受到影响，托管这些基金的公共慈善组织也不会受到监管部门的处罚。

在这种相对灵活的法律环境下，英国、美国等慈善法律体系较为发达的国家不断涌现出创新性的慈善捐赠实践。这些新的模式为家族慈善的实践提供了更多的可能性。例如，英国是国际上首个出现专门适用于社会企业的法人形式，即社区利益公司（community interest companies）的国家。该法律形式有效解决了社会企业在追求社会目标和保障投资人收益权之间可能存在的利益冲突和相应的法律责任，为家族慈善在发挥商业模式的可持续和杠杆作用的同时致力于社会公益目标的实现提供了可能。并且，根据英国法律的规定，社区利益公司可以享受一定的税收优惠。

在美国，2016年脸书创始人马克·扎克伯格（Mark Zuckerberg）及妻子普莉希拉·陈（Dr. Priscilla Chan）共同公布了将捐赠个人财产99%的捐赠誓言。但令人意外的是，他们并未通过捐赠建立私人基金会等501（c）（3）慈善组织的方式来实现捐赠，而是成立了一家商业企业实体有限责任公司（Limited Liability Company，简称LLC）。通过采纳非慈善组织的方式来开展活动，让家族慈善不受任何财产使用、信息公开和投资管理的制约，可以使该家族慈善的管理者放手探索影响力投资等新型慈善模式。据美国法律专家分析，由于商企企业实体有限责任公司可以实现税收穿透的法人实体，扎克伯格家族采取此种方式实现家族慈善并不会造成过多的税收损失。[①] 尽管这种新型慈善模式的长远影响还有待进一步研究，但如果是在我国的法律体系下，通过营利性法人来开展非营利性的活动则没有同等的自由空间，相关组织可能会因《取缔非法民间组织暂行办法》的存在而被取缔。

此外，近年来在美国出现的协同捐赠和捐赠圈是在直接捐赠的基础上衍生出的一种共同捐赠行为，其原本是指女性、少数族裔等传统边缘化人群扎根本社区的关切，合力就本社区关注的共同议题进行捐赠。[②] 根据《美国捐赠圈与协同捐赠扫描报告》，通过捐赠圈进行捐赠的平均每笔捐赠金额为 1312 美元。[③] 虽然捐赠圈的捐赠模式起源于大众化的社群，可能不适于高净值财富家族开展慈善活动，但近年来已有不少家族慈善群体开始关注到这一新的捐赠路径。由于捐赠圈形成有效捐赠合力的优势和成员之间相互熟悉和相互信任，无须花费高额的交易成本（如咨询费和律师费）就可以达成合意，该模式非常适用于熟悉的家庭成员之间相互协同、共同实现家族慈善目标。这种新型家族慈善可选模式的出现同样是相对灵活的法律环境下的创新与活力的体现。

二　不同家族慈善形式的有效治理

与大众捐赠不同的是，家族慈善活动往往体现了捐赠家族对特定社会问题和公益价值的关注，家族成员也会更为持续和深入地参与慈善活动的

---

① Dana Brakman Reiser, "Disruptive Philanthropy: Chan – Zuckerberg, the Limited Liability Company, and the Millionaire Next Door, "*Fla. L. Rev.* 70(2018:921).

② Angela M. Eikenberry, "Giving Circles: Growing Grassroots Philanthropy, "*Nonprofit and Voluntary Sector Quarterly*, 2006, 35(3): 517 –532. https://doi.org/10.1177/0899764006287482. https://dx.doi.org/10.1177/0899764006287482.

③ Jessica Bearman, Julia Carboni, Angela Eikenberry, and Jason Franklin, "The Landscape of Giving Circles/Collective Giving Groups in the US, "2017.

战略把控和日常管理，因此，如何建立和完善其治理模式，是家族慈善规范发展、家族慈善财产有效发挥社会价值的关键所在。本节就如何在家族慈善实践中体现捐赠人意志、对捐赠人的权利如何适度地进行保障与限制，以及家族成员参与理事会治理的优势与挑战等有关家族慈善治理问题展开讨论。

（一）捐赠人权益保障

慈善家族成员在开展家族慈善活动的过程中属于捐赠人的身份，无论是直接捐赠还是捐赠设立专项基金抑或是成立独立的基金会，家族成员都是无偿自愿地将所有的合法财产转移给慈善组织。在直接捐赠和设立专项基金或捐赠者建议基金的模式下，捐赠人和受赠慈善组织相互独立（家族基金会捐赠人和理事可能会出现身份混同的情况），尤其是直接捐赠不涉及任何常设性的组织机构，家族慈善有效治理的关键在于平衡捐赠人意愿和慈善组织发展的关系。专项基金的管委会设置，可以参照基金会理事会的治理模式要点来进行。

1. 捐赠人的基本权利

家族慈善的捐赠人因其无私的捐赠行为而与受赠的慈善组织和慈善事业产生了联结，成为慈善活动管理的利益相关人。因此，捐赠人对其所支持的慈善活动享有一定的权利。根据相关法律的规定，慈善事业的捐赠人享有知情权、监督权、约定捐赠财产的用途和受益人范围、依法享受税收优惠的权利。这些保护捐赠人权利的制度，也保障了在开展家族慈善活动过程中个性化的价值和意愿的实现。

首先，家族慈善捐赠人可以与受赠慈善组织约定捐赠的具体内容、签订书面协议并约定捐赠的慈善财产的用途和受益人范围。《公益事业捐赠法》第十二条第一款规定：“捐赠人可以与受赠人就捐赠财产的种类、质量、数量和用途等内容订立捐赠协议。捐赠人有权决定捐赠的数量、用途和方式。”与此同时，《慈善法》第三十九条也规定，捐赠人可以要求与受赠组织签订捐赠协议，而捐赠财产的用途是捐赠协议明确规定的要素，而且慈善组织有义务按照与捐赠人约定的用途使用捐赠财产。捐赠人指定捐赠用途的权利也是设立专项基金、捐赠者建议基金的法理基础。

其次，家族慈善捐赠人对其所进行的慈善捐赠的使用情况享有知情权，这一权利同样是法律制度充分尊重捐赠人意愿的体现，是慈善组织依法履行其对捐赠人的信义义务、捐赠人行使监督权的前提。而捐赠人对其进行的慈善捐赠享有的知情权是贯穿于从募捐（慈善捐赠前）到慈善捐赠完成整个阶段的。根据《慈善法》的规定，慈善组织开展公开募捐的，应当在募捐活动现场或者募捐活动载体的显著位置，公布募捐组织名称、公开募捐资格证书、募捐方案、联系方式、募捐信息查询方法等（第二十五条），而募得款物的用途是属于募捐方案需要载明的事项；慈善组织开展定向募捐的，应当及时向捐赠人告知募捐情况、募得款物的管理使用情况（第七十四条）。《公益事业捐赠法》第二十一条亦规定："捐赠人有权向受赠人查询捐赠财产的使用、管理情况，并提出意见和建议。对于捐赠人的查询，受赠人应当如实答复。"因此，无论是公开募捐还是定向募捐，受赠慈善组织都负有向捐赠人进行信息披露的义务。

再次，与捐赠人知情权相匹配的是慈善捐赠人的监督权。《慈善法》第四十二条第二款规定："慈善组织违反捐赠协议约定的用途，滥用捐赠财产的，捐赠人有权要求其改正；拒不改正的，捐赠人可以向民政部门投诉、举报或者向人民法院提起诉讼。"如上所述，捐赠人监督权的形式是建立在知情权的基础上的。因家族慈善捐赠一般属于大额捐赠，所支持的项目规模较大、周期较长，家族慈善捐赠人有更大的概率和更强的动机来积极行使监督权。

最后，我国的税法与国际通行做法一样，对进行慈善捐赠的捐赠人赋予享受公益性捐赠税前扣除的权利。有关捐赠人的税收优惠权，将在下文详细展开讨论。

2. 捐赠人意愿的边界

从上文对家族慈善捐赠人所享有的权利的分析来看，我国现行慈善法律规范对家族慈善捐赠人权利的保护还是非常全面的，但这并不意味着捐赠人的意志对慈善组织有强制性的约束力且不受限制。这一点在家族慈善实践中被忽略和误解的可能性更大。因为家族慈善所捐赠的财产规模通常较大，而根据资源依赖理论①，慈善组织处于对外部资源的依赖，在募捐实践中会尽量满足捐赠人的意愿。因此，有效的家族慈善治理和合规管理需要明确行使捐赠人意愿的边界。

虽然家族慈善捐赠人有权指定捐赠财产的用途和受益人的范围，但并不能强制要求慈善组织选定具体的受益人。此外，家族慈善捐赠人还不能指定与其有关联关系的人作为其捐助的慈善项目的受益人。比如，家族成员捐赠一笔财产给某基金会，但要求限定其家族企业的员工作为受益人，这就属于利用公益慈善的外壳来达到获取私利的目的。换言之，这种附带不合法条件的捐赠实际上已经违反了慈善捐赠的无偿性要求，也存在利益冲突，因此不能被认定为慈善捐赠以获得相应的税收优惠。而与捐赠人签订这种存在利益冲突的、使特定私人获益的捐赠协议也违反了慈善组织管理的有关规定，有可能受到相应的处罚。《慈善法》第四十条第一款明确规定："捐赠人与慈善组织约定捐赠财产的用途和受益人时，不得指定捐赠人的利害关系人作为受益人。"然而，目前对于如何理解和界定利害关系人，相关的配套法规政策尚未予以明确。至于家族慈善捐赠人及其所控制的家族企业是否可与受赠的慈善组织进行关联交易，则需要根据所进行的关联交易的内容和性质来进行分析。下文将在"家族基金会的治理"一节集中探讨基金会的关联交易制度和法律规制。

（二）慈善信托中委托人的权益保障

1. 后《慈善法》时代下慈善信托关系中的委托人

委托人在慈善信托关系中的角色类似于慈善捐赠中的捐赠人，或者说实质上就是将个人财产奉献于公益慈善事业的慈善捐赠人。在很多国家的法律制度中，慈善信托本身就是慈善组织的法律形式之一，慈善信托委托人也被视为发起慈善组织的捐赠人。根据《慈善法》的规定，委托人是基于慈善目的，依法将其财产委托给受托人开展慈善活动的主体。因此，在合法的慈善目标的范畴内以及满足慈善信托不用于使任何私人获益的前提

---

① Matthew M. Hodge and Ronald F. Piccolo, "Funding Source, Board Involvement Techniques, and Financial Vulnerability in Nonprofit Organizations: A Test of Resource Dependence," *Nonprofit Management and Leadership* 16, No. 2(2005), pp. 171 – 190.

下，对于慈善信托财产的规模、慈善信托工作的范围以及慈善信托存在的期限，委托人都可以全权决定，慈善信托的受托人也由委托人来挑选决定。不过与慈善捐赠的不可撤销性一样，一旦慈善信托成立、委托人将其财产委托受托人保管，委托人就不能再撤销慈善信托。但《慈善法》同样赋予了慈善信托委托人类似于捐赠人的知情权、监督权。具体而言，《慈善法》第四十八条规定："慈善信托的受托人应当根据信托文件和委托人的要求，及时向委托人报告信托事务处理情况、信托财产管理使用情况。"该法也在第四十七条赋予了委托人变更受托人的权利："慈善信托的受托人违反信托义务或者难以履行职责的，委托人可以变更受托人。"此外，《慈善法》在第四十九条还规定了慈善信托的委托人可以根据需要决定是否设置信托监察人，信托监察人对受托人的行为进行监督，依法维护委托人和受益人的权益。

从性质上分析，家族慈善治理是家族治理和慈善事业治理的交集，其目标是在既定资源内尽可能做到实现公共利益的最大化。但与家族慈善治理不同，家族治理的目标是保持家族包括家族企业的可持续发展和传承性。这两个目标在家族慈善事业中产生交集，但也可能存在冲突。慈善信托财产制度的优越性在于，信托文件是委托人意愿的体现，而慈善信托一旦依据信托文件成立，慈善财产就成为既独立于委托人也独立于受托人的自有财产，仅用于信托文件所载明的慈善信托目的。与委托人自身相关的财产性争议不会影响慈善信托财产的独立性。

我国慈善信托制度中目前有一个重大不足，就是慈善信托委托人税收优惠政策的缺失。虽然《慈善法》规定的"慈善信托的受托人未依法将相关信托备案文件报民政部门备案的，不享受税收优惠"暗含着慈善信托享受税收优惠的可能性，但目前仅有慈善捐赠人享受公益性捐赠税前扣除待遇，有关慈善信托委托人待遇的政策尚未出台。这就导致在实操中，慈善信托的各方主体通过不同的模式来设置慈善信托的架构和资金流动路径，通过让公益性捐赠税前扣除资格的慈善组织担任受托人、委托人和受益人的不同方式来将传统的慈善捐赠环节嫁接到慈善信托关系中，目的在于借助慈善组织的公益性捐赠税前扣除资格来变相获得慈善信托委托人的税收优惠待遇。但在目前的法律制度框架下，各地对不同做法的态度和法律法规的理解也存在一定的差异，使在设计不同复杂慈善信托架构过程中委托人及其他主体的合规管理面临诸多挑战。

2. 影子委托人设置模式与潜在风险

在上述因委托人享受税收优惠待遇的现有政策障碍而设计的复杂慈善信托主体架构中，实际上的慈善信托出资人即真正的委托人并不一定担任信托文件所载明的名义上的委托人，这就为委托人行使委托人权利带来一定挑战。此处称这种现象为影子委托人，并根据不同模式具体分析采取复杂慈善信托主体架构来开具公益性捐赠票据和进行税前扣除存在的合规治理风险。

模式一　慈善组织担任受托人

由于慈善组织和信托公司是我国法律认定的两类合法慈善信托受托人，一些慈善信托关系在设立时，会由慈善组织担任受托人或由慈善组织与信托公司担任共同受托人，接受由真正委托人转让的财产。这种模式不存在影子委托人的问题，提供资金的家族慈善出资人可以充分享受现行法律赋予的委托人权利，但是目前转移资产设立慈善信托的行为还不能获得税收优惠待遇。作为委托人，家族慈善出资人在此种模式下只能放弃获得公益性捐赠票据和进行税收抵扣的权利。即使慈善组织贸然开具了票据，也存在受处罚的法律风险，同时混淆了获得捐赠和受托管理信托财产的行为。根据其所开具的慈善捐赠票据，相应慈善财产成为捐赠收入，属于慈善组织的自有财产，而未能成为独立的信托财产进行单独管理。这就意味着，这笔慈善财产也要受到法律法规对慈善组织财产管理过程中行政管理费用、公益活动支出比例和保值增值活动限制等制约，可能带来很多信托财产管理的问题，因此应避免此种情况的出现。

模式二　慈善组织担任委托人

慈善组织担任委托人，即慈善组织担任名义上的委托人，而真正的家族慈善出资人则成为影子委托人。在此种模式下，家族慈善捐赠人先将用于设立慈善信托的资金向合作的慈善组织进行传统的直接捐赠，并指定该笔捐赠的用途是设立慈善信托，再由慈善组织代替家族慈善出资人成为慈善信托的委托人。从家族慈善出资人的角度讲，这种模式存在的一个较大的风险是实际出资人丧失了法律意义上委托人的身份，因而无法行使对慈善信托的知情权和监督权。这种模式的优点在于慈善组织开具公益性捐赠票据不存在任何法律瑕疵，因为家族慈善出资人确实在设立慈善信托的前置程序中进行了慈善捐赠。受赠的慈善组织将从家族慈善出资人募得的慈善捐赠收入通过设立慈善信托的方式支出，即转移给受托人保管，这种行为是否被视为适格的公益活动支出存在疑问，目前相关法规政策和民政管理在执法过程中对此还没有明确统一的界定。

模式三　慈善组织担任受益人

第三种家族慈善信托可采纳的复杂模式是慈善组织担任受益人，即家族慈善出资人将自有财产首先委托给信托公司设立慈善信托并进行管理。受托人根据慈善信托的慈善目的和工作领域选定若干具有公益性捐赠税前扣除资格的慈善组织进行捐赠。在这种模式下，公益性捐赠票据的开具方式是，受资助的慈善组织直接穿透，跳过受托人代为保管的环节，直接为出资的家族慈善出资人开具票据。同样，对于这种穿透开票的方法，目前的法规政策没有明确统一的态度。虽然原则上，这种行为超出了包括信托合同在内的合同的相对性，捐赠票据开具的路径与捐赠资金流入路径也不相符，慈善组织是不应该向委托人开具捐赠票据的，但在实践中，各地监管部门对此种开具票据方式的监管态度并不一致，存在一些采取这种模式为慈善信托出资人开具捐赠票据但未受到行政处罚的案例。对于家族慈善出资人而言，这种模式同样保持了慈善信托委托人的身份和相应权利，不过需要与受托人、慈善组织共同承担穿透开具捐赠票据的法律风险。此外，在这种模式下，委托人获得税收抵扣的时间点与直接捐赠也存在差异，即委托人获得捐赠票据的时间点并不在转移财产到慈善信托之时，而是后置到受托人拨付资金给慈善组织之时，并且由一笔捐赠变成多笔资助。因此，慈善家族是否选择这种模式开展慈善活动，还要与家族自身的税务筹划需求相协调。

（三）家族基金会的治理

家族基金会的治理是家族慈善治理范畴下最具挑战性的议题之一。如上所述，与临时性的直接捐赠和慈善信托中指定专业的慈善组织或慈善信托担任受托人相比，家族成员发起设立慈善基金会，也通常担任理事会的成员，如何平衡家族成员理事代表家族治理目标和基金会自身的社会使命目标是家族基金会治理的重要议题。因此，可以理解为家族基金会的治理是家族治理和基金会治理的交集，慈善家族理事会成员是基金会治理团队和基金会捐赠人之间的桥梁，可以保证基金会的运营管理符合捐赠人的意愿，也更方便家族慈善了解日常运营的情况。不过，研究表明，多元化的理事会成员构成对慈善组织的绩效有积极影响。① 因此，家族基金会在设计治理架构的过程中不仅要吸纳慈善家族成员成为基金会理事，也要有意识地吸纳家族外部具有专业视角的其他人员与慈善家族成员共同就家族基金会发展的战略做出决策以及任命基金会的日常管理团队。

1. 慈善组织的理事会制度政策

我国现行法律体系对基金会组织机构的要求是阶梯式的，即对理事会等治理机构的成员构成的相关要求，根据基金会是否被认定为慈善组织和是否申请公开募捐资格而有所区别。具体而言，基金会的治理机构包括作为决策机构的理事会、作为监督机构的监事会和作为执行机构的管理团队（秘书长和其他高级管理人员），而相关法规政策对以上基金会治理机构的组织构成、主要人员的任职资格、管理职责和禁止性条款都进行了明确规定。

对于基金会治理机构的组织构成，《基金会管理条例》第二十条第一款规定："基金会设理事会，理事为 5 人至 25 人。"与家族慈善密切相关的是有关近亲属同时在基金会理事任职的情况。即该条同时规定："用私人财产设立的非公募基金会，相互间有近亲属关系的基金会理事，总数不

① Erica E. Harris, "The Impact of Board Diversity and Expertise on Nonprofit Performance," *Nonprofit Management and Leadership* 25, No. 2(2014), pp. 113 - 130.

得超过理事总人数的1/3；其他基金会，具有近亲属关系的不得同时在理事会任职。”换言之，家族基金会的理事会中最多只能有1/3的理事由家族成员担任，其他理事不可与家族成员理事具有近亲属关系。此外，《基金会管理条例》还对理事在基金会领取报酬的限制做出了规定：“在基金会领取报酬的理事不得超过理事总人数的1/3。”而未在基金会担任专职工作的理事不得从基金会获取报酬。

对于基金会治理机构成员的任职资格，《基金会管理条例》明确基金会的领导职务，包括理事长、副理事长和秘书长不得由现职国家工作人员兼任，而基金会的法定代表人，不得同时担任其他组织的法定代表人。对于家族慈善的实践者而言，需要特别注意的是，该项关于不能同时担任其他组织法定代表人的限制，因为慈善家族成员有很大的概率担任家族所管理的商业企业的法定代表人，这就需要慈善家族在确定家族企业和家族基金会法定代表人选时进行统筹协调。而对于身份属于外籍的慈善家族成员，还须特别注意条例对境外居民担任基金会法定代表人的限制，即“公募基金会和原始基金来自中国内地的非公募基金会的法定代表人，应当由内地居民担任”（第二十三条）。而对于担任基金会理事长、副理事长或者秘书长的香港居民、澳门居民、台湾居民、外国人以及境外基金会代表机构的负责人，《基金会管理条例》也规定每年在中国内地居留时间不得少于3个月。至于除理事长以外的理事成员的国籍身份相关要求，则在申请公开募捐资格的条件中有所体现（《慈善组织公开募捐管理办法》第五条第三款），具体的规定将在下文进行探讨。最后，《基金会管理条例》对基金会理事成员的任职资格还有限制，因犯罪而获刑罚和被剥夺政治权利的人员以及在其他基金会负有履职责任的人员在一定期限内不得担任基金会理事。

对于获得慈善组织资格并申请公开募捐资格的基金会，《慈善组织公开募捐管理办法》也进一步要求：（1）理事会成员来自同一组织以及相互间存在关联关系组织的不超过三分之一，相互间具有近亲属关系的没有同时在理事会任职；（2）理事会成员中非内地居民不超过三分之一，法定代表人由内地居民担任。需要说明的是，慈善家族成员之间的关系可以是近亲属，也可以是非近亲属，如叔侄关系并不属于法律上的近亲属关系。在

《基金会管理条例》中，这种相对较远的家族成员关系并未被限制，但对于具有公开募捐资格的慈善组织而言，即使是来自同一组织，如同一家家族企业这种微弱的关联关系也不被认可。对于关联关系与家族基金会的治理，我们在下节进行专门探讨。

基金会在决策机构以外还需设有监督机构，即监事或监事会。同样，《基金会管理条例》规定基金会理事的近亲属不得兼任监事。而《慈善组织公开募捐管理办法》进一步规定，基金会获得公开募捐资格的条件之一是“在省级以上人民政府民政部门登记的慈善组织有三名以上监事组成的监事会”。与此同时，监事不得从基金会获取报酬，这样的限制是出于监事与基金会作为监管方和被监管方存在利益冲突的考量。

2. 关联关系管理

由于慈善家族一般由家族成员担任家族基金会理事，家族成员、家族企业（尤其是家族成员以家族企业股权的形式进行慈善捐赠）和家族基金会之间自然会出现关联关系并需要依法对其进行管理。因此，对关联关系、关联交易的管理是家族基金会治理中的重要课题。如上所述，关联关系比近亲属关系的范畴要宽泛许多，但是在正式的法律、法规、规章和规范性文件的条文中，并没有对基金会的关联关系进行界定。只有在基金会年度检查所填写表格的注释中有所涉及，“关联方包括发起人、主要捐赠人、基金会理事主要来源单位、基金会投资的被投资方、其他与基金会存在控制、共同控制或者重大影响关系的个人或组织”。这种规范方式并不具有正式的法律效力，但由于是监管部门在年度检查日常监管过程中进行的解释，实际上其对基金会的实践具有一定的指导和约束意义。

对于涉及基金会、家族基金会关联交易的具体限制，主要的法律依据体现在《基金会管理条例》和《慈善法》的相关规定中。《基金会管理条例》第二十三条第三款规定：“基金会理事遇有个人利益与基金会利益关联时，不得参与相关事宜的决策；基金会理事、监事及其近亲属不得与其所在的基金会有任何交易行为。”这里的限制规定主要体现在两个方面。其一，对基金会理事进行限制。在相关理事行使决策权的时候，如果存在其个人利益与所决定的事项有关联的情况（不仅限于利益冲突，如对某个区域的资助的溢出效应会对该理事的私人产业带来正外部性[①])，则相关理事需要对有关决策进行回避。家族基金会出现这种情况的概率会比较大，因为家族基金会所关注的社会议题可能是慈善家族在发展家族事业的过程中所发现的社会公共服务的欠缺之处，从而通过捐赠的方式来支持相关社会服务的完善，实现其所认为的有意义和有附加值的社会进步。这就意味着，慈善家族成员在担任家族基金会理事时要做的相关决策如果与家族事业有较高的相关性，则需要遵守法规所设定的回避机制来进行。其二，对于关联交易行为，该条规定的限制是严格的——不得有任何交易行为。不过，该条适用的范围较小，即理事、监事本人及其近亲属。而其他家庭成员（亲密关系仅次于近亲属）等关联关系人与基金会发生交易行为是否被法律法规允许则并没有明确的规定。可见，《基金会管理条例》有关关联交易的规定处于两极分化的状态。而《慈善法》第十四条第一款规定："慈善组织的发起人、主要捐赠人以及管理人员，不得利用其关联关系损害慈善组织、受益人的利益和社会公共利益。"该款规定并没有完全禁止慈善组织的主要发起人、主要捐赠人以及管理人员（有可能掌握慈善组织实际控制权的人员）进行关联交易，但确认了行为的准则是不能损害慈善组织、受益人的利益和社会公共利益。不过，对于哪些人员属于这几类核心人员的关联关系范畴，《慈善法》并没有明确规定。与《基金会管理条例》类似，《慈善法》也规定了主要管理人员对慈善组织直接与其进行交易决策的回避制度，不过适用情形不是任何发生关联的事项，而仅限定在发生交易行为。

（四）现有制度的完善思路

1. 主要薄弱环节

从家族慈善不同实现路径的治理机制来看，我国现行法律制度的不足，首先体现在慈善信托制度的税收优惠制度和相关配套措施没有落实，造成在实操中慈善信托治理的成本大幅提高。各类变通模式的实操做法，

---

① 正外部性，即经济学中的 positive externalities，是指某种产品和服务不仅会给购买该项服务的消费者带来价值，也会给更广泛的群体带来一定收益。比如，某户房子增加防火设置，不仅会惠及该住户中的居民，也会大幅减少邻居被火灾殃及的风险。

增加了慈善信托持续健康运营的法律风险，影响了家族慈善事业的稳定性。

在与家族慈善紧密相关的关联关系管理方面，虽然目前我国对基金会相关行为进行规制的基本原则符合维护社会公共利益和慈善行业的健康有序发展，即需要避免关联关系与家族基金会有效治理发生利益冲突的情况（回避机制）以及确保关联交易的进行不损害基金会、受益人的利益和社会公共利益，但是从立法技术和可执行性角度而言，我国现行的关联关系管理法律制度还非常粗糙。首先，《基金会管理条例》和《慈善法》对基金会所发生的关联交易的基本回应存在不一致性。如上所述，《基金会管理条例》全面禁止基金会管理人员及其近亲属的关联交易，而《慈善法》则只限定关联交易不得损害基金会、受益人的利益和社会公共利益，并未禁止任何关联交易的发生。实际上，国际上多数立法模式并不“一刀切”地禁止基金会与关联方进行关联交易。对于基金会有利的关联交易，如家族企业以低于市场价格的对价为基金提供运营管理所需要的资源（办公场地、实物性物资和物流服务等），法律应当认可其合法性。其次，对于何为关联方，以及何为交易，现有法律都没有进行清晰的界定，这为家族慈善在内的慈善组织管理者带来很大的政策不确定性，使在涉及可能发生关联交易的情况下，出于保守的考量会选择避免关联交易的发生。

2. 海外制度借鉴

美国和英国在较长的慈善组织监管和政策发展实践中逐渐积累了与关联交易相关的立法经验，对家族基金会关联交易中的核心法律概念都有较为详细的界定与解释。这里以美国的立法经验为例来介绍较为完善的家族基金会关联交易制度可以达到的详尽程度。

美国的家族基金会基本采用的是私立基金会（private foundation）的形式，对于私立基金会涉及关联交易的，税法和美国国税局的规定对关联方与交易的界定都较为详细。对于私立基金会所涉及的关联交易（美国税法中称为“自我交易”“self – dealing”），美国法律规定，原则上禁止不适格主体（disqualified person）即被规制的主体与私立基金会进行任何交易，但存在几种豁免的情况。

美国法律共界定了八类私立基金会关联交易的不适格主体，并且对这些主体的界定和范畴有详细的释义。具体包括：（1）基金会主要捐赠人；（2）基金会管理人员（释义注明包括理事、秘书长、章程载明的基金会官员，如首席财务官，以及享有类似前者权力的管理人员）；（3）掌握超过20%投票权的主体；（4）上述三类主体的家庭成员；（5）前述四类主体持有总持股（投票权）比例超过35%的公司；（6）前述四类主体持有总投票权比例超过35%的合伙人；（7）前述四类主体持有利益超过35%的信托、不动产、非法人企业；（8）政府官员。

“交易”也并不仅限于购买合同关系，而是具体包括七类不同行为：（1）销售、交换或财产租赁；（2）房屋租赁；（3）贷款或其他借贷；（4）提供物资、服务或设施；（5）支付报酬或报销；（6）转移基金会资产；（7）向政府官员支付现金或财产。不过，不适格主体与私立基金会进行的上述交易并不是“一刀切”地被禁止。美国国税局列明了六类豁免情况，包括：（1）某些由私立基金会向不适格主体提供货物、服务和设施的行为；（2）某些向不适格主体支付报酬或报销的行为；（3）某些资产重组交易；（4）某些向政府官员支付报酬的行为；（5）某些房屋租约；（6）某些因违反私立基金会的过度持股规定而处置财产的行为。这些特定情况的具体条件和情形，相关政策都有明确的解释。此处限于篇幅不作具体展开，详细的释义可以参考美国国税局官网的解释。

三　家族慈善组织行为监管

选择好家族慈善实现方式和构建好家族慈善治理架构后，家族慈善组织日常的运营管理及慈善活动开展需要按照法律法规的规范进行。本节重点探讨家族基金会的行为监管，因为直接捐赠和专项基金、捐赠者建议基金都是依托基金会来实现家族慈善目的的。对于慈善信托，目前法律规定了在慈善信息公开平台发布信托事务处理情况报告、财产专科报告的受托人义务，并且要求慈善信托受托人于每年 3 月 31 日前报送慈善信托年度报告。

不过，现有慈善信托公开和年度报告应当包含哪些事项，执行哪些信息报告标准并没有明确和统一的指引，因此大部分民政监管部门不会对慈善信托所报告的信息进行强制和严格的要求。对于家族慈善事业的日常管理而言，最为相关且存在最多法律风险的是基金会形式的家族慈善管理。

（一）我国现行法律制度下的家族慈善组织行为规范

1. 慈善资格的取得与慈善募捐

基金会是具有公益性的社会组织。如上所述，在我国三类社会组织中，只有基金会将“公益”写入了其法律定义中。因此，《慈善法》出台后，慈善事业管理部门在实操中基本将基金会都认定为慈善组织。家族基金会的日常运营管理依据《慈善法》及其配套措施开展。

慈善资格的取得是慈善组织合法地以公益慈善的名义开展相关活动的前提。相较于一般的社会组织，慈善组织既可以享受相应的待遇，也负有更多的合规责任。总体来讲，慈善组织在财产使用、信息公开、日常监管和信息披露等方面需要履行更多的合规义务。相应地，取得慈善资格也是基金会申请公开募捐资格的前提。

《慈善法》规定的取得慈善资格的方式是，《慈善法》出台前登记的社会组织可通过认定获得慈善组织资格，《慈善法》出台后登记的社会组织可在登记时选择是否登记为慈善组织。这意味着，新设的家族慈善组织需要在建立之初就规划好是否要申请成为慈善组织。慈善组织比一般的社会组织承担了更多的责任，也拥有享受更多优惠待遇的可能（见表 14－2）。如上所述，从实践情况来看，一方面，家族基金会在登记管理部门的实际执法过程中会被要求申请慈善组织资格；另一方面，对于进行大额捐赠的慈善家族而言，是否获得公益性捐赠税前扣除资格直接关系着慈善家族捐赠人能否获得税收优惠待遇，慈善资格认定无疑对组织公益性的官方认可、在财税部门申请到相关税收优惠资格大有助益。因此，多数家族基金会尤其是新登记的家族基金会选择登记为慈善组织。

表 14－2　慈善组织享受的待遇和承担的责任

待遇	责任
公益性的标识	慈善财产使用比例
申请公开募捐资格	信息公开
税收优惠	严格的法律责任
其他促进措施	社会公众监督

根据《慈善法》的规定，慈善组织要满足作为非营利法人所必需的六大条件：(1) 以开展慈善活动为宗旨；(2) 不以营利为目的；(3) 有自己的名称和住所；(4) 有组织章程；(5) 有必要的财产；(6) 有符合条件的组织机构和负责人以及法律法规规定的其他条件（如登记申请的各项文件）。可以看出，这六项中的核心条件是“以开展慈善活动为宗旨”。而作为我国首部慈善事业综合性法律的《慈善法》的一大亮点是对慈善活动的范围采取了“大慈善”的模式，除了传统的扶贫、济困、救灾等领域外，教育、科学、文化、卫生、体育以及环境保护等领域也被纳入慈善活动的认定范围。

对于家族基金会的发起人而言，这意味着对机构的宗旨和业务范围有了更大的选择空间。慈善家族往往因家族事业所积累的经验而对某个社会分工的部门或某个区域的社会服务需求有更为深入的了解。赋予家族基金会业务领域更宽泛的选择范围的意义在于，这增加了家族慈善事业产生更多附加价值的可能，从而超越简单的花钱行为，科学利用慈善资源以产生更大的社会效能。而家族慈善的实践者在对家族基金会的宗旨和慈善活动业务领域进行战略规划时，也应当力求依托家族自身的专业视角，选择对于本家族而言更能发挥社会价值的领域进行深耕，从而不仅做到慷慨地捐钱，还做到科学、专业地花钱。

对于慈善资格的具体申请材料要求，《民政部关于慈善组织登记等有关问题的通知》和《慈善组织认定办法》分别针对通过登记和申请认定慈善资格的组织进行了详细的规定。新登记的组织由于尚无组织运营管理情况的记录，提交的申请材料多是宣示性地符合慈善组织要求章程和管理制度规定。而申请认定的慈善组织，除规定与登记慈善组织相似的章程和管理制度要求外，还增加了申请机构“申请时上一年度慈善活动的年度支出和管理费用符合国务院民政部门关于慈善组织的规定”的要求。

对于慈善募捐，本章就家族慈善的法律规制探讨在该议题上仅作简要分析。这是由于国内外家族基金会的资金来源主要是慈善家族自身，多为非公募基金会，无须广泛地向公众募捐。不过，《慈善法》及其配套措施所确立的慈善募捐管理制度尤其是公开募捐管理制度是非常严密的。家族基金会的管理者有必要深入了解相关法律法规的规定，如公开募捐和定向募捐的概念区分，以及网络募捐如何通过民政部官方指定平台发布信息等。这是因为作为非公开募捐的家族基金会也存在将机构的捐款账号发布在官方网站、官方公众号的可能性。即使家族基金会管理人员实施上述行为的主要目的不在于募捐，但从其客观性质来讲，可能已经违反了公开网络募捐的法律规定。

根据《慈善法》的规定，各类不能独立公开募捐的主体，都需要与具有公开募捐资格的慈善组织合作开展募捐。在此过程中，所募款项全部要进入具有公开募捐资格的慈善组织账户进行管理。此外，《慈善法》出台后基金会能否进行公开募捐不再是“以出身论英雄”，而是只要获得慈善组织认定就可以申请公开募捐资格。家族基金会的管理人员需要根据机构情况来进行慈善募捐合规策略的选择：是进行严格的自我合规审查，尽量杜绝任何可能违反《慈善法》规定的募捐行为的出现；还是和具有公开募捐资格的慈善组织合作进行募捐；抑或是自身申请公开募捐资格，相应承担更多的评估、信息公开、财产支出比例的合规责任。

2. 慈善活动与支出要求

家族基金会一方面需要专门的行政管理人员进行日常管理，另一方面需要开展慈善活动、慈善项目来具体践行机构的慈善目标。因此，相应的慈善活动如何开展以及基金会所持有的慈善财产如何在行政管理费用和慈善活动支出之间进行平衡是家族基金会运营管理需要注意的核心事项。

《基金会管理条例》第二十九条规定，公募基金会的年度公益事业支出，不得低于上一年总收入的70%；非公募基金会年度公益事业支出，不得低于上一年基金余额的8%。值得注意的是，对于公募基金会和非公募基金会，年度公益支出最低限额的计算基数是不同的。而无论是公募基金会还是非公募基金会，《基金会管理条例》都规定工作人员的工资福利和行政办公支出不得超过当年总支出的10%。其中，有关行政管理费用的要求一般适用于基金会下设的专项基金。《民政部关于进一步加强基金会专项基金管理工作的通知》规定："专项基金列支管理成本时，捐赠协议有约定的，按照其约定；捐赠协议未约定的，除了为实现专项基金公益目的确有必要之外，一般不超过该专项基金年度总支出的10%。"

多年来，有关基金会行政管理费用的限制一直受到基金会实务界人士和专家学者的诟病。一方面，对于像家族基金会这样的以财产保值增值作为主要收入来源的组织而言，进行专业投资所需要的管理成本相对较高，"一刀切"地予以限制，对基金会吸引专业人才造成了障碍。另一方面，与开展慈善项目的运作型基金会相比，资助型基金会需要支出的行政管理费用会更高。在《慈善法》立法的过程中，我们曾在法案征求意见稿中对行政管理费用的规定进行大幅度修改，不过最终通过的法条仍然保留了对行政管理费用的限制。新的慈善财产支出规定沿用《基金会管理条例》确定的法律框架，并在立法细节上进行一定的合理化调整，包括根据基金会的财产规模来设定不同的支出比例。与此同时，支出比例在计算方法上更为灵活，计算基数可以适用慈善组织上年末净资产或前三年年末净资产平均数。根据上位法优于下位法、新法优于旧法的原则，以及《慈善法》和《慈善组织开展慈善活动年度支出和管理费用标准》的规定，现行对慈善组织开展慈善活动支出和年度管理费用的具体标准见表14－3。

表14－3　慈善组织开展慈善活动支出和年度管理费用的具体标准

组织形式、慈善活动支出与年度管理费用			慈善活动支出	年度管理费用
基金会	具备公募资格		≥ X×70%	≤ Z×10%
	不具备公募资格	Y ≥ 6000万元	≥ Y×6%	≤ Z×12%
		6000万元 > Y ≥ 800万元	≥ Y×6%	≤ Z×13%
		800万元 > Y ≥ 400万元	≥ Y×7%	≤ Z×15%
		Y < 400万元	≥ Y×8%	≤ Z×20%

注：X为慈善组织上年总收入或前三年收入平均数（上年总收入＝上年实际收入－上年收入中时间限定为上年不得使用的限定性收入＋上年解除时间限定的净资产）；Y为慈善组织上年末净资产或前三年年末净资产平均数；Z为慈善组织当年总支出。

资料来源：王振耀《慈善规范实务指南》，中国言实出版社，2017，第43页。

除慈善活动支出的财产要求外，《慈善法》也规定了慈善活动开展的原则。慈善组织应当"积极开展慈善活动，充分、高效运用慈善财产"（第六十条）。慈善组织如果连续两年未从事慈善活动，依法应当终止（第十七条）。这对于家族基金会而言是需要特别注意的。家族基金会多以对留本基金的保值增值投资作为基金会的主要收入来源。虽然法律法规设置了6%~8%的慈善活动支出最低比例，但是家族基金会的发展目标不应仅停留在法律规定的底线性要求上，还应当致力于进行有效资助，在慈善项目的设计中投入精力，找到最适合机构发展的资产保值与慈善活动支出的平衡，而不是以基金会资产的不断增长为发展目标。

3. 信息披露与日常监管

由于家族基金会在现有慈善法律体系下基本都取得了慈善组织资格，本部分侧重介绍《慈善法》出台后慈善组织需要履行的信息披露和日常监管义务。《慈善法》、《基金会信息公布办法》以及《慈善组织信息公开办法》都适用于包括家族基金会在内的慈善组织的信息披露。其中，《慈善组织信息公开办法》是对《慈善法》的细化和对《基金会信息公布办法》的继承。

《慈善法》确立的信息公开原则是“真实、完整、及时”。信息披露和进行日常监管的“契机”或“抓手”主要分为三类。第一类是家族基金会的基本信息，即“慈善组织应当向社会公开组织章程和决策、执行、监督机构成员信息以及国务院民政部门要求公开的其他信息”（《慈善法》第七十二条）。第二类是固定期限内的常态性信息披露义务，包括慈善组织每年需要向民政部门提交和向社会公开的年度工作报告和财务会计报告（具有公开募捐资格的家族基金会的财务会计报告还须经过专业审计），公开募捐、慈善项目周期超过六个月的，至少每三个月公开一次募捐情况或项目实施情况（适用于具有公开募捐资格的慈善组织，对于不具有公开募捐资格的慈善组织，则应定期及时向捐赠人告知募捐情况和募得款物的管理使用情况）。第三类是特定事项触发的信息披露义务，包括重大资产变动、重大投资、重大交易及资金往来（《慈善组织信息公开办法》第十二条），以及发生关联交易行为（《慈善组织信息公开办法》第十三条）。

了解慈善组织信息披露和日常监管制度，对于家族基金会而言有三个方面的意义。第一，有关具体信息披露和年度报告的合规要求是家族慈善管理人评估和选择不同家族慈善事业实现路径的重要依据。第二，上述三类不同信息披露和日常监管的合规具体要求是基金会制定内部管理机制和组建管理人员团队的重要参考。第三，相关信息披露的对象，包括政府监管部门、捐赠人、社会公众以及受益人等（《慈善组织信息公开办法》第十六条）是家族基金会建立和扩展利益相关方视角，超越以本家族关切为核心的视野局限的重要指引。

4. 保值增值投资

保值增值活动对于家族基金会而言至关重要。在世界各国，基金会尤其是由慈善家族设立的不面向社会公众进行募捐的基金会，往往通过对留本基金，即设立基金会初始的大额资本进行稳健投资，以增值收益作为基金会持续现金流来实现公益慈善目标。基金会保值增值的原则、可投资的范围以及管理人员在投资过程中出现失职的责任认定，都是基金会保值增值投资法律制度需要明确的内容。在《慈善法》出台以前，《基金会管理条例》为基金会保值增值活动确立了“合法、安全、有效”的原则，但缺乏有实操指导意义的管理细则。《慈善法》沿用了《基金会管理条例》对基金会投资活动“合法、安全、有效”的规定，2018 年 10 月出台的《慈善组织保值增值投资活动管理暂行办法》则详细设置了慈善组织保值增值投资活动的“白名单”和“黑名单”。

总体而言，《慈善组织保值增值投资活动管理暂行办法》的立法出发点在于维护慈善组织所管理的社会性资产的安全。因为捐赠人一旦完成了捐赠的行为，其个人所有的财产就成了有着社会公益属性的财产，并享受了国家财政对其税收减免的“补贴”，因而其财产具有公共属性。具体而言，该暂行办法规定了三类慈善组织可以从事的投资行为，即“一是可以直接购买银行、信托、证券、基金、期货、保险资产管理机构、金融资产投资公司等金融机构发行的资产管理产品；二是可以通过发起设立、并购、参股等方式直接进行股权投资；三是允许将财产委托给受金融监督管理部门监管的机构进行投资”①。这三类慈善组织投资“白名单”的规定，反映出目前慈善组织投资法律制度采用的是根据风险级别进行不同程度限制的模式。对于银行等金融机构发布的资产管理产品，由于风险较小，慈

---

① 《民政部〈慈善组织保值增值投资活动管理暂行办法〉政策问答》，民政部网站，http：//www.mca.gov.cn/article/gk/jd/shzzgl/201811/20181100012706.shtml。

善组织进行此种方式的投资不受任何限制。而第二类通过“设立、并购和参股”等方式所做的股权投资，是指慈善组织下设商业实体的行为，而不是直接在二级金融市场购买股票。第三类允许投资的行为回应了直接投资高风险金融产品的问题，即慈善组织对金融产品的投资是需要通过委托专业的具有金融机构资质的代理人间接进行的。《慈善组织保值增值投资活动管理暂行办法》第七条则明确规定了慈善组织不能直接投资的金融产品范围：直接买卖股票、直接购买商品及金融衍生品类产品。此外，该条还列明了慈善组织绝对禁止的投资行为：“投资人身保险产品，以投资名义向个人、企业提供借款，不符合国家产业政策的投资，可能使本组织承担无限责任的投资，违背本组织宗旨、可能损害信誉的投资，非法集资等国家法律法规禁止的其他活动。”这些绝对禁止的投资行为的立法意图，不仅包括保护慈善财产的安全稳定，同时也包括维护国家金融管理的秩序，杜绝投资人身保险产品、非法集资等情况的出现。

《慈善组织保值增值投资活动管理暂行办法》还对包括家族基金会在内的慈善组织以“设立、并购和参股”等方式进行股权投资（下设子公司）设置了限定性规定，即“慈善组织直接进行股权投资的，被投资方的经营范围应当与慈善组织的宗旨和业务范围相关”。这就意味着除了购买作为金融产品的上市公司股票外，慈善组织只能进行项目相关投资，这对慈善组织下设商业实体造成了限制。因此，虽然该暂行办法对于慈善组织进行保值投资行为的边界划定得较为清楚，但是慈善组织能够独立实施的投资行为非常有限，这对以运作和投资财产作为主要收入来源的家族基金会的发展造成了一定的障碍。

（二）现有制度的完善思路

1. 主要薄弱环节

在现有家族慈善行为监管法律制度中，与家族慈善的特点最为相关的法律制度不足是对慈善组织行政管理费用的支出比例限制，以及对慈善组织投资行为的法律制约。目前的法律制度除了规定慈善组织的行政管理费用不能超过法定限额（不同组织适用当年总支出或上年末净资产的10%~20%），对于申请免税资格的慈善组织而言，获得免税资格的条件之一是

“工作人员平均工资薪金水平不得超过上年度税务登记所在地人均工资水平的两倍”（《财政部 国家税务总局关于非营利组织免税资格认定管理有关问题的通知》）。从组织发展管理的角度而言，慈善组织职员工资的平均水平取决于组织结构的设置和专业工种的人员构成。对于家族基金会而言，其人员构成以从事财产保值增值、财务管理和资助项目管理的人员为主，这些工作职务的专业度要求比较高，基金会所在地人均工资水平的两倍，往往无法达到所需专业人才的市场平均工资水平，这为基金会正常、可持续地运转以及有效地发挥慈善财产的社会价值带来了一定的挑战。

对于家族基金会可以进行的投资而言，一方面，基金会可以自主进行的投资范围仅限于银行等金融机构发售的理财产品，而此类投资主要属于低风险和低回报的投资组合配置。对于一些留本基金金额较大的基金会而言，这是一种较为低效的投资选择。进行此类过于稳妥的投资选择或许可以对冲通货膨胀率，保证基金会的财产不至于缩水，但与此同时，随着公益活动的开展和每年公益支出的不断拨付，没有进行任何慈善财产稳健增长的家族基金会最终会将其组织财产消耗殆尽。在这种情况下，家族基金会并没有充分发挥其社会价值。另一方面，虽然家族基金会可以选择委托专业金融机构作为代理人来帮助其配置更为适合的投资组合，但从交易成本的角度来看，聘用专业金融机构的成本也是一项不小的支出。如果一些家族基金会恰好在投资方面具有专业储备，自主进行投资的投入产出比可能更优，而现行的法律制度为这种个性化情况留有的空间并不宽裕。

此外，现有法律制度将慈善组织的直接投资，即下设商业实体的活动限定在业务相关的领域。这实际上限定了包括家族基金会在内的慈善组织仅能进行项目相关投资（Program-Related Investment，简称 PRI）。但是，在只允许慈善组织进行项目相关投资的同时，现有法律制度对这一概念和普通的以获得财务收益为目标的财务性投资（financial investment）并未进行区分，也未因这些投资与组织的使命和项目活动相关而予以优惠性的税收待遇。

2. 海外制度借鉴

在慈善法律制度较为发达的国家，很少有设置一定的比例来限制行政管理费用支出的情况。预防家族基金会通过支付高额报酬而转移慈善资产的法律机制主要是在年度报告、财务报告中进行信息披露。如果出现超出合理限度的高额工资报酬，则会进行相应的处罚，而不是简单地设置固定的比例。

在慈善组织保值增值投资方面，以英国（英格兰和威尔士法域）为例，主要由《慈善法》《法人所得税法》《非法人所得税法》《受托人法》来规范投资行为。其对慈善组织投资的监管是通过组织内部治理投资制度的确立和受托人责任来实现的，同时也划定了允许投资的选择范围。

英国慈善组织投资相关法律制度规定了“符合条件的慈善投资”（共12条）和“经批准的慈善贷款”的类型。不属于其中定义的任何一种投资或贷款均被视为不合格支出。[①] 如果一项投资被认定为不合格支出，慈善组织会失去与投资等额的收入税收优惠的免除。符合条件的慈善投资包括：对土地享有的任何权益（除非以担保或债务担保的方式持有），持有在某个被认可的证券交易市场上市的公司的股权或债券，某个单位信托计划，持有某个开放式投资公司的股份，等等。可见，英国在投资的方向和类别上是通过税收来进行具体调控的。股权投资的对象限定在上市公司以及开放式公司，而且限制对土地以担保等方式进行投资。经批准的慈善贷款是指那些不属于上述投资但符合一定条件的贷款，包括：慈善组织仅是出于慈善目的向另一个慈善组织提供的贷款；慈善组织在开展与慈善组织目标相关的活动过程中向受益人提供的贷款；在某银行的现金账户存入的现金（银行存款——不是作为银行向其他人提供贷款的安排中的部分）；不是以避税为目的，而是为了慈善组织的利益进行的任何其他贷款（无论贷款接收方是慈善组织还是其他人）。英国税务局认为，在考虑一项投资或贷款是否为了慈善组织的利益而做出的时候，应该对慈善组织如何受益的考虑持宽泛的态度。受托人必须能够对他们的投资和贷款决策做出合理解释，并提供这些贷款决策过程的证明文件。

与我国慈善组织投资规定不同的是，英国《慈善法》明确了“财务投

---

① 《英格兰及威尔士慈善组织投资法律指南》，https：//assets. publishing. service. gov. uk/government/uploads/system/uploads/attachment_data/file/857987/CC14_new. pdf。

资”和“项目相关投资”的区别，同时也认可了“混合动机投资”的概念。从严格意义上说，项目相关投资不属于投资，但这种投资可通过认购其未进行直接投资的公司的股份以产生收入或收益，达到开展慈善组织目标活动的目的。事实上，这种投资可能不会带来和商业投资的回报一样的收益率。例如，家族基金会投资欠发达地区的社会企业，以达到帮助当地扶贫的目标。这些投资可以被视为使用资金的一种方式，其目的是促进达到慈善组织的目标。如果受托人能够证明已经对这样的投资进行了适当的考虑以及该投资能够促进达到慈善组织的目标，英国税务局有可能接受该投资确实是为了慈善组织利益而进行的说法。

在混合动机投资中，慈善组织投资是既包括财务回报目标也包括社会公益目标的。不过与纯粹的财务投资相比，其投资收益率相对较低。而与纯粹的项目相关投资相比，该投资对慈善利益的推动作用可能没有那样直接和充分，因此无法被认定为项目相关投资。但是，如果受托人能够证明从财务和社会公益的综合角度考虑，以慈善组织利益为目的的投资理由是充分的，则可被认定为混合动机投资。例如，海外开发慈善组织的受托人决定向公平交易茶叶生产和市场冒险投资 2.5 万英镑，合理期望回报率为 5%，而该项目约定回报率仅为 2%，但受托人能够证明该项投资给特定人群带来的社会效益等同于投入 1.5 万英镑的慈善基金。考虑上述因素，英国税务局可能会接受这项投资的目的是符合慈善组织的利益的说法。

从英国慈善组织投资管理的立法经验可以看出，虽然对于基金会的投资范围也进行了一定程度的限定，但其允许的投资范围比我国慈善组织可进行的投资范围宽泛很多，不会过度影响慈善组织的资产配置。同时，其对慈善组织所做的财务投资、项目相关投资和混合动机投资进行了区分，鼓励慈善组织通过影响力投资的方式对受益群体提供支持，而不是单一地提供现金资助，对此种新型基金会项目活动开展方式的认可有利于基金会财务的可持续性，也有助于撬动受助人群的独立自主发展和系统性变革。

四 家族慈善激励机制

就慈善捐赠理论而言，取得税收优惠是捐赠人进行慈善捐赠的一种动机但并不是唯一动机。[①] 对于家族慈善的实践亦是如此。如上所述，在我国现有慈善信托委托人获得公益性捐赠税前扣除缺乏法律依据的情况下，一些家族慈善捐赠人愿意放弃享受税收抵扣的权利而选择合规风险较小的慈善信托架构。不过，税收优惠对于家族慈善而言仍然具有重要的意义。对于高净值的慈善家族而言，在累进制税收制度下，进行公益性捐赠税前抵扣的边际效应可能更为明显。

此外，对于长期性大额捐赠的家族慈善实现模式而言，税收优惠是对捐赠金额、期限（是单笔大额捐赠还是多笔持续性的捐赠）、通道（通过家族企业还是家族成员个人捐赠）和实现方式等捐赠要素进行筹划和考量的重要参考因素，因此对家族慈善事业的有效开展具有重要的意义。在税收优惠以外，慈善奖励、社会领域投资鼓励措施等激励机制也对家族慈善的蓬勃发展起到了一定的促进作用。

（一）税收优惠

1. 慈善捐赠税收优惠的基本制度

家族慈善捐赠可以享受的税收优惠待遇主要分为两个方面：一是家族慈善设立的非营利组织享受的自身税收减免，二是作为捐赠人享受的公益性捐赠税前扣除资格。

家族慈善机构获得免税的条件是首先取得非营利组织免税资格，同时并不是具备免税资格的全部收入都免缴所得税，而是在认定的慈善收入范围内才享受免税待遇。具体而言，根据《财政部 国家税务总局关于非营利组织免税资格认定管理有关问题的通知》，申请免税资格的非营利组织需要满足组织类型、从事非营利或公益性活动、所得收入用于章程规定的

---

① Pamala Wiepking and Beth Breeze, "Feeling Poor, Acting Stingy: The Effect of Money Perceptions on Charitable Giving", *International Journal of Nonprofit and Voluntary Sector Marketing*, 2012, 17 (1): 13 – 24.

公益性或非营利事业、遵循不分配利润原则等若干条件，还要符合“工作人员平均工资薪金水平不得超过上年度税务登记所在地人均工资水平的两倍”的条件。

根据《财政部　国家税务总局关于非营利组织企业所得税免税收入问题的通知》，具有非营利组织免税资格的慈善组织的免税收入包括五类：一是“接受其他单位或者个人捐赠的收入”，二是“除《中华人民共和国企业所得税法》第七条规定的财政拨款以外的其他政府补助收入，但不包括因政府购买服务取得的收入”，三是“按照省级以上民政、财政部门规定收取的会费”，四是“不征税收入和免税收入孳生的银行存款利息收入”，五是财政部、国家税务总局规定的其他收入。这意味着，慈善组织的经营收入（包括服务性收入和销售商品的收入），无论是不是在开展与宗旨相关的活动中取得的，都不属于免税收入。同样，保值增值投资获得的收益，除了属于免税收入在银行存款产生的孳息外，也不属于免税收入。

公益性捐赠税前扣除是由家族慈善组织根据《财政部　国家税务总局　民政部关于公益性捐赠税前扣除有关事项的公告》申请，取得资格后为捐赠人提供应纳税所得额的税前抵扣的激励机制。根据该公告，家族慈善组织要获得该资格，需要达到申请前两年未受到行政处罚、评估等级在3A及以上，以及公益活动支出满足相应比例要求等条件。而根据《企业所得税法》和《个人所得税法》，不论是企业捐赠人还是个人捐赠人，公益性捐赠税前抵扣都设有一个最高限额。企业捐赠人的抵扣额限定在年度利润总额的12%以内，而个人捐赠人的抵扣额限定在纳税人申报的应纳税所得额的30%以内。以上针对不同类型捐赠人的税前抵扣限额的规定对慈善家族进行捐赠路径、捐赠金额和频率的选择与筹划具有重要的参考意义。

2. 股权捐赠、慈善信托等家族慈善形式的税收优惠

如前所述，股权捐赠等非现金捐赠是很多家族慈善实践者的选择，然而我国的法律制度针对股权捐赠等非现金性财产捐赠的配套规定还在逐渐地完善过程中。与慈善组织投资管理规定相结合，目前的法律制度虽然不允许慈善组织直接购买股票，但通过受赠的方式获得股权是允许的。不过，非现金捐赠在税收上的一大障碍是《中华人民共和国增值税暂行条例实施细则》第四条“单位或者个体工商户将自产、委托加工或者购进的货物无偿赠送其他单位或者个人的，视同销售货物”的规定。知名的家族慈善股权捐赠案例是曹德旺家族捐赠市值35.49亿元的股权设立河仁慈善基金会。由于其所捐赠的股权并没有进行变现，而是转由河仁慈善基金会持有，被视同销售货物的35.49亿元的股权所需缴纳的增值税需要另外筹措巨额现金来缴纳，结合慈善捐赠人（企业）税前抵扣额限定在年度利润总额的12%以内的规定，这意味着家族慈善股权捐赠人往往需要额外筹措资金来支付慈善捐赠高额的“交易成本”。

《慈善法》出台后，我国股权捐赠的政策有所突破。2016年4月，财政部和国家税务总局联合发布《关于公益股权捐赠企业所得税政策问题的通知》，规定“企业实施股权捐赠后，以其股权历史成本为依据确定捐赠额，并依此按照企业所得税法有关规定在所得税前予以扣除。公益性社会团体接受股权捐赠后，应按照捐赠企业提供的股权历史成本开具捐赠票据”。这一规定实际上并未突破企业进行非现金捐赠的法律框架，而是从财务操作上将会计统计意义上（而非实际意义上）的增值处理为0，从而豁免了捐赠企业的增值税税负。

上文也提及了慈善信托目前的税收优惠法律制度的缺失。目前，慈善信托的委托人虽然实质上与慈善捐赠的捐赠人一样，将私有财产贡献于慈善事业实现社会公共利益，但因为目前慈善法律制度尚处于发展初期，他们并不能直接享受与捐赠人相同的公益性捐赠税前扣除待遇，这迫使慈善家族委托人或者选择放弃税前抵扣的待遇，或者选择上文讨论的慈善信托的复杂架构设计，这不仅给慈善组织带来了较大的合规风险，也在一些情况下让家族慈善委托人丧失了委托人资格，其委托人权利的实现缺乏制度性的保障。

（二）综合激励

1. 慈善奖励

家族慈善作为我国慈善事业的重要贡献者，也可以享受税收之外的其他物质性或非物质性奖励。其中，一个主要的非物质性奖励是慈善奖项，即政府部门或行业性机构对为慈善事业做出突出贡献的机构或个人给予的荣誉性认可。

根据慈善捐赠动机的研究[①]，慈善奖项属于激励慈善捐赠的精神性、心理性回报。利他精神、公益关切以及使组织、个人获得良好声誉都是捐赠人进行捐赠的合理动机。目前，我国最高级别的政府设立的慈善奖项是民政部于2005年设立的“中华慈善奖”，每年评选出在公益慈善领域做出突出贡献的个人、机构和项目。2014年，民政部与人力资源和社会保障部还联合发布了《关于建立和完善慈善表彰奖励制度的指导意见》，要求“各省（区、市）可按国家有关规定建立慈善表彰奖励制度，作为支持慈善事业发展的政策措施”。在公益慈善奖项以外，通过家族企业行善的慈善家族也有资格参加由行业协会和第三方部门等机构组织的社会企业责任奖评选。

2. 其他资源与社会领域投资鼓励

《慈善法》在“促进措施”一章中还原则性地规定了多项税收优惠以外的促进措施。例如，捐赠实物、有价证券、股权和知识产权的，依法免征权利转让的相关行政事业性费用；慈善活动需要慈善服务设施用地的，可以依法申请使用国有划拨土地或者农村集体建设用地。此外，2017年国务院办公厅印发的《关于进一步激发社会领域投资活力的意见》提出“落实医疗、养老、教育、文化、体育等领域税收政策，明确界定享受各类税收政策的条件”。这意味着对于养老、教育等为社会公众提供公共服务的领域，私人提供者无论是营利性企业、非营利机构还是社会企业，都有可能获得一定的税收优惠。

就广义的家族慈善事业（包括影响力投资与社会企业）而言，国家政策发展的趋势是鼓励此类补充社会公共服务需求的社会领域事业。不过需要注意的是，上述政策文件都是指引性的政策导向，即为各级政府出台具体的优惠措施提供了合法性依据，但尚未出台具体可执行的家族慈善优惠性待遇。

---

① R. Bekkers and P. Wiepking, “A Literature Review of Empirical Studies of Philanthropy: Eight Mechanisms That Drive Charitable Giving”, *Nonprofit and Voluntary Sector Quarterly*, 2011, 40(5). 924 – 973.

（三）现有制度的完善思路

1. 主要薄弱环节

我国现有的慈善事业激励措施存在的主要问题和症结在于税收优惠制度的规定滞后于股权捐赠、慈善信托等新型家族慈善事业开展方式的实践，目前的慈善监管体系与税收优惠待遇的衔接还稍显不足（如目前的慈善信托监管机制还非常粗糙，如果在建立健全相关监管机制之前就给予所有慈善信托公益性捐赠税前扣除资格，较慈善组织申请公益性捐赠税前扣除资格的要求宽松许多，将有悖于税收法律制度的横向公平原则）。上文已经讨论过目前的慈善信托委托人无法享受税收优惠待遇，对慈善家族委托人的权益和复杂慈善信托架构中合作的慈善组织的合规管理带来的挑战，在此不再赘述。

而对于企业捐赠股权的税收优惠待遇，目前《关于公益股权捐赠企业所得税政策问题的通知》所规定的企业捐赠的股权以历史成本计价的财务操作方法，并未从根本上解决企业捐赠非现金性财产视同销售货物的问题。对于慈善家族通过企业捐赠房产、知识产权和其他非现金性财产的情况，现有税法规定带来的需要另外筹措现金流来缴纳高额的增值税税金的问题仍未解决。对于股权捐赠而言，上述通知的出台治标不治本，还有很多潜在的问题尚未解决。

首先，对于受赠的慈善组织而言，如果其接受捐赠的股权以历史成本作为捐赠收入记账，即一般而言是以大幅低于公允价值的金额作为捐赠收入，那么当慈善组织日后对所持有股权进行出售变现时，则可能产生高额的资本利得税税负，造成损害慈善组织财务健康的严重后果。其次，慈善家族所捐赠的股权按照历史成本计价并开具捐赠票据、享受税前扣除，并未按照公允价值反映出慈善家族为慈善事业所贡献财产的真正价值，捐赠额度的计算大打折扣，相应的捐赠人实际能够享受的应纳税所得额税前抵扣也大幅低于其应该享受的税收优惠水平。因此，为了包括家族慈善在内的公益慈善事业的长远发展，应系统性改革现有税法中对企业捐赠非现金财产视同销售货物的税制。

《企业所得税法》出台以来，我国的慈善事业实践和法律制度都有了长足进展，相应的规定可以结合现有慈善法律和财税制度，对民事赠与和向具有公益性捐赠税前扣除资格的纯粹公益慈善性组织捐赠进行区分，对于后者采用特别法优于一般法的模式，专门规定公益慈善捐赠非现金性财产无须视同销售货物缴纳增值税。

2. **海外制度借鉴**

对于慈善信托的优惠待遇，国外立法方式与我国目前的慈善信托法律制度的一大差异是，认定慈善信托为慈善组织的一种法律形式而非一种慈善活动。因此，慈善信托的登记、慈善资格认定以及日常监管和税收优惠待遇的取得都可以被纳入既有的组织法律体系、慈善法与税法体系中，慈善信托的委托人与其他慈善捐赠人具有同等的法律地位，正常享受税收优惠待遇。

对于股权捐赠的税收优惠待遇，以美国的立法经验为例，包括股权捐赠在内的非现金捐赠与现金捐赠一样，无须缴纳类似于我国增值税法中所规定的视同销售货物的税负。对于受赠的慈善组织而言，个人和企业捐赠人进行捐赠股权时即使所捐股权的公允价值高于成本价值，但不算作已经实现的资本利得（慈善组织在受赠时尚未变现），因此不视同为销售货物行为，无须缴纳可能因此产生的净资本利得所得税。

对于捐赠人的税前抵扣额的确定，美国相关法律制度立法的重心在于如何在美国的证券法律监管制度原则的基础上确认不同的抵扣限额以及公允价值和抵扣额度。根据美国税法的规定，捐赠人进行非现金财产捐赠，可依据其公允价值进行等值的税前抵扣，不过与我国的税前抵扣优惠制度一样，捐赠人可以抵扣的额度以纳税人当年应纳税所得额的一定比例为限。对于股权捐赠而言，税前抵扣额还会根据受赠慈善组织类型（是公共慈善组织还是私立基金会）的不同而变化。对于家族慈善而言，其大部分的法律形式属于私立基金会，因此该项规定对于家族股权捐赠人可以享受的税前抵扣额度有直接的影响。具体而言，向公共慈善组织捐赠的捐赠人可以享受年度应纳税所得额的50%以内的税前抵扣；而对于大部分私立基金会而言，该比例为较低的30%。

不过，美国也特别规定了运作型的私立基金会以及几种特殊的私立基金会，例如私立基金会将受赠股权投入共同基金池，以其产生的收益对公共慈善组织进行资助的情况。在确定股权捐赠实际抵扣额时，由于股权捐赠人在进行捐赠时并无视同销售货物等征税的规定，在财产处分涉及资本利得税的情况下（如果股权进行转卖而不是捐赠本应缴纳资本利得税），进行捐赠实际上是豁免了相应的纳税额度。因此，在此种情况下确认所捐赠股权的公允价值时，需要将捐赠人节约的这部分税金从抵扣金额中调减。

五　结论

家族慈善是我国公益慈善事业中一个方兴未艾的新领域，对助力我国社会公共事业持续健康发展有着巨大的潜能。家族慈善可采取不同的路径选择，一方面是基于慈善家族的偏好，另一方面也取决于不同法律形式的制度和政策的成熟程度及合规管理成本。总体而言，我国现有的与家族慈善相关的法律制度虽然在不断完善的过程中也取得了长足的进展，但仍然与社会财富的量级和第三次分配的地位不相匹配。慈善家族有着相对充足的资源，对外部资源的依赖性较小，发生使命漂移的风险也较小，同时也更有系统性解决社会问题所需的耐心资本。因此，其在深耕机构使命宗旨、持续专注地致力于社会创新方面较其他慈善形式更具优势。不断健全和完善家族慈善相关的法律制度，有助于其发挥更大的公益慈善价值，持续推动社会进步。

第四部分

重要案例

第十五章

家族慈善典型案例*

我国家族慈善是伴随改革开放、经济繁荣、政社关系调整、慈善事业重启而逐步发展的。从 20 世纪 90 年代开始，家庭慈善、家族慈善开始恢复发展，部分高收入家庭通过大额捐赠、专项基金等方式投身慈善事业，对补充社会保障、参与应急救援、助力灾后重建做出了重要贡献。2004 年《基金会管理条例》出台后，我国家族慈善进入探索发展期，以民营企业家为主体的众多高净值人士、部分高影响力家庭及其后代开始创建家族慈善基金会。2016 年《慈善法》出台后，部分中高收入群体尝试建立家族慈善信托。这些家族慈善行动在我国精准扶贫、发展教育事业、促进乡村振兴、参与重大应急等方面发挥了重要作用。

2021 年，中央明确提出要“在高质量发展中促进共同富裕”后，我国家族慈善发展进入新的时期。在全面建设社会主义现代化国家的新征程中，慈善事业将在促进共同富裕、助力社会治理、满足美好生活需要、推动更平衡更充分发展等多个方面发挥重要作用，家族慈善作为慈善资源的重要供给方，也将获得更好的制度环境。结合中高收入群体的家庭文明建设，我国家族慈善将迎来广阔的发展空间。

本章聚焦部分家族慈善的典型案例，介绍家族慈善基金会或家族慈善信托的设立初衷、聚焦领域、社会效果、家族成员参与等，希望为推动我国现代家族慈善的发展提供借鉴。

---

* 本章内容及图片除注明外，均来源于案例机构官方网站或由案例机构提供。

一　和的基金会：以慈善为家族传承事业

广东省和的慈善基金会由美的控股有限公司董事长、美的集团创始人何享健先生于2013年12月17日发起设立，原始资金5000万元来自美的控股捐赠。2017年7月21日，广东省何享健慈善基金会正式更名为广东省和的慈善基金会（以下简称和的基金会）。2017年7月25日，和的基金会发布和的慈善捐赠体系，其中包括1亿股美的集团股权和20亿元现金捐赠。

和的基金会的使命是倡导、实践符合现代文明价值规范的公益之道；宗旨是关注弱势群体、促进社会和谐、繁荣慈善文化、推动文明进步。和的基金会logo整体轮廓为汉字“何”的象形，体现家族基金会的性质。

（一）慈善项目成效

和的基金会是国内为数不多的资助型、支持性慈善组织。基金会秉持谦卑、低调、务实理念，重点聚焦大湾区尤其是广东省佛山市顺德区开展公益慈善项目资助，培育良好的区域公益慈善生态。基金会长期关注乡村振兴、社区发展、创新创业、文化艺术、养老健康等领域，取得了令人瞩目的社会效果。

1. 文化艺术领域

“和艺术基金”是和的基金会下设的专项基金。自2018年起实施“青年艺术资助计划”支持青年艺术家成长发展，资助艺术创作、展览活动、出版和学术交流等项目，着重关注青年艺术家创作与活动的公共性和公益性，促进城乡艺术文化资源融合。

2020年，和艺术基金在资助创作或活动的基础上，启动青年艺术专业奖项，继续鼓励和支持青年艺术家成长发展。此外，和艺术基金持续资助和美术馆展览及美育教育项目，为公众呈现独具魅力的展览和多元开放的文化活动，建立起传播的枢纽，挖掘跨文化的多元价值。

图 15-1　和美术馆

2. **养老健康领域**

和泰安养中心（以下简称和泰中心）是服务在地社区的综合性公益养老服务项目，建设床位 708 张，2022 年初投入试运营。和泰中心 3 亿元建设资金由和的基金会捐赠，建设用地 43 亩由广东省佛山市顺德区北滘镇政府划拨。和泰中心采用“社区融合”理念，建有养护院、老年公寓、日间照料中心、康复中心、老年服务综合体、老年大学、社区居家养老服务中心等，融入现代康复护理、传统中医药特色，构建连续性多层级智慧健康养老服务体系，推动本地区老年服务业朝着专业化的健康养老方向发展，为北滘镇及周边地区的长者提供医、养、护相结合的优质养老、护老、安老服务。

值得一提的是，何享健先生早在 2012 年就已捐赠 1 亿元支持顺德建设善耆家园（养老社区）。

3. **公益教育支持**

和的基金会借鉴国内外公益人才培养实践经验，通过“校地共育”合作模式，引进和整合优质公益教育资源，推动本土公益慈善专业人才培养体系建设，同时倡导规范、科学慈善管理，通过资助、技术支持等完善公益组织的专业知识系统，提升本土民间公益组织的能力和水平。

此外，和的基金会还资助顺德区创新创业公益基金会与深圳国际公益学院联合举办了两期“和创传承菁英计划”高级研修班，推动建立家族继创者、青年企业家和社会创新者之间的合作网络，推动商业向善变革。

和的基金会每年安排部分资金支持教育事业，包括：向北京大学新结构经济学研究院捐赠，向华南理工大学捐赠，向地方教育捐赠，等等。

4. 精准扶贫领域

近年来，和的基金会积极响应国家脱贫攻坚与乡村振兴的号召，先后捐赠超3亿元，在广东韶关、四川凉山、贵州黔东南等地系统实施项目，涵盖基础设施建设、人居环境整治、改善公共服务配套、促进社区治理和文化复兴、产业振兴探索、可持续发展等领域，惠及近30万群众，助推当地脱贫攻坚及乡村振兴进程。

从2017年起，和的基金会定向捐赠2亿元用于支持韶关市精准扶贫、精准脱贫与乡村振兴事业。为保证资金的高效管理和项目的专业执行，和的基金会整合资源于2018年6月注册成立了韶关市乡村振兴公益基金会。该基金会的定位是兼具扶贫、乡村振兴类项目执行业务与公益生态培育类资助业务的混合型基金会，其在韶关市仁化县、南雄市、浈江区三地开展的精准扶贫与乡村振兴项目已取得积极成果。

5. 社区发展领域

和的基金会通过顺德社区慈善信托支持德胜社区慈善基金会资助教育发展、社区照顾、社区营造、行业支持项目超700个，覆盖顺德区10个镇街199个村居，助力顺德“幼儿有优育、长者有照顾、文化有传承、社区有力量”。此外，和的基金会支持慈善会升级传统慈善捐赠活动，分别在佛山市、顺德区、北滘镇、西滘村慈善会（福利会）设立和的爱心基金，主动回应社会问题，资助教育、文化、养老、医疗等乡村振兴、社区发展及扶危济困项目。

（二）机构治理情况

和的基金会采用股权与现金组合捐赠，运用“慈善信托+基金会”双轨模式，从而使慈善资金的科学管理及有效运用得以保障。在此框架下，和的基金会作为何享健家族慈善管理和运营的平台，通过慈善信托、孵化基金会、设立专项基金等多种组织模式开展慈善事业，在资金和方向上为它们提供支持和指引，使它们充分发挥各自的优势，推动建立立体、可持续的现代公益慈善体系。

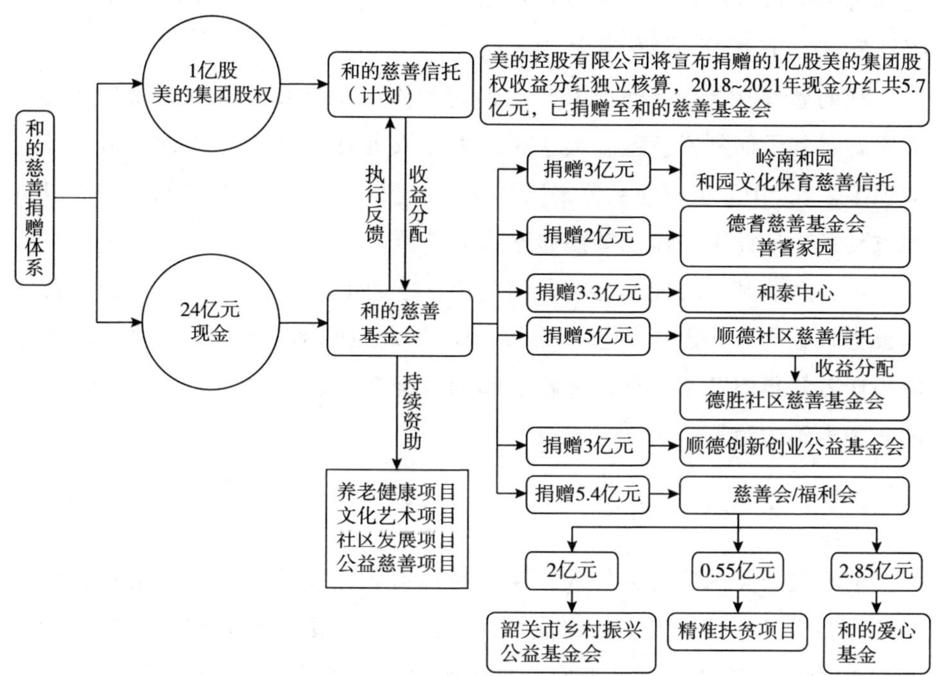

图 15－2　和的慈善捐赠体系

1 亿股美的集团股权捐赠，用于设立一个永续的慈善信托“和的慈善信托（计划）”，慈善信托财产及收益将全部用于支持公益慈善事业的发展。在“和的慈善信托（计划）”落地之前，捐赠的 1 亿股美的集团股权的收益分红均独立核算，逐年直接捐赠至和的基金会。

24 亿元现金捐赠，以慈善信托、专项基金等方式，支持以广东省为主的慈善组织和慈善项目，涵盖精准扶贫、乡村振兴、社区发展、养老健康、创新创业、文化艺术及支持公益慈善事业发展等多个领域。

在上述慈善资金中，和的基金会以 5 亿元现金设立“顺德社区慈善信托”，用于支持顺德地区的发展，推动建设更具人文性和吸引力的社区；以部分资金支持成立了四家慈善基金会——广东省德胜社区慈善基金会、顺德创新创业公益基金会、广东省德耆慈善基金会、韶关市乡村振兴公益基金会；捐赠 2 亿元，推动政社企合作，建成了顺德区第一个公益性高品质养老院——善耆家园；捐赠 3 亿元，在顺德区北滘镇建设了一座当代岭南园林——和园，并通过“慈善信托＋专业运营机构”的机制设计，为和园的可持续运行提供解决方案；捐赠 3.3 亿元，在顺德区北滘镇建设集养老、安老、护老于一体的和泰中心。

和的慈善基金会是何氏家族慈善的载体。发起人何享健现任基金会荣誉主席，其子何剑锋任基金会主席，两个女儿何倩兴、何倩嫦均出任基金会理事。在 2017 年和的慈善捐赠体系发布仪式上，何享健夫妇及家族成员悉数到场，见证了创建家族慈善平台的庄严时刻。

早在和的基金会成立之前，何剑锋就于 2010 年成立了广东佛山市首家非公募基金会——盈峰慈善基金会（后并入和的基金会）。目前，何剑锋除担任盈峰集团董事长外，还担任和的基金会下设“和艺术基金”所支持的和美术馆的馆长。

（三）家族慈善初心

何享健，美的集团创始人，美的控股有限公司董事长，广东省和的慈善基金会荣誉主席。何享健曾被中央统战部、全国工商联推荐宣传为改革开放 40 年百名杰出民营企业家，被党中央、国务院授予改革先锋称号，颁授改革先锋奖章。

在 2017 年和的慈善捐赠体系发布仪式上，何享健表示，自己的财富，除了自己的拼搏努力外，离不开改革开放，得益于国家发展，更得益于政府的支持，还有美的人的共同努力。何享健说，他做慈善，首先是他跟家人都非常感恩，要回馈社会，更要有社会责任感，要帮助别人，教育下一代。他的捐赠得到了家人的高度认同，他的太太、子女对捐赠行动都非常支持。其次是作为一种家族文化的传承，他希望将这种文化价值观一代一代地传下去。何享健表示，创立和的基金会是他应尽的责任，投身公益慈善事业是他应尽的本分。

和的基金会主席何剑锋在总结家族慈善时表示，何家的慈善事业经历了从简单到规范的发展历程，从通过企业、个人捐赠，到建立起可持续的家族慈善基金会运营，再到捐出总额 60 亿元的股权和现金，以慈善信托作为载体，希望建立起一个持续传承的慈善体系。何剑锋认为，通过多年的家族慈善实践可以得出结论：价值观才是最好的传承，美德才是最大的财富。

二　燕宝基金会：扎根西部土地的慈善典范

宁夏燕宝慈善基金会（以下简称燕宝基金会）是宁夏宝丰集团有限公司董事长党彦宝与夫人边海燕于 2011 年 1 月共同发起成立的非公募基金会。基金会名称取自夫妇二人名字中的“燕”字和“宝”字，他们每年拿出企业 10% 的利润注入燕宝基金会。多年来，他们以“用知识改变命运”为使命，秉持“善心善行、善款善用、善始善终”的宗旨，长期致力于以教育助学为重点的公益慈善事业，打造扎根西部土地的慈善名片。

YAN BAO
CHARITY
FOUNDATION
燕宝慈善基金会

（一）慈善项目成效

1. 专注教育助学，情暖西部土地

教育是民族振兴、社会进步的基石。燕宝基金会自成立之初就将教育助学作为慈善实践的核心，持续十余年，累计捐资 33.03 亿元，资助了 30.17 万名青年学子。如今，燕宝基金会已发展成为全国教育助学规模最大的基金会之一。

精准聚焦，久久向善。2012 年，党彦宝夫妇带领团队对宁夏南部山区、中部干旱带地区开展实地调研，这里曾经被联合国认定为“最不适宜人类生存的地区之一”，也曾是国家级贫困地区。通过调研，党彦宝夫妇意识到，“教育‘短板’是造成贫困代际传递的主要因素”。自此，他们将“教育助学”这一“造血式”慈善模式定为燕宝基金会公益事业的主攻方向，实现了对全宁夏 22 个县（市、区）、193 个乡镇、2200 多个行政村的全覆盖资助。该项目也成长为全国规模最大、覆盖面最广、持续时间最长、受益群体最多的助学项目。

志智双扶，育人为本。燕宝基金会既“助人”又“育人”，创新采取“精神 + 经济”双扶持模式，不仅给予学子们经济上的资助，更注重精神上的支持。一方面，对宁夏全区所有考上大学的孩子，进行全覆盖、无差别化资助，每人每年 4000 元，直至完成学业，并对全区部分高职、高中生

进行资助；另一方面，将“助学金”改为“奖学金”，一字之差，把资助变为奖励和鞭策，力求让每个受资助的孩子能够在公平的环境中，有尊严、更自信地健康成长。

政企联动，靶向助学。燕宝基金会主动与政府相关部门沟通对接，形成了“企业+政府+学校+学生”的精准资助模式，有力确保了教育助学项目的精准高效落地。同时，燕宝基金会为受资助学生特制“燕宝奖学金银行卡”，确保奖学金足额、及时地发放到学生手中。

目前，燕宝基金会每年捐资约6亿元，为14.25万名青年学子发放“燕宝奖学金”，已有17万名学子毕业走上就业岗位，成为各行各业的骨干力量和社会的栋梁之才，为经济社会的高质量发展注入了不竭的人才动力。

2. 创新产业模式，守护绿水青山

生态文明建设是关乎中华民族永续发展的根本大计。宁夏地处中国西北内陆地区，土地贫瘠，植被稀少，荒漠化严重，生态系统十分脆弱，严重影响了地区生态环境和人民生活。

农光一体，产业振兴。为深入践行新时代生态文明思想，燕宝基金会联合宝丰集团主动参与黄河流域生态治理，自2013年起对黄河东岸的16万亩荒漠化土地实施可持续生态修复，通过种植经济作物、完善灌溉基础设施等方式，使植被覆盖率从30%提高到85.1%，昔日荒漠变成了绿洲，为地方筑起了一道绿色生态屏障。同时，在生态治理的土地上建成全球单体规模最大的单晶硅智能光伏电站，创新立体化打造了“上方光伏发电、下方生态治理”的“农光一体化”绿色产业发展模式，每年绿电发电量17亿度，可节约标准煤55.7万吨，减少二氧化碳排放169.3万吨，相当于每年增种9000万棵树。此外，光伏板具有遮光保墒作用，减少了70%的水分蒸发量，进一步促进了生态修复，守护了绿水青山。

这一创新发展模式，不仅实现了对荒漠化土地的有效治理和高效利用，还带动了当地农民就业，帮助他们学习技术，转变为产业工人，获得持续稳定的经济收入。整个项目园区的光伏组件清洁、田间管理养护等工作，每年可为当地创造劳务用工机会达10万人次，为每个农户增加收入4万多元，为实现产业兴、农民富、乡村美的目标做出了努力。

图 15－3　“上方光伏发电、下方生态治理”的“农光一体化”绿色产业发展新模式

绿色低碳，携手合作。为推动产学研深度融合，助力绿色低碳转型，燕宝基金会先后与清华大学、联合国粮农组织等合作设立“全球气候变化与绿色发展基金”、“联合国粮农组织·燕宝农业人才基金”以及联合宝丰能源在清华大学设立“宝丰碳中和讲席教授基金”，同时组织筹办了“人类可持续发展慈善高端对话”“应对气候变化‘碳中和 3060’论坛”等专业学术论坛，为积极应对气候变化，推动人类可持续发展，以及碳中和目标的达成、相关科学领域的研究提供现实方案。

3. 拓展公益领域，响应援助救助

燕宝基金会在倾心教育助学、助力生态文明建设的同时，还积极投身生态移民、疫情防控、赈灾救济等领域的公益慈善事业。为支持宁夏实施生态移民重大战略，燕宝基金会主动参与移民工程，在 5000 人以上的移民安置区捐建了 9 所小学、17 所乡镇卫生院，让当地群众“学有所教、病有所医”。同时，燕宝基金会还深入参与“万企帮万村”“万企兴万村”行动，在乡村基础设施建设、解决用水、农机配置等方面给予支持。

新冠肺炎疫情发生以来，燕宝基金会持续捐款捐物 20 余次，累计捐资 6800 余万元。2021 年，河南发生洪涝灾害，燕宝基金会第一时间向灾区捐赠 3000 万元，帮助他们尽快恢复正常生产生活。

图 15－4　燕宝基金会持续捐款捐物支援疫情防控

（二）机构治理情况

自燕宝基金会成立起，创始人党彦宝夫妇便亲自参与机构的治理和管理，严格依法行善，科学治善，不断提高基金会的建设能力和服务水平，建立了“法制化、专业化、规范化”的管理运行模式，为慈善项目稳步实施提供了机制保障。

燕宝基金会严格按章程规定设立理事会作为最高决策机构，同时设立监事会、秘书处，实现决策权、监督权、管理权的科学分配。创始人党彦宝任基金会理事长，带领理事会成员对基金会的定位和未来发展方向进行科学规划和精准定位，并根据社会实际需求和项目实施效果，及时调整发展战略。创始人边海燕为执行副理事长，带领秘书处管理协调基金会内、外部总体事务，落实理事会决策，组建专业化团队，培养专业人才，完善规章制度，推动整体工作落实，不断优化、创新、提升基金会的日常管理水平；监督基金会财务、行政、项目、宣传部门照章办事、严格履职，认真审核好每一笔捐赠善款、实施好每一个慈善项目，真正做到有效资助、精准施善。

（三）家族慈善初心

党彦宝认为，承担社会责任、追求社会价值是企业家精神的核心，财富不在于“拥有”，而在于“实现其价值”。受益于党的大好政策和各级政府部门的大力支持，宝丰集团的产业规模、经营效益都走在了行业前列。饮水思源、回报社会，主动承担社会责任，积极参与家乡建设，助力经济社会高质量发展，成为他们夫妇二人一直坚守的责任和使命。

党彦宝表示，宝丰集团是中国千千万万矢志报国的企业之一，燕宝基金会是中国众多公益组织中的一员，仅仅是沧海一粟，在脱贫攻坚、全面建设小康社会的伟大事业中，他们有幸参与并贡献出自己的一份力量，深感荣幸和自豪。

党彦宝夫妇表示，奋进新征程，建功新时代，宝丰集团和燕宝基金会的公益慈善事业不仅要继续做下去，而且还要做得更好。只要国家、社会有需要，他们都会挺身而出，不遗余力贡献力量，凝聚“善”力，为公益慈善事业健康发展、社会文明进步、实现中华民族伟大复兴聚力担当。

三　大鸾翔宇基金会：现代慈善传承伟人精神

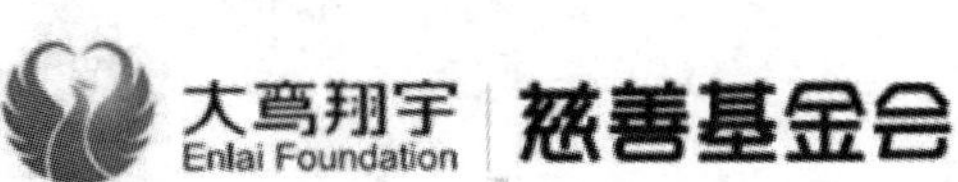

北京大鸾翔宇慈善基金会（以下简称大鸾翔宇基金会）由周恩来总理的侄女周秉德女士发起，于2016年10月9日经北京市民政局批准成立。“大鸾”“翔宇”分别取自周恩来总理的乳名和字，寓意着基金会秉承“怀慈善之恒心，献福祉于民众”的伟大使命，致力于继承周恩来总理等老一辈革命家的遗志，围绕风范传承、助学济困、民心相通等方面开展公益慈善活动。

（一）慈善项目成效

大鸾翔宇基金会致力于传承与弘扬周恩来风范与品格，策划支持多种有关周恩来总理的研究及宣传活动。在中国中共文献研究会周恩来思想生平研究分会的指导下，在全国范围内支持中小学校创建具有大鸾翔宇基金会特色的“周恩来班”，并积极开展助学济困活动。大鸾翔宇基金会持续关注老少边穷地区困难学生，引导其树立“为中华之崛起而读书”的崇高信念。助力“一带一路”建设，促进与加强民心相通，在文化交流、教育助学、贫困人群医疗救助等多个领域开展对外民间慈善活动，支持国际化青年人才发展。

1. **风范传承**

弘扬周恩来风范与品格。大鸾翔宇基金会策划支持以出版、展览、影视等多种形式开展的有关周恩来总理的研究及宣传活动。基金会通过汇聚社会爱心力量，先后在人民大会堂、国家大剧院、南开大学举办了三届“情深意长”系列音乐会；开展了历时两年的“世纪伟人腾飞梦——周恩来与两弹一星”全国巡回展，在全国13个城市举办了16场巡展，近25万人次参观了展览；“读周恩来原著，写心得体会”征文大赛目前已成功举办五届。同时，基金会还支持了《周恩来寄语》英文、日文、韩文、俄文、阿文共五个语种的翻译及海外出版。

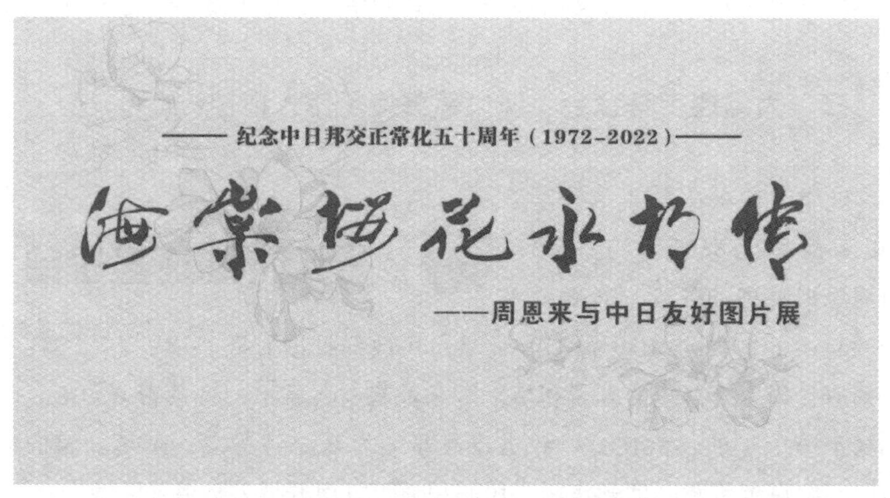

图15－5　周恩来与中日友好图片展项目活动

2. **助学济困**

大鸾翔宇基金会持续关注贵州黔东南、宁夏西海固、四川大凉山等老少边穷地区，资助困难学生，引导他们树立“为中华之崛起而读书”的崇高信念。

截至2021年底，“恩来助学”项目共覆盖全国13个地区，共资助4785名贫困学生，惠及2万余名青年学子；“翔宇奖学金”项目奖励外交学院优秀学生266人；“为中华之崛起而读书”项目覆盖全国5个城市，惠及 5900 名学生；“重走长征路，再唱东方红”项目于 2020 年 3 月启动，帮扶老区贫困人口 125 人、军烈属 250 人、困难学生 340 人，并在 6 个城市启动了红色文化遗址修复工作。

3. 民心相通

大鸾翔宇基金会在文化交流、教育助学、医疗救助等多个领域开展对外民间慈善活动，加深不同国家人民之间的相识相通，助力互惠互利共同发展。如为尼泊尔的阿南达 - 库迪学校教学楼进行灾后重建，赴蒙古国首都乌兰巴托开展“蒙古国中学生中蒙友谊演讲大赛”和“风铃行动”等。

2019 年实施的尼泊尔阿南达 - 库迪学校教学楼灾后重建项目以公益为桥梁，有力地促进了中国和尼泊尔两国的民间友好。阿南达 - 库迪学校是尼泊尔第一所寄宿高中。1958 年，在周恩来总理的支持下，中国佛教协会出资援助该校建造了一栋教学楼，名为“悲悯楼”，此楼在 2015 年的尼泊尔大地震中损毁严重。2019 年 1 月，大鸾翔宇基金会捐资 120 余万元，定向用于悲悯楼重建。尼泊尔前总理和中国驻尼大使馆、14 家中国慈善组织及在尼中资企业代表 300 多人参加了项目奠基。尼中两国主要官方媒体对该活动进行了报道。

新冠肺炎疫情发生后，在国内医疗物资一度匮乏的情况下，大鸾翔宇基金会第一时间与坦桑尼亚华人互助会合作，募集到医用外科口罩 14 万只、医用手套 29 万只，并组织物流将物资运回国内，全部捐给了武汉、河南、福建、浙江等地的一线医护人员。随着国外疫情形势日渐严峻，基金会又为日本创价大学、缅甸卫生部先后捐赠了 11 万只一次性口罩，以支持当地防疫工作的开展。

4. “恩来树人”项目

“恩来树人”项目是在习近平总书记提出的“实现中华民族伟大复兴的中国梦”和“落实立德树人根本任务”的时代背景下，结合新课改人才培养要求，由大鸾翔宇基金会创建的红色教育进校园活动。该项目以学校为主体，以社会主义核心价值体系建设为抓手，赓续红色血脉，打造新时代人才培养体系。“恩来树人”项目在小学、初中、高中阶段以建立“周恩来班”为载体开展活动；在大学阶段以支持“恩来荣誉社团”为载体开展活动。

“周恩来班”助学项目以爱党、爱国、爱人民为引导，以“红船精神”“两弹一星精神”“雷锋精神”为指引，搭建红色教育基础设施，通过课程育人、活动育人、实践育人、管理育人的模式，在全国范围内支持中小学校创建具有大鸾翔宇基金会特色的荣誉班级。“周恩来班”的创建活动，已逐步形成有效加强青少年思想政治教育的新思路和新亮点，推动中小学生精神文明建设扎实向前发展。

“恩来荣誉社团”项目以高校学生社团为抓手，辅助高校做好人才建设和人才培养工作。通过培养社团负责人的管理意识与实操能力，引导社团成员提升自身素质，树立正确的价值观。项目内容包括社团评优、社团交流、线上沙龙、暑期夏令营、暑期公益实践活动征集、西部就业专项帮扶等。

（二）机构治理情况

大鸾翔宇基金会的名称，寓意着基金会将继承和弘扬周恩来等老一辈革命家的遗志，传承周恩来总理全心全意为人民服务的奉献精神，以弘扬正气、善予民生、共创和谐社会为己任。

大鸾翔宇基金会于2021年底完成第一届理事会的换届工作，目前是在第二届理事会的领导下工作。理事长沈清为周秉德女士之子，已连任两届。基金会第二届理事会由七名理事组成，设监事一名，理事和监事都有多年组织和参与公益慈善活动的经验。部分老一辈无产阶级革命家后代、周恩来总理身边工作人员及国内外具有影响力的政治家、企业家担任基金会的名誉会长和名誉副会长。

（三）家族慈善初心

周秉德，1937年出生在哈尔滨，是周恩来胞弟周恩寿的长女，沈钧儒的长孙媳。周秉德自12岁住进中南海，在周恩来身边生活了十余年。周恩来夫妇无嗣，周秉德因此成为与周恩来关系最密切的晚辈。周秉德曾任中国新闻社副社长、全国政协委员。

2016年，周秉德发起大鸾翔宇基金会的初衷，就是“弘扬周恩来的精神，继承他毕生致力的中华崛起、腾飞世界的事业，让人民群众生活得更加幸福美好”。

大鸾翔宇基金会定位为以传承弘扬红色精神为主的公益慈善基金会。始终以周恩来精神为炬火，以继承和弘扬周恩来总理等老一辈革命家的遗志为宗旨。周恩来总理曾经提出“为中华之崛起而读书”“愿相会于中华腾飞世界时”，他对教育的关注和对中华腾飞世界的信心是非常坚定的。为此，大鸾翔宇基金会把“助学济困”定为重要公益方向，同时积极开展促进国与国、民与民之间友好交流的“民心相通”类公益项目，作为对周恩来等老一辈革命家精神的延续。

周秉德表示：“周恩来曾在《尚志论》中写道：凡同一人类，无论为何种事业，当其动作之始，必筹划其全局，预计其将来，成一希望在。大鸾翔宇基金会自成立至今，风风雨雨，一路坎坷，但‘成一希望在’的信念，始终在心里回响，让我们有力量、有信心，一直向前。”

周秉德认为，公益是公共利益事业的简称，是为社会服务、为人民服务不求回报的一种通俗讲法。公益事业一个重要的原则是要给受助者以帮助和希望，帮助他们独立起来“自主造血”，不再需要接受外界的帮助，从而建立和谐的、公平的社会环境，正如周恩来毕生都在致力于“为人民服务”。

四　老牛基金会：慈善传承成就意义人生

内蒙古老牛慈善基金会（以下简称老牛基金会）是由蒙牛乳业集团创始人，前董事长、总裁牛根生先生携家人将其持有的蒙牛乳业的全部股份及大部分红利捐出，于2004年底成立的从事公益慈善活动的基金会；以“渡人渡己，心怀感恩；树人树木，责任天下”为宗旨；以“教育立民族之本，环境立生存之本，公益立社会之本”为使命。老牛基金会曾连续七年在“中国慈善透明报告”“中国基金会透明指数”中位列榜首；连续四年在“中国非公募基金会捐赠榜”中名列前茅；荣获“家族慈善基金会十强”“智慧捐赠推动者”“中欧十佳绿荫基金会奖”；被民政部授予“全国

先进社会组织”，被内蒙古自治区民政厅授予“5A 级社会组织”，被呼和浩特市政府授予“慈善事业突出贡献奖”；被评为内蒙古自治区社会组织“先进基层党组织”、“内蒙古自治区机关档案工作测评一级单位”。

（一）慈善项目成效

老牛基金会一直秉承牛根生家族慈善理念，致力于探索“中国式现代慈善家族基金会”发展之路。截至 2021 年底，累计与 186 家机构、组织合作，开展了 277 个公益慈善项目，遍及中国 31 个省（自治区、直辖市），以及亚洲、非洲、北美、欧洲等的部分国家，公益支出总额 16.09 亿元，撬动社会资金 16.06 亿元，直接受益人超过 526 万人。其中，内蒙古盛乐国际生态示范区项目获民政部中华慈善奖“最具影响力慈善项目”奖；内蒙古“光明行”社会公益活动获中华慈善奖“最具影响力慈善项目”奖、“感动内蒙古人物”特别奖，并被亚洲防盲基金会授予“亚洲地区唯一特殊贡献奖”；老牛儿童探索馆项目、老牛冬奥碳汇林项目先后荣获 2016 年、2018 年“年度十大慈善项目”；深圳国际公益学院项目于 2019 年、2020 年、2021 年连续三年被评为中国慈善榜“年度慈善榜样”。

1. 参与生态文明建设与双碳目标实现

生态文明是人类文明发展的历史趋势，建设生态文明是中华民族永续发展的千年大计，生态文明建设功在当代、利在千秋；“双碳”战略倡导绿色、环保、低碳的生活方式，加快降低碳排放步伐，有利于引导绿色技术创新，提高产业和经济的全球竞争力。老牛基金会致力于助推人与自然和谐发展现代化建设新格局，为保护生态环境，建设美丽中国做出努力。

在生态修复与保护方面，老牛基金会致力于为“全球干旱生态系统的修复与保护”探索、实践系统性解决方案。2010 年以来，基金会已在呼和浩特、锡林郭勒盟、赤峰、呼伦贝尔、通辽、张家口、武威等地，陆续开展老牛生态修复与保护、碳汇造林、旱作农业、草地智慧管理及社区可持续发展等项目。截至 2021 年，累计保护修复 70 万亩土地，种植樟子松、云杉等乔木 560 余万株，存活率达 80% 以上，使 8 个乡镇 31 个自然村约 5.5 万人受益，并探索出一套可持续的社区发展模式，已让当地合作社农户每年户均增收 10492 元。

多年来，老牛基金会围绕生态修复与保护、湿地保护、碳中和等方面，累计开展了 39 个项目，保护林地、草地、湿地等地类面积 70 万亩，将吸收固定 60 万吨二氧化碳；推动成立了“中国沿海湿地保护网络”并完成了《中国滨海湿地保护管理战略研究》《中国红树林湿地保护与恢复战略研究》等 5 项研究报告，建立了第一块政府与公益组织共管的湿地类型公益保护地——海口五源河湿地公益保护地。其中，内蒙古盛乐国际生态示范区项目成为内蒙古第一个在《联合国气候变化框架公约》（UNFCCC）下注册的碳汇项目，入选联合国《生物多样性公约》缔约方大会第十五次会议“生物多样性 100 + 案例”。

2. 专注学前教育，共筑教育强国

建设教育强国是中华民族伟大复兴的基础工程，必须把教育事业放在优先位置。学前教育是基础教育的基础，是终身教育的起点，在素质教育战略中具有奠基性地位。

“老牛儿童探索博物馆”项目是由老牛基金会发起的面向 0 ~ 7 岁儿童和家庭的早期教育公益项目。该项目通过引进国际儿童博物馆先进的设计理念和公益的实践模式，结合中华优秀传统文化和中国儿童教育发展实际，建立创新型、互动式、示范性的中国儿童探索博物馆，为中国的儿童和家长提供一种新的校外教育的学习形式。该项目的教育理念是让孩子通过实践、观察、发现获得对这个世界的正确认识；通过尝试、探索、思考掌握对事物的准确判断；设计鼓励自主学习的互动展项让孩子更加自信；构建没有思维限制的学习环境让孩子更有创造力、想象力；组织场馆活动让孩子了解这个多元的世界，形成正确的价值观；引导孩子接受挑战，挖掘潜力，树立拼搏精神。老牛基金会和北京师范大学中国公益研究院已分别与中国儿童中心、呼和浩特市政府合作，在北京市和呼和浩特市建立了中国儿童中心老牛儿童探索馆和呼和浩特市老牛儿童探索馆；随后，香港儿童探索馆于 2018 年 9 月对外开放，与上海科技馆合作的儿童展区项目设计方案也已于 2022 年上半年完成，未来将在广州、成都、西安、郑州等城市推广复制。此外，老牛基金会还围绕“文化与艺术资助计划”“老牛育未来”“老牛教师能力建设”等持续开展了一系列的公益慈善活动，直接受益学校 687 所，受益人数超过 135 万人。

图 15－6　呼和浩特市老牛儿童探索馆

3. 推动行业基础设施建设

为弘扬中华民族传统美德，推动公益慈善行业健康发展，老牛基金会致力于培训行业人才，促进行业立法、行业交流及机构孵化，围绕“老牛公益人才培养计划”、“老牛 C 计划”、“老牛公益杏树计划”、“慈善行业研究项目”及“公益行业平台建设项目”等系列项目，公益支出近 3.8 亿元，整合各类资源注入新生的公益组织，推动公益慈善研究，发起并支持国际慈善交流及慈善论坛，探索公益慈善人才的培养体系和培养模式，为

图 15－7　“慈善千人计划·老牛学院”第一期培训班

促成慈善项目合作提供平台和机遇，推动公益慈善行业良性发展。累计培训公益慈善人才 8 万人/次，孵化机构 12 家，建设平台 9 个，形成行业研究报告 8 项。

4. 巩固脱贫攻坚，接续乡村振兴

为推进脱贫攻坚与乡村振兴有效衔接，朝着逐步实现全体人民共同富裕的目标继续前进，老牛基金会积极发挥社会力量参与帮扶，努力绘就乡村振兴壮美画卷。老牛基金会围绕困难群体帮扶、乡村环境改善、防灾减灾与灾害救助，运用“深度帮扶”的理念、“健康、教育、生态、金融、产业、基础设施建设”等方法，整合资源、多方联动，累计与 90 家机构合作，开展了 105 个公益项目，公益支出 2.58 亿元，撬动社会资金 3.01 亿元，累计受益人数 395 万人。

（二）机构治理情况

老牛基金会理事会由 9 名成员组成，其中家族成员占两席（理事牛犇、牛琼）；同时吸纳了公益慈善行业资深从业者、研究机构负责人、作家、媒体人等，为基金会治理提升多元性和专业性。

在牛根生的影响、鼓励和支持下，其子女牛犇和牛琼于 2015 年又发起成立了北京老牛兄妹公益基金会（以下简称老牛兄妹基金会），传承牛根生家族慈善理念。老牛兄妹基金会以“关注下一代发展，以有效慈善推动社会进步”为宗旨，聚焦开展儿童素质教育和家族慈善推动两大领域的公益创新探索及实践。

老牛兄妹基金会理事会由 9 名理事组成，其中家族成员占三席，牛犇任基金会理事长，牛琼任副理事长，牛犇的妻子陈霄鹏任秘书长。

（三）家族慈善初心

牛根生，老牛基金会创始人、荣誉会长；蒙牛集团创始人，前董事长、总裁；伊利集团创始团队成员，前董事、副总裁；中国慈善联合会副会长；大自然保护协会（TNC）大中华区理事会副理事长；桃花源生态保护基金会资深志愿顾问。

牛根生的人生经历，让他深切体会到“财聚人散，财散人聚”的哲学意义，让他意识到给予别人会给自己带来快乐；“穷则独善其身，达则兼济天下”，千年传承的公益慈善理念也给了牛根生很大的鼓舞和启示。正是“人生经历”与“慈善传承”影响了牛根生的慈善事业。

于是，牛根生便践行了“前半生经商，通过渡己来渡人；后半生行善，通过渡人来渡己”。从零起步创办蒙牛，随着企业的发展，让牛根生获得了很多光环，可以说是“拿得起”；牛根生一直强调，做生意需要年富力强，做公益也不能“七老八十”，于是他适时淡出蒙牛，让出这个舞台，开启了自己50岁之后的人生规划，可以说是“放得下”；携家人将蒙牛股份捐出，投身公益慈善事业，可以说是“想得开”。

牛根生的价值箴言或者说慈善理念是：从无到有，满足个人，这是一种小的快乐；从有到无，回馈社会，这是一种大的快乐！小胜凭智，大胜靠德；财富越多，责任越大；予人帮扶，于己修善；倡导施者感恩受者；人人行善，则事无不善；快乐的大小看爱你人数的多少。

以上理念和精神也在牛根生家族里得到了最大程度的共识与传承，家族成员常常聚在一起诉说着慈善的那些事。牛根生早已从一名企业家变成了一名慈善家。在其影响下，家族成员全部投身公益慈善事业，老牛兄妹基金会正进一步扩展着其家族慈善事业的版图。

从老牛基金会的卓越成就到老牛兄妹基金会的继往开来，慈善传承成就了牛根生家族人生的意义。

五　鲁冠球三农扶志基金：慈善信托开启善财传承

鲁冠球三农扶志基金慈善信托（以下简称鲁冠球三农扶志基金）是我国目前资产规模最大的永久存续的股权慈善信托，现有慈善资产约141亿元人民币。鲁冠球三农扶志基金在我国慈善发展史上具有标志性意义，该慈善信托是万向集团董事局主席鲁伟鼎于2018年捐赠其所持有的万向三农集团全部股权设立的，其目的是纪念

其父——万向集团创始人鲁冠球，传承父亲的慈善情怀。

万向三农集团由鲁冠球先生和鲁伟鼎先生于2000年出资6亿元创立，旗下有露露、万向德农、大洋世家、品向位等多家上市、非上市公司的资产。万向三农集团本着“让农村发展，让农业现代化，让农民富裕”的原则，构建了集产业投资、慈善捐助、鲁冠球三农扶志基金于一体的铁三角结构。

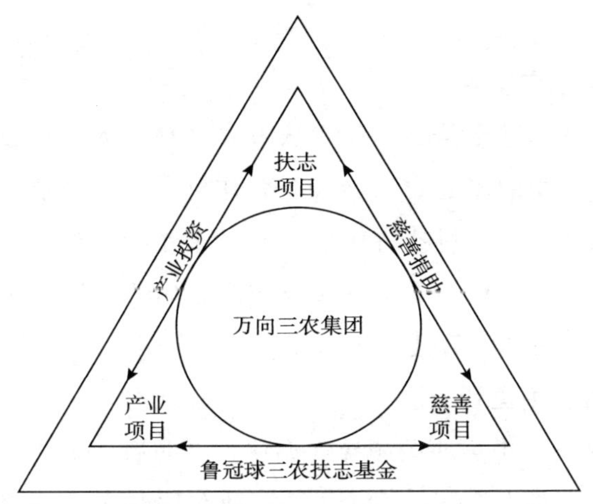

图15－8　创业项目、慈善项目、扶志项目齐头并进

（一）慈善项目成效

鲁冠球三农扶志基金慈善信托成立后，保持了万向三农集团经营战略的持续性。秉承鲁冠球三农扶志基金“产业扶志，以经营的思维做慈善”的理念，万向三农集团继续开展三农相关产业投资，助力乡村振兴战略。同时，鲁冠球三农扶志基金开展了助农、助学、帮扶弱势群体、扶助欠发达村镇等众多公益项目。截至2020年底，鲁冠球三农扶志基金已经累计通过万向三农集团对外资助5248.1万元。

1. 四个一万工程

鲁冠球三农扶志基金持续开展扶助孤儿成长、特困生读书、残疾儿童生活、孤寡老人养老的“四个一万工程”，现已覆盖全国21个省222个县（区），助力72个国家级贫困县摘帽。

2. 江河荟·浙江翠项目

2021 年，鲁冠球三农扶志基金启动“江河荟·浙江翠”生态系统和生物多样性恢复公益项目。该项目在杭州市萧山区义桥镇选择云峰山山林区域受到破坏的生态系统，探索生态恢复和恢复后可持续管理模式；打造以云峰山为主体的无界博物馆——山之博物馆，通过科学研究、生态保护，追求人与自然和谐共生，推动乡村振兴。该项目已成为全国领先的生态恢复示范样本。

3. 农业技术推广项目

鲁冠球三农扶志基金奖励浙江省从事农（林、渔）业技术推广工作的新型农业经营主体中的家庭农场、农业合作社、农业企业、专业大户等职业农民，乡村农技人员、科技特派员、农村工作指导员，以及在民办农业科研、推广、教育培训机构中从事农技推广工作的人员。2018～2019 年度共奖励 112 人，出资 248 万元。

4. 十万人留学中国计划

2011 年，为响应中美两国领导人倡议，万向启动了“十万人留学中国计划”（中美“万向十万强”项目），资助美国学生来华交流学习。2018 年 11 月，万向三农集团开展“十万人留学中国计划”活动。该项目对宣传中国、宣传杭州，促进中美文化交流起到了积极作用。

5. 其他慈善项目

鲁冠球三农扶志基金其他慈善项目还包括：“万向助困·送温暖”项目，定向帮助萧山区宁围街道生活有困难的人群，在 2019 年春节期间共慰问 436 户困难家庭，出资 200 万元；萧山区贫困家庭资助项目，帮助企业周边镇街的困难家庭群众渡过难关，该项目在 2018～2019 年度共救助 500 人，出资 100 万元；丽水市莲都区上塘畈村扶贫项目，万向三农集团于 2018 年 12 月出资 100 万元帮扶丽水市莲都区上塘畈村。

（二）机构治理情况

鲁冠球三农扶志基金根据《鲁冠球三农扶志基金宪章》《鲁冠球三农扶志基金章程》《鲁冠球三农扶志基金慈善信托合同》的约定运行，实行董事会决策、受托人管理、监察人监督的制度。鲁冠球三农扶志基金慈善信托的委托人（设立人）为鲁伟鼎，基金董事会的董事长同为鲁伟鼎，慈善信托监察人为鲁伟鼎之子鲁泽普。鲁伟鼎保留了对鲁冠球三农扶志基金的实际控制权，董事会保持了对万向三农集团的实际决策权，形成了长期稳定的运行机制和完备的内部治理机制。

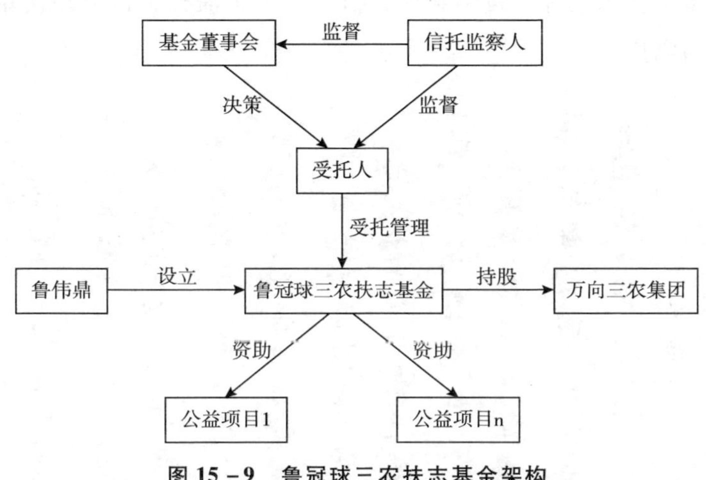

图 15－9　鲁冠球三农扶志基金架构

1. **董事会是鲁冠球三农扶志基金的决策机构**

在慈善信托日常管理方面，董事会有权提议修改现有章程，决定慈善信托投资与运营管理的重大政策，审议、批准年度收支预算及决算，定期评估基金的运营状况，对议事规则进行修订，决定基金重要人事任命，决定其他重大事项。

在万向三农集团的投资、运营、管理等方面，董事会决定万向三农集团的董事人选提名或委派，决定鲁冠球三农扶志基金作为万向三农集团股东参与表决的表决意见。

在慈善资助方面，董事会决定基金慈善活动的方向和具体目标，审议、批准慈善秘书提交的年度工作报告，决定鲁冠球三农扶志基金资助对象和资助计划。

2. **受托人恪尽职守，履行诚信、谨慎管理的义务**

万向信托作为受托人，依照设立人的意愿和信托文件的规定来行使管理权，承担信托财产的管理、运用和资助等具体事务，以信托为载体明确财务管理制度和信息披露等规范，保证鲁冠球三农扶志基金专业、稳定地运营。

3. **监察人履行监督职责，保障慈善目的的实现**

鲁冠球三农扶志基金慈善信托的监察人是鲁伟鼎的儿子。在内控审计管理方面，监察人可选择外部独立审计机构对基金账目、资产进行审计，稽查内部控制存在的管理风险与漏洞，监督利益冲突政策的设计与遵守情况，审查董事会决议等。董事和信托监察人不可兼任，以保障决策权和监督权的严格隔离。

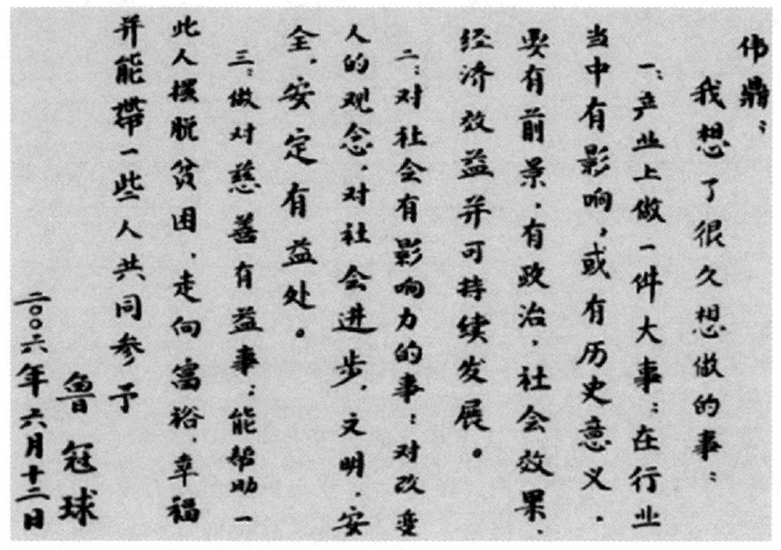

伟鼎：

我想了很久想做的事：

一：产业上做一件大事：在行业当中有影响，或有历史意义．要有前景，有政治，社会效果．经济效益并可持续发展。

二：对社会有影响力的事：对改变人的观念，对社会进步，文明，安全，安定有益处。

三：做对慈善有益事：能帮助一此人摆脱贫困，走向富裕，幸福并能带一些人共同参予

鲁冠球

二〇〇六年六月十二日

图 15－10　鲁冠球写给鲁伟鼎的话

鲁冠球三农扶志基金引入家族成员的参与机制，使家族成员深刻且长久地参与到慈善信托事业中，更有利于保障家族慈善精神的稳定传承。

鲁冠球三农扶志基金的慈善传承指导思想依托于《鲁冠球三农扶志基金宪章》，该宪章是基金运营的最高准则。父辈的烙印、家族的文化、传承的理念都在该宪章中予以体现。无论时代和市场环境如何变化，鲁冠球三农扶志基金的财产运用将始终遵循最初的慈善目的，设立人最初的意愿将长久稳定地传承下去。

（三）家族慈善初心

鲁伟鼎，万向集团董事长、首席执行官，中国万向控股有限公司董事长，民生人寿保险董事长，万向三农集团董事长，万向信托董事长。曾被

授予“优秀中国特色社会主义事业建设者”称号，入选“中国捐赠百杰榜”课题组发布的十年致敬人物。

2019 年 7 月 15 日，万向钱潮发布公告称，按照《信托法》和《慈善法》，拟将万向集团公司截至 2018 年度审计报告的资产，全部捐赠设立鲁冠球万向事业基金。对此，鲁伟鼎表示，“将继续为公益慈善事业做力所能及的事”。

鲁伟鼎认为，社会责任是企业发展的重要部分。他表示：“带领更多人共同富裕，是万向的初心。财富归根到底是社会的，人要追求更高的价值。”

六　河仁基金会：持续创新探索战略慈善

河仁慈善基金会（以下简称河仁基金会）由福耀集团创始人曹德旺先生于 2010 年捐赠 2000 万元在民政部登记注册成立。2011 年，曹德旺先生与其妻陈凤英女士宣布向基金会捐赠其所持福耀玻璃的 3 亿股股票，成为我国第一家经由国务院审批、慈善财产以金融资产（股票）为主的家族慈善基金会。股捐过户当日，河仁基金会所持的福耀玻璃股票市值约 35.49 亿元人民币。

河仁基金会的宗旨是：关注弱势群体，促进机会平等，推进社会和谐。

河仁基金会会徽由汉字“河”与汉字“仁”的精简与提炼组合而成。“河”意指黄河，体现的是河仁的厚重、广博、包容；“仁”意指仁义、仁慈，体现的是河仁的包容与互助。

（一）慈善项目成效

河仁基金会的主要项目领域包括扶贫济困、奖教助学、公共卫生、文化传承、赈灾济贫、扶老助残、生态环境及公益行业发展等多个方面。截至 2021 年 5 月，河仁基金会累计捐助项目 233 个，捐助金额 31 亿元。

1. **筹建大学**

2021 年，河仁基金会计划出资 100 亿元筹建福耀科技大学。2022 年，福耀科技大学项目开工奠基仪式举行。

福耀科技大学以“民办公助”的形式筹建，探索由理事会、学术委员会、顾问委员会与教育委员会等四大委员会组建的新型大学治理模式，规划建成以大工科组团为核心、经济管理学科为辅助、其他人文社会科学等通识学科为支撑的学科体系，初步设定材料科学与工程、电子信息与工程、环境科学与工程、仪器科学与工程、理学院、经济与管理六大学院，培养具有国际化视野、创新精神及管理能力、家国情怀的高素质应用研究型人才。福耀科技大学拟设立福耀奖教基金，面向贫困学生免除学费、提供奖学金支持。

图 15－11　福耀科技大学校园设计方案

2. **扶贫济困**

河仁基金会助力国家脱贫攻坚，开展联村帮扶工作，聚焦智力帮扶，助推乡村振兴，累计捐赠 10.39 亿元。

2018 年，河仁基金会助力“三区三州”健康扶贫攻坚项目框架协议在国务院扶贫办、国家卫健委负责人的见证下签署。2020 年，基金会捐资 4 亿元人民币，在“三区三州”广泛开展以防治包虫病、大骨节病等为主要内容的三年健康扶贫攻坚项目，工作涵盖扶贫济困、灾害救援、医疗卫生等多个领域。2020 年，河仁基金会宣布计划再向福建、湖北、贵州三省捐赠 14 亿元，助力扶贫、救灾、医疗、教育等项目。其中，捐赠福建省 9 亿元、湖北省 3 亿元、贵州省 2 亿元。

河仁基金会参与捐赠的其他扶贫济困项目还包括：国务院侨办国内司“点亮藏区牧民新生活计划”（四川）、中国扶贫基金会“筑巢行动”项目、中华儿慈会“青爱工程”项目、西吉县儿童福利院建设项目、福建省慈善总会慈善助农项目、福建省残疾人福利基金会“河仁·福善居”项目、云南麻栗坡及金平县扶贫项目、魅力新疆阶梯建设项目、通辽市残疾人康复托养中心建设项目、中国发展研究基金会“山村幼儿园计划”、生命绿洲贫困患者救助项目、重庆智力帮扶计划、三明市农村贫困残疾人“安居工程”、“善行六盘·敬老扶困”系列项目以及各种对遭遇灾祸的家庭和个人进行的扶贫捐赠活动等。

3. 公共卫生

河仁基金会积极助力国家在深度贫困地区开展健康扶贫工作，累计捐赠 6.43 亿元。2020 年，河仁基金会助力国内外抗击新冠肺炎疫情，向湖北、福建捐赠 1.4 亿元抗疫善款，并从海外购回 240 万件防疫物资，助力国内抗疫。此外，向美国、德国、日本、巴基斯坦等国家及企业捐赠 300 万件防疫物资。美、德、日、巴四国受助州、市政府和企业都以函、电等多种方式表示感谢。

4. 奖教助学

河仁基金会大力支持教育文化事业发展，长期捐建学校、设立奖教奖（助）学金，同时捐建图书馆、大学商学院等，在教育领域共计捐助 5.62 亿元。

2009 年，曹德旺出资 2.2 亿元为家乡捐建德旺中学，包括教学楼、宿舍楼、图书馆、实验楼、科技楼、体育馆、食堂等近 7 万平方米的校舍及相关配套设施。2020 年，河仁基金会又捐资 5000 万元建设德旺中学高中教学综合楼，建筑面积近 1 万平方米。2015 年，福清市人民政府、福建师范大学和河仁基金会签订三方合作办学协议，学校正式更名为“福建师范大学附属福清德旺中学”。

河仁基金会参与捐赠的奖教助学项目还有：南京大学河仁社会慈善学院建设项目、福建富闽基金会研学人员助学金、百侨百企科教助学项目、贵州毕节2015希望工程“河仁助学·圆梦行动”、新疆维吾尔自治区资助教育基金会“健康饮水”爱心工程、宁夏青少年发展基金会“爱心课桌”助学计划、新疆策勒托帕学校教学楼及附属设施建设项目、福耀实验学校校园文化建设及教学设施设备添置、福建省消防义警（志愿者）培训、河仁·春蕾圆梦行动、吉安技术学院图文信息中心建设项目、中国光彩事业信阳行——新县光彩实验学校建设项目等。

5. 其他领域

河仁基金会重视历史文化保护与传承，积极参与古建筑、古文化保护工作，助推文化产业繁荣发展，在文化领域累计捐助4.58亿元。在扶老助残方面，对革命“五老”、孤儿、残疾人等精准帮扶，在基本生活、住房、医疗等方面落实社会救助工作，累计捐助1.65亿元。在赈灾方面，扎实落实重大自然灾害对口支援事宜，开展物资运送、灾后重建工作，帮助灾区群众恢复生产生活，累计捐助1.62亿元。在生态环境领域，积极开展生态环保合作，推动环境保护改革，促进可持续发展，累计捐助4470万元。

（二）机构治理情况

河仁基金会的主要资金，来自曹德旺先生与其妻陈凤英女士共同捐赠的福耀玻璃股权。基金会的名称，则来自曹德旺先生的父亲曹河仁，此名称中蕴藏“上善若水，厚德载物”之意。

河仁基金会现任理事长为曹德旺先生的儿媳武双。同时，武双女士也担任中共福耀玻璃工业集团河仁支部书记。曹德旺的哥哥曹德淦曾担任河仁基金会理事长，目前仅以福建省原副省长的身份出席河仁基金会的重大活动。

发起人曹德旺先生虽不在基金会理事架构中，但常以基金会第一理事长的身份代表基金会出席重要活动。曹德旺之子曹晖也经常出现在基金会活动现场或代表河仁基金会创始家族成员出席公开活动。曹德旺及多位家庭成员参与河仁基金会的治理和运营，体现出显著的家族慈善特征。

（三）家族慈善初心

曹德旺，1946 年出生于福建福清，河仁基金会创会人、第一理事长、捐赠人，福耀玻璃工业集团股份有限公司创始人、董事局主席，全国政协委员，中国光彩事业促进会副会长，中国侨商投资企业协会常务副会长。

对于企业与社会责任的关系，曹德旺表示，“慈善的终极目的是构建和谐社会，促进社会发展”。“企业家必须有这样的境界和胸怀，国家会因为有你而强大，社会会因为有你而进步，人民会因为有你而富足。”

曹德旺对于慈善事业有深刻见解，他认为：“人生做两件事，一是做事，整合资源，抓住机会，做企业赚钱；另外一件就是做人，慈善磨炼自己的心性，让我学习做人。”谈及捐款数十亿元，曹德旺说：“拥有财富，也是背负责任。捐了，卸下重担，反而一身轻松。”

曹德旺认为，做慈善不仅仅是帮助别人，更对自己有益处。中国有句古话“德不配位”，是说很多人的德行，配不上自己取得的成就，所以很多人走到巅峰后，往往急速坠落，逃脱不了“物极必反”的规律。而摆脱这一铁律的关键，就是提高自己的德行。做慈善帮助他人，无疑是一条捷径。一个人一旦控制了自己的私欲，做事是为了帮助更多的人，这样他的成就越大，帮助的人也就越多，就能走得更远。①

曹德旺表示，做慈善不是简单的捐钱捐物，而是要亲力亲为，结合实际情况，解决实际困难。做慈善一定要有一颗平常心，要用平等心去做。帮助别人不能高高在上、居高临下，做慈善是给自己一个帮助他人的机会。对于被救助群体，要把他们作为平等的群体来对待，尊重他们，理解他们的需求。

七　国强基金会：家族慈善追随国家议题

2013 年，碧桂园控股有限公司董事局主席杨国强先生及联席主席杨惠

---

①《与众不同的“慈善家”曹德旺：做慈善不仅仅捐款这么简单》，https：//baijiahao. baidu. com/s？ id = 1697574689745372024&wfr = spider&for = pc。

妍女士创立了广东省国强公益基金会（以下简称国强基金会）。国强基金会以“希望社会因我们的存在而变得更加美好”为愿景，其宗旨是：以人的培养为中心，促进乡村振兴、助力社区发展、参与生物多样性保护等，推动国家民族富强与人类社会进步。

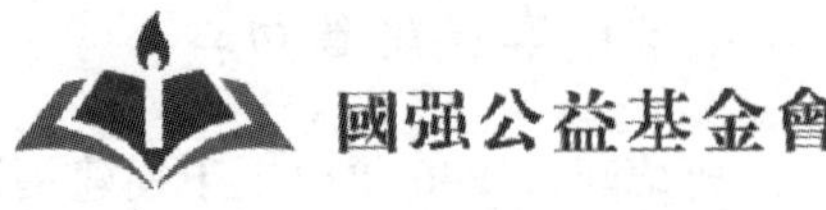

（一）慈善项目成效

国强基金会自2013年成立以来，累计向社会捐赠超过101亿元，累计帮扶超过188万人次。国强基金会先后创办了国华纪念中学、广东碧桂园职业学院以及临夏国强职业技术学校3所慈善学校，设立仲明大学生助学金、惠妍教育助学基金、国华杰出学者奖等20余个教育专项基金，参与碧桂园集团在16省57县的精准扶贫乡村振兴帮扶行动，助力乡村全面振兴，促进实现共同富裕。

1. 教育树人

相信知识改变命运，杨国强先生和杨惠妍女士一道开展办学、助学、奖教等慈善事业，通过设立助学金、创办慈善学校、发动爱心助学行动等，累计投入28.9亿元，惠及贫困学子超过50万人次；先后创办了3所慈善学校——国华纪念中学、广东碧桂园职业学院、临夏国强职业技术学校。

国华纪念中学创办于2002年9月，是全国第一所纯慈善、全免费的民办高级中学，面向全国招收家庭生活贫困、学习成绩优异的初中毕业生。学生从报考开始，直至大学本科或硕、博研究生毕业，学习、生活、交通等一切费用全部由学校承担。截至2022年，学校累计培育2920人，获本科学历2920人、硕士学历1011人、博士学历199人，学校一直保持着极高的本科升学率。

广东碧桂园职业学院创办于2013年，是当时全国唯一一所全免费的大专院校，2021年脱贫攻坚胜利后，转型为非营利性民办高等院校。学院创新采用“产教融合、校企共育”人才培养模式，精准培养基层一线管理干部或技术骨干。截至2022年6月，已累计培养2386人，累计就业2373人。此外，学院免费为14626名农村劳动人口提供系统化职业技能培训，使之成为技能型产业工人。

临夏国强职业技术学校创办于2019年，学校坚持教育慈善的初心，对家庭困难学生免除学杂费，实行“就业升学并重”的育人模式，累计培养1523人；在做好学历教育的同时，根据当地经济发展需要，开设了酒店管理、汽车维修、钳工、电工、电焊、计算机应用、建筑测量等短期技能培训课程，面向东乡县进行了劳动预备制学员培训，总计培训人数达260人。

除办学之外，国强基金会还设立了诸多基金进行助学奖教。2017年，基金会捐款1亿元启动“惠妍教育助学基金”。“惠妍教育助学基金”形成了独特的“乡梓教育公益”模式，资金助学4523人次，服务助学42660人次，心理援助40582人次，累计受益54925人次。该基金的启动，在全国开创了将助学扶贫贯彻至全县（区）、全学段的模式。

图15-12　惠妍教育助学基金“阳光少年”心理健康培训项目

除了扶困济弱，国强基金会也在提质培优方面出力。自2007年开始，基金会在清华大学、北京大学、中山大学等7所高校设立“国华杰出学者奖”，每年以高额的奖金奖励贡献突出的教育工作者，目前已奖励学者400多名。

此外，国强基金会和中国陶行知研究会、北京师范大学教育基金会共同发起了面向中小学校长的“未来教育家成长计划”，培养100位长期坚守在教育教学和管理第一线，对基础教育有深刻理解，有坚定的教育信念、深厚的教育情怀、先进的办学思想和管理理念，并且取得卓越办学成果的杰出中小学校长，由此带动和培养一批新时代的“未来教育家”。

截至2022年，国强基金会累计支持全国35所高校，开展了27个专项项目，构筑了较为成熟的校企合作网络，包括：聚焦学生，培养学生成才，如仲明大学生助学金；聚焦学者，提升教育质量，如国华杰出学者奖；聚焦学科，推动社会进步，如国强科技基金等。

2. 文化育人

中华优秀传统文化是中华文明的智慧结晶和精华所在，是中华民族的根和魂，也是中国在世界文化激荡中站稳脚跟的根基。国强基金会积极参与非物质文化遗产的传承和保护，弘扬国学精粹；打造青少年文化IP项目，引导青少年向上、向善。

传承非遗手艺，激活乡土文化。在甘肃省临夏回族自治州东乡族自治县，国强基金会通过打造“塞昂花儿”品牌，提升东乡刺绣的产业价值，让从不离家、没有收入的东乡族妇女通过就业获得稳定的经济收入，走出大山，走向国际舞台，在提升家庭地位的同时获得社会尊重。截至2022年，国强基金会已采购东乡刺绣产品13万件，举办刺绣培训班25期，帮扶东乡族妇女1000余名。

弘扬国学精粹，支持传统文化。2020年5月，为全面提升榆林窟的文物保护水平，国强基金会助建榆林窟保护性展示设施。2020年10月，国强基金会向国际性学术团体国际儒学联合会捐赠，助力儒学研究、普及、开拓，以及中华优秀传统文化整理和传播等精神文明传承工作。2020年12月，国强基金会向潮州市政府捐赠，重点扶持潮州非物质文化遗产项目，助力潮州“保护好城市历史文化遗存，延续城市文脉”。

传承文化血脉，鼎固文明之根。国强基金会关注青少年成长教育，通过打造青少年体育赛事“RUN！KIDS 小铁三”、青少年思想分享节目“中国少年说”“少年，听你说”，充分展现当下青少年的活力，通过打造“积极向上、阳光美好”的活力生活圈，让青少年从小树立文化自信。

实施增殖放流，守护长江生态。2022年，国强基金会在湖北宜昌开展首届中华鲟增殖放流活动，600余尾国家一级重点保护动物、经过人工繁育的中华鲟携带着“身份证”回归自然生长环境，将有利于修复长江生态、保护生物多样性。

3. 乡村振兴

国强基金会明确“做党和政府扶贫工作的有益补充”的定位，主动参与16省57县的精准扶贫和乡村振兴工作。在脱贫攻坚阶段，助力16省57县超过49万人脱贫。在全面推进乡村振兴阶段，巩固拓展脱贫攻坚成果，探索以党建为引领，助力乡村产业、人才、文化、生态、组织五大振兴，搭配实施N类不同档次产业模块项目的“1+5+N”乡村振兴帮扶模式，促进被帮扶地区在防返贫、产业发展、乡村建设、乡村治理、人才建设等方面取得阶段性成效，探索可造血、可复制、可持续的乡村振兴道路。

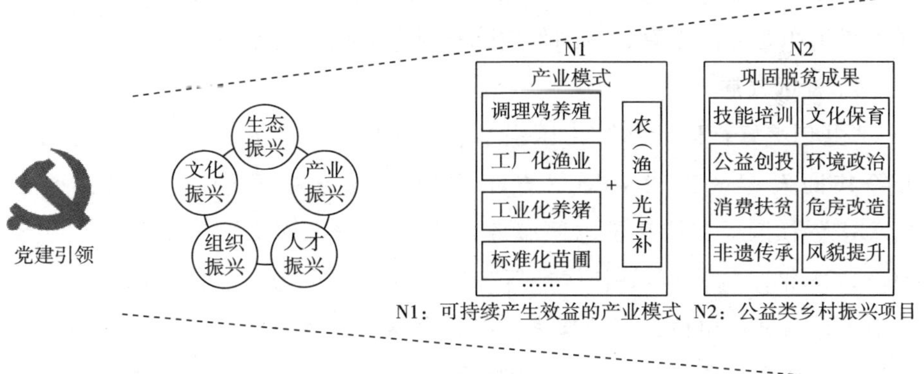

图15－13　乡村振兴“1+5+N”模式

坚持党建引领，国强基金会与21个帮扶村党支部开展结对共建，建设党建阵地及重点项目共89个；大力发展特色产业，累计帮扶产业项目95个，转化帮扶产品超过690款，销售额约4.1亿元，惠及超过17.5万人；累计面向村两委干部、返乡扎根创业青年、乡村校长教师和农户等，开展培训1863场，共培训14.5万人；举办乡村春晚、广场舞赛事、东乡刺绣时装秀等文体活动累计12场，惠及102个村，线上线下观看人数超过1200万人次；在广东、海南等地108个村参与美丽乡村建设，惠及28.43万人次。

国强基金会关注乡村贫困学子素质发展，延续“心愿100”助学项目，发起“心愿100·梦想空间计划”，打造一套包含“五个一产品”的“梦想空间”解决方案，即一套实木学习桌椅、一盏充电学习灯、一个智能陪伴机器人和一本有分量的课外书，为孩子们前行点亮灯塔。2021 年，“心愿 100 · 梦想空间计划”覆盖全国 100 个欠发达县，为 6079 个困境家庭的学生打造梦想空间。国强基金会与共青团中央、中国光华科技基金、省级团委和爱心企业联动，共同组织实施“童心港湾”项目，在 12 个省（自治区）、44 个县建设 134 个共青团“童心港湾”，帮扶农村留守儿童健康成长。2021 年，“童心港湾”项目点累计开展活动 4362 次，服务留守儿童 59420 人次。国强基金会与郎朗艺术基金会合作，计划在三年内捐赠 50 间“快乐的琴键”音乐教室。截至 2021 年，已在平山、舒城、潮州、梅州等 20 个地市乡村落成 20 间钢琴教室。2022 年，国强基金会联合微笑明天基金会、恩派基金会共同发起“心愿 100 · 第 N 种人生”项目，通过为乡村学生提供职业生涯教育，帮助他们弥补对职业认知的空白。

4. 社区发展

“共创美好社区计划”由国强基金会与团中央青年志愿者行动指导中心等共同发起，旨在支持“青年志愿者服务社区行动”。通过打造“CARE”社区，支持基层志愿服务组织开展志愿服务，激活社区内生动力。2021 年，“共创美好社区计划”以湖北、广东为试点，首批遴选了 60 个组织作为试点单位，支持探索新时代社区志愿服务新模式，探索社区共同治理的社会参与路径。截至 2021 年底，两省志愿者参与人数 34190 人次，服务受益人数 56 万余人次。

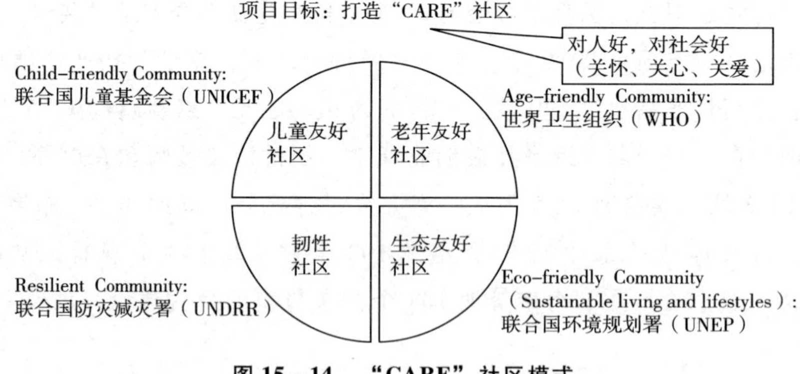

图 15－14 “CARE”社区模式

5. 行业发展

国强基金会与中国基金会发展论坛秘书处注册机构北京基业长青社会

组织服务中心等共同发起的鸿鹄计划，是为基金会新任和后备秘书长量身打造的成长体系，旨在陪伴新任和后备秘书长发展成为具有战略眼光和格局的卓越基金会领导者。项目聚焦秘书长任内关键前三年的核心痛点和需求，通过线上线下课程、导师陪伴辅导、社群共建共学、在线资源中心等方式，助力秘书长建立思维框架、提升专业技能、开阔行业视野。现已累计开展线上线下课程 19 期、行业交流活动 32 场，逾 50 位公益慈善行业知名专家参与授课，助力 564 名来自不同基金会的新任或后备秘书长成长。

此外，国强基金会和广东省社会组织总会共同发起的国强领军人才培训计划是以社会组织青年会长、秘书长为培养对象的人才支持项目。该项目通过理论和实践相结合的方式进行全方位培训，两年时间已累计开展线上线下课程 9 期，受益社会组织 13486 家，受益社会组织人员达 133961 人次。

（二）机构治理情况

国强基金会是碧桂园控股有限公司董事局主席杨国强先生于 2013 年创立的非公募基金会，是广东省 5A 级社会组织。国强基金会采取理事会领导下的秘书长负责制。荣誉会长是杨国强先生和他的女儿杨惠妍女士。理事长和法定代表人为陈翀先生，他也是唯一在基金会理事会中任职的家族成员。

国强基金会的众多项目名称体现了家族慈善的特征：1997 年设立的“仲明大学生助学金”，就是杨国强先生以母亲的名字“仲明”命名的；全国第一所纯慈善民办高级中学“国华纪念中学”和随后创办的“国良职业培训学校”取自杨国强兄长的名字；“广东碧桂园职业学院”是以家族企业字号命名的；2017 年设立的“惠妍教育助学基金”则是以杨惠妍女士的名字命名的。

另外，国强基金会通过影响力投资设立社会企业，聚焦乡村振兴、文化传承、公益金融、现代农业等领域，通过创新商业模式解决社会问题，既产生积极的社会影响，也追求合理的财务回报。社会企业把盈余利润反哺基金会继续支持公益慈善项目，推动公益事业可持续发展。

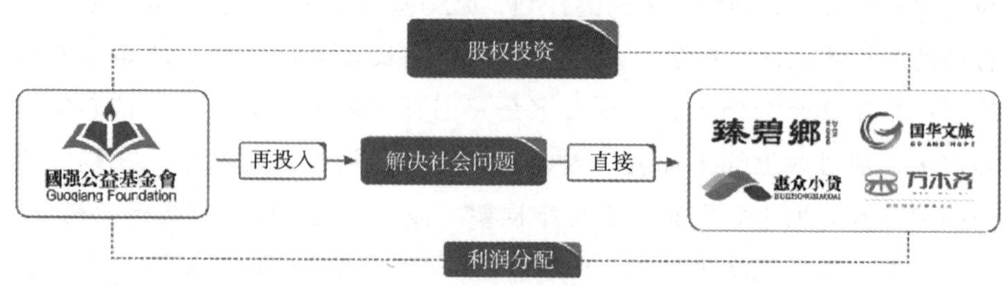

图 15－15　国强基金会投资社会企业运作方式

（三）家族慈善初心

杨国强，全国政协委员，碧桂园集团创始人，碧桂园控股有限公司董事局主席，国强基金会荣誉会长。2021 年，杨国强获得“全国脱贫攻坚先进个人”称号，国强基金会被评为“2021 中国慈善榜年度榜样基金会”。

杨国强出生在广东顺德农村的一个穷苦家庭，少年读书时甚至濒临辍学边缘，靠着政府减免的 7 元学费和 2 元助学金，他才最终完成了高中学业。而正是这 9 元，给杨国强留下了感恩的种子。

杨国强表示：“社会让我有今天的事业。我真的期望能够为党、国家和民族去做多一些事。我所有的出发点、我的本意，是想为社会好。”

早年的求学经历，促成了杨国强对“知识改变命运”的笃信和对教育扶贫的坚持。杨国强表示：“希望尽我所能，帮助更多的人实现他们的人生价值。”

“不忍看天地之间仍有可塑之才因贫困而隐失于草莽，为胸有珠玑者不因贫困而失学，不因贫困而失志，方有办学事教之念。”国华纪念中学门口的黑色校碑上，镌刻着杨国强捐资兴办慈善学校的真切初心与满怀期待。

杨国强多次表示，感恩党和国家，感恩社会，感谢这个伟大的时代，让他有机会有能力帮助社会、帮助他人。他说：“我曾经一贫如洗，是国家给了我助学金，让我读完高中，是党和国家的改革开放政策，让我有机会服务社会。滴水之恩当涌泉相报，我永远都充满着感恩，财富本来就是源于社会，回报社会也是应尽的责任。”

八　健坤基金会：让中华好家风引领社会

健坤慈善基金会
JK FOUNDATION

健坤慈善基金会（以下简称健坤基金会）成立于2016年3月30日，是在民政部登记注册的全国性非公募基金会。健坤基金会注册资金5000万元人民币，由乔迁家族捐赠。健坤基金会以“陪伴父母慢慢变老，陪伴孩子茁壮成长”为宗旨，以“传承好家风，兴家强国”为使命。倡导通过陪伴和聆听，促进家庭和睦、亲人相爱、向上向善，为下一代健康成长、老年人老有所养、共同创造美好幸福家庭、凝聚社会和谐奉献绵薄之力。

（一）慈善项目成效

健坤基金会主要聚焦家庭、家教、家风建设，围绕新时代家庭文明建设开展了众多公益项目。截至2021年12月，健坤基金会打造并实施了四个主要公益项目：“家风丛书”项目，包括《家风的力量》《七一勋章获得者家风故事》《优秀党员家风》《红色家风》《最美家庭》等30余部家风丛书；“聆听一小时”项目，包括“中国好家风·新时代好少年”大型优秀传统文化系列公益活动、名家音乐朗诵会、公益电台节目《聆听一刻》、柏燕谊聆听微视频课程；“亲子话家”项目，包括《我的家风我的家》亲子话家系列公益微视频29个、美育教育课程近70课时；“青少年公益梦想计划”项目，包括“家庭公益梦想”、“青少年公益梦想”（已征集3000多个公益梦想）、《中国青少年公益素养调查报告》、“青少年公益梦想纪实”电视视频节目等。另外，健坤基金会还组织策划了集展示、交流、研究发布等多个主题于一体的大型公益慈善活动“健坤中华家风展”；同时资助了“中国主要城市企业家家庭关系现状研究”、联合国开发计划署（UNDP）“科技与慈善可持续发展研究”项目、编制发布“中国慈善进步指数（2017）”、“中华家文化口述丛书”研究、“百家春秋口述历史计划”、“中华家风善本计划”、“雁行人大励学成长计划”、“中华家文化数字博物馆”等多个项目。

1. **“家风丛书”项目**

围绕“家庭育品、家教养德、家风立人”的宗旨，“家风丛书”分为三个系列。第一个系列是讲好模范家庭家风故事的“我的爸爸妈妈”丛书（单卷本），即一本书整理一个家庭、一个家族祖辈传承和今人接续的优良家风故事，发扬中国传统的优秀家风。第二个系列是梳理不同行业、有着共同背景的家风人物群体，结集成《家风的力量》丛书合集（合集本），即一本书整理多位有着相同特征或背景的人物的家风故事，使中华好家风代代相传。第三个系列是普惠社区的“我的家风我的家”家风读本（家风笔记），即以图片、文字、视频、音频等多种形式相结合，由广大的普通百姓来书写编撰家风故事集，以生动活泼简洁便利的形式呈现每个家庭、每个人的优秀家风。

在健坤基金会与中国商务出版社联袂举办的《亚圣薪火》新书发布会上，乔迁理事长做了关于家风传承的交流分享。

图 15-16　家风丛书

2. **“聆听一小时”项目**

“聆听一小时”是健坤基金会为应对人口老龄化提出的一项全民性关

爱家庭的公益活动。“聆听一小时”倡导：每个周末、每个家庭的子女，聆听父母亲人一小时，做到陪伴与倾听，关注与关爱，促进家庭和美、家风传承，以此应对人口老龄化、老人“空巢化”现实，让陪伴父母成为家庭生活习惯。

3.“亲子话家”项目

“亲子话家”是由健坤基金会倡导并发起，旨在促进和睦和美家庭关系、建设向上向善优良家风、树立家国情怀的一项教育型公益项目。“亲子话家”项目倡导父母与孩子之间畅所欲言、平等对话，分享成长故事，营造自然轻松的家庭氛围与和谐幸福的家庭关系，传承中华民族优良家教家风，在青少年心中种下向上向善、利他利人的种子，向青少年传递、传播中华传统文化中“仁、义、礼、智、信”的价值观，为培育青少年的艺术审美能力打下基础。该项目希望为每个中国家庭里的孩子搭建一座与父母、家人沟通的爱的桥梁，与每个家庭共同探索打通亲子关系、代际沟通的方式，并以影像的方式呈现、记录当代家庭和谐生活、美善家风场景，为每个参与家庭留下一份珍贵的回忆。

4. 青少年公益梦想计划

“青少年公益梦想计划”是健坤基金会面向青少年开展的主要公益项目。该计划包括“家庭公益梦想”、“青少年公益梦想”、《中国青少年公益素养调查报告》、“青少年公益梦想纪实”视频节目等，项目涵盖家庭亲子公益、青少年公益项目培育与设计、课题研究、视频电视节目等，多维度探索青少年公益的践行与发展。青少年的价值取向决定了未来整个社会的价值取向，人生的扣子从第一粒开始就要扣好。该计划通过实践公益活动，培育青少年公益慈善的意识和理念，培育他们对社会、对国家的高度责任感，使他们在未来加入到承担社会责任的行列中，肩负起中国的未来，实现中华民族伟大复兴的中国梦。

5. 健坤中华家风论坛暨家风展

为迎接中国共产党成立 100 周年、深入贯彻习近平总书记关于家庭家教家风建设的重要指示精神，弘扬优良家风，引领社会风气，健坤基金会联合北京师范大学中国公益研究院于 2021 年 5 月 15 日在北京举办了“健坤·首届中华家风论坛暨家风展”开幕活动。健坤家风论坛以

“公益性、开放性、行动性”为特色，旨在联合各界打造“家风建设共同体”，通过建设和美家庭，促进人的全面发展，实现美好生活目标，助力中华民族伟大复兴。

（二）机构治理情况

健坤基金会现有理事会成员 11 名、监事 1 名，理事长由发起人乔迁担任。理事会成员中有姻亲家族成员，也有志同道合的企业家，还有北京师范大学中国公益研究院院长王振耀等知名专家。基金会秘书处有 8 名专职人员，分别负责项目部、财务部和法务部工作。从架构看，健坤基金会是治理比较完善、执行团队力量较强的家族慈善组织。

（三）家族慈善初心

乔迁，中桥创投董事长，中关村百人会天使投资联盟创始会长，健坤基金会理事长。1995 年创立神州新桥科技公司，2010 年创办中桥创投，直接投资上百个创业项目，参与 16 支创投基金，主导发起了 3 支创投基金。

乔迁投身慈善事业是受到儿子做公益的触动和为母亲献孝心的初心推动。乔迁认为，家庭是社会的基本细胞，是人生的第一所学校。当前我们在家风建设方面还有很多欠缺，经历百余年剧烈变动的中国家庭，还没能找到稳定和谐的定海神针，在传承中华民族优秀传统文化与吸纳其他民族美好经验之间，还展现出许多不确定、不自信、不安分的因素。具体地说，良好、理想的新型家庭家风家教还很欠缺。我们需要把传统文化中优秀的家风挖掘出来，传递给我们的子女。

乔迁认为，家族血脉传续是天然的，家风和精神传承则需要后天努力。家庭和睦则社会安定，家庭幸福则社会祥和，家庭文明则社会文明。家族传承需要与家族慈善紧密结合，锻造并延续家风、拟定家规、遵行家教、传承家业。

关于如何平衡公益利他和商业利己，乔迁表示，中国传统文化中的中庸之道可以给我们启迪。中庸之意为“允执厥中”，执其两端而用其中。假如利他的公益慈善取值为 0，利己的商业取值为 1，平衡点的取值大小与人的修行和财富理念有关。乔迁认为，最佳平衡点是 0.618，即“黄金分割点”。这个点既是创富者内心的平衡点，也是社会的和谐点。

关于家族财富，乔迁认为可以分为四种：第一种是物质财富，即所有可以折成现金的金融资产、物质资产等；第二种是人力财富，即家庭成员能力的培养，人是家族的核心，没人就谈不了家族；第三种是社会财富，即家族为社会所做的贡献与社会影响力，及其生成的社会资源；第四种是文化财富，即家风与价值观，是支持家族持续发展的精神内核。在这四种财富中，第四种财富至关重要。文化财富是所有财富中最重视精神力量的，也是应该传承的最重要的家族财富。文化财富是家文化（家风），是价值主张，是为人处世的基本准则，是家族的灵魂所在，也是家族最深厚的软实力。

九　美灵基金会：善商并行，践行利他宏愿

北京美灵公益基金会（以下简称美灵基金会）由世纪长河科技集团有限公司董事长郭美玲推动发起，于 2020 年 4 月经北京市民政局批准成立。基金会的宗旨是通过扶贫济困的公益活动，促进我国慈善事业与社会和谐。

郭美玲的慈善版图还包括她建立的众多专项基金：中国社会福利基金会世纪长河健康与教育专项基金，主要项目有“授渔计划”、“美灵未来人才·北京大学新青年计划”项目；中国人口福利基金会美灵公益基金，主要支持各类研究机构在卫生健康、人口政策方面开展研究，代表项目有支持联合国人口基金开展“三孩背景下儿童托育服务政策研究”项目等；无锡灵山慈善基金会美年关爱基金，为美年大健康集团员工互助关爱提供支持；中国宋庆龄基金会未来人才公益基金，主要支持、奖励、培养在卫生健康、教育、科技等公益事业领域创新研究与发展的优秀青年，支持优秀青年创新创业。

（一）慈善项目成效

美灵基金会及各专项基金慈善项目涵盖教育、扶贫和健康三大板块，

还涉及女性成长、影响力投资和人道主义救助。多年来，郭美玲女士以“一切为大众健康服务”为宗旨，创办具有示范引领作用的中国共益企业，以慈善资助助力中国社会创新。

1. **教育领域**

为加强学生的基本素养，拓展学生的视野，以社会实践的形式帮助学生发现问题、思考问题、解决问题，描绘出人生的蓝图，美灵基金会发起了“壮志培养计划”研学活动。

2021年，入选“壮志培养计划”的学生均为山东省青州市高二年级的优秀学子。该次研学活动以清华、北师大等名校名师授课为主，以中国科学院软件研究所、北京科技大学创业园等实践课程为辅，并邀请清华大学、北京大学优秀学子进行高考经验分享，解决同学们在学习生活中的困惑，开阔他们的视野。

图15-17　2021年“壮志培养计划”北京研学活动

2021年6月6日下午，“美灵未来人才·北京大学新青年计划”捐赠仪式于北京大学俄文楼举行。计划旨在通过美灵基金会与知名高校的联动，重点关注在各学科有天赋或突出能力的学生，引入外部社会资源，为这部分学生提供方向性的引导和发展扶持，培养具有综合素质能力的全面创新型人才，挖掘有创新力及领导力的青年领袖人才，为他们打造一个自我实现的平台，让这些天才的种子，真正成长为推动社会发展的杰出人物、领袖人物。

2. 奖教与扶贫

早在2007年，郭美玲就在山东青州设立了“清华阳光奖”，专门奖励家乡的优秀师生。2008年，她出资援建青州庙子镇中心小学。2014年，她出资200万元设立了北京世纪长河（青州）教育基金，至今已累计奖励优秀教师、高中毕业生与贫困学生400余名。该基金在2019年启动了“壮志培养计划”，开展清华、北大等名校游学活动，为追逐梦想的优秀学子插上“见识”的翅膀。2018年10月，郭美玲又捐资600万元援建庙子镇中心幼儿园，同时为庙子小学、初中设立了“真爱梦想教室”。

除此之外，2013年，郭美玲携手中国社会福利基金会发起并推动“授渔计划”，该项目的主要服务对象是适龄孤儿、留守儿童和贫困家庭的学生，现已资助了来自全国各地万余名贫困学子。“授人以鱼，不如授人以渔。”“授渔计划”是中国社会福利基金会的品牌项目，下设职业教育项目、中小学项目、三个课堂项目（双师课堂项目）和综合公益项目，这些项目都是持续致力于乡村振兴的公益工作。项目携手爱心企业和爱心人士在北京师范大学、中国人民公安大学、清华大学、人民日报社以及多个部委、地方政府的对口帮扶县实施开展公益项目，树立了很多通过“授渔计划”获得谋生技能的个人生动典型。

3. 光盘行动

为响应“制止餐饮浪费行为”号召，美灵基金会捐赠支持了“光盘行动”项目，主要活动包括：面向高校学生的“百城千校光盘挑战”、面向幼儿园及小学的“光盘行动从娃娃抓起”、面向餐饮机构的“千城万店零浪费计划”以及面向食品行业的“临期食品守护计划”。美灵基金会发挥资源枢纽和渠道的优势，通过与光盘打卡的爱心配捐模块合作，促进社会和谐发展。

“光盘行动”公益项目倡导开展文明餐桌行动，通过生态文明素养教育、光盘打卡实践，杜绝舌尖上的浪费，培养青少年养成尊重劳动、节约食物、就餐光盘、垃圾分类等绿色生活习惯，并由知而行，让节约环保从口头倡导落地为切实的公益行动。截至 2022 年 2 月，光盘打卡参与者已覆盖全国各省、自治区、直辖市，累计个人用户达 710 万人、入驻机构 2400 多家，累计贡献光盘超过 6400 万次，相当于减少食物浪费 2400 吨、减少碳排放 8700 吨。“光盘行动”创始人柳济琛也凭借项目被评选为联合国可持续发展目标青年领袖。“光盘行动”项目团队展现了年轻人对知识的渴望以及创业潜质，更展现了他们对社会责任的担当和勇气。

（二）机构治理情况

郭美玲女士不断探索公益之路，从最初关注家乡直接捐赠，到在多个基金会设立专项基金，再到 2020 年成立美灵基金会。与此同时，她结合企业禀赋，践行商业和投资向善。

郭美玲是美灵基金会的发起人，也是基金会的副理事长。基金会理事会中既有资深公益媒体人，也有平台型社会创新组织负责人。此外，基金会还倾力邀请民政部、生态环境部、北京师范大学等机构的专家作为基金会顾问，为日常运营和项目执行提出建设性意见。

（三）家族慈善初心

郭美玲，医疗健康领域社会企业家，曾是越野拉力赛摩托车与赛车两栖赛车手。28 年来，她致力于搭建医疗健康行业社会责任企业平台。现任世纪长河科技集团董事长，美年大健康产业控股股份有限公司副董事长，中国社会福利基金会副理事长。2022 年被授予“全国三八红旗手”称号。

郭美玲女士经商初始就立下公益初心，对此，她归因于家庭。郭美玲称赞妈妈有慈善之心，可见家庭教育对她的深远影响。

2012 年前后，郭美玲女士涉猎赛车运动。通过极限赛车，她明白了人生需要打破自我，亦是一种心灵的修行。当时赛车发生事故，当地人民给了她很多关怀，这更加坚定了她要走利他大爱的修行之路。她认为，通过公益慈善能帮助他人，“利他就是自己活着的最大价值和意义”。

郭美玲进入“知天命”之年时表示：“人生本来就充满未知，也是可以随时画上句号的一段旅程。正是由于未知，所以充满了可能性。投身公益，我每天都过得很充实，我对未知的未来充满希望，所以我没有什么恐惧感。”

郭美玲表示，这些年对她影响最大的始终是稻盛和夫及他的经营哲学，尤其是那句让她铭刻于心的话："人生的意义就在于，当我们离开时比来到这个世界时灵魂更高尚一些。"

十　陈一丹基金会：以教育协力可持续发展

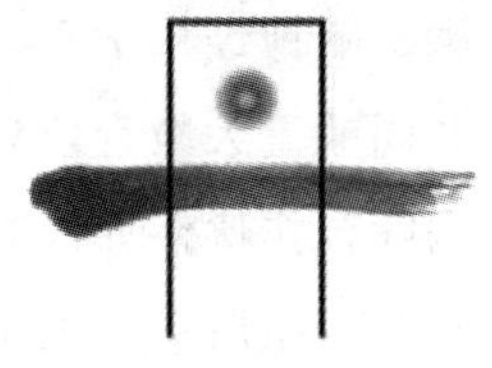

陈一丹是腾讯公司的主要创始人之一，是腾讯公益基金会的发起人兼荣誉理事长。2013 年和 2018 年，陈一丹在广东深圳市和香港特别行政区分别成立了深圳市陈一丹公益慈善基金会、香港陈一丹基金会有限公司两个公益组织（以下统称陈一丹基金会），致力于"推动教育生态多元化发展"。

2016 年和 2019 年，陈一丹在湖北武汉市和香港特别行政区分别成立了湖北一丹大学教育发展基金会和一丹大学教育基金会有限公司（以下统称一丹大学教育基金会），这两个基金会以"共建最受尊敬的民办大学"为愿景，专注为武汉学院的长远发展建设提供可持续化支持，助力武汉学院培育面向未来的国际化高素质应用型人才。

2016 年，陈一丹捐赠 25 亿港元，设立了全球最具规模的教育奖项"一丹奖"。一丹奖是具有包容性的全球教育奖，其愿景为"以教育提升人类福祉"。一丹奖每年颁发两个奖项：一丹教育研究奖和一丹教育发展奖，授予对教育贡献卓著的个人或不超过三位的团队代表。

（一）慈善项目成效

以一丹奖、陈一丹基金会、武汉学院及湖北一丹大学教育发展基金会为载体，2013 年以来，陈一丹基于他对公益和教育的长期关注与深度思考，在教育事业上投入了巨额慈善资金，聚力推动教育创新发展，以教育协力可持续发展。

1. 一丹奖

一丹奖每年颁发两个奖项：一丹教育研究奖和一丹教育发展奖。一丹教育研究奖表彰对教育科学的重大贡献，从不同角度，如科学、心理学、统计学、经济学等掌握教育理论，帮助教育工作者更系统地教学；一丹教育发展奖则支持教育政策制定的案例与实证，寻找能够让教育普及化的创新方法。

得奖者将获颁一枚纯金奖牌和3000万港元的奖励（约390万美元），其中一半为奖金，另一半为支持教育研究或项目的资金，分三年发放。通过奖项设置及教育创新者网络，一丹奖肩负起推动教育公益事业的使命。

截至2022年9月，一丹奖已经迎来了13位得奖者。一丹奖得奖者将自动成为一丹奖明师堂成员。明师堂汇集世界顶尖专家——研究者、教育家、脑神经科学家、心理学家、经济学家、统计学家和前沿创新领航人，共同就重大教育议题集思广益，推动教育变革，并积极参与一丹奖联手其国际合作伙伴如经合组织、联合国教科文组织、亚洲开发银行及其他国际慈善组织所举办的活动。

以2020年一丹教育研究奖得奖者卡尔·威曼（Carl Wieman）教授的工作为例，在支持威曼教授教育项目的过程中，一丹奖致力于：（1）推广优秀的教育理念，威曼教授于2002年推出PhET互动模拟软件，以创新方法彻底改变了世界各地本科STEM教育的模式。一丹奖促进融汇领先教育理念与有效项目落地，让优质教育机会普及化。（2）推动教育社区的合作，在STEM教育社区中进一步推动PhET模拟的本地化和使用，推出“从研究者到实践者”系列网络研讨会，推动实践与理论的互补进步。（3）培养未来的教育领导力，自2022年起，威曼教授的团队正式开启PhET研究员项目，招募位于非洲和拉丁美洲的研究员并提供80多个小时的专业培训，使当地师生也能随时使用PhET作为学习工具。

2. 陈一丹基金会

近年来，陈一丹基金会在学术研究、教育创新及社会公益领域积累了丰富经验、合作网络及行业影响力，致力于以国际视野、创新模式及务实态度积极探索教育创新发展新路径，协力教育的可持续发展。截至2021年12月，陈一丹基金会累计公益事业支出已达4亿港元。

陈一丹基金会自2019年起设立“教育研究专项课题”项目，并每年举办“一丹教育论坛”，邀请海内外知名学者出任领衔专家，就教育理论界和实践界共同关注的议题展开深入研究。2019 年以“博雅教育”为主题，2020 年以“学校与社会的协同创新”为主题，2021 年分别设立“终身学习”“核心素养框架搭建与实施”课题，就终身学习及玩耍学习的教育学理念、国际经验和中国实践，核心素养理论及实践等议题立项，展开深度研究，合作的学者、机构来自北京大学、北京师范大学、斯坦福大学等知名学府及乐高基金会。

陈一丹基金会还支持了哈佛大学教育学院的教育硕士课程改革项目，该项目于 2018 年启动，重新设计教育硕士培养方案的教学理念、教学方法、核心教材和核心课程，致力于构建面向未来的教育专业人才培养方案。同时在哈佛大学教育学院设立“一丹访问学人计划”，面向全球，邀请来自非营利组织、学术机构、政府及商业等不同领域的教育专家前往哈佛大学访问交流，并与师生合作开展研究。

陈一丹基金会还捐资设立了国家级教学和创新奖项。教学大师奖、杰出教学奖和创新创业英才奖是在教育部高等教育司的指导下，由陈一丹基金会资助设立的教育奖项。项目于 2019 年启动，每年评选一次。教学大师奖和杰出教学奖致力于表彰在教学和科研领域均有卓越贡献的高校教师，向教师的教育成就和奉献精神致敬。创新创业英才奖则鼓励创新创业成绩突出的大学生，以激励涌现更多具有创造意识和创新能力的青年学子。2019 ~ 2021 年，项目奖金及项目运行经费支出共计 4680 万元，累计奖励了 25 位以德立学、以德施教的杰出教师和 30 名敢闯能创的创新创业英才，在社会上引起了广泛而热烈的反响。

此外，从 2010 年起，陈一丹基金会与武汉学院合作设立为期十年的“陈一丹奖教奖学金”项目，累计奖励资助 500 余位武汉学院师生和超过 380 个科研项目。2020 年，基金会又为项目捐赠 1000 万元人民币开启新的十年合作。除捐赠奖学金外，基金会也将为武汉学院提供研究支持，以前沿的研究资源协助武汉学院提升办学水平，共同培育专业知识和人文素养兼备的全面发展人才。此外，陈一丹基金会还于 2018 年捐资 1 亿元人民币，支持西湖大学创校。先后捐资 5000 万元为武汉学院兴建图书馆及完善图书馆资源。陈一丹基金会在 2019 年向南方科技大学捐赠 2000 万元人民币，用于综合提升学校的教学和科研水平。

3. 武汉学院与一丹大学教育基金会

2009 年 3 月，陈一丹先生以注资武汉学院的方式成为学校创办人，以“办学不取回报”的方式，开国内非营利性公益大学的先河。武汉学院坚持扎根中国大地办教育，遵循高等教育规律，坚持以人才培养为中心，立足于“应用型、重特色、国际化”，努力培养适应经济和社会发展需要的高素质应用型人才。

2015 年 6 月，陈一丹先生加大对武汉学院的投资力度，分两期投资共计 20 亿元人民币，这使得武汉学院成为国内投资额最大的民办公益大学之一。

截至 2022 年 6 月，一丹大学教育基金会累计协议捐赠金额已超过 2.58 亿元人民币。捐赠资金用于开展武汉学院基础设施建设、学科发展、全人培养、人才资助等类别项目 40 余项。

“陈一丹奖教奖学金”于 2022 年 1 月初公布的 2021 年度获奖名单中包括 9 个教育贡献奖、5 个管理贡献奖、2 个卓越学生奖和 8 个优秀学生奖，共有 38 名师生获奖，也是近年来首次有学生连续两年获得该殊荣。武汉学院校长李忠云教授在颁奖仪式上致辞说：“‘陈一丹奖教奖学金’已成为武汉学院教育的一项重要内涵、校园文化的一个重要部分，不少师生把这份荣耀当作学习工作的一个梦想，被这个梦想牵引着走向成功。”

2020 年 2 月 6 日，一丹大学教育基金会拨款 500 万元人民币设立“武汉学院疫情防控基金池”，助力武汉学院更好地防控疫情，支持武汉学院购买疫情防控应急物资和相关设备设施，为有治疗需要的师生员工提供个人资助，并奖励投身于新冠肺炎疫情防控工作的志愿者。

（二）机构治理情况

2013 年以来，陈一丹创建了深圳市陈一丹公益慈善基金会、香港陈一丹基金会有限公司（统称陈一丹基金会）、“一丹奖”（由香港一丹奖基金会有限公司管理运作）、武汉学院（由武汉一丹教科文发展有限公司举办）以及湖北一丹大学教育发展基金会。

在深圳市陈一丹公益慈善基金会，发起人陈一丹并未在理事会任职。陈一丹的父亲陈焕武曾担任基金会理事长，后因年迈已退出理事长一职。

在香港一丹奖基金会，陈一丹是董事会成员，与其他董事会成员负责一丹奖基金会的治理、顾问委员会和评审委员会的任命，以及评审委员会所建议的得奖者的审批。董事会与顾问委员会、评审委员会和秘书处共同管理一丹奖基金会。

一丹大学教育基金会以“共建最受尊敬的民办大学”为愿景，专注为武汉学院的长远发展建设提供可持续化支持。2009 年 3 月，陈一丹先生以注资武汉学院的方式成为学校创办人，并在理事会中担任荣誉理事长。

武汉学院建筑风格独特，气势恢宏。陈一丹伉俪图书馆、马化腾教学楼、企鹅广场等捐赠冠名建筑，凸显了教育机构与公益力量的紧密联系。

图 15 – 18　陈一丹伉俪图书馆

（三）家族慈善初心

陈一丹，腾讯公司的主要创始人之一、腾讯公益慈善基金会发起人兼荣誉理事长，新加坡管理大学工商管理博士，还曾获颁香港理工大学荣誉人文博士学位及香港中文大学荣誉博士学位，全球教育奖项“一丹奖”创办人，深圳市陈一丹公益慈善基金会发起人，武汉学院创办人，西湖大学创校校董。

陈一丹基金会聚焦教育公益领域，与发起人陈一丹先生的成长经历及对教育的深入思考密切相关。陈一丹的奶奶对教育价值的笃信，让他自幼就感受到了教育与向善的力量。随后历经求学、创业，他更加深刻认识到教育是个体丰盛生命、构建幸福人生的起点。教育离不开人，每一个个体都蕴含着种种未知的可能，教育应回归于人，释放无限可能。同时，教育也是社会文明得以传承与创新的重要基石。社会发展，归根结底靠教育。

近年来，陈一丹专注于教育公益，他提及“办教育是不求回报的公益事业，更是带着信仰与使命的职业”。陈一丹始终认为，解决各类社会问题最终都会回归到教育。

陈一丹相信，教育是现代文明的基石，也是技术创新、社会进步、正确价值观、平等正义的推动力。教育从来不只是关于某一个人，而是属于每一个人。教育肩负着所有人对于提升福祉的期望。

陈一丹相信教育可以提升人类福祉，在设立一丹奖时，陈一丹表示：“现在我们要重新思考我们在教育谁，如何教育，以及为什么要以现在这种方式进行教育。我们还需要反思我们期望的成果。我希望一丹奖能启发更多创变者齐心协力，共同塑造教育的未来，为未来的学习者创造新机会。一丹奖要达成使命，就应该能够激励他人获得借鉴并发挥影响力。我们着眼未来，而一丹奖应该能够塑造未来。这一点至关重要。”

“教育的未来就是人类的未来。”陈一丹也向社会发出了进一步关注教育、投入教育的呼吁。他表示：“人经过教育才会转变为生产力，转变为文明的载体。教育的改革，触动的是社会深层次的关系和融合，所以教育是解题的药方，教育者是疗愈社会的医者。”

第五部分

附　录

附录1

近代知名慈善家名录

姓名	籍贯	生卒年	姓名	籍贯	生卒年
白纶生	广东	1823～1893	施则敬	浙江	1855～1924
陈光甫	江苏	1881～1976	王伯元	浙江	1893～1977
陈嘉庚	福建	1874～1961	王炽	云南	1836～1903
陈启沅	广东	1834～1903	王松森	上海	清朝
寸尊福	云南	1855～1929	王一亭	上海	1867～1938
范旭东	湖南	1883～1945	吴炽昌	广东	1828～1897
葛绳孝	上海	1833～1909	吴锦堂	浙江	1855～1926
胡文虎	福建	1882～1954	吴蕴初	上海	1891～1953
简玉阶	广东	1875～1957	伍秉鉴	广东	1769～1843
金禄甫	浙江	1853～1923	项松茂	浙江	1880～1932
经元善	浙江	1840～1903	谢家福	江苏	1847～1897
李钟珏（李平书）	江苏	1854～1927	熊希龄	湖南	1870～1937
梁云汉	广东	1829～1890	徐乾麟	浙江	1863～1952
林瑞岗	福建	1830～1885	徐润	广东	1838～1911
刘达善	江苏	1825～1899	严康懋	浙江	1878～1929
刘汉鼎	云南	清朝	严信厚	浙江	1838～1906
刘翊辰	江苏	1818～1910	杨斯盛	上海	1851～1908
施善昌（施则敬之父）	浙江	1828～1896	刘子如	重庆	1870～1948

续表

姓名	籍贯	生卒年	姓名	籍贯	生卒年
卢木斋	湖北	1856 ~ 1948	尹昌龄	四川	1869 ~ 1942
卢作孚	重庆	1893 ~ 1952	虞恰卿	浙江	1867 ~ 1945
陆伯鸿	上海	1875 ~ 1937	恽光业	江苏	1813 ~ 1884
孟洛川	山东	1851 ~ 1939	恽思赞	江苏	1834 ~ 1895
穆藕初	上海	1876 ~ 1943	恽祖祁	江苏	1842 ~ 1919
聂其杰	湖南	1880 ~ 1953	曾少卿	福建	1850 ~ 1908
庞云镨	浙江	1833 ~ 1889	张弼士	广东	1840 ~ 1916
钱新之	上海	1885 ~ 1958	张謇	江苏	1853 ~ 1926
荣德生	江苏	1875 ~ 1952	郑观应	广东	1842 ~ 1922
沈敦和	浙江	1866 ~ 1920	周学熙	江苏	1866 ~ 1947
沈瑞洲	江苏	1897 ~ 1968	周作民	江苏	1884 ~ 1955
沈祝三	浙江	1877 ~ 1940	朱葆三	浙江	1848 ~ 1926
盛康（盛宣怀之父）	江苏	1821 ~ 1902	朱昌琳	湖南	1822 ~ 1912
盛宣怀	江苏	1844 ~ 1916	庄鼎彝	江苏	1855 ~ 1909
叶澄衷	浙江	1840 ~ 1899	庄毓鋐	江苏	1822 ~ 1890

附录 2

家族慈善基金会名录*

名称	地区	成立年份	名称	地区	成立年份
福建省泉州贤銮福利基金会	福建	1986	上海吴孟超医学科技基金会	上海	2004
北京市黄胄美术基金会	北京	1989	福建省郭文梯教育基金会	福建	2004
吴作人国际美术基金会	北京	1989	温州市叶康松慈善基金会	浙江	2004
马海德基金会	北京	1989	福建省黄仲咸教育基金会	福建	2004
福建大丰文化基金会	福建	1991	内蒙古老牛慈善基金会	内蒙古	2004
上海阎宝航社会公益基金会	上海	1991	天津市冯骥才民间文化基金会	天津	2004
上海市建国社会公益基金会	上海	1993	泉州市宝树堂教育基金会	福建	2005
胡文虎基金会	福建	1993	北京市搜候中国城市文化基金会	北京	2005
湖北省刘道玉教育基金会	湖北	1994	上海华杰仁爱基金会	上海	2005
浙江省陈伯滔体育基金会	浙江	1995	上海颜德馨中医药基金会	上海	2005
湖北省吴兆麟基金会	湖北	1995	香江社会救助基金会	广东	2005
安徽省刘少雄博爱基金会	安徽	1996	广东省新兴县北英慈善基金会	广东	2005
庄希泉基金会	福建	1997	福建江夏慈善基金会	福建	2005
李可染艺术基金会	北京	1998	启东市孙锦昌助学奖学教育基金会	江苏	2006
上海唐君远教育基金会	上海	1999	湖南宋祖英助学基金会	湖南	2006
上海市应昌期围棋教育基金会	上海	2002	浙江豪成慈善基金会	浙江	2006
尚德教育基金会	福建	2002	河北省静远教育基金会	河北	2006
天津市王克昌奖学基金会	天津	2003	广西李宁基金会	广西	2006
湖南省袁隆平农业科技奖励基金会	湖南	2004	石狮市蔡友玉教育基金会	福建	2006

* 本表统计在中国大陆注册的家族慈善基金会，统计截止日期为 2021 年 12 月 31 日。

续表

名称	地区	成立年份	名称	地区	成立年份
福建卢嘉锡科学教育基金会	福建	2006	宁波华茂教育基金会	浙江	2009
北京茅以升科技教育基金会	北京	2006	常州市金坛区坤凤公益基金会	江苏	2009
湖北博昊济学基金会	湖北	2006	宁海王春文慈善基金会	浙江	2009
江苏陶欣伯助学基金会	江苏	2006	福建省发树慈善基金会	福建	2009
王振滔慈善基金会	浙江	2006	宜兴振球慈善基金会	江苏	2009
凯风公益基金会	北京	2007	广东省吴小兰慈善基金会	广东	2009
北京市刘光鼎地球物理科学基金会	北京	2007	安徽韩再芬黄梅艺术基金会	安徽	2009
广东省时代公益基金会	广东	2007	深圳市郑卫宁慈善基金会	广东	2009
福建省邓子基教育基金会	福建	2007	北京慈弘慈善基金会	北京	2010
湖南省铭成公益基金会	湖南	2007	余彭年慈善基金会	广东	2010
福建省龙岩市李新炎慈善基金会	福建	2007	河南省张海书法发展基金会	河南	2010
福建闽西陈景河教育基金会	福建	2007	江苏昌明教育基金会	江苏	2010
广东省桂贤慈善基金会	广东	2007	上海韩哲一教育扶贫基金会	上海	2010
广东省华美教育慈善基金会	广东	2008	黄奕聪慈善基金会	上海	2010
盐城市李凤祥助学扶困基金会	江苏	2008	福建省王清海职业教育基金会	福建	2010
华民慈善基金会	北京	2008	河仁慈善基金会	北京	2010
辽宁省周延慈善基金会	辽宁	2008	重庆市卢作孚教育基金会	重庆	2010
北京沃启公益基金会	北京	2008	陈香梅公益基金会	北京	2010
石狮市蔡辉煌教育基金会	福建	2008	广东省紫琳慈善基金会	广东	2010
仰恩基金会	福建	2008	罗定市泗纶庭英教育基金会	广东	2010
龙岩市新罗区林国仁教育基金会	福建	2008	北京龙门慈善基金会	北京	2010
北京成龙慈善基金会	北京	2008	泛海公益基金会	北京	2010
福建张天福茶叶发展基金会	福建	2008	石狮市蔡经阳慈善基金会	福建	2010
北京桂馨慈善基金会	北京	2008	宁波邬永林健康基金会	浙江	2010
福建省石狮市卢祖荫教育基金会	福建	2008	北京高占祥文化艺术基金会	北京	2010
广东省林若熹艺术基金会	广东	2009	宁夏燕宝慈善基金会	宁夏	2010
福建陈燕平慈善基金会	福建	2009	山西省姚奠中国学教育基金会	山西	2010
广东省陈绍常慈善基金会	广东	2009	亨通慈善基金会	江苏	2011
吉林大学唐敖庆教育基金会	吉林	2009	汕头市平东肖华松慈善基金会	广东	2011

续表

名称	地区	成立年份	名称	地区	成立年份
河南省王超斌慈善基金会	河南	2011	浙江省必达爱心慈善基金会	浙江	2012
陕西荣华慈善基金会	陕西	2011	北京怡海公益基金会	北京	2012
上海华信公益基金会	上海	2011	北京尚善公益基金会	北京	2012
广东省慈阳慈善基金会	广东	2011	湖北省洪湖丰森助学基金会	湖北	2012
扬州市禹振飞慈善公益基金会	江苏	2011	浙江省弘毅公益基金会	浙江	2012
亿利公益基金会	北京	2011	北京巧女公益基金会	北京	2012
祁阳县昌世助学基金会	湖南	2011	深圳市徐森慈善基金会	广东	2012
新疆维吾尔自治区新勇教育基金会	新疆	2011	山东省友芳公益基金会	山东	2012
山西省东冶建成教育基金会	山西	2011	广东省德云文化慈善基金会	广东	2012
一达助学（伊春）基金会	黑龙江	2011	浙江省三立慈善基金会	浙江	2012
福建省龙岩市邱家宗慈善基金会	福建	2011	安徽张治中文化教育基金会	安徽	2012
广东省依依关爱儿童基金会	广东	2011	实事助学基金会	北京	2013
南安市黄良庵慈善基金会	福建	2012	浙江海天慈善基金会	浙江	2013
河北华耐同心公益基金会	河北	2012	深圳市张连伟体育发展基金会	广东	2013
江苏中远助学帮老基金会	江苏	2012	韩美林艺术基金会	北京	2013
江苏喻继高艺术基金会	江苏	2012	深圳市陈一丹公益慈善基金会	广东	2013
天津市杨兆兰慈善基金会	天津	2012	重庆市沈铁梅文化发展基金会	重庆	2013
湖南省步步高福光慈善基金会	湖南	2012	福建省正荣公益基金会	福建	2013
浙江敦和慈善基金会	浙江	2012	江西省煌上煌爱心基金会	江西	2013
江苏恒力慈善基金会	江苏	2012	广州欧初文化教育基金会	广东	2013
深圳市 TCL 公益基金会	广东	2012	北京桥爱慈善基金会	北京	2013
湖南省邵阳建国慈善基金会	湖南	2012	广东省关山月艺术基金会	广东	2013
广东省与人公益基金会	广东	2012	厦门春水爱心基金会	福建	2013
山西省程海庆教育基金会	山西	2012	湖南省朝阳公益基金会	湖南	2013
磐安县周大庆体育发展基金会	浙江	2012	广西吕贻标爱心基金会	广西	2013
湖南惠民农村留守儿童学前教育基金会	湖南	2012	深圳市云龙教育发展基金会	广东	2013
鲁迅文化基金会	北京	2012	湖南省谭嗣同爱国公益基金会	湖南	2013
天津市孙洪森助学基金会	天津	2012	山东泛海公益基金会	山东	2013
伊金霍洛旗玉良爱心基金会	内蒙古	2012	江苏汝立公益基金会	江苏	2013

续表

名称	地区	成立年份	名称	地区	成立年份
湖南迪雄助学基金会	湖南	2013	广州市郭兰英艺术发展基金会	广东	2014
江西婺源查之家帮扶基金会	江西	2013	湘潭市迅达集团宝莲慈善基金会	湖南	2014
安徽张海银种业基金会	安徽	2013	湘潭市子敬慈善基金会	湖南	2014
福建省长汀县陈柏村慈善基金会	福建	2013	漳州市吴惠天慈善基金会	福建	2014
广东省国强公益基金会	广东	2013	北京京东公益基金会	北京	2014
广东省缘善公益基金会	广东	2013	宜兴市丁蜀镇徐汉棠教育基金会	江苏	2014
北京三一公益基金会	北京	2013	湖北省望长珍慈善基金会	湖北	2014
深圳市李伟波慈善基金会	广东	2013	益阳市卢佳祥慈善基金会	湖南	2014
深圳市曾少强慈善基金会	广东	2013	浙江马云公益基金会	浙江	2014
温州市锦行慈善基金会	浙江	2013	江阴文辉教育发展基金会	江苏	2014
广东省和的慈善基金会	广东	2013	巨人慈善基金会	上海	2014
漳州市陈金才慈善基金会	福建	2014	西安新兰慈善基金会	陕西	2015
甘肃改琴书法教育奖励基金会	甘肃	2014	广东省廖冰兄人文艺术基金会	广东	2015
四川省箴言公益基金会	四川	2014	广东省陈志雄慈善基金会	广东	2015
章如庚慈善基金会	北京	2014	周大福慈善基金会	广东	2015
深圳市福顺公益基金会	广东	2014	广东省汉企联公益基金会	广东	2015
安徽宣城市亚夏慈善基金会	安徽	2014	内蒙古慧聪公益基金会	内蒙古	2015
江苏协鑫阳光慈善基金会	江苏	2014	祁阳市科力尔慈善基金会	湖南	2015
荆州市柯罗恩基金会	湖北	2014	永嘉县厉育平慈善基金会	浙江	2015
上海韩天衡文化艺术基金会	上海	2014	北京老牛兄妹公益基金会	北京	2015
浙江馥莉慈善基金会	浙江	2014	无锡耀庭慈善基金会	江苏	2015
宁波市荣安贤和教育基金会	浙江	2014	深圳市鹏湾公益基金会	广东	2015
广东省海德龙文化发展基金会	广东	2014	甘肃天庆慈善基金会	甘肃	2015
北京常春助学慈善基金会	北京	2014	北京曾成钢雕塑艺术基金会	北京	2015
舟山市伟兴慈善基金会	浙江	2014	青岛市彭措郎加慈善基金会	山东	2015
中脉公益基金会	北京	2014	上海华萌教育发展基金会	上海	2015
台州市路商思源慈善基金会	浙江	2014	上海聚德慈善基金会	上海	2015
菏泽市李荣海艺术基金会	山东	2014	运城市海养慈善基金会	山西	2015
广东省叔颖慈善基金会	广东	2014	威海市文登仁济基金会	山东	2015

续表

名称	地区	成立年份	名称	地区	成立年份
甘肃陈玉福教育基金会	甘肃	2015	浙江省光明慈善基金会	浙江	2016
浙江省阳光圆梦基金会	浙江	2015	浙江省明慈慈善基金会	浙江	2016
信阳市先定教育基金会	河南	2015	上海袁立公益基金会	上海	2016
上海紫江公益基金会	上海	2015	深圳市文科公益基金会	广东	2016
上海仲弘公益基金会	上海	2015	北京吴建民公益基金会	北京	2016
东润公益基金会	北京	2015	广州市启文教育基金会	广东	2017
永嘉县陈光中教育基金会	浙江	2015	广东省柯宗耀公益基金会	广东	2017
上海淳遂众慈公益基金会	上海	2015	深圳市裕同公益基金会	广东	2017
浙江惟哇公益基金会	浙江	2015	深圳市铁汉生态公益基金会	广东	2017
内蒙古何文公益基金会	内蒙古	2015	襄阳市刘国木教育发展基金会	湖北	2017
广东省天使慈善基金会	广东	2015	浙江省王麒诚吴艳慈善基金会	浙江	2017
广东省百川军盾慈善基金会	广东	2015	诸暨市赵伟平公益基金会	浙江	2017
北京京妍公益基金会	北京	2015	宁波市银亿慈善基金会	浙江	2018
厦门银康慈善基金会	福建	2015	浙江新湖慈善基金会	浙江	2018
中山市林东慈善基金会	广东	2015	惠安县亮亮教育基金会	福建	2018
浙江凤林教育基金会	浙江	2015	湖南汀汀公益基金会	湖南	2018
天津市荣程普济公益基金会	天津	2015	浙江省蔡崇信公益基金会	浙江	2018
北京东方君公益基金会	北京	2016	晋江市安海后林许书典公益慈善基金会	福建	2018
惠州市港惠爱心基金会	广东	2016	四川省永好公益慈善基金会	四川	2018
广东省宣卿文化基金会	广东	2016	上海海昌海洋生物保育公益基金会	上海	2018
保定市杨玉泉王云青教育基金会	河北	2016	杭州市西湖区钟子逸教育基金会	浙江	2019
健坤慈善基金会	北京	2016	北京华康公益基金会	北京	2019
上海祥双教育发展基金会	上海	2016	北京小米公益基金会	北京	2019
西双版纳天伟慈善基金会	云南	2016	岷县富民基金会	甘肃	2019
北京用友公益基金会	北京	2016	北京孙伟艺术基金会	北京	2019
深圳市李贤义教育基金会	广东	2016	深圳市梦网慈善基金会	广东	2019
北京金石慈善基金会	北京	2016	北京张其成中医发展基金会	北京	2019
北京易明慈善基金会	北京	2016	北京杨孙西公益基金会	北京	2020
北京大鸾翔宇慈善基金会	北京	2016	北京美灵公益基金会	北京	2020

续表

名称	地区	成立年份	名称	地区	成立年份
深圳市周大生天使公益基金会	广东	2020	北京昊康公益基金会	北京	2020
北京成英公益基金会	北京	2020	北京丘成桐科学基金会	北京	2021
北京峥爱公益基金会	北京	2020	澜之教育基金会	北京	2021

附录3

家族慈善信托名录*

慈善信托名称	规模（万元）	委托人	备案年份
万向信托－乐淳家族慈善信托	5110	未公示	2016
光大·陇善行慈善信托计划1号	110	解冰华、石永和、光大兴陇信托有限责任公司	2016
中信·何享健慈善基金会2017顺德社区慈善信托	49200	美的控股有限公司	2017
中信·上海市慈善基金会2017蓝天至爱2号慧福慈善信托	600	自然人	2017
幸福传承慈善信托	39	陈凯	2017
全国金融青联东方爱心慈善信托计划	10	李佳芮	2017
华润信托·和园文化保育慈善信托计划	3000	广东省和的慈善基金会	2018
深圳壹基金公益基金会－林氏家族慈善信托	1620	云南柏丰投资（集团）有限公司	2018
万向信托－明月律师助学慈善信托	20	高明月	2018
鲁冠球三农扶志基金慈善信托	60000	鲁伟鼎	2018
中信信托·农银2018玉爱慈善信托	3000	李玉爱	2018
北京联益慈善基金会2018年度益善1号－健康梦想慈善信托	1000	冯长林	2018

* 本表统计在中国大陆登记的家族慈善信托，统计截止日期为2022年12月31日。

续表

慈善信托名称	规模（万元）	委托人	备案年份
吴毅文慈善信托	905	毛积孝	2018
山东信托·招行私行·嘉和路慈善信托	1000	路斗恒、山东省鲁信公益基金会	2019
香满慈善信托	20	金葵	2019
香媛慈善信托	30	全潇	2019
杨翎琳慈善信托	10	杨维民	2019
意定守护慈善信托	16	上海九鲲文化传播有限公司、全潇、屠晓娟	2019
陕国投·关爱退役军人慈善信托	100	陕西省国际信托股份有限公司、董万锋	2019
建信信托－盛爱1号慈善信托	200	李菁	2019
佳玉慈善信托	20	吴佳玉	2019
光信善·小红心公益慈善单一资金信托	10	吴高亮	2019
光信善·逸云1号－扬善传家系列慈善信托	17	徐建林	2019
光信善·云焕慈善信托	10	杨启芝	2020
平安缘关爱防疫人员专项慈善信托	50	刘玮	2020
爱建信托－爱心慈善系列·抗击新型冠状病毒肺炎疫情2号慈善信托	70	自然人	2020
爱群－钦慈善信托	20	刘爱群	2020
建信信托－元梦慈善信托	200	陆正月	2020
光信善·北邮94电信人文图书捐赠慈善信托	32	庄维国	2020
浙金·大爱无疆1号慈善信托	18	浙商金汇信托股份有限公司工会委员会、邓建国	2020
光信善·北邮94电信人文阅读基金慈善信托	12	庄维国、尹守华	2020
星火公益慈善信托	30	余知雯	2020

续表

慈善信托名称	规模（万元）	委托人	备案年份
光信善·水木清华携爱同行慈善信托	10	宋文军	2020
百瑞仁爱·敬老家园慈善信托	10	陈丽华	2020
中航信托·思同家族慈善信托	100	王玉珏、深圳市社会公益基金会	2021
长安慈－繁星点点慈善信托	30	关亦贺	2021
“上善”系列上信至善中西部地区教育助学慈善信托	400	蔡某、上海国际信托有限公司	2021
光信善·大源冲励志奖学慈善信托	14	刘高等	2021
嘉蕴慈善信托	30	王恺	2021
中诚信托2021诚善·於氏·贺野艺术教育慈善信托	200	自然人	2021
财信信托－南峰助学慈善信托	100	喻晓峰、喻南	2021
钱江科学研究慈善信托	3999	訾振军等2人	2021
冯亦根慈善信托	10	陈林莲	2021
中诚信托2021诚善·“点亮一颗心”助学慈善信托	10	关亦贺、张家铭	2021
中诚信托2021诚善·“传递一份爱”助学慈善信托	10	朱锦	2021
长安慈－农银壹私行恒·沁平明慈善信托	200	徐爱平	2021
海纳百川慈善信托	25	康朝锋	2021
中融信托－小蜡烛家族慈善信托	100	未公示	2021
周彦彤慈善信托	10	黄丽芬、周志全	2021
平安翰德慈善信托	5000	仲崇峰	2021
徐维堂俞芬美夫妇振兴乡村慈善信托	1000	徐新喜、俞林林	2021
君子伙伴·瑞泉	100	黄圣辉	2021
中航信托·明德园乡村生态文化振兴慈善信托	1000	刘永海	2021
长安慈－农银壹私行恒·沁艾立华乡村振兴慈善信托	200	艾立华	2021
平安刘昌琴慈善信托	300	刘昌琴	2021

续表

慈善信托名称	规模（万元）	委托人	备案年份
中信信托·2021 芳梅教育慈善信托	20001	张一鸣、龙岩市慈善总会	2021
招行私行·亦奕慈善信托	100	汤梦阳	2022
中航信托·中金财富·鲁广雄与杜江涛助学慈善信托	200	鲁广连、杜江涛	2022
君子伙伴·仁礼慈善信托	300	马崇仁	2022
中诚信托 2022 诚善·张循循·张菊人中医药传承发展慈善信托	100	自然人	2022
百瑞仁爱·MRC FLY 家族慈善信托	30	Janet Jing Di Zhang	2022
“上善”系列蒋念祖美学教育慈善信托	100	汪新芽	2022
长安慈－农银壹私行恒·沁翡丽莱斯慈善信托	50	凌政	2022
长安慈－农银壹私行恒·沁彤鑫慈善信托	100	张兵	2022
平安朱美音慈善信托	100	朱千群	2022
长安慈－金戈强直性脊柱炎慈善信托	10	金戈	2022
平安益杨迪慈善信托	20	杨迪	2022
五矿信托－三江源泰安明慧慈善信托	200	林建荣	2022
陈晖律师妇女权益保障慈善信托	10	陈晖	2022
中诚信托 2022 诚善·凯德盛世助学慈善信托	10	黄凯德	2022
长安慈·农银壹私行恒·沁玉爱慈善信托	200	李玉爱	2022
平安乐善婷基金慈善信托	20	孟彩媚	2022
君子伙伴·养正慈善信托	500	姚奎章	2022
招行私行·沐泽慈善信托	300	潘佼	2022
中航信托·中信银行·东川壹号养老慈善信托	200	陈卫忠、中华慈善总会	2022
中航信托·中金财富·日初慈善信托	300	陈锋	2022
乐善白益民三井商道慈善信托	100	白益民	2022
长安慈－演心慈善信托	100	马月华	2022

附录4

家族慈善专项基金名录*

发起方	母基金会	专项基金名称
王菲、李亚鹏	中国红十字基金会	嫣然天使基金
鹏进家族	担当者行动教育基金会	鹏进家族公益专项基金
张国立、邓婕	云南省青少年发展基金会	国立爱心基金
周立波、胡洁	上海市慈善基金会	海派清口公益专项基金
曹平芳	湖南省资兴市教育基金会	平芳专项教育基金
杨国强、杨惠妍	国强公益基金会	惠妍教育助学基金
杨国强家族	清华大学	清华大学国强科技基金
杨国强家族	中山大学	中山大学惠妍人才基金
杨国强家族	顺德区慈善会	惠妍教育助学基金
杨国强家族	顺德区慈善会	顺德区国强慈善基金
杨国强家族	暨南大学教育发展基金会	暨南大学国华杰出学者基金、惠妍教育基金
杨国强家族	广东外语外贸大学	广东外语外贸大学惠妍教育基金
杨国强家族	昆山杜克大学	昆山杜克大学惠妍国际教育基金
杨国强家族	广州市妇女儿童中心	惠妍医疗人才基金
侯建芳家族	河南省慈善总会	农牧雏鹰慈善基金
林天福家族	晋江市慈善总会	林海茶先生慈善基金
王良星家族	晋江市慈善总会	王孝沛先生、林淑娥女士慈善基金

* 本表统计在中国大陆设立的家族慈善专项基金，统计截止日期为 2021 年 12 月 31 日。

续表

发起方	母基金会	专项基金名称
许连捷家族	晋江市慈善总会	许书典家族慈善基金
许健康家族	中国光彩事业基金会	复旦大学许健康医疗慈善专项基金
张荣华家族	华中科技大学	新型冠状病毒与生命科学专项研究基金
张荣华家族	天津中医药大学	新冠肺炎与传统中医药－医学研究专项基金
张荣华家族	天津市红十字会	医护人员关爱基金
张荣华家族	联合国妇女署	社会倡导基金
张荣华家族	斯里兰卡总统府	防疫专项基金
郑家纯（郑裕彤家族）	清华大学教育基金会	郑裕彤法学发展基金项目
郭廷水家族	台商区慈善总会	廷水秀琴伉俪教育基金
蔡金垵家族	晋江市慈善总会	科教园公益基金
彭磷基夫妇	中国扶贫基金会	新长城·孟丽红助学基金
李平夫妇	四川大学教育基金会	四川大学东土教育基金
于刚夫妇	武汉大学	于刚·宋晓奖学金
张汉鸣夫妇	瓯海区慈善总会	温州市瓯海区慈善总会张汉鸣慈善公益基金
吴炯夫妇	上海交通大学教育发展基金会	吴炯孙洁永久基金
朱共山夫妇	南京大学	张丽娟助学基金
王麒诚、吴艳夫妇	浙江大学教育基金会	浙江大学教育基金会汉鼎宇佑发展基金

附录5

家族慈善相关法规及文件名录

- **综合指引**

1. 《中华人民共和国民法典》(2020 年 5 月 28 日第十三届全国人民代表大会第三次会议通过)

2. 《中华人民共和国慈善法》(2016 年 3 月 16 日第十二届全国人民代表大会第四次会议通过)

3. 《国务院关于促进慈善事业健康发展的指导意见》(国发〔2014〕61 号)

4. 《民政部关于印发〈“十四五”社会组织发展规划〉的通知》(民发〔2021〕78 号)

- **社会组织管理**

5. 《民间非营利组织会计制度》(财会〔2004〕7 号)

6. 《民政部关于印发〈基金会章程示范文本〉的通知》(民函〔2004〕124 号)

7. 《民政部关于加强社会组织专职工作人员劳动合同管理的通知》(民发〔2011〕155 号)

8. 《民政部 财政部关于加强社会组织反腐倡廉工作的意见》(民发〔2014〕227 号)

9. 《关于加强社会组织党的建设工作的意见(试行)》(中办发〔2015〕51 号)

10. 《民政部 财政部关于规范全国性社会组织年度财务审计工作的通知》(民发〔2015〕47 号)

11.《民政部关于推动在全国性和省级社会组织中建立新闻发言人制度的通知》（民发〔2016〕80 号）

12.《关于改革社会组织管理制度 促进社会组织健康有序发展的意见》（中办发〔2016〕46 号）

13.《民政部关于加强和改进社会组织薪酬管理的指导意见》（民发〔2016〕101 号）

14.《民政部关于社会组织成立登记时同步开展党建工作有关问题的通知》（民函〔2016〕257 号）

15.《民政部办公厅关于在社会组织登记管理工作中加强名称管理有关问题的通知》（民办发〔2018〕11 号）

- **基金会管理**

16.《基金会管理条例》（2004 年 3 月 8 日国务院令第 400 号公布）

17.《民政部关于现职国家工作人员不得兼任基金会负责人有关问题的通知》（民函〔2004〕270 号）

18.《民政部关于基金会等社会组织不得提供公益捐赠回扣有关问题的通知》（民发〔2009〕54 号）

19.《民政部关于印发〈关于规范基金会行为的若干规定（试行）〉的通知》（民发〔2012〕124 号）

20.《慈善组织保值增值投资活动管理暂行办法》（民政部令第 62 号）

- **慈善组织管理**

21.《民政部关于慈善组织登记等有关问题的通知》（民函〔2016〕240 号）

22.《慈善组织认定办法》（民政部令第 58 号）

23.《民政部 工业和信息化部 新闻出版广电总局 国家互联网信息办公室关于印发〈公开募捐平台服务管理办法〉的通知》（民发〔2016〕157 号）

24.《民政部 财政部 国家税务总局关于印发〈关于慈善组织开展慈善活动年度支出和管理费用的规定〉的通知》（民发〔2016〕189 号）

25.《慈善组织公开募捐管理办法》（民政部令第 59 号）

- **免税资格认定**

26.《财政部 国家税务总局关于非营利组织免税资格认定管理有关问

题的通知》（财税〔2018〕13号）

- **慈善信托管理**

27.《民政部 银监会关于做好慈善信托备案有关工作的通知》（民发〔2016〕151号）

28.《慈善信托管理办法》（银监发〔2017〕37号）

- **专项基金管理**

29.《民政部关于进一步加强基金会专项基金管理工作的通知》（民发〔2015〕241号）

- **税收管理办法**

30.《民政部 海关总署关于社会团体和基金会办理进口慈善捐赠物资减免税手续有关问题的通知》（民发〔2016〕64号）

31.《财政部 国家税务总局关于公益股权捐赠企业所得税政策问题的通知》（财税〔2016〕45号）

32.《财政部 民政部关于进一步明确公益性社会组织申领公益事业捐赠票据有关问题的通知》（财综〔2016〕7号）

33.《财政部 国家税务总局关于公益性捐赠支出企业所得税税前结转扣除有关政策的通知》（财税〔2018〕15号）

34.《财政部 税务总局 民政部关于公益性捐赠税前扣除有关事项的公告》（财政部公告2020年第27号）

- **境外非政府组织**

35.《中华人民共和国境外非政府组织境内活动管理法》（2016年4月28日第十二届全国人民代表大会常务委员会第二十次会议通过，根据2017年11月4日第十二届全国人民代表大会常务委员会第三十次会议《关于修改〈中华人民共和国会计法〉等十一部法律的决定》修正）

- **领域方向倾斜**

36.《环境保护部 民政部关于加强对环保社会组织引导发展和规范管理的指导意见》（环宣教〔2017〕35号）

37.《民政部办公厅关于印发〈培育发展社区社会组织专项行动方案（2021—2023年）〉的通知》（民办发〔2020〕36号）

参考文献

北京师范大学中国公益研究院、深圳国际公益学院、北京师范大学社会治理与公共传播研究中心：《中国捐赠百杰榜》，2011～2022。

北京师范大学中国公益研究院、深圳国际公益学院：《中国家族慈善基金会发展报告（2018）》，2019。

北京师范大学中国公益研究院、深圳国际公益学院：《中国亿元捐赠与战略慈善发展报告》，未公开发布，2016。

波士顿咨询公司、兴业银行：《中国超高净值人群社会责任白皮书2021》，2021年12月。

《慈善信托管理办法》（银监发〔2017〕37号），中国政府网，2017。

傅昌波：《捐赠誓言吹起财富向善之风》，《美好家园》2018年总第142期，第26～29页。

傅昌波：《完善关键制度 改革工作机制 充分发挥新时代慈善事业多重社会功能》，《社会治理研究与建议》2021年总第88期。

《高端财富管理市场广阔，"家族办公室"悄然兴起》，中国网，2013年9月16日。

高皓、刘中兴：《家族办公室的"大时代"来临》，2013年9月26日。

高阳：《非营利组织个人捐赠者行为研究概述》，《齐齐哈尔大学学报》（哲学社会科学版）2016年第2期。

高云龙、徐乐江：《中国民营企业社会责任报告（2021）》，中华工商联合出版社，2022。

《汉正慈善信托服务》，汉正家族办公室微信公众号，2022年5月14日。

惠裕全球家族智库、Campden Wealth、瑞银集团、中航信托:《2020中国家族财富与家族办公室调研报告》,2020年1月8日。

《基金会管理条例》(2004年3月8日国务院令第400号公布),中国政府网,2004。

《家办行业举起慈善大旗“抗疫”》,惠裕全球家族智库微信公众号,2020年3月2日。

《家族办公室的中国式发展如何遭遇水土不服》,《财经国家周刊》2014年10月7日。

《家族办公室在中国》,秀实投资微信公众号,2019年9月12日。

建信信托“中国家族办公室”课题组:《中国家族办公室研究报告》,社会科学文献出版社,2016。

康晓光:《非营利组织管理》,中国人民大学出版社,2011。

李实:《进一步完善收入分配制度,实现共同富裕》,《经济研究》2020年第24期。

李实:《中国特色社会主义收入分配问题》,《政治经济学评论》2020年第11期。

李文主编《中国家族财富管理发展报告(2020~2021)》,社会科学文献出版社,2021。

马修·比索普、迈克尔·格林:《慈善资本主义:富人在如何拯救世界》,丁开杰、苟天来、朱晓红等译,社会科学文献出版社,2011。

麦肯锡:《全球领先的家族办公室的成功之道》,2021。

全国工商联经济部:《2021中国民营企业500强调研分析报告》,2021。

芮萌:《什么是真正的“家族办公室”》,《中欧商业评论》2016年6月刊。

深圳国际公益学院家族传承研究课题组编《中国家族慈善指南》,北京时代华文书局,2021。

陶传进、刘忠祥:《基金会导论》,社会科学文献出版社,2011。

王名:《社会组织与社会治理》,社会科学文献出版社,2014。

王振耀:《中华人民共和国慈善法评述与慈善政策展望》,法律出版社，2016。

《未来十年中国家族办公室（FO）管理资产规模将达到5万亿~10万亿元人民币》，投资界，2015年11月4日。

吴飞：《中国本土家族办公室有哪些新的发展趋势?》，2019年8月23日。

夏淑媛：《家族办公室在中国》，《大众理财顾问》2018年第12期。

谢永超、杨忠直：《国际视角下的个人捐赠研究》，《东南亚纵横》2009年第5期。

新湖财富：《中国富豪家族办公室都在做啥?》，2019年5月17日。

兴业银行、波士顿咨询：《中国私人银行2017：十年蝶变，十年展望》，2017。

《亚洲家族办公室高速增长，中国家族办公室10年翻倍!》，投资界，2020年3月30日。

杨团主编《中国慈善发展报告（2017）》，社会科学文献出版社，2018。

杨团主编《中国慈善发展报告（2018）》，社会科学文献出版社，2019。

杨团主编《中国慈善发展报告（2019）》，社会科学文献出版社，2020。

杨团主编《中国慈善发展报告（2020）》，社会科学文献出版社，2021。

杨团、朱健刚主编《中国慈善发展报告（2021）》，社会科学文献出版社，2022。

游海霞：《散财种德：近代商人慈善家的群体特征和实践特点》，未公开发布，2020。

张静怡：《家族办公室：寻找富人资产管理模式》，金融界，2012年12月12日。

张咏、胡润、吕能幸、魏晓翔：《2021德裕·胡润全球世纪慈善家》，2021。

招商银行、贝恩咨询：《中国私人财富报告》，2009~2021。

中国慈善联合会慈善信托委员会：《中国慈善信托发展报告》，2016~2021。

中国银行业协会、清华大学五道口金融学院私人银行研究课题组：《中国私人银行发展报告（2019）》，中国金融出版社，2020。

《中华人民共和国慈善法》（2016 年 3 月 16 日第十二届全国人民代表大会第四次会议通过），中国政府网，2016。

资中筠：《财富的责任与资本主义演变》，上海三联书店，2015。

BNP Paribas Wealth Management and Campden Wealth，"Banking，Entrepreneurialism，and the Next Generation of Wealth Holders"，2020，https：//www. wealthmanagement. bnpparibas. com/content/dam/bnpparibas/News – and – Insight/entrepreneurs/CW_BNPP_NextGens_2020_Spread. pdf.

Campden Wealth，"Investing for Global Impact：A Power for Good 2021"，2022.

Campden Wealth and Credit Suisse，"China Family Office and Wealth Management Survey Report 2020"，2020.

Paula Johnson，"The Global Philanthropy Report：Perspectives on the Global Foundation Sector"，https：//cpl. hks. harvard. edu/files/cpl/files/global_philanthropy_report_final_april_2018. pdf，2018.

后　记

本报告是团队在2021年承接的民政部部级课题“第三次分配功能作用和慈善事业发展研究”、上海研究院“共同富裕与公益慈善”系列课题的研究成果及近年来发布的《中国家族慈善基金会发展报告（2018）》《中国亿元捐赠与战略慈善发展报告》《中国捐赠百杰榜报告》等成果的基础上组织撰写的。

在全面建设社会主义现代化国家的新阶段，慈善事业是中国式现代化建设不可或缺的重要组成部分。推动新时代慈善事业高质量发展，除了要继续注重社会需求和慈善项目，还要注重对以中高收入人群为主体的各类捐赠人的培育和服务。开展这项研究的初衷，就是希望树立社会各界对家族慈善的正确认知，培育家族慈善服务行业，推动高收入群体结合家风建设开展战略慈善、高效慈善。

希望本报告能够得到民政、财政、税务、公安等慈善行业监管服务部门的关注，重视并回应捐赠人需求，优化慈善制度环境，解锁潜在慈善资源，推进慈善事业高质量发展；得到金融行业协会和各类财富服务机构的关注，引导财富机构高管成为高级慈善顾问，提升家族慈善咨询服务能力，激发巨大的中高收入人群慈善潜能；得到公益慈善研究机构和公益慈善行业的关注，促进专业慈善、高效慈善及循证慈善，建设慈善项目受益人和捐赠人并重的专业服务体系，提升专业服务能力；得到主流媒体、财经媒体和公益媒体的关注，通过传播先进理念、褒扬创新案例，引导社会各界特别是高净值人士、超高净值人士积极投身新时代家族慈善。

本报告从拟定提纲、开展研讨，到组织撰写、联系出版历时两年，没有中华慈善总会和诸位专家学者的支持和帮助，我们不可能完成这项开创性的工作。

感谢第十三届全国人大社会建设委员会副主任委员、中华慈善总会会长宫蒲光先生为本报告撰写序言，这是对我们巨大的鼓励和支持。感谢北京师范大学中国公益研究院院长王振耀教授长期的指导和帮助。感谢中国社会科学院社会学研究所杨团研究员对本报告提出的重要评审意见。感谢中央统战部光彩事业指导中心主任张百庆、原主任余敏安对课题研究的大力支持。感谢民政部政策研究中心主任王杰秀的重要帮助。感谢中国新闻社陈陆军社长的重要支持，感谢《中国新闻周刊》《中国慈善家》杂志社社长吕振亚先生在百忙中为本报告撰写序言。

感谢中华慈善总会家族慈善文化建设慈善信托和北京老牛兄妹公益基金会，他们充分认识到家族慈善研究的重要性和紧迫性，为课题研究的深入开展和报告的顺利出版提供了基础支持。感谢北京老牛兄妹公益基金会理事长牛犇、副理事长牛琼为本报告撰写序言。

感谢中华慈善总会胡可明副会长、孙少华副会长、孙达副会长、刘伟副会长、边志伟秘书长、陈砚秋会长助理、胡传木会长助理，以及苏辉副秘书长、高守华副秘书长、曾春光副秘书长和刘芳部长、张欣部长、于洪悦副主任等在课题研究组织和运行方面的指导和帮助。感谢北京师范大学教育基金会秘书长李胜兰及前秘书长张吾龙的大力支持。感谢北京师范大学社会学院对研究团队的指导和帮助。感谢黄曙明先生、魏杰先生、王飘扬先生的长期支持。

最后，特别感谢社会科学文献出版社副总编辑童根兴、群学出版分社社长谢蕊芬及诸位编辑的帮助，他们提供了十分专业而中肯的建议，并进行了耐心细致的编审核校，最终促成了本报告的出版。

本报告是我国首部全景式、系统性的家族慈善研究报告，因我们视野、能力和水平的局限，报告中难免存在讹误，敬请各位方家批评指正。

2022 年 12 月

图书在版编目（CIP）数据

中国家族慈善研究报告．2022／傅昌波等著．-- 北京：社会科学文献出版社，2023.2

ISBN 978-7-5228-1016-4

Ⅰ．①中… Ⅱ．①傅… Ⅲ．①慈善事业-研究报告-中国-2022 Ⅳ．①D632.1

中国国家版本馆 CIP 数据核字（2023）第 018080 号

中国家族慈善研究报告（2022）

著　　者／傅昌波 等

出 版 人／王利民
组稿编辑／谢蕊芬
责任编辑／赵　娜　李明锋　孟宁宁
责任印制／王京美

出　　版／社会科学文献出版社·群学出版分社（010）59367002
地址：北京市北三环中路甲 29 号院华龙大厦　邮编：100029
网址：www.ssap.com.cn
发　　行／社会科学文献出版社（010）59367028
印　　装／三河市龙林印务有限公司

规　　格／开 本：787mm×1092mm　1/16
印 张：23.25　字 数：361 千字
版　　次／2023 年 2 月第 1 版　2023 年 2 月第 1 次印刷
书　　号／ISBN 978-7-5228-1016-4
定　　价／158.00 元

读者服务电话：4008918866